O. Traber. Nervus Opticus. Frontispiz, 1675

Jurgis Baltrušaitis

Der Spiegel

Entdeckungen, Täuschungen, Phantasien

Anabas-Verlag

Aus dem Französischen von Gabriele Ricke und Ronald Voullié

Titel der Originalausgabe:
essai sur une légende scientifique
le miroir
rélévations, science-fiction et fallacies
© Editions du Seuil, Paris 1978

2. Auflage 1996
© für die deutsche Ausgabe:
Anabas-Verlag Günter Kämpf KG, Unterer Hardthof 25, D-35398 Giessen, 1986.
Alle Rechte, auch die des auszugsweisen Nachdrucks, des Rundfunkvortrags, der Mikro- oder
Fotokopie an den Texten und Bildern vorbehalten.
Lithos: Editions du Seuil, Paris
Satz: Peter Großhaus, Wetzlar
Druck: Fuldaer Verlagsanstalt, Fulda

Die Deutsche Bibliothek - CIP-Einheitsaufnahme
Baltrušaitis, Jurgis:
Der Spiegel : Entdeckungen, Täuschungen, Phantasien / Jurgis
Baltrušaitis. [Aus dem Franz. von Gabriele Ricke und Ronald Voullié].
- 2. Aufl. - Giessen : Anabas-Verl., 1996
Einheitssacht.: Le miroir <dt.>
ISBN 3-87038-283-X

*Spiegel: noch nie hat man wissend beschrieben
was ihr in euerem Wesen seid...*

                                         R.M. Rilke, Die Sonette an Orpheus

Vorwort

Für einige, sage ich, waren Spiegel eine Hieroglyphe der Wahrheit, weil sie alles enthüllen können, was sich ihnen zeigt, so wie es der Wahrheit Brauch ist, die nicht verborgen bleiben kann. Andere dagegen halten Spiegel für Symbole der Falschheit, weil sie die Dinge oft anders zeigen, als sie sind.

Raphael Mirami, 1582

1. Der Philosoph im Spiegel. Spanische Schule, 17. Jahrh., Schloß Vilandry, Sammlung Carvallo.

2. Darstellung der Klugheit mit einem Spiegel von Michel Colombe. Grab in Nantes.

Unterteilt in vier Spiegel – *Der Spiegel der Natur, Der Spiegel der Weisheit, Der Spiegel der Moral*[1] und *Der Spiegel der Geschichte* – bildet das Werk *Speculum majus* von Vincent von Beauvais († 1264) die verschiedenen Aspekte des Universums in Form eines Polyptychons nach. Die vier Bücher dieser Enzyklopädie sind ein Monument des Mittelalters; sie entfalten sich wie ein katoptrisches Theater: die ganze Welt erscheint hier in einer wohldurchdachten Orchestrierung, bei der jedes Detail an seinem Platz ist. Durch das Wort »Spiegel«, *speculum*, wird dabei die Vollkommenheit der genauen und vollständigen Abbildung zum Ausdruck gebracht. Diese Metapher wurde seit jeher in unzähligen Titeln von wissenschaftlichen, theologischen, philosophischen und anderen Werken verwendet.

Das *Speculum Sapientiae* ist nicht nur ein Buch. Die allegorische Gestalt der Klugheit hält einen Spiegel und eine Schlange in ihren Händen. Die Schlange stammt aus dem *Evangelium*: »...seid klug wie die Schlangen und ohne Falsch wie die Tauben...« (Matthäus, X, 16) und der Spiegel aus dem *Alten Testament*: »...sie (die Weisheit, die Klugheit) ist ein Glanz des ewigen Lichts und ein unbefleckter Spiegel...« (*Die Weisheit Salomons*, VII, 26).

Nachdem sich die Ikonographie dieser Kardinaltugend[2] in Italien entwickelt hatte (Lucca della Robbia), machte sie in Frankreich Schule. Von den Darstellungen auf den Gräbern in Rom (Sixtus IV. und Innozenz VIII.) bis zu dem Grab in Nantes (François II. und Marguerite von Foix, von Michel Colombe) und von Nantes bis Saint-Denis (das Grab von Louis XII.) befragt die Klugheit mit ihren zwei oder drei Gesichtern immer wieder ihren Spiegel.

Der Spiegel ist sowohl eine Allegorie der genauen Abbildung und Betrachtung als auch des tiefen Nachdenkens und der Arbeit des Geistes, der ein Problem aufmerksam von allen Seiten untersucht. Bedeutet »reflectere« nicht auch »zurückwerfen«, »widerspiegeln« und »reflektieren-meditieren«? Der geistige Prozeß prüfenden Reflektierens wird mit optischen Begriffen beschrieben.

Selbsterkenntnis ist die Grundlage der Weisheit. Seit der Antike hat es die Menschen gereizt, ihr eigenes Gesicht zu betrachten. Nach Diogenes Laertius (3. Jahrh. n. Chr.)[3] hat Sokrates den Jünglingen angeraten, sich immer wieder im Spiegel zu betrachten, um, wenn sie schön wären, sich dessen würdig zu machen, wenn aber häßlich, diesen Mangel durch gute Bildung auszugleichen und zu verdecken, indem sie sich vom Laster fernhalten.

Seneca (2–66)[4] hat dieselbe Feststellung gemacht: »...ist er schön, wird er vermeiden, was ihn herabsetzt; ist er häßlich, wird er die Mängel des Körpers durch moralische Qualitäten ausgleichen«. Und er fährt fort: »...ist er jung, wird ihm das beginnende Alter zeigen, daß es an der Zeit ist, mutige Taten zu ersinnen und zu begehen; ist er alt, wird er auf das verzichten, was sein weißes Haar entehrt, und seine Gedanken des öfteren dem Tod zuwenden.«

Und der Erzieher Neros folgert: »Deshalb hat uns die Natur die Möglichkeit gegeben, uns selbst zu betrachten.«

Dieser Möglichkeit hat man sich zu allen Zwecken bedient.

Juvenal (42–123)[5] berichtet ironisch, das Otho sich einmal, als er das Anheben der Standarten befahl, um in den Kampf zu ziehen, im Spiegel betrachtete. Der verweichlichte Prinz ließ seinen Spiegel mit seinen Waffen transportieren. Ebenso hat der Gebrauch von Spiegeln für die Schönheitspflege und zur Entfernung von Barthaaren Anlaß zur Verspottung von Denkern gegeben, die sich mit großem Ernst und voller Andacht in ihren Spiegel versenkten.

Bei Apuleius (2. Jahrh.)[6] findet sich ein Nachklang dieser Spöttereien: »Der Philosoph hat einen Spiegel? Er besitzt einen Spiegel, der Philosoph! ... Und wenn ich gestehe, daß auch ich tatsächlich einen Spiegel besitze, folgt dann daraus auch, daß ich die Gewohnheit habe, mich vor ihm herauszuputzen?«

Und er antwortet mit einem Gegenangriff: »Wie? Leugnest Du, daß es am Menschen nichts Würdigeres zu betrachten gibt als sein Gesicht? In einem Spiegel erscheint das Bild in wunderbarer Weise gleichzeitig ähnlich und veränderlich, das Bild folgt allen Bewegungen des Originals und ist immer so alt wie derjenige, der es betrachtet, wenn es die aufeinanderfolgenden Gestalten des Lebens annimmt.«

Seine Perfektion ist absolut.

Die noch im Glanze ihrer Schönheit erstrahlende Person, die im Bild *Die drei Lebensalter* (Hans Baldung Grien, Wien) zusammen mit der zahnlosen Alten und dem Kind dargestellt ist, entdeckt in einem konvexen Spiegel ihre ersten Falten und spürt gleichzeitig die Berührung durch den Schleier des Todes.

Lukrez (98–53)[7] hat diese mysteriöse Verdoppelung und das Erscheinen eines symmetrischen Bildes mit physischen Emanationen erklärt. Die ganze Welt ist voll von unsichtbaren Trugbildern, die sich von der Oberfläche des Gegenstandes lösen, willkürlich in der Atmosphäre umherschweben und dann sichtbar werden, wenn sie auf einen reflektierenden Schirm treffen: »Ich sage also, daß von der Oberfläche aller Körper Bilder ausgehen, von ihnen abgelöste Gestalten, die man als Haut oder Rinde bezeichnen könnte, weil sie die gleiche Erscheinung und Form wie die Körper haben, von denen sie sich lösen, um sich in den Lüften zu verbreiten... Die Trugbilder, die wir in den Spiegeln, auf dem Wasser und auf allen glänzenden Flächen erblicken, können nur von den Bildern eben dieser Körper gebildet werden, da sie ihnen vollkommen ähnlich sind.«

Der epikuräische Dichter besteht darauf: es handelt sich nicht um flüchtige Seelen, die sich von ihren Körpern getrennt haben, sondern um Abbilder, die von den Dingen ausgesandt werden. Die Identität dieser Erscheinungen mit den Körpern beweist es.

Ein dunkles Gefühl für die geheimen Beziehungen zwischen beiden Seiten hat es allerdings schon immer gegeben.[8] Der ägyptische Doppelgänger, der zusammen mit dem Menschen geboren wird und ihm folgt, ist nichts anderes als sein Schatten, seine Seele oder sein Spiegelbild, das er zu verlieren fürchtet.

Die Bewohner des Niltales achteten darauf, daß ihr Schatten nicht in die Reichweite eines Krokodils fiel, das ihn verschlingen könnte. Den Bassutos zufolge kann dieses Tier einen Menschen töten, indem es sein Spiegelbild unter Wasser zieht. Im Abendland wird das Krokodil zum Teufel, der bei Chamisso (1816)[9] den Schatten von Schlemihl raubt und der sich bei Hoffmann (1823)[10] mit Hilfe einer Kurtisane des Abbildes von Erasmus Spikher bemächtigt, welcher später mit Hoffmann selber identifiziert wurde.[11] Das Thema des Doppelgängers wird in der romantischen Literatur ständig wieder aufgegriffen. Bei Andersen gibt es in dem Märchen *Der Schatten* eine Umkehrung: Vom

3. Die Frau (mit einem Spiegel) und der Tod. Hans Baldung Grien, »Die drei Lebensalter«, Wien.

Menschen abgetrennt, wird der Schatten zu seinem Diener, so daß der Mensch schließlich zum Schatten seines Schattens wird. Als Lacan[12] »*das Spiegelstadium* (ein Entwicklungsstadium des Kindes) *als Bildner der Ichfunktion*« entdeckte, stieß er als Psychoanalytiker erneut auf die Spiele und Überlagerungen der Körper, Doppelgänger und Phantome der *Innenwelt* (dt. i. O.) und der *Umwelt* (dt. i. O.) mit dem Spiegelbild, das an der Schwelle der sichtbaren Welt erscheint.

In der Überlieferung verschiedener europäischer Länder[13] gibt es einen Glauben an den Doppelgänger. Er beinhaltet:
– das Verbot, einen Leichnam im Spiegel abzubilden,
– den Brauch, die Spiegel im Haus eines Toten zu verhängen und
– die Furcht vor einem zerbrochenen Spiegel. Der Lebende erleidet das Schicksal seines Abbildes. (In *Genoveva*, einer deutschen Erzählung aus der Romantik, erheben sich eine Seele und eine Flamme aus den Scherben eines Spiegels.)

Wegen der strengen Symmetrie der Realität mit ihrem Abbild und mit ihren nicht wahrnehmbaren Grenzen ist dieses »von Angesicht zu Angesicht« immer eine Überraschung gewesen. Es hat immer Erstaunen hervorgerufen. Auch war es natürlich, daß man Künstlern den Spiegel als Maßstab vorhielt.

»Seht nur, um wieviel ähnlicher der sorgfältige Schliff und der schöpferische Glanz eines Spiegels etwas abbildet als die bildenden Künste«, ruft Apuleius[14] in seiner *Apologie* des Spiegels aus.

Für Alberti (1436)[15] ist der Spiegel der Richter des fertigen Werkes: »die nach der Natur geschaffenen Dinge werden durch das Urteil des Spiegels verbessert…«.

Für Leonardo da Vinci[16] ist der Spiegel ein Vorbild: »Der Geist des Malers muß einem Spiegel gleich sein, der sich in die Farbe der Gegenstände umwandelt und sich mit ebensoviel Ähnlichkeiten anfüllt, wie er vor sich hat… Der ebene Spiegel enthält in seiner Oberfläche die wahre Malerei, und die auf der Oberfläche eines ebenen Materials vollkommen ausgeführte Malerei ist der Oberfläche eines Spiegels ähnlich.«

Cardano (1550)[17] weist darauf hin, daß *die Gemälde im Spiegel überprüft werden*, und Charles-Alphonse du Fresnay[18] sagt, die Künstler hätten keinen besseren Meister. Giorgione und Correggio und in ihrer Folge zahlreiche italienische Maler[19] haben Spiegel benutzt. Auch bei dem Bild *Las Meninas* (Die Hofdamen) von Velasquez (1656) wurde das für möglich gehalten.[20] Nach Manetti[21] machte Brunelleschi (ca. 1425) optische Experimente, indem er den Himmel seiner *veduti* mit polierten Silberplättchen bedeckte, »in denen sich die Lüfte und der wirkliche Himmel und sogar die Wolken spiegelten, welche dort zu sehen waren, wie sie vom Wind bewegt wurden, sofern dieser wehte.«

Als ein Wunder an unmittelbarer und vollkommener Wiedergabe wird der Spiegel zum Symbol des unveränderten Anblicks der Dinge. Er ist in erster Linie ein Instrument der Selbsterkenntnis, das als einziges dem Menschen direkt sein eigenes Bild, sein Doppel, sein Phantom, sein Trugbild sowie seine physischen Vollkommenheiten oder Mängel zeigt. Und er liefert ihm auch in absoluter Exaktheit ein Bild der ihn umgebenden Welt. Die Klugheit konsultiert ihn in Begleitung der Schlange.

Der Spiegel ist indessen auch ein Instrument der Transfiguration der Welten, die er an anderen Orten, sich selbst gleichend, wiedergibt. Seine Kehrseite und seine Abgründe sind Gegenstand unserer Untersuchung. Das *Speculum majus*, das wir hier zeigen, hat entgegengesetzte Eigenschaften. Die Realität wird hier nicht nachgebildet, sondern in

Stücke zerlegt, und aus den Scherben wird eine andere Welt neu zusammengesetzt. Dieselben Reflexionsgesetze, nach denen auf einer einzelnen und planen Oberfläche Gestalten ähnlich erscheinen, lassen in mehrteiligen und auf unterschiedliche Weise gebogenen Spiegeln trügerische und zauberhafte Visionen entstehen.

Von Hero von Alexandria (2. Jahrh. v. Chr.) bis Athanasius Kircher (1646) und Kaspar Schott (1657) wurden zahlreiche Apparate speziell zur Darstellung dieser Schauspiele entwickelt. Um die katoptrischen Abhandlungen herum, in denen alles vernünftig und präzise ist, bildeten sich merkwürdige Legenden und Spekulationen. Die optischen Schlußfolgerungen fanden ihre Fortsetzung in der Phantasie.

Spiegel gibt es praktisch überall. Man begegnet ihnen auf dem Mond, in den Regentropfen, in den Wolken und sogar in der Luft. Ein Frauengesicht, Regenbögen, die vielen Monde und Sonnen, selbst die vom Denken gebildeten und entworfenen Gestalten erscheinen als Phantome. Der Spiegel enthüllt das Unsichtbare.

Er zeigt Jehovah, den Allmächtigen, und die Gottheiten von Smyrna. Philosophen und Theologen haben sich über dieses Mysterium gebeugt. Das verkleinerte oder vervielfältigte Bild der Sonne entfacht das Feuer. Ganze Flotten hätten mit Spiegeln vernichtet werden können. Der Spiegel läßt den Blick über den Horizont des Meeres hinausgehen und er prägt Zeichen in den Mond, die man überall sehen kann. Er ist ein Apparat, aus dem Weissagungen und Schreckbilder kommen.

Wissenschaft der Illusion, Wissenschaft und Illusion und Illusion der Wissenschaft, die Katoptrik und alle dazugehörigen Entwicklungen werden auf diesen beiden Ebenen definiert. Das Trügerische und die kalkulierten Irrtümer haben dabei die gleiche tiefe Notwendigkeit wie die Selbsterkenntnis.

Die hier vorliegende *Wissenschaftliche Legende** folgt der *Legende eines Mythos*,[22] der *Legende der Formen*[23] und den *Anamorphosen*[24] der verdorbenen Perspektiven. Sie bildet die vierte und letzte Lade des Polyptychons unserer Essays über die Depravationen des Denkens und des Blicks. Wir präsentieren sie so, wie sie im Laufe der Zeit erzählt wurde, ohne die Absurditäten und die Begeisterungsstürme auszulassen, die zu ihrem poetischen Wesen gehören.

---

* Die französische Ausgabe von »Der Spiegel« trägt den zusätzlichen Titel »Essai sur une légende scientifique«.

TABVLA. IX. LIB: II. FIG 4.1 *fol. 113. infer.*

I
Ein katoptrisches Museum

Für einige, sage ich, waren Spiegel eine Hieroglyphe der Wahrheit, weil sie alles enthüllen können, was sich ihnen zeigt, so wie es der Wahrheit Brauch ist, die nicht verborgen bleiben kann. Andere dagegen halten Spiegel für Symbole der Falschheit, weil sie die Dinge oft anders zeigen, als sie sind.

Raphael Mirami, 1582

4. Kasten mit fünf Spiegeln und Tafel der Spiegelbilder. Z. Traber, 1675.

I Die katoptrischen Raritäten und ihre Museen

Ein konkaver Spiegel im Worm-Museum in Kopenhagen und seine vielfältigen Eigenschaften – auf dem Kopf stehende Gestalten, vergrößerte Gestalten, Feuer. Zwei Apparate mit flachen Spiegeln im Kircher-Museum in Rom. Ein unvollkommenes Instrument mit zwei Flügeln: Drachen, vielköpfige Gottheiten. Ein Schrank-Kabinett mit Spiegeln und verstellbaren Klappen und sein drehbares szenisches Inventar: Puppen, Marionetten und Katzen.

II Vom katoptrischen Möbel-Kabinett zum Kabinett als Spiegel-Saal

Ein Raum in einem römischen Palast: das Proteus-Theater. Die Spiegelausstattung in einem Haus: Katharina von Medici – Maisons-Laffite – das Spiegelhaus von Alice. Das katoptrische Theater im Garten: die Grotten von Versailles und von Decker. Das katoptrische Theater in der Natur: die Erzählung der Gräfin von Aulnoy.

III Die Welt in einer Schachtel

Die Kassette mit zweiunddreißig Spiegeln von Settala: Bibliothek, Schatz, Garten und Meer. Die Grotte mit Christi Geburt von Schott. Die Architektur: die Perspektiven von Kircher und Du Breuil. Die polygonalen Kästen: ein Vogelkäfig, ein Kasten mit verschiedenen Landschaften (Kircher – Du Breuil). Die hexagonale Maschine von Zahn. Die drehbaren Apparate von Traber: Szenographie – Katoptromantie und Hexerei.

IV Die Metamorphosen

Die Metamorphosen von Trithemius und die zoomorphischen Räder von Kircher. Anamorphosen und *tabula scalata*. Optische Deformationen anstelle von mechanischen Substitutionen. Die elliptischen und ausgebauchten Spiegel. Das *speculum multivideum* und das *speculum Protei*. Die Brennspiegel. Das Kuriositäten-Kabinett von Hoffmann.

V Raphael Mirami und seine Wissenschaft von den Spiegeln

5. Katoptrische Apparaturen. A. Kircher, 1646.

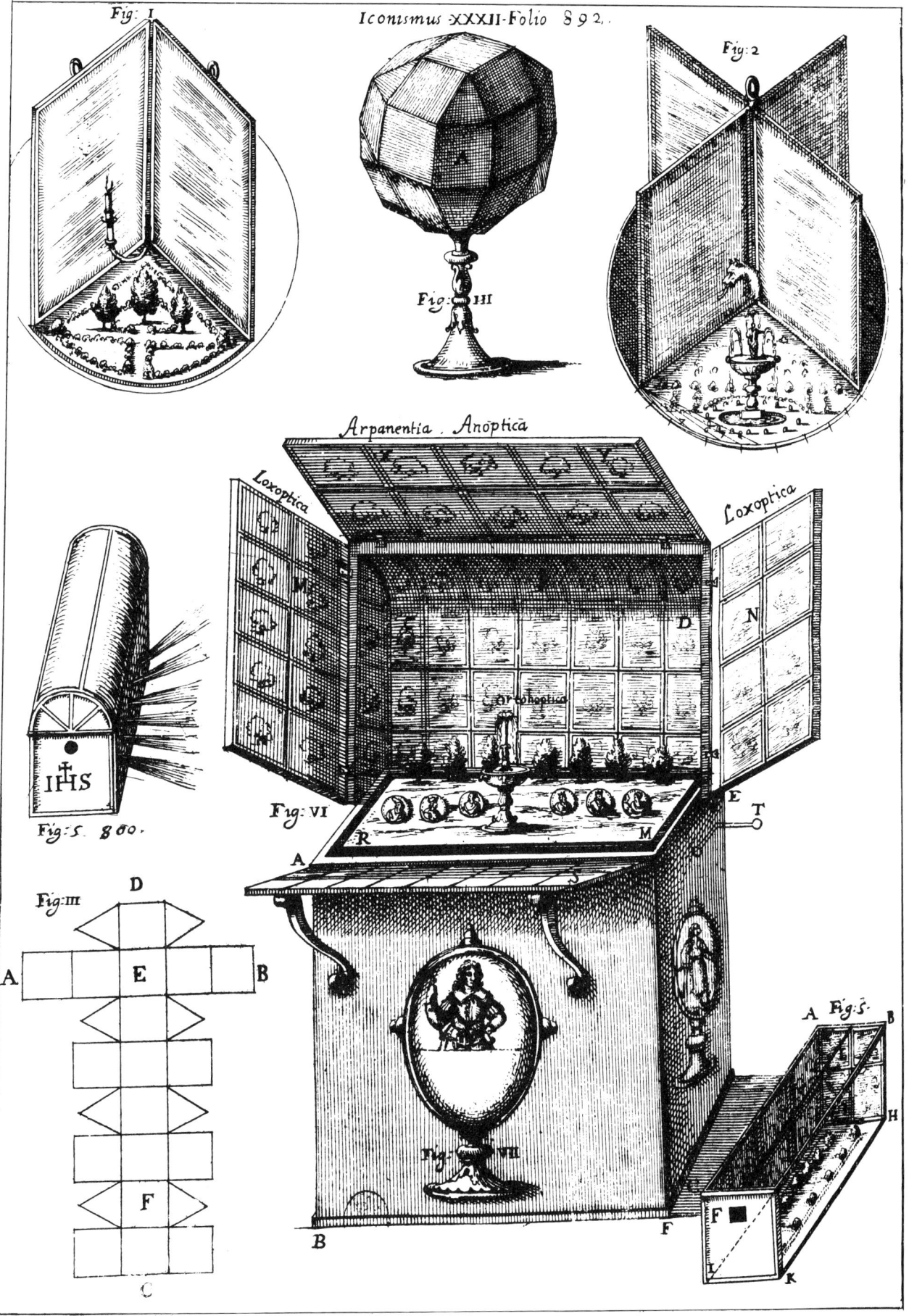

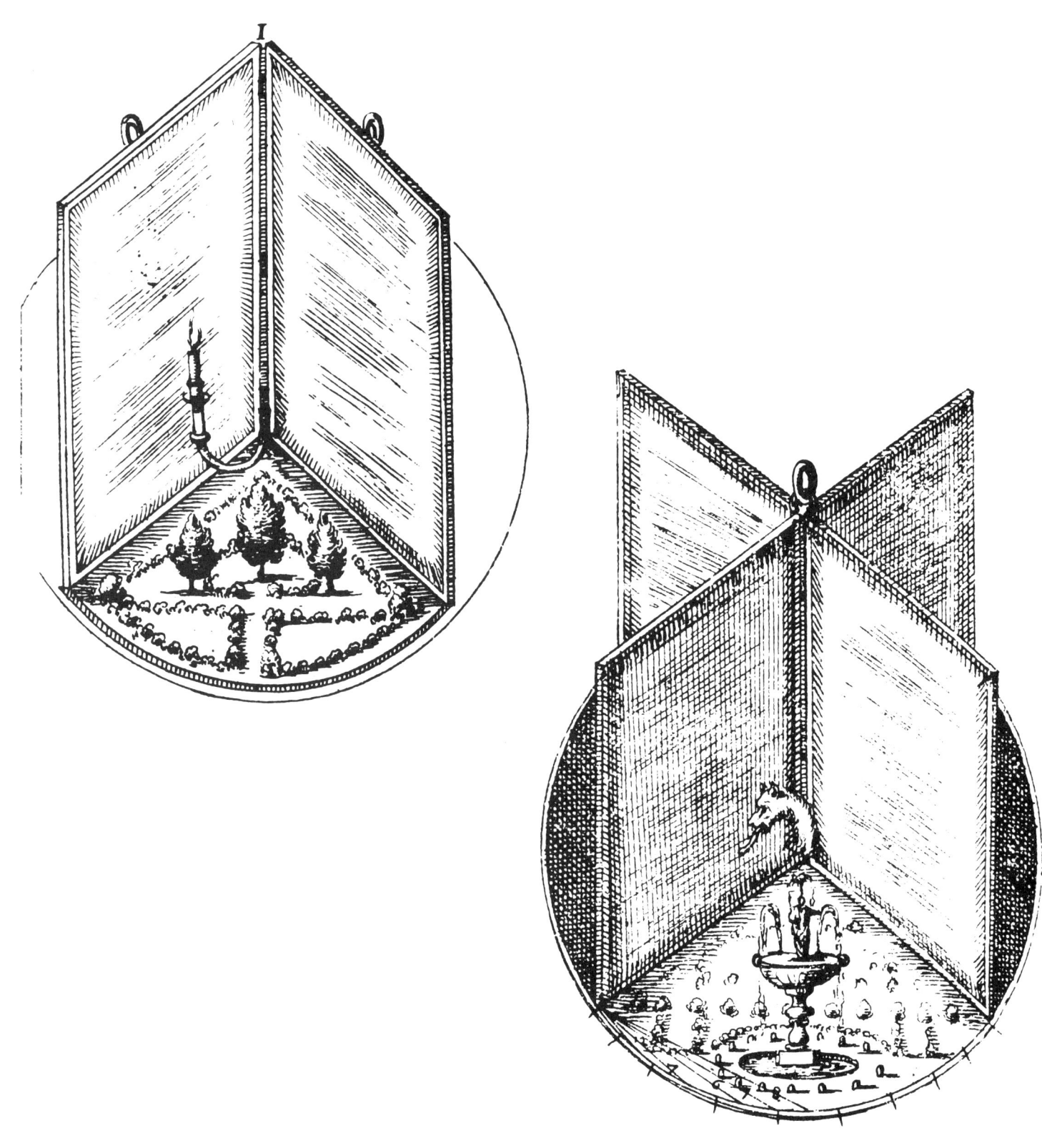

6. Geräte mit zwei und vier Spiegelklappen. A. Kircher, 1646.

I

»Ein vollkommener Spiegel von vier Zoll Durchmesser, der von einem Holzrahmen eingefaßt ist und der sehr stark die Sonnenstrahlen einfängt und wunderbare Visionen zeigt«, wird unter den seltenen Gegenständen des Studierzimmers von Olaus Worm, einem Arzt in Kopenhagen (1655),[1] erwähnt: »Wenn man sich vor den konkav gewölbten Spiegel stellt, und zwar direkt vor seinen Mittelpunkt, erscheint der Kopf umgekehrt und die Füsse befinden sich in der Luft. Wenn man näher herangeht, sieht das normale Gesicht gigantisch aus und ein Finger bekommt die Ausmaße eines Armes.«

Die Realität wird plötzlich zerstört und in einem chimärischen Bereich neu zusammengesetzt. »Aber der Spiegel wird hauptsächlich dazu verwendet, mit hoher Konzentration die schimmernden Sonnenstrahlen zu sammeln und widerzuspiegeln, die alle Gegenstände, die sich in seinem Brennpunkt befinden, erhitzen und in Brand setzen. Mag der Tag zuende gehen oder beginnen, solange die reflektierten Strahlen des Tageslichtes an den Gegenstand gelangen, setzen sie ihn in Brand. Der Spiegel wurde 1609 in Venedig bei einem Kaufmann gekauft, der dessen Eignung zum Entfachen des Feuerholzes rühmte.«

Diese Beschreibung, die in einem Ausstellungskatalog abgedruckt ist, kann mit einem anderen Text in Verbindung gebracht werden. Einhundert Jahre vorher hatte Giovanni-Battista della Porta, der berühmte neopolitanische Gelehrte, in seiner Abhandlung über die *Natürliche Magie* (1561)[2] bereits einen Spiegel derselben Art mit denselben Ausdrükken beschrieben. Die Bilder verändern sich vollständig je nach der Stellung des Betrachters; so sieht man abwechselnd:
- eine Person mit einem umgekehrten Haupt, also mit dem Kopf nach unten und den Fäusten nach oben;
- das große Gesicht eines Bacchus, der einen Finger von der Größe eines Armes hat.

Auch dieser Spiegel ist ein Brennspiegel: »Wenn jemand einen Beweis dafür haben will, genügt es, wenn er diesen Spiegel mit den Sonnenstrahlen konfrontiert und irgend etwas Brennbares in die Nähe des Mittelpunktes bringt: plötzlich wird eine Flamme aufflackern. Und wenn er lange damit fortfährt, kann er Blei und Zinn zum Schmelzen bringen; auch erinnere ich mich, gelesen zu haben, daß die Sonnenstrahlen schon einige Male Gold und Silber geschmolzen haben.«

Magie und Mythologie sind mit einer wissenschaftlichen Operation par excellence verbunden, welche auf einfallenden und reflektierenden Strahlen beruht, die die sichtbare Welt verändern und auf den Kopf stellen und die ebenso brennbare Materialien zerstören und Metalle verflüssigen können. Zu allen Zeiten hat man katoptrische Apparate gleichzeitig für unterhaltsame optische Spiele und für eine Lehre der Gesetze und Mechanismen des Sehvermögens benutzt. Stets von einem Mysterium umgeben, haben diese bizarren Maschinerien über lange Zeiten hinweg den Hintergrund der Taschenspielerei und des Legendenhaften bewahrt. Gelehrte und Liebhaber haben sie in ihren Museen zusammengetragen.

Wir kennen eine ganze Reihe der Inventarlisten von Kuriositäten- und Raritäten-Kabinetten, von *Kunst- und Wunderkammern*[3] des 17. Jahrhunderts, die eine mechanische und optische Abteilung enthalten.[4] Bedeutend sind die von Kopenhagen, wo das Worm-

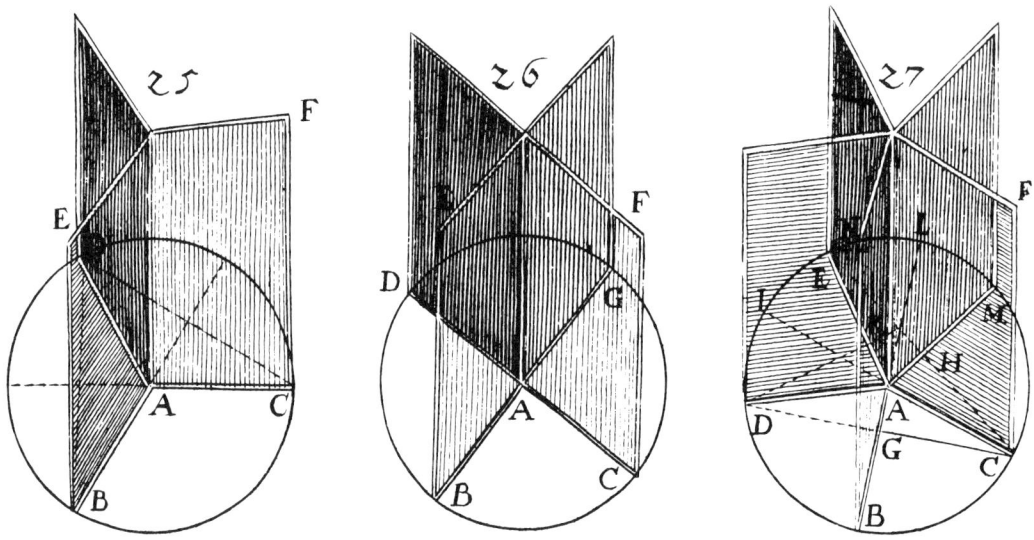

7. Geräte mit mehreren Spiegelflügeln. Z. Traber, 1675.

Museum direkt neben dem königlichen Museum von Dänemark[5] liegt, und die Mailänder Galerie des Domherren Manfred Settala.[6] Aber das *Museum Kircherianium*, das sich in Rom im Jesuitenkolleg befand, hatte zu seiner Zeit die berühmteste Sammlung. Im Katalog von Bonanni (1709)[7] sind die katoptrischen Geräte und die hydraulischen Automaten der Kategorie der mathematischen Instrumente zugeordnet, von denen er eine zusammenfassende Darstellung gibt. Eine ausführliche Beschreibung findet sich in der *Ars Magna lucis et umbrae* (1646)[8] des Meisters. Das Werk steht in der Tradition des Hero von Alexandria (2. Jahrh. v. Chr.),[9] der besonders wegen seiner Vorstellungen von ungewöhnlichen optischen Erscheinungen rezipiert wurde, die man in die modernen Kosmologien und morphologischen Strömungen einordnete. Seine *Katoptrische Magie oder wunderbare Darstellung der Dinge durch die Spiegel* geht weit über den rein technischen Rahmen hinaus. Das Ganze wurde von Kaspar Schott (1657)[10] aufgegriffen und vervollständigt. Es bildeten sich zwei Entwicklungslinien: *Theatralische Maschinen* mit ebenen Spiegeln und *metamorphe Apparate* mit gekrümmten und ebenen Spiegeln.

Die einfachste Konstruktion, die am Ursprung zahlreicher Entwicklungen stand, besteht aus zwei rechteckigen, flachen Spiegeln, die an einem Scharnier befestigt sind. Sie werden vertikal auf eine Ebene montiert, deren Winkel verstellt werden kann. Das darin gezeigte Schauspiel variiert mit der Position der Elemente und der Wahl des Sujets. Eine zwischen den beiden Flügeln installierte Drachengestalt, die aus einem in ihren Körper eingebauten Rohr Feuer speit, vervielfältigt sich je nach der Öffnung der Flügel: bei 90° sieht man vier, bei 72° und bei 60° bekommt das Ungeheuer fünf und sieben Köpfe. Je geringer der Winkel wird, um so zahlreicher werden die Figuren. Wenn man die Flügel langsam bewegt, erlebt der Zuschauer einen wilden Ansturm der Untiere.

Der Mechanismus funktioniert mit jeder beliebigen Darstellung. Eine Kerze anstelle des Drachen verwandelt sich in einen mehrarmigen Leuchter. Wenn man es schafft, einen ganzen Altar mit all seinen Leuchtern einzubauen, füllt sich die erleuchtete Kirche mit ebensoviel Lichterglanz wie die Spiegel groß sind. Wenn man eine Statue einbaut, erscheinen vielköpfige Gottheiten. Das wunderliche Mittelalter, religiöse Feste und die Lichter und Genien des Fernen Orients werden nach und nach im Inneren eines einzigen Netzes von reflektierten Strahlen sichtbar.

Das elementare System wird durch Vervielfachung weiterentwickelt. Im *Polymontralen Katoptrischen Theater (polydicticum)* verwandelt es sich in ein Möbelstück – in ein Kabi-

8. Polymontrales Theater.
A. Kircher, 1646.

nett, das einem Buffet ganz ähnlich sieht und dessen Inneres, der Deckel, die Wände, die Fensterflügel, mit insgesamt sechzig Spiegeln verkleidet ist. Jedes Objekt spiegelt sich in jeder Richtung, der Ast eines Baumes, eine menschliche Gestalt, ein Buch werden zu einem Wald, zu einer Armee oder einer Menge, zu einer Bibliothek. Dem Autor zufolge bekommen die Trugbilder eine derartige Realität, daß der Uneingeweihte völlig überrascht wäre, wenn er versuchte, sie mit der Hand zu berühren. Im Palast der Borghese, hinter dem Pincio, gab es eine ebensolche polymontrale Maschine.

Das Theater ist für mehrere Darbietungen ausgerüstet, deren Wechsel durch eine besondere Vorrichtung gesteuert wird. Die Ebene, auf der man die Figuren einer Inszenierung installiert, ist nicht fixiert. Sie sieht aus wie ein sich drehender Polyeder, der im Unterbau des Schrankes verborgen ist, so daß eine Drehung an der Kurbel genügt, um ein Tableau durch ein anderes zu ersetzen. Zunächst gab es ein halbes Dutzend Wachs- oder Pappblumen, die Gärten erscheinen ließen, soweit das Auge reichte, dann eine Handvoll Steinchen, Aquamarine, Türkise und Smaragde, die an derselben Stelle als märchenhafter Schatz aufleuchteten. Noch eine leichte Handbewegung, und es erschien eine phantastische Stadt mit Tempeln, Palästen und ihren von endlosen Säulen- und Obelisken-Reihen gesäumten Straßen. Mit Hilfe der kleinen, spielzeugähnlichen Modelle, die auf allen Seiten des rotierenden Körpers befestigt waren, kamen aus dem sie umschließenden Kasten nach und nach die wunderbarsten Schauspiele.

Mit Marionetten oder sogar lebenden Tieren konnten auch belebte Bilder geboten werden. Kircher ist sehr weit in diese Richtung vorgedrungen, als er eine katoptrische Belustigung mit Katzen vorschlug, die den riesigen Raum gleichzeitig mit ihrem wilden oder sanften Herumgetolle und mit ihren Schreien füllen sollten.

Durch das Öffnen der Flügel werden die Perspektiven erweitert. Eine größere Öffnung der beiden Klappen des Schrankes richtet die Spiegel auf die kreisförmige Linie eines vollkommenen Amphitheaters, in dem man neue Szenen sich abspielen sieht. Wenn man die vorherige Klappe so senkt, daß sie gleichzeitig den Himmel und den Deckel reflektiert, wird man fliegende Körper, Kometen und andere meteorenartige Phänomene ebenso wie nach unten versetzte Gegenstände erkennen, die auf den Kopf gestellt sind und in der Luft schweben.

Hingerissen von seiner Phantasie, beschreibt der deutsche Jesuit bestimmte Vorhaben, die nur schwer zu verwirklichen waren, um so mehr, als seine Maschine nicht auf dem höchsten Stand der Dinge war. Die Spiegel, die übereinander auf mehreren Ebenen an den Wänden des Kastens und an den Klappen, die sich in verschiedenen Graden öffnen ließen, angebracht waren, befanden sich teilweise außerhalb der Reichweite der auf die Ebene gestellten Figuren. Mit einem Baum in jedem einzelnen der sechzig Spiegel ist die Illustrationszeichnung falsch. Auf derselben Ebene befestigt, bildet jede Gruppe von Spiegeln auf einer Fläche nur einen einzigen Spiegel, der auch in Fächer eingeteilt nur ein einziges Bild des Gegenstandes zeigen kann. Um die Abbildungen zu vervielfachen, wäre es notwendig, die Neigung jedes einzelnen Spiegels so zu verändern, daß jeder von ihnen seinen eigenen Reflexionsstrahl hätte. Aber all das gehört zum Geist der Zeit. Durch die Überfrachtung mit glänzenden Spiegelflächen, durch den Reichtum und die Extravaganz seiner Komparserien schließt das *Theatrum polydicticum* an die Szenographie des Barock an.

9. Spiegelkabinett. Schloß von Versailles. Saal des Krieges, 1680.

II

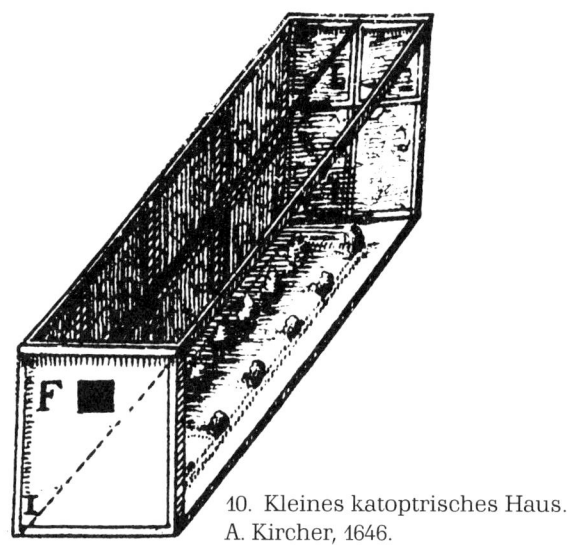

10. Kleines katoptrisches Haus.
A. Kircher, 1646.

Unterhalb des Möbelstücks ist auf derselben Seite der *Ars Magna* ein anderer Apparat abgebildet, der aussieht wie eine lange Schachtel. Die angegebenen Maße entsprechen einem kleinen Haus von ungefähr 6,50 m mal 3,50 m. Der ganze Innenraum des Häuschens, das sich in einem Fürstenpalast in Rom befand, war wie der polymontrale Schrank mit Spiegeln bedeckt: Wand, Decke und Boden, Fensterklappen. Auf der Zeichnung erkennt man entlang der Wände zwei übereinanderliegende Reihen und eine einem Wasserspiegel ähnliche Fläche auf der Achse des Bodens. Die Umgebung gerät in Bewegung, wenn man in den Raum eintritt. Es handelt sich nicht mehr um Marionetten. Die Menschen werden zu Akteuren in einem Schauspiel, dessen Programm folgendermaßen angekündigt wird:
- Du siehst dich ins Unendliche vervielfacht, wobei du dich mal in der Luft und mal in tiefen Abgründen bewegst, dann plötzlich mit zwei, drei, vier, fünf Köpfen und manchmal verstümmelten oder monströs deformierten Gliedern. Daß diese Darbietungen mit dem Namen des Proteus bezeichnet werden, beruht auf derartigen Metamorphosen.
- Du siehst dich mit den Füßen an der Decke in der Luft hängen.
- Wenn du den Weg entlang siehst, wirst du dich ohne Füße durch die Luft fliegen sehen.
- Wenn du dich in der Ecke des Zimmers befindest, wirst du dich bald ohne Ohren, bald ohne Augen und bald nur mit einem einzigen Auge sehen; und du wirst verblüfft über diese Transformation sein.
- Wenn man ins Innere einen kleinen Haufen Erde oder Sand legt, siehst du dich Berge hinauf- oder hinabsteigen.

In architektonisch exaktem Maßstab aufgebaut, umschließt der katoptrische Kasten jetzt ein Stück Leben. Diese Entwicklung entspricht einem neuen Bedürfnis. Schon die semantische Evolution des Wortes »Kabinett«, dessen Bedeutung sich im 17. Jahrhundert von einem Möbelstück, in das man seltene oder seltsame Dinge einschloß, zu einem Saal für eine Sammlung wandelte, illustriert diese Veränderung, die im Dekor des Hauses zu spüren ist.

Um 1600 beginnen die Spiegel größer und zahlreicher zu werden.[11] Mit seinen »einhundertneunzehn in Paneelen gerahmten venezianischen Spiegeln« erinnert das Kabinett der Katherina von Medici bereits an ein *theatrum polydicticum*. Das zweite Drittel des 17. Jahrhunderts war eine Zeit der Expansion. Die Beschreibung eines Festmahls durch Loret,[12] das der Erzbischof von Sens 1651 für die Herzogin von Longueville gegeben hatte, läßt an eine gespenstische Szene in irrealen Lüften und Räumen denken.

Le lieu de ce banquet charmant	Der Ort dieses reizenden Banketts
Brilloit plus que le firmament	Leuchtete mehr als das Firmament,
Car sans compter les yeux des dames	Denn ohne die Augen der Damen zu zählen,
Qui jetoient des feux et des flammes,	Die Feuer und Flammen sprühten,
On y voyait trente cristaux	Gab es dort dreißig Kristall-Leuchter,
Ayant chacun trente flambeaux,	Mit jeweils dreißig Lichtern;
Icelle d'une façon exquise	Und außerdem in erlesener Form
Cinquante miroirs de Venise	Fünfzig Spiegel aus Venedig,
Des plus riches et des plus beaux	Von denen die reichsten und schönsten
Servoient d'agréables tableaux	Als wahrhaftige Gemälde dienten,
Pour représenter les figures,	Um zu zeigen die Gesichter,
Les grimaces et les postures,	Die Grimassen und die Haltung,
Les ris, les graces, les apas,	Das Lachen, die Grazie, das Geplauder,
Les gorges, les mains et les bras	Die Brüste, die Hände und die Arme
De toute la belle cabale	Der ganzen schönen Kabale,
Qu'on festoyait dans cette salle.	Die man feierte in diesem Saale.

11. Café im Keller des Palais-Royal, ca. 1785–1790.

Schon seit langem war Venedig der größte Spiegellieferant Europas, der eifersüchtig auf seine Privilegien und seine Geheimnisse achtete. Dort wurden wunderbare Gegenstände hergestellt, die einen sehr hohen Preis hatten und für Herrscher und Prinzen reserviert waren:

> Et ta glace de Venise, profonde comme une froide
> fontaine, en un rivage de guivres dédorées
> (Und dein venezianischer Spiegel, tief wie ein kühler Bach,
> mit einem Ufer voll sich entgoldender Schlangen)

ruft noch Mallarmé (1864) aus.

Die Manufakturen auf der Insel Murano wurden streng bewacht, um das Herstellungs-Monopol zu sichern. In der Expansionsgeschichte dieser Erzeugnisse häuften sich Episoden der Industriespionage, der Bestechung und des Schmuggels. Darin verwickelt waren auch Colbert und der Botschafter von Frankreich, denen es gelang, einige Techniker zu entführen. Ludwig XIV. besuchte im Jahre 1666 ihre Werkstatt im Faubourg Saint-Antoine, wo einige von ihnen vergiftet wurden. Die neue Mode fand leidenschaftliche und fieberhafte Verbreitung.[13]

Sie entsprach dem Aufblühen einer visionären Bauweise, bei der die Oberflächen der Mauern immer mehr in Bewegung gesetzt wurden und die Räume im Universum der Illusion explodierten. Maisons-Laffite (Spiegelgalerie, 1650), Versailles (Spiegelgalerie, 1679–1694; Saal des Krieges, 1680), bayrische Barock- und Rokoko-Schlösser und die *Galleria degli specchi* in Mantua (18. Jahrh.). In ganz Europa wurden die Prunk-

12. Alices Durchquerung des Spiegels. Lewis Carrol (1896). Illustration von John Treuniel.

gemächer mit Spiegeln versehen. Ihnen folgten im 19. Jahrhundert die großen, vollständig mit Spiegeln ausgekleideten Cafés mit ihrem Volk von Phantomen, die sich im Halbschatten eines neuen Zeitalters und eines neuen Milieus ausbreiteten.[14] Das *Spiegelhaus*
von Lewis Carroll (1896),[15] das Alice durchquert, um in das Land der Wunder zu gelangen, die sich bis in den Garten erstrecken, hat in gewisser Weise schon seit einem Vierteljahrtausend existiert.

Der Weg von Alice wurde fast zur gleichen Zeit von den Protagonisten zweier moderner Autoren weiterverfolgt. Jacques Rigaut (1924) und Jean Cocteau (1930)[16] drangen ins Jenseits ein, der eine mit Lord Patchogue und der andere mit einem Dichter.

Bei Rigaut handelt es sich um eine philosophische Phantasmagorie: »Lord Patchogue und sein Abbild gehen langsam aufeinander zu. Schweigend sehen sie einander an, sie bleiben stehen, sie verbeugen sich. – Lord Patchogue verfiel in einen Rausch. Es ging schnell, leicht, war magisch. Mit der Stirn voran stürzte er sich vorwärts. Er prallte gegen den Spiegel, drang durch ihn hindurch, der Spiegel zersplitterte; plötzlich war er auf der anderen Seite.«

Er findet dort, auf der Gegenseite der wahrnehmbaren Welt, dieselbe Ungewißheit und dasselbe Durcheinander von Realität und Spiegelbildern, von festen Körpern und von Schatten wieder. In dem Wunsch zu überleben stürzt er sich verzweifelt vorwärts und dringt direkt in ein gespenstisches Reich ein: »Er dreht sich um und hinter ihm ist ein Spiegel, und wieder sieht er Lord Patchogue auf den Spiegel. Ein Klirren, Spiegelscherben. Lord Patchogue steht direkt vor einem neuen Spiegel, vor sich Lord Patchogue.«

Ein dritter, ein vierter Spiegel... Lord Patchogue durchbricht unerschütterlich in dem Getöse von zerbrechendem Glas und von zerbrochenen Spiegelbildern eine ganze Galerie von Spiegeln, die sich bis ins Unendliche vervielfachen.

In dem Film von Jean Cocteau, *Das Blut eines Dichters*, geschieht die Durchquerung des Spiegels lautlos und ohne Zusammenprall:

13. Der Dichter geht durch den Spiegel. Jean Cocteau, Das Blut eines Dichters, Film, 1930.

Die Statue: Es bleibt Dir nur ein Ausweg: gehe durch den Spiegel und wandere dort umher.
Der Dichter: Man kann nicht durch Spiegel gehen.
Die Statue: Versuche es, versuche es immer wieder.
Der Dichter mit halbem Körper und sein Bild im Spiegel.
Der Dichter gleitet durch den Spiegel.
Das Innere des Spiegels. Nacht.
Der Dichter gleitet bewegungslos vorwärts.

Das katoptrische Theater kann auch in der Natur aufgebaut werden. In Versailles, in der Vorgrotte der Thetis (1676),[17] sind die Spiegel so aufgebaut, daß die dekorativen Elemente, die nur halb ausgeführt sind, in den Spiegeln in voller Größe erscheinen und gleichzeitig endlose Perspektiven in einem begrenzten Raum sichtbar machen.

Paul Decker (1711),[18] ein Architekt aus Nürnberg, trieb dieses Raffinement noch weiter, indem er Spiegelgrotten in Spiegelgalerien einbaute: »Dieses Kabinett kann vollständig mit schönen Spiegeln verkleidet werden, die von Porzellan-Rahmen und farbigen oder vergoldeten Gläsern eingefaßt sind. Auch sollten diese Grotten mit Spiegelscheiben ausgekleidet werden. An verborgenen Stellen und in den kleinen Höhlen muß man Lampen aufhängen, die man nicht sieht, die aber ihr Licht in die Spiegel werfen, so daß es wunderbare Lichteffekte gibt.«

Die Kaskaden und Wasserfälle, die sich spiegeln, müssen parfümiert werden. Überall würden groteske Masken angebracht sein, um satirische und prophetische Inschriften mit den Lichtstrahlen zu beleuchten, die aus ihren Augen und aus ihren Mündern kommen. All diese Dinge werden durch eine Maschine bewegt, die man mit den Füßen steuert. »Hierzu muß noch festgehalten werden, daß die ovalen Spiegel so gemacht sind, daß man, wenn man sich in ihnen betrachtet, verschiedene in die Breite oder in die Länge gezogene Gesichter sieht.«

Das Zauberschloß enthält Stücke aus einer katoptrischen Sammlung; ein solcher Spiegel befindet sich zum Beispiel im königlichen Museum von Kopenhagen.[19]

Wenn die Natur in eine Spiegelgalerie eindringt, so entfaltet sich die Spiegelgalerie ihrerseits in gigantischem Maßstab in der Natur. So etwa in einem Feenmärchen. Die Gräfin von Aulnoy (1697)[20] erzählt in *L'Oiseau bleu*, wie die Königin Florine auf der Suche nach ihrem liebreizenden König in ein wundersam steiles Gebirge gelangt, dessen eine Seite aus Elfenbein und dessen andere Seite aus Glas ist: »Das ganze Tal war eine einzige Spiegelfläche. Es gab dort mehr als sechzigtausend Frauen, die mit höchstem Vergnügen in den Spiegel schauten, denn dieser Spiegel war gut zwei Meilen lang und sechs Meilen hoch.«

Im Mittelalter widmeten die Liebhaber den Damen eine 8000 m breite und 24000 m hohe Spiegelscheibe als kostbare Gabe:

Et mirouer pour moy ordonné	(Aus Elfenbein, um mein Herr zu sein,
D'yvoire me devez donner,	Einen Spiegel wünsche ich mir geschenkt,)

liest man in den *Pensées morales et historiques* von Eustache Deschamps.

Bei der Gräfin von Aulnoy erfüllten diese monströs vergrößerten Spiegel die Frauen mit Entzücken: »Jede sah sich so, wie sie sein wollte. Die Rothaarige erschien blond, die Brünette hatte schwarzes Haar, die Alte hielt sich für jung und die Junge alterte nicht; alle Mängel wurden darin so gut verborgen, daß man aus allen vier Ecken der Welt dorthin kam.«

Wir befinden uns immer noch im Theater der Illusion. »Dieser Umstand zog nicht weniger die Männer an... Auch ihnen gefiel der Spiegel. Er zeigte den einen schöneres Haar, den anderen eine höhere Gestalt, ein martialisches Aussehen und ein feineres Gesicht. Die Frauen, über die sie sich lustig machten, machten sich nicht weniger über sie lustig: daher gab es für diesen Berg tausend verschiedene Namen.«

Florine, die über die Falschheit der Erscheinungen entsetzt war, zerbrach ein Zauberei, aus dem zwei Tauben und ein Wagen herauskamen, die sie weit weg von den Spiegeln zu ihrem Auserwählten in eine Welt ohne Lügen führten.

III

Die Erzählung ist direkt von einer katoptrischen Maschine inspiriert worden. Berge, Ebenen und Gewässer sind schon seit langem in Form von Spiegelspielen in größeren oder kleinen Kästen eingeschlossen worden. Vorversuche für größere Konstruktionen konnten mit geringen Kosten anhand von Modellen gemacht werden. Dieses Instrument, die *Cistula catoptrica*, war nichts anderes als ein verkleinertes *Theatrum Protei*, in das man nicht eintreten konnte, sondern in das man von außen durch ein Loch hineinblickte. Dieses Kästchen ist in den meisten Sammlungen des 17. Jahrhunderts zu finden.

Das Kästchen von Settala[21] war mit zweiunddreißig Spiegeln versehen. Wenn man von verschiedenen Seiten hineinsah, erblickte man eine Reihe von aufeinanderfolgenden Darstellungen: eine wunderschöne Bibliothek mit gelehrten Werken, einen märchenhaften Schatz, der einen Geizhalz in seinen Träumen quälen würde und der ein Mittel ist, sich angenehm täuschen zu lassen, sowie einen paradiesischen Garten und ein wunderbares Meer. Das Modell eines Schiffes, ein Geschenk von Reneus von Amsterdam, befand sich mit seinen Geschützen und Matrosen auf dem Deckel jener *cristallina machina*, bei der man durch eine der Öffnungen die Weite des Meeres sehen konnte.

Ein gewaltiges Meer, das von Booten durchfurcht wurde, konnte man auch in einem der Kästen des Kircher-Museums[22] sehen, in dem die gegenüberliegende Öffnung einen Blick auf ein Feld voller bewaffneter Soldaten ermöglichte. Zur Darstellung von Grotten schlug Kaspar Schott[23] vor, eine der Wände mit Laub und Moos zu bedecken. In dieses Dekor könnte die Szene von Christi Geburt eingebaut werden. Die Figuren sollten so aufgestellt sein, daß sie durch das Fenster unsichtbar waren und nur wie plötzlich beleuchtet in einem inneren Spiegel auftauchten. Die in die Ecken gestellten Schafe würden sich durch die Spiegelungen auf den Feldern verlieren.

Das Thema Architektur ist Gegenstand von speziellen Arrangements gewesen. Kircher besaß eine sehr eigenartige Konstruktion, bei der Anamorphosen von Palästen, die an der Decke und am Boden in Mosaikform abgebildet waren, sich wieder gerade aufrichteten und sich bis ins Unendliche in vertikalen Spiegeln wiederholten.

Der Pater Du Breuil (1649),[24] der übrigens auf seine Weise einige der Kircherschen Konstruktionen nachgebaut hat, trennt die Bögen an den beiden Seiten eines Kastens durch einen einzigen Spiegel, der die ganze Wand der Rückseite bedeckt, und schafft somit eine Komposition der Malerei: »Am entgegengesetzten Ende dieses Spiegels muß man ein perspektivisches Teil einbauen und an dessen Blickpunkt ein Loch machen, in dem sich die Seiten spiegeln, die an dieser Perspektive enden und eine bewundernswerte Vertiefung ergeben.«

Der Vorgang besteht aus einer geschickten Kombination von zwei Teilen – einem kleinen Modell und einem architektonischen Gemälde. Auf denselben Fluchtpunkt und auf denselben Blickpunkt ausgerichtet, ergänzen und verlängern sich die reale Perspektive und die gemalte Perspektive an demselben Ort. Das Spiel der Optik, das bei der Ausstattung im Inneren des Apparates, wo Realität und Fiktion sich in den Abgründen der Spiegel vereinigen, immer mehr um sich greift, wurde zum Gegenstand von Untersuchungen über Spielzeug.

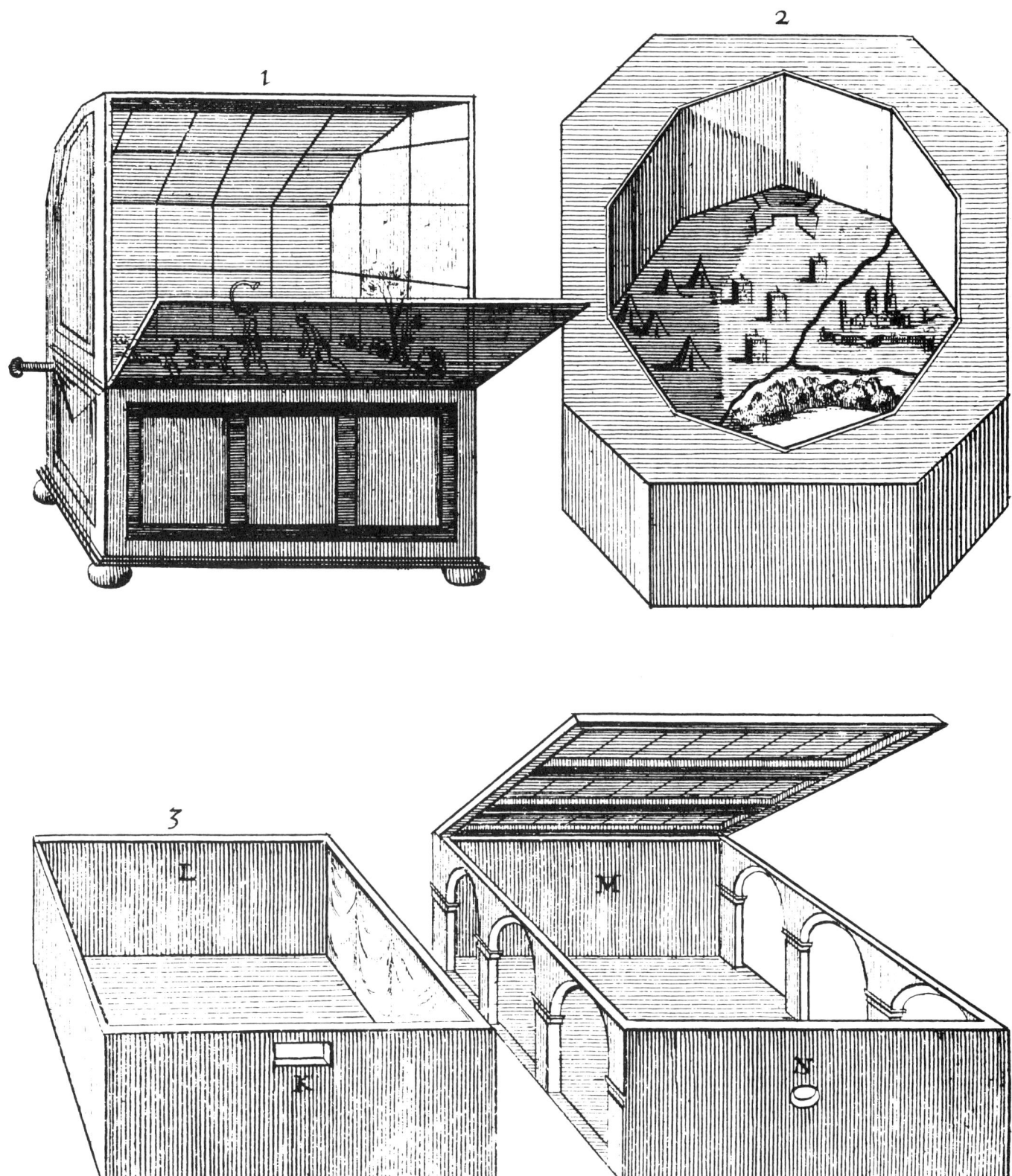

14. Katoptrische Möbelstücke und Kästen. Pater du Breuil, 1649.

Immer komplexere Formen wurden auch bei den katoptrischen Kästen benutzt. Bonanni[25] erwähnt eine vieleckige *cistula* mit acht flachen Spiegeln, die einen Vogelkäfig bildeten. Davon zählte man eintausendvierhundert Stück, obwohl es in Wirklichkeit nur vierundzwanzig gegeben hat. Von einem in die Mitte gestellten Felsen erklang ein Jagdhorn aus einem pneumatischen Automaten in Form eines Tritonen.

Pater Du Breuil schlug seinerseits vor, »ein Polygon mit acht, zehn oder zwölf Spiegeln zu bauen, die in runder Form aufgestellt werden sollten: in eine der Ecken, wo die Spiegel zusammenstoßen, stellt man einen Teil einer Festung, die gegenüber als ganze erscheint, in eine andere zwei oder drei Häuser, die als eine Stadt erscheinen, in eine weitere kleine Bäume, die einen großen Wald bilden, und so fährt man fort mit allem, was man will...«

Bei der *hexagonalen katoptrischen Maschine* von Zahn (1685)[26] sind die Spiegel nicht an den Seiten angebracht, sondern an den Speichen. Der Kasten ist in sechs dreieckige Sektoren eingeteilt, die alle einen eigenen Sehschlitz und ein eigenes Sujet haben. Die Figuren befinden sich an den Außenseiten, wo sie mit Aquarellfarben auf den matten Glasscheiben aufgemalt sind, die das Licht wie Kirchenfenster durchdringt. Ihre Spiegelbilder, die in den beiden sich in einem Winkel von 60° schneidenden Spiegeln versechsfacht werden, erzeugen eine überraschende Wirkung. Innerhalb jeder einzelnen dreieckigen Abteilung wird der ganze sechseckige Kasten sichtbar, so daß jede einzelne Komposition den ganzen Kasten zu füllen scheint.

Indem man die Öffnung weiterdrehte, sah man darin nacheinander:
1. Ein liebreizendes Blumenbeet.
2. Einen Garten mit Baumreihen.
3. Eine Gruppe von Tanzenden.
4. Pyramiden und Türme.
5. Rohe Häuser in einer wüstenartigen Landschaft mit »antiken Bäumen und aus Ruinen stammenden Steinen«.
6. Einen königlichen Wohnsitz mit glänzenden Verzierungen, goldenen Säulen und wunderschönen Möbeln.

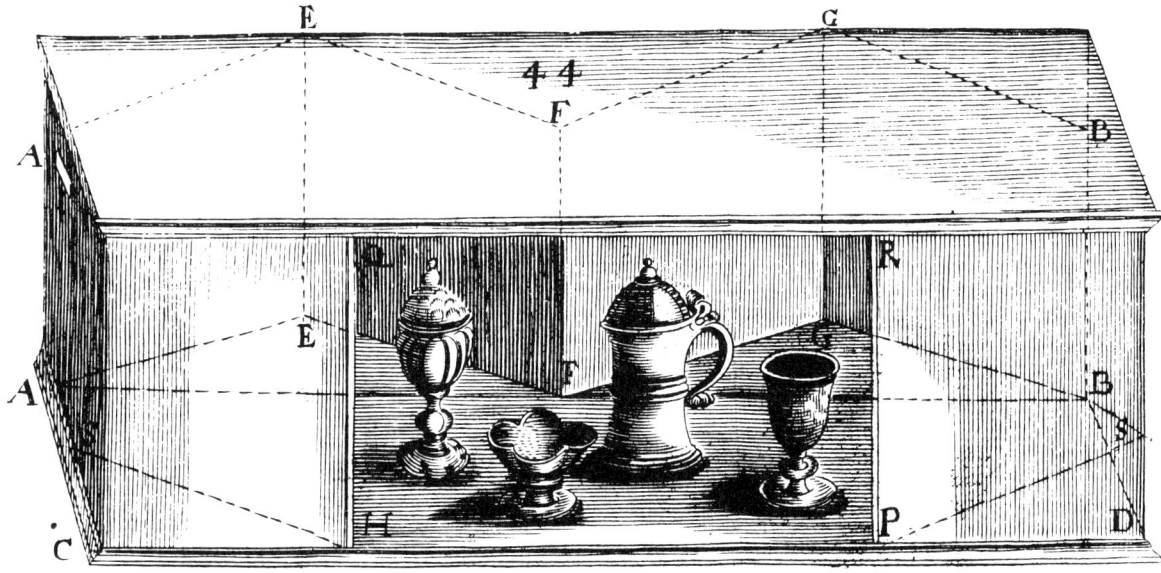

15. Katoptrische Schatzkiste. Z. Traber, 1675.

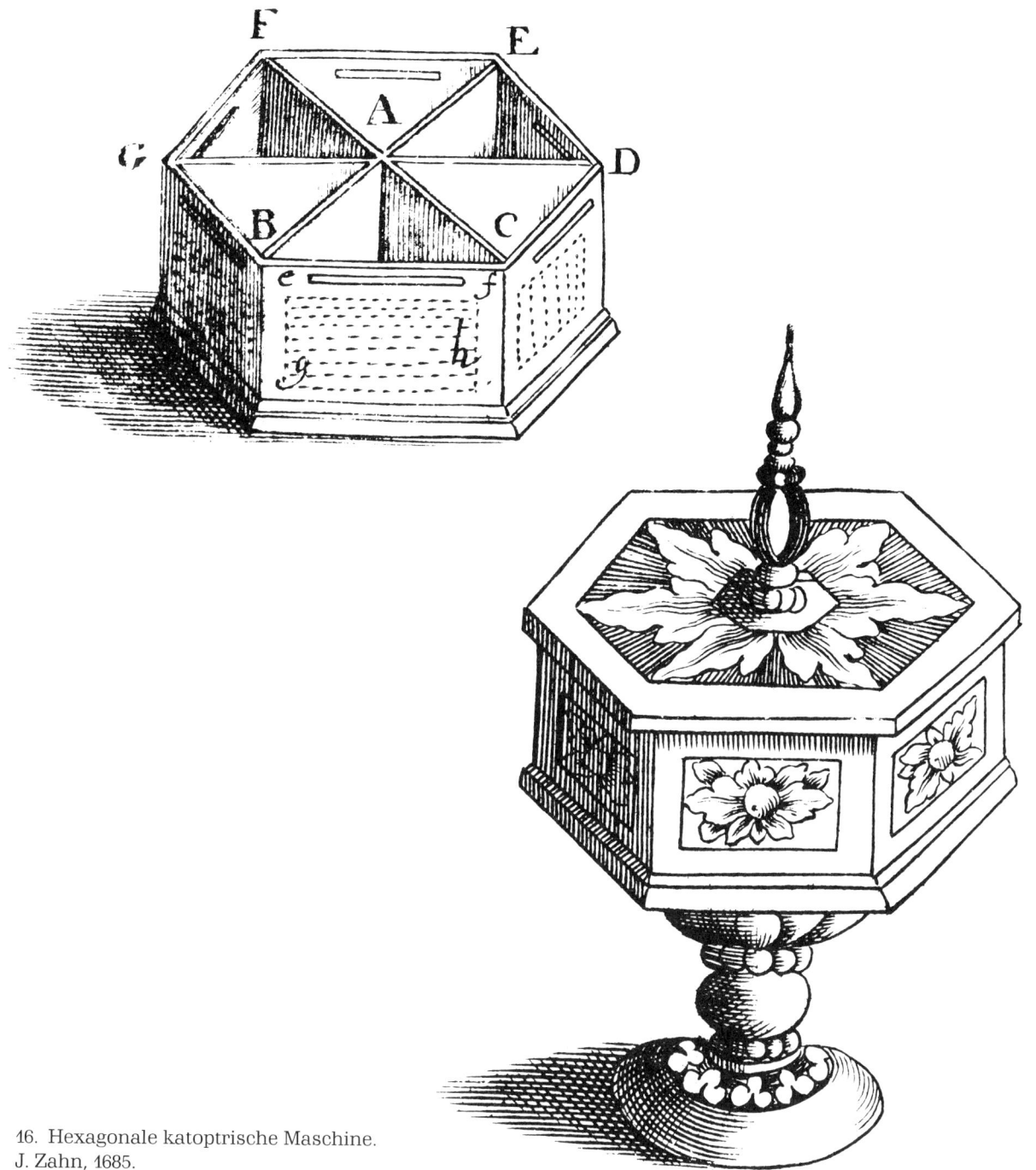

16. Hexagonale katoptrische Maschine.
J. Zahn, 1685.

Ein Stückchen fruchtbare Erde, Wüste, ägyptische Monumente, wildgebaute Hütten, Paläste... das sind die Themen des ›Illusionslandes‹, das man in derselben Machart in den Gärten wiederfindet, die sich im 18. Jahrhundert überall in Europa ausbreiteten.²⁷ Diese ländlichen Mikrokosmen mit ihren kontrastierenden Inszenierungen waren bereits vollkommen in den Geheimnis-Kästen vorgebildet.

Die Maschine kann auf einer drehbaren Platte, auf einem mit einer Kurbel versehenen Tisch installiert werden. Der Tisch von Trithemius, auf dem man alle bekannten Pflan-

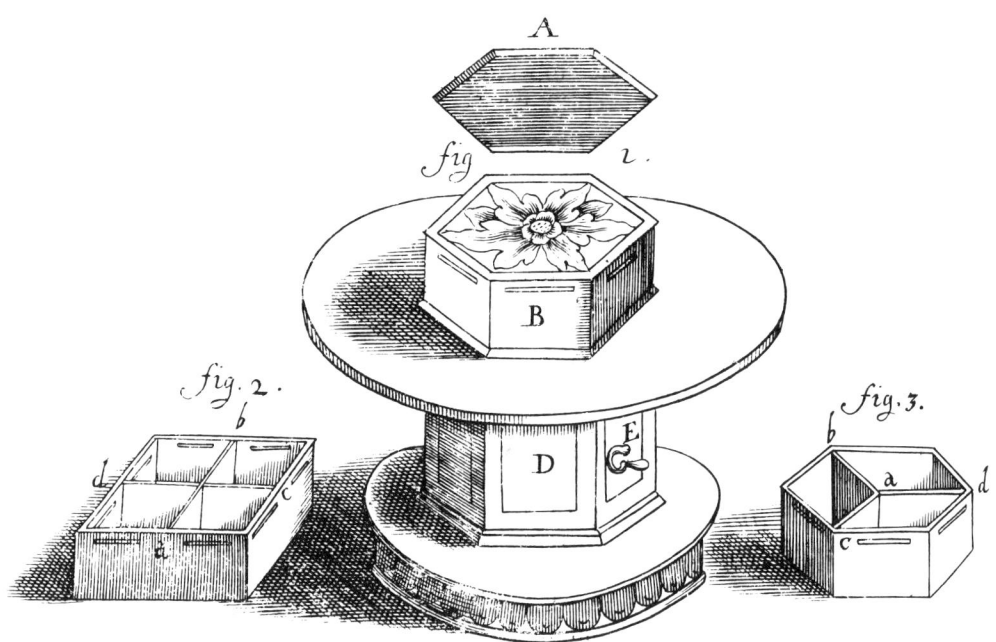

17. Die Maschine von J. Zahn auf einer drehbaren Plattform, 1685.

zen sah, wurde von Zahn beschrieben, der bei dieser Gelegenheit fortfuhr: »Ich zeige nicht nur Kräuter und Blumen, sondern ganze Gärten, alle Völkerscharen und Akrobaten, die plötzlich vor einem sitzenden Zuschauer hervorspringen.«

Drehbare Apparate haben auch zur Darstellung religiöser Szenen gedient. Traber (1675),[28] ein Jesuit aus Wien, zeigt zwei davon, eine mit Einsiedlern in der Wüste und eine weitere mit der Hölle. Für die erste mußte er eine Felsenlandschaft bauen.

Die Felsen und Höhlen wurden aus braunem Gips gebildet. Vorne ließ ein horizontales Rad mit auf der Felge montierten Statuetten die heiligen Eremiten wie die Figuren in einer automatischen Uhr vorbeiziehen. Beide Installationen mußten an einem Ort angebracht werden, der dem Auge verborgen war. Ein sphärischer oder *planokaver* Zinnspiegel, der in einer bestimmten Entfernung auf der Achse des Abbildes plaziert war, zeigte die vergößerten Gestalten, wie sie sich in ihrer Dekoration bewegten.

Das Auftauchen von Episoden der *Legenda aurea* (eine Sammlung von Heiligengeschichten) in den Spiegelbildern und metallischen Schatten, welche man auch direkt in demselben Rahmen hätte präsentieren können, bedeutet vor allem eine handwerkliche Verfeinerung, aber es knüpft auch an die magische Tradition der Katoptromantie an, bei der sich Zukunft und Vergangenheit in diesen verwirrenden Abgründen enthüllten. Eine dieser Maschinen war von dem jüngeren Bruder Leopolds I. in den Gärten von Poznan installiert worden.

Bei der Darstellung der Hölle wurden die auf dem Rad befestigten Heiligenstatuetten durch Figuren ersetzt, die auf geöltes Pergament gemalt waren. Auf der Radnabe im Mittelpunkt wurde ein Licht angesteckt, so daß die Verdammten und die Dämonen, die wie auf einem Bildschirm durch den Spiegel gingen, von richtigen Flammen umgeben waren. Indem sie sich auf dem polierten Erz vermischen und ihre Konturen verschwimmen, erscheinen auch hier konventionelle Phantasiebilder und lebendige Bewegungen wie ein Produkt der Hexerei.

18. Radförmige Geräte. Z. Traber, 1675.

TAB. XIII. LIB. II.

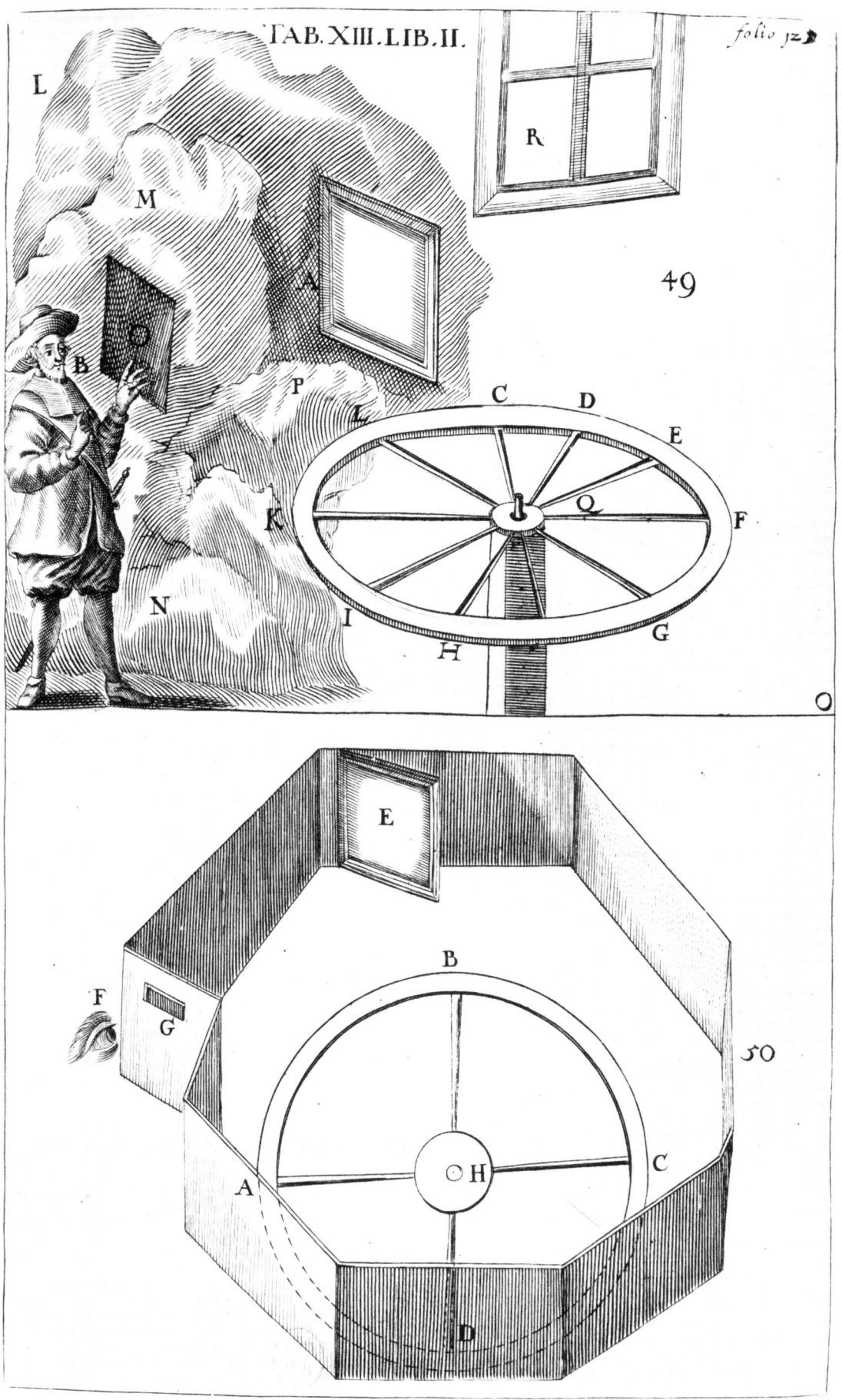

IV

Der Serie dieser *Theater*, die die Formen in die Bereiche der Illusion versetzten und sie dort vervielfachten, ohne im Wesentlichen ihre natürliche Gestalt zu entstellen, fügte Kircher[29] die *Metamorphosen* hinzu, bei denen es sich um Metamorphosen der menschlichen Gestalt handelte. Das waren zumeist sehr komplexe Apparate, die speziell für diesen Zweck ausgerüstet waren.

In diesem Zusammenhang ist an Johannes Trithemius (1518)[30] zu erinnern, Abt von Spanheim, Theologe und Kabbalist, Freund von Maximilian I., dem er die Gestalt seiner 1482 verstorbenen Gemahlin heraufbeschworen hatte. Seine bizarre und gottlose Doktrin, die sich auf die Umwandlung des Menschen in jedes beliebige Lebewesen bezieht, wird statt einer Einleitung dem Kapitel über die Veränderungen, die man mit Spiegeln bewirken kann, vorangestellt. »Mit einem flachen Spiegel eine katoptrische Maschine auf die Weise konstruieren, daß sich ein sich im Spiegel betrachtender Mensch an Stelle eines menschlichen Gesichtes den Kopf eines Esels, eines Rindes, eines Hirsches oder eines Vogels, der von anderen Tieren gefangen wird, tragen sieht«, kündigt der detaillierte Titel der *Metamorphose I* an.

Der besagte Apparat besteht aus einem achteckigen Rad, das vertikal in einem großen quadratischen Kasten ohne Deckel eingebaut und an dem ein auf verschiedene Weise schwenkbarer *polymontraler Spiegel (Speculum heterodicticum)* angebracht ist. Tierköpfe und eine Sonne sind auf den acht Spiegelflächen dargestellt. Die Tierköpfe müssen einen menschlichen Hals haben und den Maßen eines Menschenkopfes entsprechen. Mit einer Kurbel kann man das zoomorphische Rad drehen und mit einem Seil bald den Spiegel auf die in der Kastenöffnung vorbeiziehenden Figuren, bald auf die gegenüberstehende Person richten, die die Transfigurationen anordnet. Der Betrachter sieht im Spiegel zunächst die Sonnenscheibe, das Symbol der kosmischen Macht, dann ziehen die Tiere vorbei, indem sie mit seinem eigenen Gesicht wechseln, das sich kontinuierlich zu verändern scheint. Wir erleben eine vollständige Seelenwanderung (Metempsychose).

Die Köpfe können auch plastisch gestaltet sein. Glasaugen und angeklebte Haare, bewegliche Kieferknochen verstärken die realistische Wirkung. Ein Schädel mit von innen erleuchteten Öffnungen wäre schreckenerregend.

Die *Metamorphose II* machte die Phantasiegebilde in der Finsternis sichtbar. Dazu wurde dasselbe Instrument in ein dunkles Zimmer gestellt, dessen Öffnungen und Spalten alle sorgsam abgedichtet werden mußten. Der Spiegel befand sich gegenüber eines rechteckigen Fensters, das ein Strahlenbündel eindringen ließ, welches er auf die Figuren des Rades lenkte. Der Betrachter blieb außerhalb dieses Projektionsnetzes, das einen raffinierten Steuerungsmechanismus, »den man schon seit der Antike verwendete«, benötigte, um die gewünschte gespenstische Wirkung zu erzielen. Das Schauspiel konnte durch den Einbau von zusätzlichen Spiegeln verstärkt werden, die sich wie Flügelklappen öffneten und die Spiegelbilder der Objekte vervielfachten. Kircher hatte in einem arabischen Werk mit dem Titel *Dakerellschrichin* gelesen, daß ein König von Bagdad sich einer ähnlichen Maschine bedient hatte, um Erscheinungen und Prophezeiungen abzubilden, die man für göttlich hielt.

19. Eine Apparatur, die Menschen in Tiere verwandelt (*Metamorphosen I, II* und *III*). A. Kircher, 1646.

Die *Metamorphose III* ist eine katoptrische Anamorphose, bei der die vergrößerten Figuren wieder in den alten Zustand versetzt werden, indem sie in einem Zylinder oder in einem Kegel gespiegelt werden.[31] Kircher schlug vor, den Zylinder auf den Boden an die Seite der zoomorphischen Rad-Apparatur zu stellen. Die Kegel zeigen auf die Decke und auf die Wand desselben Zimmers. In welchen Spiegel man auch immer oben, hinter sich, vor sich oder unten schaut, man sieht anstelle der eigenen Person stets eine andere Figur, und alle Erscheinungen werden fragwürdig.

Die Substitution eines Bildes durch ein anderes, »eines Mannes durch eine Frau, von Paul durch Peter« kann auch mit Hilfe eines Apparates erreicht werden, der mit den Stücken eines zerschnittenen Bildes kombiniert wird. Die horizontalen Streifen des Bildes müssen auf der Vorderseite von Prismen aus Holz oder Karton einer abgestuften Fläche befestigt werden, die sich wie die Rotationsmaschine unter einem hängenden Spiegel befindet. Im *Speculum heterodicticum* der ersten beiden *Metamorphosen* setzen sich dann die zerschnittenen Stücke der *Tabula scalata* wieder zusammen. Indem man die Neigung mit Hilfe eines Seils verstellt, bringt man nach und nach das verborgene Bild und die sich betrachtende Person zur Erscheinung. Cosimus I., der Großherzog

20. u. 21. Ausgebauchte Spiegel, sogen. »Sorcières«. Samml. M.-Th. und E. Martin.

von Etrurien, war im Besitz einer dieser verfälschenden Apparaturen, die oft für geheime Portraits von Herrschern benutzt wurden.

Es waren nicht nur ausgeklügelte Maschinerien, die zu diesen Transmutationen gedient haben. Der Spiegel allein ist schon ein ausgezeichnetes metamorphes Werkzeug. Sein elliptisches Segment oder, falls nicht vorhanden, eine Selenitschicht, die auf einem Stück Papier von gleicher Form befestigt wird, verändern das Gesicht in tausenderlei Weisen (Metamorphose V): »Wenn du dich in seiner Länge betrachtest, siehst du, wie sich dein Kopf immer mehr zu einem Kegel streckt, dann erscheinen vier, drei, fünf und acht Augen. Gleichzeitig wird der Mund einer Höhle ähnlich, wobei die Zähne wie abgebrochene Felsen emporragen. In der Breite siehst du dich zunächst ohne Stirn und dann mit Eselsohren, ohne daß Mund und Nasenflügel verändert werden. Auf diese Weise kann man Formen erzeugen, die wie die zahnlosen Mäuler von Ungeheuern aussehen, wie man sie in den sächsischen Ländern findet, und dann plötzlich doppelte, dreifache Köpfe. Man weiß nicht, mit welchen Worten man die Vielfalt dieser grausigen Erscheinungen beschreiben soll.«

Bei der *Metamorphose VI* setzt man Höcker auf einen flachen Spiegel, der nach unten eine zylindrische Form hat: »Wenn du direkt in ihn hineinschaust, siehst du, wie dein Gesicht sich in einen Kranichkopf verwandelt und wie dein Hals ganz lang wird. Wenn du schräg in ihn hineinblickst, siehst du so etwas wie einen Wasserstrahl mit einem Felsen oder auch das Horn eines Rhinozeroses, welche aus deiner auf dem Kopf stehenden Stirn hervorragen. Wenn du eine Ziege zeigen willst, nimm einen gewellten Spiegel mit zwei Höckern, und du wirst dich in Gestalt eines schrecklichen, runzeligen, gehörnten Satyrs mit einem lächerlich aufklaffenden Maul sehen. In einem Spiegel mit verästelten Erhöhungen wirst du den Kopf eines Hirsches erblicken. Mit einem Wort, es gibt kein Monster, in dessen Gestalt du dich in einem dieser Spiegel, der ebene und gekrümmte Oberflächen kombiniert, nicht sehen kannst.«

Die runden Spiegel des 17. und 18. Jahrhunderts, die vollkommen mit Höckern bedeckt sind und die man als »Sorcières« (»Hexenspiegel«) bezeichnet hat, sind eine Variante davon.[32]

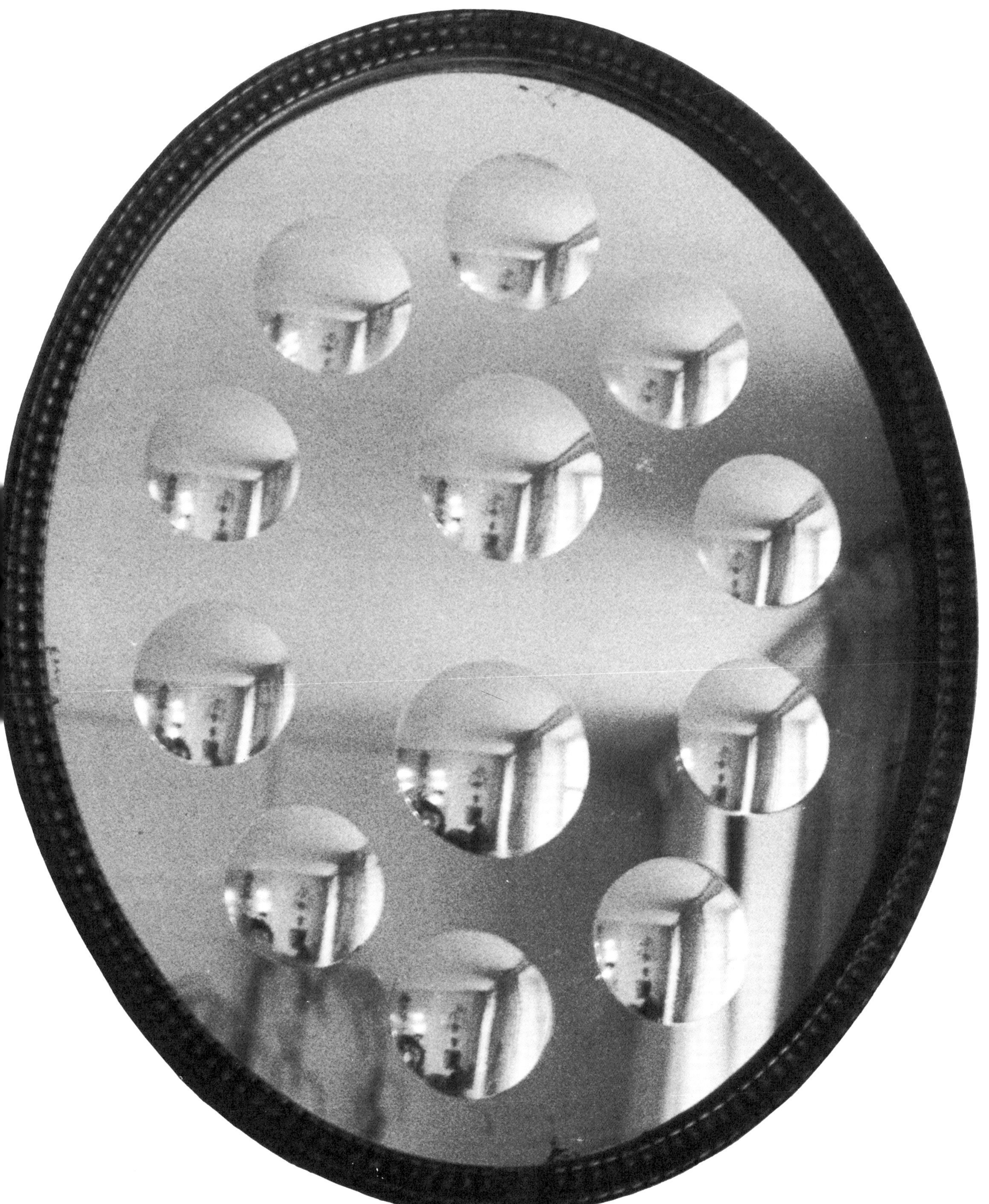

Die optischen Deformationen ersetzen die mechanischen Substitutionen, aber es handelt sich immer um dasselbe teratomorphe und zoomorphe Programm, das fortgesetzt wird. Bei den *Metamorphosen I und II* werden Tierköpfe (Rind, Esel, Hirsch und Vogel) auf die menschliche Gestalt projiziert, welche sie überstrahlen. Bei den *Metamorphosen V und VI*, wo mit gewölbten Spiegeln gearbeitet wird, werden die Züge eines Hirsches, eines Vogels (Kranich) und eines Esels im Gesicht des Menschen selbst entdeckt, wo man auch eine Ziege, einen Satyr, einen Drachen und ein Rhinozeros ausmachen kann. Die im Lebewesen eingeschlossenen Wesenszüge werden durch die Magie einer Operation mit Spiegeln freigesetzt. Das Phänomen wird als ein Geheimnis der Natur ausgegeben.

Die *Metamorphose VII* operiert mit einem doppelten, flachen Spiegel, *Polyphaton* oder *Multividium* genannt, der horizontal aufgebaut wird und bei dem eine hochstehende Klappe in verschiedenen Graden heruntergeneigt werden kann. Darin sieht man sich zunächst ohne Augen, ohne Nase und ohne Ohren, nur mit dem Mund und der Stirn. Dann erscheinen nacheinander die Nase in einem Gesicht ohne Augen, vier Augen gleichzeitig und zwei Köpfe, die oben zusammengewachsen sind. Bei einer Neigung von 60° stellt sich das Bild auf den Kopf. Bei 45° dreht es sich wieder zurück. Je stärker man den Spiegel neigt, um so zahlreicher werden die Trugbilder. Wird er wie beim theatralen Diptychon der ersten Serie dieser Maschinen aufrecht gestellt, läßt das *Multividium* dieselben Phantasiebilder um eine vertikale Achse herumwandern, an der plötzlich ein doppelter Kopf mit drei Augen erscheint, der die heilige Dreifaltigkeit darstellt.

Der doppelte zylindrische Spiegel in S-Form der *Metamorphose VIII* macht alle Formen ungreifbar. Die Dinge verwandeln sich in ihm in dem Maße, wie sie der Oberfläche angenähert werden. Sie wechseln mal in den konvexen Teilen, mal in den konkaven: »Und so ähnelt das Spiegelbild in seiner langen Form einem Fluß. Und dann teilt sich das Gesicht so in zwei Hälften, daß die eine sich nach oben und die andere sich nach unten dreht. Nicht einmal Proteus wandelt sich in diesem Maße und so unterschiedlich wie diese Spiegel-Metamorphosen.«

Ein weiteres Mal wird der Name dieses Meeresgottes, dem Prophetie und die Fähigkeit, sich bis ins Unendliche zu verwandeln, zugeschrieben werden, mit der sich unaufhörlich in den Spiegelbildern erneuernden Welt verbunden.

Zweifellos werden auch den konkaven, sphärischen Brennspiegeln beachtliche deformierende Fähigkeiten zugeschrieben, aber ihre vornehmliche Bestimmung hat ihnen immer eine besondere Bedeutung gegeben. Alles an ihnen war Faszination, Glanz und Mysterium. Sie waren wunderbare Geräte, die das ganze Licht des Himmels wie in einem Pokal einfingen und es in Feuer umwandelten wie ein Metall in Gold und die gleichzeitig die Dinge verkehrtherum und monströs vergrößert zeigten. Die *Specula ustoria* oder *caustica* waren der Mittelpunkt aller Sammlungen. Das königliche Museum von Kopenhagen besaß acht solcher Spiegel, begleitet von einem *Speculum multiplex*, das zahllose Gesichter mit einem einzigen Kopf zeigte. Die Galerie von Settala in Mailand hatte neun Stück aus Stahl oder aus Glas in verschiedenen Größen. Einer der stärksten, aus gegossenem Metall, mit einem Durchmesser von drei Handbreiten, gehörte zum Kircher-Museum in Rom. Der Geist von Archimedes und Proklos zeichnete sich hinter diesen Instrumenten ab.

Die Kabinette von Liebhabern und Gelehrten, die *Kunst- und Wunderkammern* (dt. i. Orig.) haben immer die Phantasie angeregt. Bei Hoffmann (1827)[33] hatte der Meister Abraham in seinem Häuschen ein solches Kabinett, das er Julia zeigte: »Diese tanzenden Männlein, dieser kleine Türke, welcher weiß, wie alt jeder in der Gesellschaft ist, diese Automate (wie sie Kircher von Hero von Alexandrien übernommen hatte), diese Palingenesien, diese deformierten Bilder, diese optischen Spiegel – alles hübsches magisches Spielzeug... Damit sprang der Meister mit der Schnelle und Lebendigkeit eines Jünglings im Zimmer umher, zog die Maschinen an, ordnete die magischen Spiegel. Und in allen Winkeln wurde es rege und lebendig, die Automaten schritten daher und drehten die Köpfe..., und Julia selbst und der Meister standen draußen so gut wie im Zimmer.«

Maschinen und Spiegel haben dasselbe Entzücken und dieselben Illusionen hervorgerufen.

V

Exakte Wissenschaft oder zauberhafte und verderbliche Vision – die katoptrischen Sammlungen standen alle im Zeichen dieses Widerspruchs. Die Museen von Rom, Mailand oder Kopenhagen sind Museen von Phantasmagorien, die mit Präzisionsinstrumenten erzeugt werden:

Theatrum catoptricum
Theatrum polydicticum
Theatrum Protei
Sista, sistula catoptrica
Mensa catoptrica
Speculum heterodicticum
Speculum polyphaton oder multividium
Speculum multiplex
Tabula scalata...

Die Nomenklatur dieser *machinamenta* ist an sich schon bezeichnend für die Methode, mit deren wissenschaftlichem Apparat ihre Herstellung geregelt wurde. Multiplikationen, Substitutionen, Umkehrungen, Vergrößerungen, Schrumpfungen, Streuungen und Verengungen von Formen, all diese Operationen werden im Gelehrtenkabinett als eine technische Demonstration der Gesetze der Spiegelung präsentiert.

Sie entsprechen alle einer Ikonographie: die Unmengen von Geschöpfen und Dingen, die zusammengesetzten Wesen und die fabelhaften Monstren. Auch die Aufhebung jeder räumlichen Grenze und die Überschreitung aller Gleichgewichtsgesetze machte den Weg für alle möglichen Entwicklungen frei. Die Beschreibung der Themen ist

22. Spiegelwerkstatt (mit einer Gußform für eine »Sorcière«). Abb. aus der *Enzyklopädie* von Diderot und D'Alembert.

langatmig und beschäftigt sich oft mit denselben Sujets – Bibliotheken, Schätze, vielköpfige Kreaturen, die mit einer mechanischen Regelmäßigkeit immer wieder auftauchen. Die Entfaltung illusorischer Welten wird von einem katoptrischen Computer gesteuert.

Es handelt sich um ein ungewöhnliches Schauspiel aus Realität und Fiktion, bei dem die verdoppelten Bilder sich in inexistenten Bereichen, die sich dem Absoluten nähern, für das Auge unwiderlegbar bilden und nachbilden. Jenseits der gelehrten Spiele und der szenischen Belustigungen enthüllt sich ein *alter mundus* und beantwortet in einer neuen Perspektive bestimmte Fragen nach den Erscheinungen und nach dem Leben; er erstreckt sich dabei über viele Bereiche.

In seiner Einleitung in die *Scienza degli specchi* benennt Raphael Mirami (1582),[34] ein Jude aus Ferrara, die grundlegenden Elemente dieser Wissenschaft. Die Katoptrik entstammt einem höheren Denken. Die Weisen beschäftigen sich in erster Linie mit geheimen und seltenen Wissenschaften und insbesondere mit den Effekten von Spiegeln, deren Reflexe in unterschiedlicher Weise die Bilder von Gegenständen darstellen. Die Katoptrik ist keine reine Spekulation, die sich mit menschlicher Intelligenz schmückt. Sie kann in folgenden Bereichen dienlich sein:

– Die Wissenschaft von den Spiegeln ist nützlich für die Astrologie, wo sie verschiedene Fragen klärt, die sich auf die Himmelskörper, auf die Mondzyklen und auf das Verschwinden und die Projektion von Strahlen beziehen.
– Die Wissenschaft von den Spiegeln ist nützlich für die Naturphilosophie, wo sie ebenso das Entstehen von Regenbögen und Sternenhöfen in der Luft erklärt wie die Wärme, die von den Sonnenstrahlen hervorgerufen wird.
– Die Wissenschaft von den Spiegeln ist nützlich für die Theologie. Liest man nicht in der *Göttlichen Komödie:*

Spiegel gibt's droben – ihr benennt sie ›Throne‹! –,
Von wo auf uns herabstrahlt Gott als Richter.[35]

– Mehrere Visionen, die den Auserwählten Gottes erschienen, wurden früher, in der hebräischen Sprache, geheimnisvoll durch einen Begriff bezeichnet, der dem Wort ›Spiegel‹ entspricht.

Spiegel haben ihre Eigenheiten, magische Kräfte, und sie können mißbräuchlich verwendet werden. Der Spiegel des Pythagoras hatte eine derartige Leuchtkraft und war so kunstvoll gearbeitet, daß man mit seiner Hilfe in der Nacht sehr weit entfernte Dinge erkennen konnte. So hat man zum Beispiel geglaubt, durch ihn Buchstaben auf dem Mond entdecken zu können. Da die Spiegel das Feuer, dieses erste Element der Natur, entfachen konnten, haben sie zum größten Wohl der Menschheit beigetragen. Ihr Erfinder war Prometheus, der die himmlischen Götter neidisch machte, als er das Feuer auf die Erde brachte, obwohl die Menschen es selbst mit Hilfe dieses Instrumentes immer wieder neu entzünden mußten. Die gängige Meinung, der zufolge das erste Feuer auf der Erde durch einen Feuerstein entfacht wurde, ist falsch.

Das katoptrische Museum, das als technisches Laboratorium und zugleich als Theater konzipiert wurde, enthält eine Fülle von Kenntnissen, die seit Jahrhunderten angehäuft wurden. Es bildet das Frontispiz des Buches über die geheime und seltene Wissenschaft von den Spiegeln, von ihren Tugenden, ihrem Mißbrauch und ihren Legenden, dessen einzelne Kapitel jeweils einer der Aussagen von Mirami entsprechen.

23. Meteore. F. Reinzer, 1709.

II
Himmlische Spiegel

Die Wissenschaft von den Spiegeln ist nützlich für die Astrologie, wo sie verschiedene Fragen klärt, die sich auf Himmelskörper, Mondflecken, Mond- und Sonnenfinsternisse und die Projektion von Strahlen beziehen... Die Wissenschaft von den Spiegeln ist nützlich für die Naturphilosophie und erklärt Erscheinungen in der Luft...

Raphael Mirami, 1582

24. Mondkarte. J. Zahn, 1685.

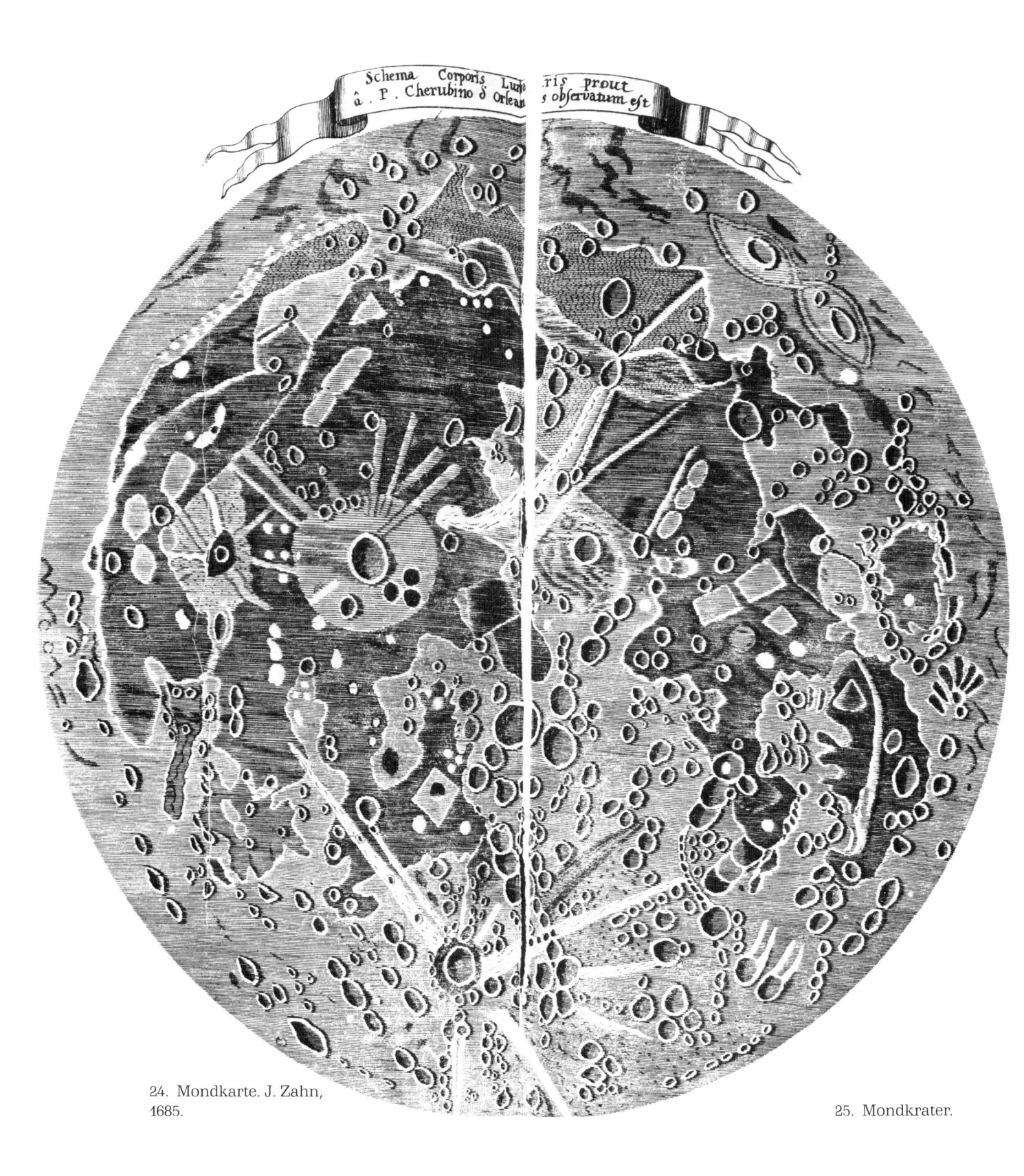

25. Mondkrater.

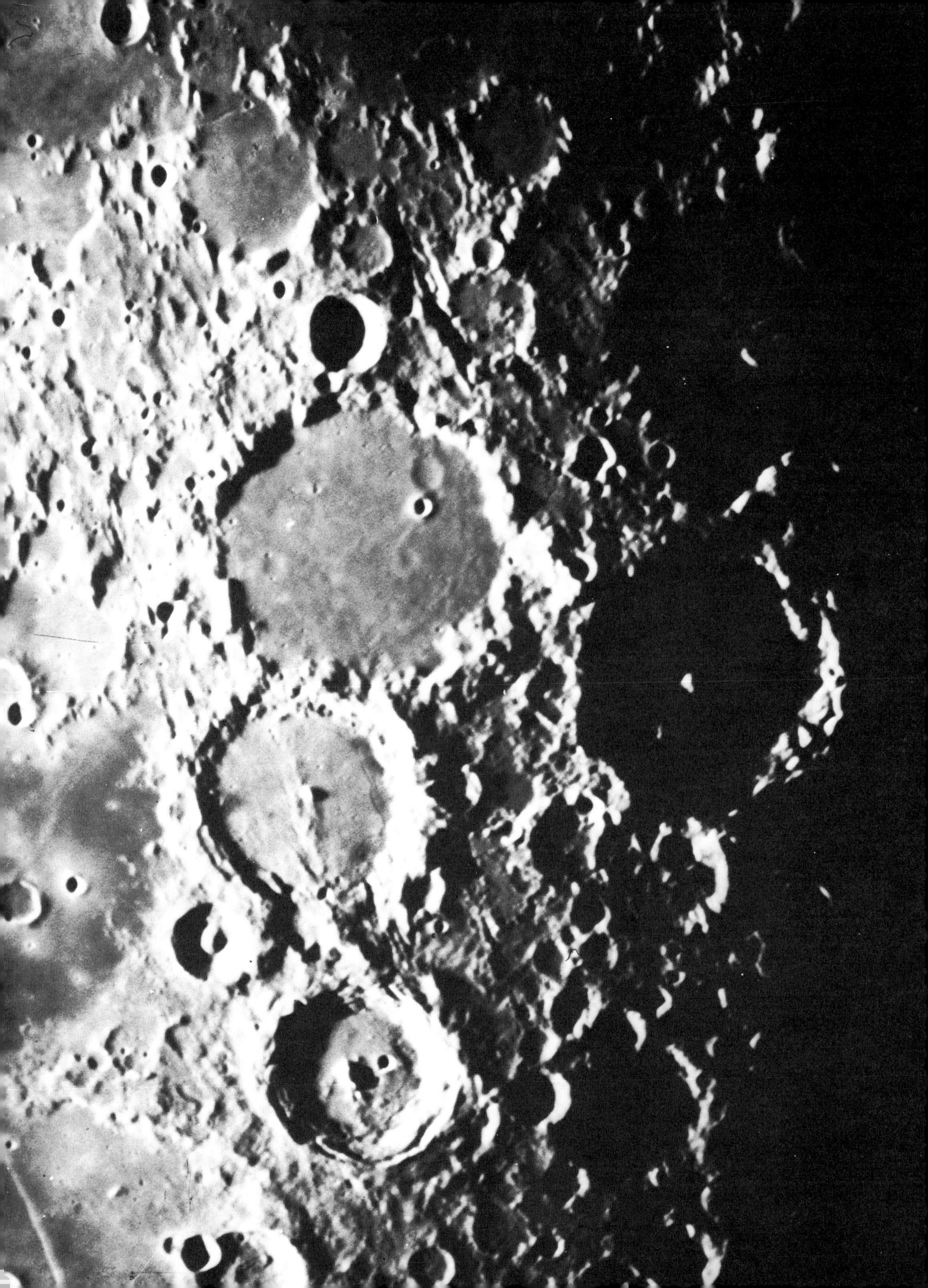

I Der Mond
Biancani, Aguillon, Cesi: ein konvexer Metallspiegel, der das Bild der Sonne verkleinert; ein Glasspiegel mit einer dunklen Oberfläche; eine durch kosmischen Staub polierte Masse. Plutarch: der Mond mit menschlichen Gesichtszügen. Flüssiger oder fester Spiegel? Das Äußere Meer und das weibliche Antlitz: Bild einer Seele. Sonnenflecken.

II Das Wasser und die Wolke
Der Tropfen und die Wassermasse (Seneca). Der aristotelische Regenbogen – eine deformierte Sonne. Die konkave sphärische Wolke – eine vergrößerte Sonne. Katoptrische Theater mit glatten Wolken (Seneca) und mit ausgehöhlten Wolken (Artemidorus von Parium). Die vielzähligen Sonnen (von Vergil bis Lycosthenes). Die Spiegel irdischer Welten (von Aristophanes bis Shakespeare). Die Maschinerie der Natur (Roger Bacon).

III Die Luft
Der Luftspiegel von Aristoteles: Der *Rosenroman*. Cornelius Agrippa. Die Dämonologie von Ronsard und Psellos. Pomponazzi und die Widerlegung des Wunders. Die materielle Substanz des von einem Körper ausstrahlenden Bildes (Epikur). Die materielle Substanz eines konzentrierten Gedankens – die Erscheinung des Heiligen Cölestin.

IV Das kosmische Theatrum Polydicticum und eine Umkehrung der Elemente
Der Spiegel, der menschliche Seelen zeigt (Plotin). Dionysos geht durch seinen Spiegel.

♀

I

Der Mond ist kein Spiegel und seine Oberfläche ist nicht glatt... Wenn Kaspar Schott (1657)[1] es für notwendig hielt, diese Tatsache peinlich genau zu beweisen, so lag das daran, daß entgegengesetzte Annahmen sehr stark in den Köpfen verwurzelt waren. Schon immer wurden der Spiegel und der Mond direkt miteinander in Verbindung gebracht und riefen gelehrte Auseinandersetzungen über das Wesen dieser Verbindung hervor. In seinem Kapitel *Vom Mond- oder Sternenspiegel* faßt Bernhard Cesi (1636)[2] die bedeutendsten Lehren zusammen, die im Laufe der Zeit aufeinandergetroffen sind.

Worin bestand genau der Mechanismus des am besten sichtbaren himmlischen Reflektors? Und woher kamen seine Spiegelbilder? »Die Vielzahl und die Wechselhaftigkeit seiner Formen hat die Phantasie seiner unwürdigen Betrachter, die nicht in der Lage waren, das Wesen dieses unserem Globus am nächsten stehenden Sternes zu erkennen, in Qualen versetzt.«

Selbst Plinius (23–79)[3] hatte sich bereits mit dem Mysterium dieses Planeten beschäftigt. Biancani (1620)[4] hatte den Mond mit den Bronzekugeln verglichen, die an unseren Kirchtürmen angebracht sind und das ganze Sonnenlicht reflektieren. Die ägyptische Hieroglyphe für die Venus, die aus einem Kreis und einem auf dem Kopf stehenden Kreuz besteht und von der der Planet seinen Namen bekommen hat, ist übrigens nichts anderes als ein Spiegel.[5] Der Mondglobus, der einen konvexen sphärischen Spiegel bildet, welcher das Bild des Gegenstandes verkleinert, ist eine kleine in der Nacht scheinende Sonne.

Cesi zufolge erstreckt sich die Fähigkeit zur Reflektion nicht über den ganzen Mondkörper. Nur seine Oberfläche sei glänzend und glatt, während seine Rückseite wie bei einem Glasspiegel uneben und dunkel sei. Die zunehmenden oder abnehmenden Mondviertel würden das ebenso wie die Mondfinsternis beweisen, also wie die unsichtbaren Teile, auf denen die Sonnenstrahlen eben auf seiner dunklen Seite zurückgehalten würden. Nur die leuchtende und polierte Oberfläche übermittele das silberne Licht.

Die dritte Version von Aguillon (1613)[6] liefert Einzelheiten über die Entstehung des am Himmel schwebenden Körpers. Ursprünglich gab es eine ungeschliffene Masse, die die Natur mit kosmischem Staub poliert hat – wie ein Arbeiter, der mit einem feinen Pulver geschmolzene Metalle in eine Vertiefung reibt oder durchsichtige Materialien mit Blei überzieht.

Was die bauchige oder hohle Form des Satelliten betrifft, so wird sie durch die Größe des reproduzierten Bildes enthüllt. Wie man weiß, bewahren die Gestalten in einem flachen Spiegel ihre Dimensionen. Daher handelt es sich um einen Stern, der die ganze Sonnenscheibe in Miniatur abbildet. Ein auf der Erde aufgebauter konvexer Spiegel würde dasselbe zusammengeschrumpfte Trugbild zeigen. Die Bronzekugel von Biancani war ein solcher Spiegel.

Aber es blieb immer noch ein rätselhaftes Element: DAS GESICHT, DAS MAN IM KREIS DES MONDES SIEHT.

Der Titel eines Werkes von Plutarch (ca. 45 bis ca. 125),[7] von dem wir Übersetzungen haben, unter anderem eine französische von Amyot (1572) und eine lateinische von Kepler (1624),[8] definiert genau das Phänomen. Da es keine Illusion oder Täuschung des

49

Blicks war, stellte das Gesicht im Mond dieselben morphologischen und optischen Probleme, wie sie auf Philosophiekolloquien behandelt wurden, unter anderem von den Pythagoräern.

Nacheinander wurden verschiedene technische Überlegungen angestellt; vor allem ging es um die Frage, ob es auf unserem Satelliten besondere reflektierende Materialien oder Vorrichtungen gäbe. Dazu wurden zwei Feststellungen getroffen.[9]

Damit der Mond den Anblick von Gegenständen wiedergeben kann, muß er einen Körper haben, der beweglich und glatt wie Wasser oder Milch ist, von der er zu bestimmten Stunden seine Blässe bekommt, die nichts reflektiert.

Auch die Einschaltung eines katoptrischen Mechanismus wäre noch plausibel, aber es ist nicht gewiß, ob er eine ausreichend starke Wirkung erzielen kann: »Daß die Reflexion vom Wasser und von anderen Spiegeln sehr stark in Richtung Sonne geht, weil sie noch sehr nah an ihrem Ausgangspunkt ist, ist gut möglich; aber wenn man annimmt, daß sie vom Mond ausgehen, dann wären sie vor allem aufgrund der Entfernung schwach, unscharf und würden rasch verlorengehen. Und außerdem – eine weitere Überlegung – machen die konkaven Spiegel das Licht viel intensiver als das Ursprungslicht, so daß das reflektierte Licht im Brennpunkt oft sogar Flammen entfacht (der Brennspiegel); dagegen machen konvexe und sphärische Spiegel es schwach und unscharf.«

Diese Hypothesen werden allerdings durch eine Beobachtung widerlegt: »Wenn das Wasser und der Mond für unser Auge dieselben Wirkungen erzeugen sollen, müßte es aber bei Vollmond auf dem Mond Bilder der Erde, der Pflanzen, der Menschen und der Sterne geben.«

Der Mond brauchte aber eigentlich keine flüssige Schicht oder besondere katoptrische Installationen. Durch seine Glattheit und durch seinen Glanz ist er selber der vollkommenste und reinste aller Spiegel, und er reflektiert das *Äußere Meer* und nicht die Erde im eigentlichen Sinne oder die Sonne. Das Abbild dieses Meeres ähnelt andererseits einem weiblichen Antlitz. Agesionax hat es in seinen Versen beschrieben, die wir hier in der französischen Übersetzung von Amyot (1572)[10] zitieren:

De feu luysant elle est environnée	Von hellem Licht ist umgeben
Tout alentour, la face enluminée	Ringherum, das erleuchtete Gesicht
D'une pucelle au milieu	Eines Mädchens, das in der Mitte erscheint
De qui l'œil semble être plus vert que bleu	Und dessen Auge mehr grün als blau zu sein scheint,
La joue un peu de rouge colorée.	Die Wange ein wenig gerötet.

Man erkennt die Scheibe mit menschlichen Zügen, die man bei den persischen Dichtern und Illustratoren findet, in der mittelalterlichen und volkstümlichen Gedankenwelt des Abendlandes wieder.[11]

Was das *Äußere Meer*, das *Ozeanische Meer* oder das *Große Meer* betrifft, so handele es sich um eine Wasserschicht, die die bewohnte Erde umgebe und die im Mond sichtbar werde, wie derselbe Schriftsteller enthüllt.

26. Mondgesichter: A) Persische Handschrift, 1273; B) Handschrift Bagdad 1396;
C) Armenische Handschrift, 1230; D) »Pontifikale« von Guillaume Durand, 14. Jahrh.

...le grand flot de large soulevé se montre à nos yeux, image apparue dans un miroir en face.[12]	...die große Flut von wogender See zeigt sich unseren Augen als Bild in einem Spiegel.

Bei dieser zugleich antropomorphen und feuchten Vision des Mondes schien alles befremdlich zu sein, das Bild einer Frau in dem reflektierten Bild eines Ozeans, die Herkunft der Mondflecke, die die Gesichtszüge bilden. Woher kamen die Schatten des *Äußeren Meeres*? War dieses Meer einheitlich und zusammenhängend? Gab es mehrere Ozeane, die von Kontinenten und Landzungen unterbrochen wurden, welche sich um die Augen und Lippen herum abzeichneten? Konnten die Einfalls- und Reflexionswinkel von ihnen herrühren?

Bestimmte Grundvoraussetzungen der Katoptrik erlauben eine solche Vermutung.
- Die konkaven Spiegel (der Mond ist einer davon) liefern eine Reihe von Bildern, die eine Halbmondform annehmen, ohne daß sich der Blickpunkt verändert.
- Die zusammenfaltbaren Spiegel (ein Gerät von Kircher) vervierfachen die Bilder eines einzigen Gesichtes, wobei sich zwei ganz klar hinter den beiden undeutlichen an der Außenseite zeigen.
- Nach Platon[13] werden die Modifikationen nicht wahrnehmbar, wenn der Spiegel sich über ein bestimmtes Niveau erhebt.
- Manche sagen, der Mond sei voller Unebenheiten, die ein Netz von untereinander verbundenen Reflexen bilden, welche uns wie durch ein Spiegelspiel erreichen.

Mystische Exegesen komplettieren die technischen Analysen. Das Gesicht des Mondes entsprach der Seele, die Erde war der Körper und die Sonne der Geist der Dinge. So bestrahlt die Seele, die vom Geist bestrahlt wird, ihrerseits den Körper, den sie umgibt und durchdringt. Daher ist sie ein Bild. Der Mond, der sich, mit menschlichen Gesichtszügen versehen, auf halber Strecke zwischen Sonne und Erde befindet, erschien dort als eine Offenbarung des Himmels.

Als er die Frage nach den Mondflecken wiederaufnahm, erinnerte Cardano (1550)[14] an die Thesen der Alten: »Keiner von ihnen dachte, daß es das Bild des Ozeans oder der Erdrundung sei, was wie in einem Spiegel wiedererglänzt.«

Er selbst glaubt, daß diese Flecken von örtlichen Veränderungen herrühren, wie bei einem Spiegel, der einen Teil seines Bleiüberzuges verliert. Die Idee eines Mondes, der die irdische Welt reflektiert, hat demnach immer ihre Anhänger gehabt.

Konnte in der Antike nicht Lukian von Samosata (125–190),[15] als er zu den Planeten reiste, in einem phantastischen Spiegel die Städte und Völker der Welt sehen, aus der er gekommen war?

Im 17. Jahrhundert interpretiert Aguillon[16] die Flecken als Spiegelbild von dunklen Orten oder finsteren Tälern und Wäldern auf einem Planeten, der mit Sternenstaub poliert ist. Das Abbild der Erde ist auf keinem Wege zu bekommen und entschwindet im Himmel.

Ein unbekanntes Meer, das Bild einer Seele mit weiblichen Gesichtszügen und Schatten von Erdlandschaften werden eines nach dem anderen auf dem befleckten Gestirn ausgemacht. Auch an eine Reproduktion der Sonnenflecken hat man gedacht. Ihre Entdeckung, die man Galilei zugeschrieben hat, dessen astronomisches Fernrohr 1609 in Venedig aufgestellt wurde, hat Scheiner von der Akademie in Ingolstadt (1613)[17] für sich in Anspruch genommen. Dabei handelte es sich um seine glänzenden Strände und dunklen Massen, die sich im Fleckenbild unseres Satelliten widerspiegelten. Worin auch immer die beabsichtigten Lösungen bestanden haben mögen, sie gehen alle von derselben Voraussetzung aus. Bei den Beschreibungen seiner Strukturen – sphärisch, konkav oder konvex – und seines Materials – Zinn, polierte Metalle, mit Blei überzogenes Glas oder Wasser – sowie der Schauspiele, die er aufängt, wird der Mond immer als katoptrische Maschine präsentiert.

27. Sonnenkarte nach Kircher und Scheiner. J. Zahn, 1685. (rechte Seite oben)
28. Sonnenbilder in Wassertropfen. (rechte Seite unten)

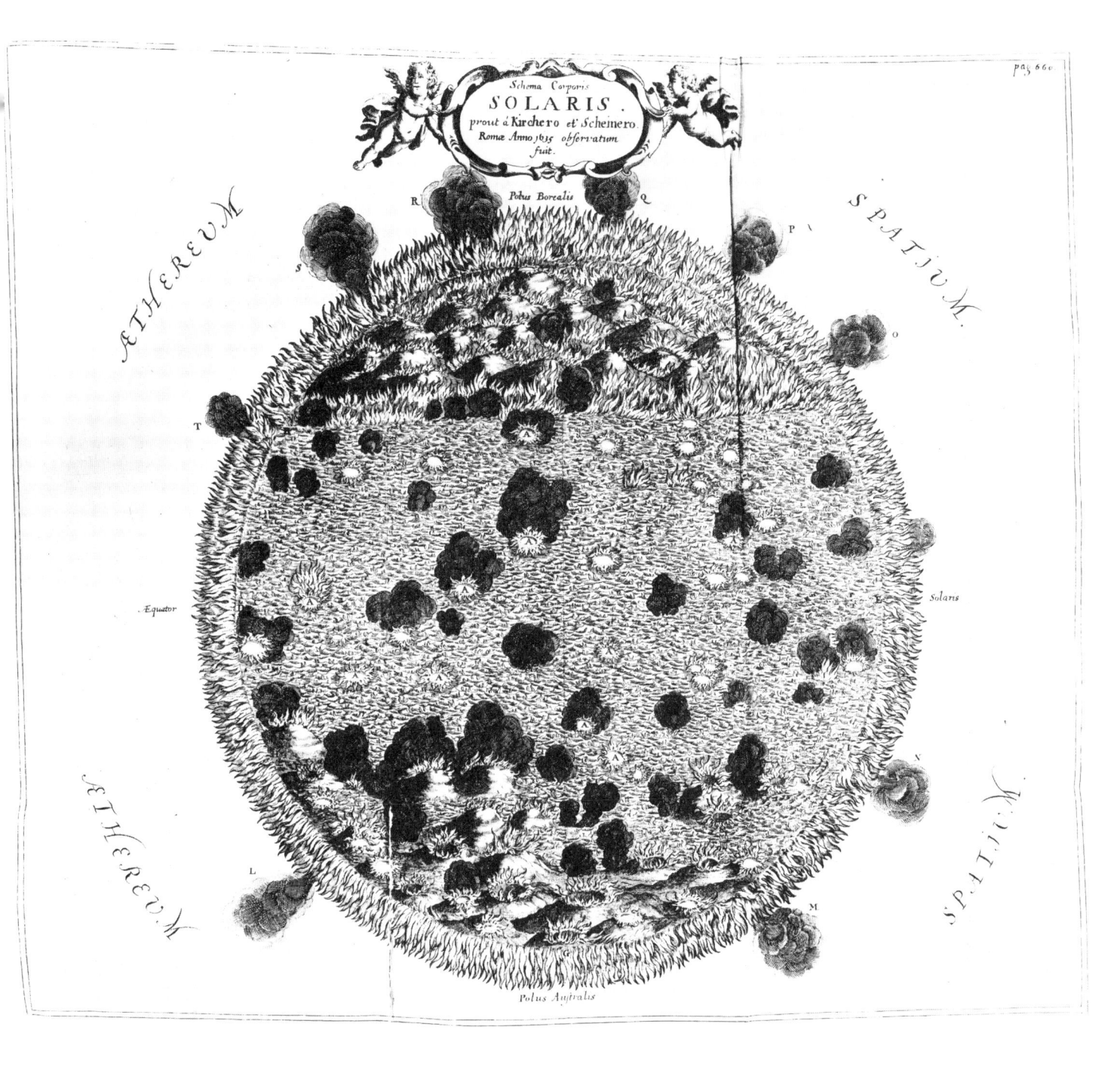

Schema Corporis
SOLARIS,
prout à Kirchero et Scheinero
Romæ Anno 1635 observatum
fuit.

ÆTHEREUM · SPATIUM

Polus Borealis

Equator · Solaris

Polus Australis

ÆTHEREUM · SPATIUM

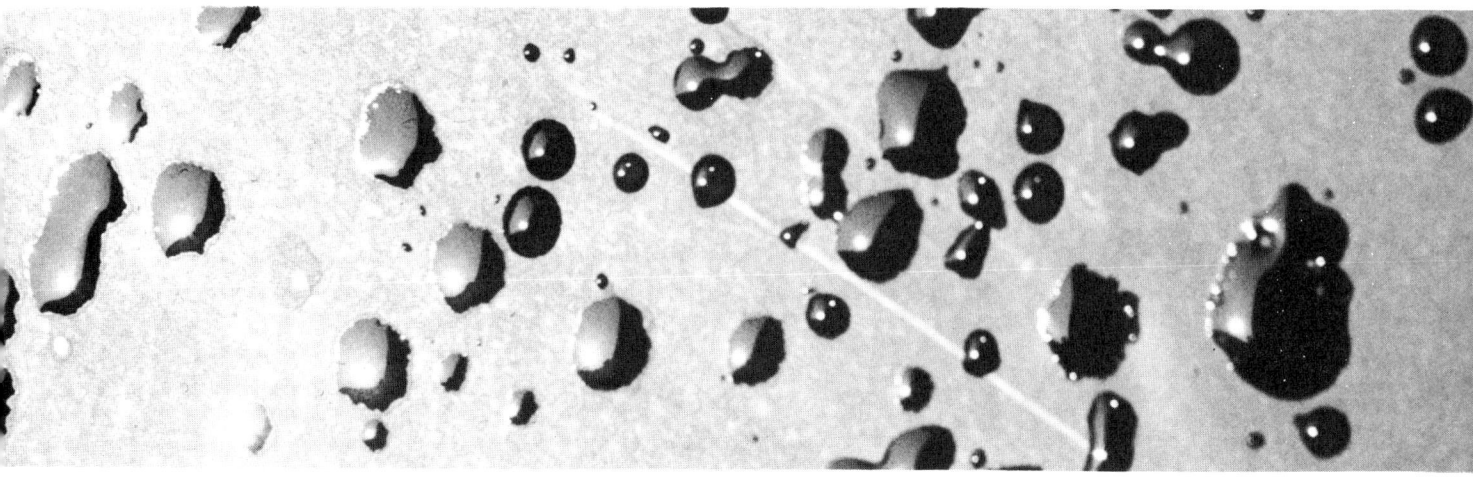

29. Experiment zur Erforschung des
Regenbogens. Z. Traber, 1675.

II

Die Sonne wird nicht nur durch den Mond, sondern auch durch Wassertropfen reflektiert. Als Seneca (2–66)[18] seine Theorie über den Regenbogen darstellte, machte er eine einleitende Feststellung: »Man stelle an einem wolkenlosen Tag tausend mit Wasser gefüllte Becken auf. Alle werden das Bild der Sonne zeigen. Man tue auf jedes Blatt einer Pflanze einen Wassertropfen, und es wird ebenso viele Abbilder der Sonne wie Tropfen geben.«

Mit Lichträdern übersäte Felder und mit Sonnendiamanten überdeckte Bäume und Wiesen lassen eine funkelnde Welt aufstrahlen. Ein einziger Teich zeigt nur ein Bild der Sonne, aber durch Trennwände aufgeteilt, wird es so viele Sonnen wie Abteilungen geben. In Wirklichkeit wäre es allerdings notwendig gewesen, jedem Fach eine unterschiedliche Neigung zu geben. Als Kircher sein *polymontrales Theater* mit ungefähr sechzig auf denselben Ebenen verteilten Spiegeln erdachte, hat er denselben Fehler gemacht.

Es gelten dieselben Reflexionsgesetze für feste Körper wie für Sprühwasser. »Die Kleinheit des flüssigen Stoffes spielt keine Rolle. Die Begrenzung macht den Spiegel. Daher sind die Regentropfen, die in unendlicher Zahl harabfallen ebensoviele Spiegel und ebensoviele Abbilder der Sonne.«

Der Regen ist trotzdem kein Feuerwerk von unendlich vielen Sonnen. Auch die Philosophen haben gedacht, daß die winzigen Spiegel aus einer gewissen Entfernung schwer zu erkennen seien und daß es nicht genug Bilder für jeden Regentropfen gebe. Und daher entsteht dann bei der Verschmelzung von vielen kleinen Abbildungen der Regenbogen. Der Regen von Mini-Spiegeln reflektiert eine deformierte Sonne: Aristoteles (384–322)[19] beschreibt das Phänomen... Klein wie sie sind, reflektieren sie (die Tropfen-Spiegel) die Farbe der Sonne und nicht ihre Form. Außerdem sieht man, da sie zahlreich und ohne Unterbrechung herunterfallen und alle dieselbe Farbe widerspiegeln, nicht zahlreiche und einzelne Bilder, sondern nur ein einziges, das lange und stetig zu sehen ist.«

Als Seneca die These des Philosophenfürsten erwähnt, konfrontiert er sie noch mit einer anderen, die ihrerseits auch die Erscheinung des Regenbogens durch die Unvollkommenheit eines Spiegel erklärt, der das Sonnenbild schlecht wiedergibt. Dabei ist der Spiegel aber eine Wolke von bestimmter Form und kein Regen mehr. Die Wolke soll nicht einmal aus Tropfen zusammengesetzt sein. Wenn es so wäre, sähe man eine Vielzahl von einzelnen Lichtpunkten, eine Milchstraße. In einem optischen Laboratorium angestellte Experimente bestätigen die Beobachtungen, die man zuvor in der Natur gemacht hat: »Wenn man die Spiegel miteinander verbindet, vereinigen die Bilder sich nicht zu einem einzigen, jedes einzelne enthält in sich die Ähnlichkeit mit dem reflektierten Objekt. Es gibt Spiegel, die aus einer großen Zahl von kleinen Spiegeln bestehen. Wenn man ein Individuum vor sie stellt, zeigt sich ein ganzes Volk, denn in jedem Stück hat das Individuum sein eigenes Bild... Ersetzt man die einzelne Person durch mehrere, stellen sie keine verschmolzenen Masse dar, sondern entsprechend viele Figuren.

Die Welt wird mit den Apparaten aus der *Wunderkammer* erforscht, in der ein Kircher, ein Du Breuil oder ein Schott immer noch dieselben Experimente machten wie der Erzieher Neros und in der sie zu analogen Ergebnissen kamen: ein Soldat wird zu einer Armee, ein Buch zu einer Bibliothek, ein Baum zu einem Wald.

Auch die Wolken können katoptrische Maschinen sein. Artemidorus von Parium, ein unbekannter Gelehrter, erklärt anhand eines Modells, wie sie angeordnet sein müssen, um der Sonne ihr eigenes Bild widerzuspiegeln: »Mache aus einem Stück einer halbierten Glaskugel einen konkaven Spiegel und plaziere dich außerhalb des Mittelpunktes. Alle Gestalten, die sich neben dir befinden, werden dir umgedreht und viel näher erscheinen als der Spiegel... Genauso ist es, wenn du in eine sphärische und ausgehöhlte Wolke blickst.«

Tatsächlich »erscheint ein Regenbogen in einer Wolke, die wie ein runder konkaver Spiegel aussieht, der aus einem Kugelsegment gemacht wird«, schreibt Poseidonius, ein stoischer Philosoph aus Rhodos (ca. 130–50).

Seneca übernimmt wie Anaxagoras diese letzte Erklärung des Nebel-Spiegels, die durch die Geometrie bewiesen wird und einen genaueren Mechanismus darstellt als die ungeordnete Anhäufung von Tröpfchen.

Diese Überlegung ist zum Gegenstand einer detaillierten Untersuchung mit symbolischen Weiterungen geworden. Nach Joseph Filere (1636) besteht die Wolke aus zwei Teilen: sie ist luftig und durchsichtig und dicht und undurchsichtig, wobei ein Teil das Licht aufnimmt und der andere es wieder ausstrahlt. Sie ist wie Glas oder Kristall und wie die Zinnschicht eines von der Industrie hergestellten Spiegels, ein Bogen, der ein Bild der Sonne reproduziert. Die Sonne ist das Zeichen der Göttlichkeit, und der Regenbogen ist das Zeichen für den Bund zwischen Gott und den Menschen. Die Wolke repräsentiert die Menschheit, und in ihr sind die Reflexe Gottes wie in einem Spiegel eingeprägt. Auch symbolisiert dieser Lichtbogen gleichzeitig die Inkarnation des göttlichen Wortes, das Leiden des Erlösers, die Taufe und die Eucharistie. Er erscheint über dem Triumphwagen der Cherubine und umgibt den Thron Gottes in seiner Herrlichkeit.

30. Regenbogen und Regenbogen in einem Wasserfall. F. Zurcher, 1865.

Im Umfeld eines meteorologischen Phänomens und im Einklang mit seinen Spiegelungsgesetzen hat sich eine durch und durch mystische Spekulation entwickelt.

Nicht jedes Objekt wird in den Spiegeln ohne Modifikationen gezeigt. Seneca weist darauf hin, daß die konvexen Spiegel es schrumpfen lassen, während die konkaven es streuen. Die auf der Mondoberfläche gespiegelte Sonne wird viel kleiner. In einer ausgehöhlten Wolke wird sie in monströser Weise vergrößert.

So materiell sie auch scheinen mögen, die zwischen Erde und Himmel aufgespannten Brücken erheben sich wie durch einen Zauber in den Spuren von flüchtigen Strahlen: »Darin liegt eine Eigenart der Spiegel. Damit ein Bild in einem Spiegel erscheint oder verschwindet, genügt es, vor ihn einen Gegenstand zu stellen oder wegzunehmen. Es gibt also in dieser Wolke keine eigene Substanz, und der Regenbogen ist kein Körper. Er ist eine Lüge, eine Erscheinung ohne Realität.«

Diese Erscheinungen verändern sich mit der Form dieser dampfartigen Bildschirme, die sich je nach der Windstärke aufspannen. Wenn die konkave Wolke aus der Sonne eine riesige Iris macht, so vervielfachen flache Wolken ihr Abbild unter der Voraussetzung, daß sie dicht und glatt sind. Das ergibt dann zweifache, oft dreifache Sonnen. »Bestimmten Autoren zufolge ist jedesmal, wenn sich diese Trugbilder produzieren, eines das Bild der Sonne und das andere (der Lichthof) das Bild ihres Bildes.«

Hier wird ein optisches Experiment vorgeschlagen: »Man baue mehrere Spiegel so auf, daß sie sich alle gegenüberstehen, und alle werden dasselbe Bild zeigen: nur ein einziger spiegelt das Objekt direkt wider, die anderen bieten nur die Reproduktion dieses Bildes.«

Trugbilder von anderen Trugbildern, die Sonnen werden weiß und ähneln den Monden.

Es handelte sich offensichtlich um Sonnenringe, die in den aus Kristallglas geformten Wolken aufschienen, um falsche Sonnen, die von den Lichtkonzentrationen an verschiedenen Punkten entlang eines Kreises, der parallel zum Horizont liegt und an der Sonne vorbeizieht, gebildet werden. Dieses meteorologische Phänomen, das Scheiner 1630 als einer der ersten in dieser Weise beschrieb, hatte starken Einfluß auf die ins Kraut schießenden Phantasievorstellungen. Man wollte damit sogar die vier Räder am Firmament erklären, die Hesekiel neben den vier Cherubinen gesehen hatte.[20]

31. Regenbogen. F. Reinzer, 1709.

32. Zwei Sonnen. F. Reinzer, 1709.

57

33. Drei Sonnen und Monde, erschienen in Rom um 120. C. Lycosthenes, 1557.

Beunruhigende Erscheinungen sind oft beobachtet und von verschiedenen Schriftstellern beschrieben worden. Bei Vergil (71–19) sieht Dido in der *Aeneis*[21] am Himmel zwei Sonnen und mit ihnen zwei Theben aufleuchten, während Plinius[22], ein Zeitgenosse von Seneca, seinerseits von folgenden gespenstischen Meteoren spricht: »Manchmal sieht man mehrere Sonnen gleichzeitig... Unsere Väter haben während des Konsulats von Macius und Posthumus sowie unter Marcus und Porcus das Schauspiel von drei Sonnen gesehen. In unserem Jahrhundert war dieses Phänomen unter der Herrschaft von Claudius auch zu sehen... Während des Konsulats von Fannus und Demetrius waren auch drei Monde zu sehen; man nannte sie nächtliche Sonnen.«

Die Erscheinung von meteorologischen Phänomenen wurde allgemein ebenso wie die Geburt von Mißgestalten als glückbringendes oder erschreckendes Vorzeichen angesehen. Sie haben ihren Platz in den Annalen der Wunder. Julius Obsequens[23] berichtet, daß man 204 v. Chr. in Alba unter anderem blutige Kornähren und zwei Sonnen gesehen hat; 181 drei Sonnen und drei Monde in Gallien; 172 in Rom am Himmel einen Bogen mit einem Pfeil, der auf den Tempel des Saturn deutete, und gleichzeitig drei helleuchtende Sonnen; und 120 ein zweiköpfiges Kind und drei Sonnen.

Der bei Alde im Jahre 1508[24] nach einer Handschrift veröffentlichte Text, der zwar mit Titus Livius in Verbindung gebracht wird, aber zweifellos im 4. Jahrhundert abgefaßt wurde, bildet den Anfang einer bedeutenden Reihe. Das Werk wurde zunächst von Polydorus Virgilius und dann von Conrad Lycosthenes (1552)[25] ergänzt. Dieser schrieb später eine umfangreiche Abhandlung, *Prodigiorum ac ostentorum Chronicon*, über die ungewöhnlichen Erscheinungen, die seit dem Sündenfall im Weltjahr 3959 bis 1557,[26] dem Jahr der Veröffentlichung in Basel, vorgekommen waren. Ihm zufolge tauchten die dreifachen Sonnen in Germanien noch 1520 und 1527 auf. In seinem Werk über die Mißgestalten faßt Aldrovandi (1642),[27] ein bologneser Naturforscher, dieselben Phantasmen in einem Sonderkapitel über die himmlische Teratologie zusammen.

Boaistiau (1561),[28] der französische Lycosthenes, beschränkt sich nicht auf einen bloßen Bericht von Fakten wie »die drei Sonnen, die Cardano in unserer Zeit gesehen haben will, als er in Venedig war...«

34. Der Kreis von Ulloy (Spanischer Kapitän). F. Zurcher, 1865.

35. Lichthöfe und Sonnenringe. F. Zurcher, 1865.

De prodigiis

Anno Domini 608

1550

SEptimo Calen. Iulij in Germania propè pagum Bertholdſz∕dorff nõ procul ab opdido Coburg, in piro arbore iuſtę magnitudinis ac proceritatis, pira ad maturitatē iam properantia inuenta ſunt, quorũ in ſummitate alij etiam flores quaſi ſecundi fructus eius anni indicia, erant.

IN Saxonia ad Trebinium 19. Iulij nõ procul à Vuittenberga muſarũ diſciplinarumq̃ omniũ uero emporio, multa prodigia cœleſtia uiſa ſunt. Cerui enĩ inſignis ſpecies, pugnantiũ acies utrinq̃ magno impetũ, atq̃ clamoribus concurrentiũ, q̃rum ſan∕guis inſtar pluuiæ in terrã decidit, ſol horrenda ſpecie, qui & tum tẽporis in duas partes findi, atq̃ aliqua ex parte ad terrã ſeſe incli∕nare cõſpectus eſt. Duodecima Cal. Iulij. Vuittēbergę gladius ſanguinolētus ac machina bel∕lica rotis impoſita, etiam in cœlo conſpecta ſunt, ut ſcribit Io∕bus Fincelius.

EOdē loco circa Ioannis Ba∕ptiſtę feſtũ, inter ſextam ac nonam horã cœlo ſereno crux nigra, cum telo miſſili inſtar hami in anteriori parte refle∕xo, conſpecta eſt. Eodem an∕no in

37. Wolkenspiegel. Himmlische Schiffe, erschienen 1702. C. Lycosthenes, 1557.

◀ 36. Wolkenspiegel. Bewaffnete und Hirsch. Erschienen in Wittenberg im Jahre 1542, C. Lycosthenes, 1557.

Er erklärt auch die natürlichen Ursachen. Die Vision verdreifacht sich nämlich, »wenn irgendeine Regenwolke, die bereit zum Abregnen ist, sich neben der Sonne befindet und wenn diese der Wolke ihr Bild aufprägt, so wie sie es auf einem gut geglätteten und polierten Stahl macht...«

Die schweren und glatten Wolken von Seneca sind metallisch. Cardano (1550)[29] gesteht, als er die mehrgestaltigen Sonnen beschreibt, daß er nicht unterscheiden konnte, welche von ihnen die echte war. Er sagt auch, daß die in einem Spiegel während einer Finsternis betrachtete Sonne manchmal die Form eines Schiffes hat. Obsequens und Lycosthenes zufolge sind diese Himmelsschiffe im Jahre 170 erschienen.

Die Nebelspiegel reflektieren nicht nur leuchtende Gestirne, sondern jedes beliebige Objekt, das sich vor ihnen zeigt. Cornelius Agrippa (1529)[30] sah darin einen Beweis und eine Illustration der Lehre Platons über die Einwirkung von Körpern auf Körper: »Wenn der Südwind weht, sehen wir, wie sich in der Luft kleine Wolken verdichten, in denen sich wie in einem Spiegel weit entfernte Dinge reflektieren, zum Beispiel Schlösser, Berge, Pferde, Menschen und andere Gegenstände, die sich in dem Maße, wie die Wolken sich entfernen, auflösen...«

Die *Wolken* des Aristophanes (423 v. Chr.)[31] hatten dieselben Eigenschaften, wie Sokrates dem Strepsiades erklärt:

Sokrates: Hast du nicht schon ma eine Wolke gesehen da droben, gleich einem Kentauren? 'nem Pardel? 'nem Wolf oder Stier?
Strepsiades: Fürwahr, das hab ich. Aber was soll das?
Sokrates: So werden sie alles, was immer sie wolln. Und sehen sie so einen Schwengel, Strichbuben, mit Modefrisur, und so geil wie der Sprößling des Xenophantes, dann nehmen sie deren Narrheit aufs Korn und werden Zwitterkentauren.
Strepsiades: Wie aber, wenn einen Gauner sie sehen, der den Staat bemogelt wie Simon?
Sokrates: Dann zeigen sie prompt ihm sein Ebenbild und sehn plötzlich aus wie Schakale.
Strepsiades: Ach drum! Als sie gestern Kleonymos, den Schildverlierer, gesehen, da wurden sie diesem Feigling zum Tort im Nu zu rennenden Hirschen!
Sokrates: Und jetzt, beim Anblick des Kleisthenes dort, sind's, schau nur, Weiber geworden!

38. Wolkenspiegel. Auf dem Kopf stehende Gestalt des Patriarchen. »Noahs Opfer« (Ausschnitt), P. Ucello, 1448, Florenz, Santa Maria Novella.

39. Wolkenspiegel. Reiter. »Martyrium des Heiligen Sebastian« (Ausschnitt), A. Mantegna, 1485, Wien.

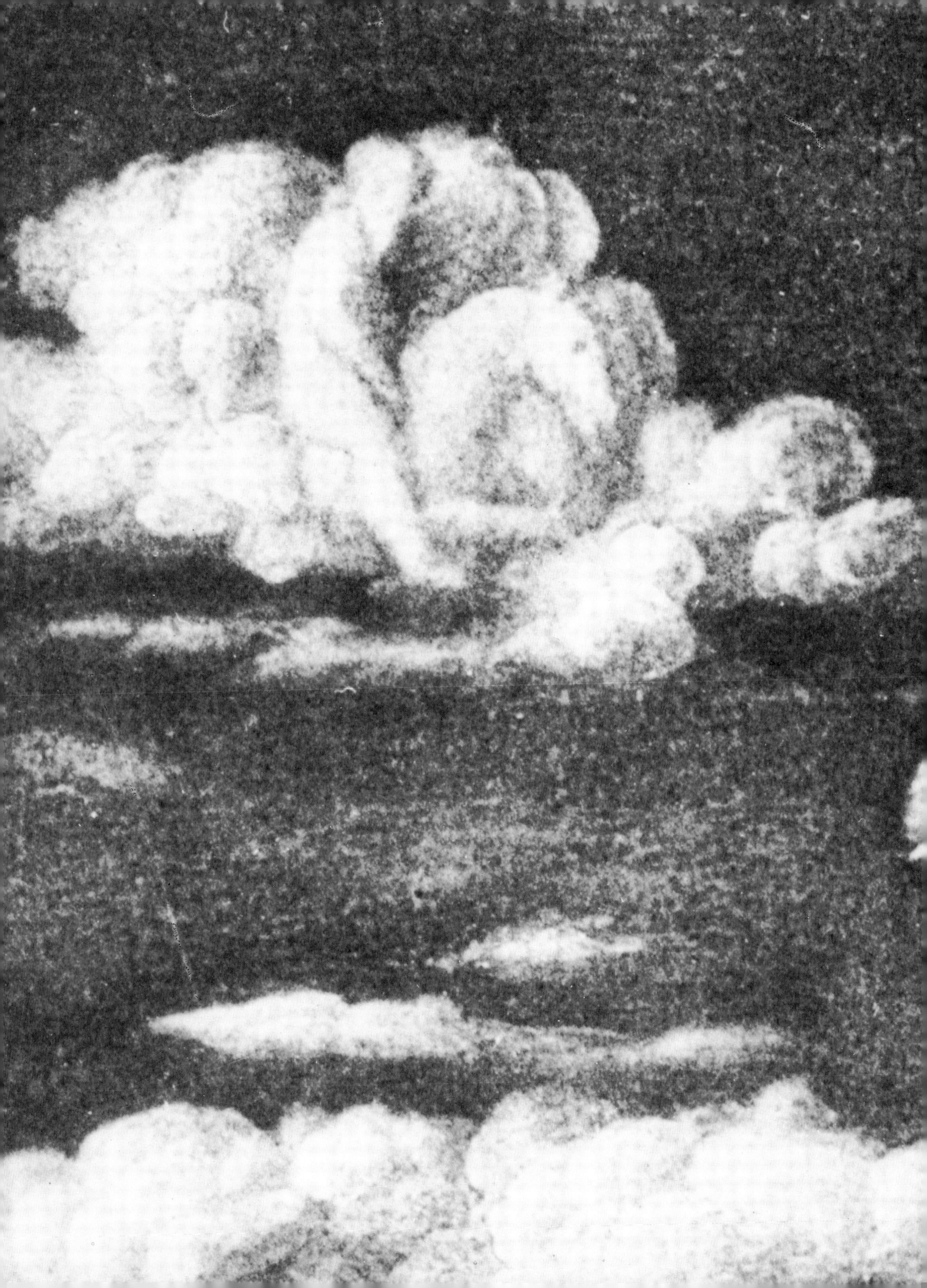

Die menschliche Gestalt verwandelt sich in den Wolken wie in einem deformierenden Spiegel oder in einem *Speculum heterodicticum* des 17. Jahrhunderts.

»Was soll man von den Dingen halten, die man am Himmel sieht, wenn die Wolken sich voneinander trennen: Kentauren, Hirsche, Pferde?« Schon Apollon von Tyana (1. Jhdt.)[32] war von den eigenartigen Gebilden überrascht, die noch Shakespeare (1602)[33] frappiert haben.

Hamlet: Seht ihr die Wolke dort, die fast wie ein Kamel wirkt?
Polonius: Beim heiligen Sakrament; wirklich, wie ein Kamel!
Hamlet: Mich dünkt, sie ist wie ein Wiesel.
Polonius: Ja, sie hat einen Rücken wie ein Wiesel.
Hamlet: Oder wie ein Walfisch?
Polonius: Ganz wie ein Walfisch.

Die antike Version taucht völlig identisch wieder auf. Handelt es sich dabei nun um ein Phänomen der Natur und der Phantasie oder um ein Artefakt?

In *De potestate artis et naturae* (vor 1280)[34] hat auch Roger Bacon diese Frage gestellt und eine direkte Verbindung zwischen beiden Bereichen hergestellt, indem er sich mit der Technik befaßte. »Man kann Apparate und Spiegel so konstruieren, daß es eine vielfache Erscheinung gibt und daß ein Mensch einer Armee ähnelt, also so, daß man mehrere Sonnen und Monde erscheinen lassen kann.«

Die katoptrischen Theater von Settala und Kircher boten dieselben Belustigungen. Das ganze Universum wird zu einem katoptrischen Theater: »Die Natur versammelt manchmal Dämpfe in der Art, daß man gleichzeitig zwei Sonnen oder zwei Monde am Firmament sieht, oder sogar drei Sonnen, wie Plinius berichtet. Ein Ding kann bis ins Unendliche vervielfacht erscheinen, denn wenn es einmal seine Seinsweise überschritten hat, gibt es für das Ding keine Grenzen mehr... So kann man in einer feindlichen Stadt großen Schrecken hervorrufen, wenn man eine Vielzahl von Sternen oder Menschen über ihr erscheinen läßt, so daß die Einwohner völlig erschreckt davonstürzen.«

Das sind keine Laborexperimente mehr. Die Kunst besteht auch darin, die riesigen Konzentrationen von Dunstspiegeln in der Natur zu benutzen.

Der *doctor admirabile* hatte dieses Werk zu seiner Verteidigung abgefaßt, weil er vor Papst Nikolaus III. (1277–1280) wegen Magie angeklagt war. Dabei nahm er die *Okkulte Philosophie* des Cornelius Agrippa ein Vierteljahrtausend vorweg. Eine französische Übersetzung wurde im Jahre 1557 in Lyon veröffentlicht.[35] John Dee, der Astrologe von Elisabeth und Rudolph II., ein Zeitgenosse Shakespeares, hat die Abhandlung in ihrer ursprünglichen Form im Jahre 1618[36] zugänglich gemacht.

In der Zwischenzeit hatte die Lehre sich weiter verbreitet.

Die *Questiones perspectivae*, die Biaggo Pelacani (1390) zugeschrieben werden, erwähnen die »wunderbare« Erscheinung eines Engels mit Schwert und Trompete in den Wolken am Himmel über Mailand und erklären sie als ein Spiegelbild der vergoldeten Statue auf dem Turm der Kirche von Sankt-Gotthard. Auch glaubte man, indem man sich auf die *Katoptrik* (VIII, 36) von Vitellius (ca. 1270) bezog, daß die auf dem Kopf stehende Gestalt, die bei Paolo Uccello in der Wolke über dem Offizianten in *Noahs Opfer* (1448, Florenz)[37] erscheint, ein Spiegelbild des Patriarchen selber sei und daß das

40. Wolkenspiegel. Bewaffnete und Hirsch, U. Aldrovandi, 1642.

41. Wolkenspiegel. Himmlische Bewaffnete, F. Reinzer, 1709.

sich im Profil in einer Wolke abzeichnende Bild eines Ritters den Fragmenten einer Statue entspräche, die auf dem Boden vor dem *Heiligen Sebastian* von Mantegna (ca. 1485, Wien)[38] verstreut waren.

Sehr häufig ist in den Chroniken von großen Mengen von Sternen und Menschen die Rede, die im Himmel über den Städten gesehen wurden. 1520 in Weißenburg am Niederrhein und 1527 in Kaufbeuren in Schwaben waren es Ritter. 1542 wurde bei Wittenberg das Trugbild eines Hirsches mit bewaffneten Männern in der Luft gesehen. Die Hirschkuh, die Aristophanes in den Wolken aufscheinen ließ, taucht hier spontan und nicht in Bezug auf die antike Komödie, sondern nur aufgrund desselben visionären Mechanismus wieder auf. Aldrovandi (1642)[39] hat sie nach Lycosthenes reproduziert.

III

Die Spiegelgalerie des Firmaments enthält auch einen Luftspiegel, der Aristoteles zufolge den flüssigen Spiegel ergänzt:[40] »Die Vision scheint sich in allen glatten Körpern zu spiegeln: zu diesen Körpern gehört die Luft ebenso wie das Wasser. Sie kommt aus der Luft, wenn diese sich verdichtet.«

Wir haben hier die Vorform von Spiegeln mit kondensierter Luft von Monge, die Luftspiegelungen in den Wüsten Afrikas und im hohen Norden erscheinen lassen. Die zunehmende Dichte der Atmosphäre von oben nach unten in brennend heißem Klima und von unten nach oben in der Kälte führt zu vollständigen Reflexionen des Gegenstandes in den Luftschichten.

Kapitän Scoresby beschreibt einige, die er in den Gewässern bei Grönland am 19. Juni 1822 beobachten konnte:[41] »…An vielen Stellen erschien die Spiegelung sehr hoch über dem Horizont. Die Schiffe, die sich in der Nähe befanden, hatten ein sehr bizarres Aussehen… Über den weit entfernten Schiffen sah man ihr eigenes auf dem Kopf stehendes und vergrößertes Bild… Während einiger Minuten sah man das Bild eines Schiffes, das sich selber unterhalb des Horizontes befand. Ein Schiff wurde sogar von zwei Schiffen überragt, eines aufrecht, das andere kopfüber.«

Die verschiedenen Formen dieser Abbilder, die in der Luft wie in einem Spiegel erscheinen, wurden von Wollaston reproduziert. Zweifellos wußte die antike Meteorologie nichts von den atmosphärischen, räumlichen und klimatischen Voraussetzungen, die zur Entstehung von Luftspiegelungen notwendig sind. Trotzdem hat sie die Tatsache als solche registriert – dreiundzwanzig Jahrhunderte bevor sie wissenschaftlich bestätigt wurde.

Die Erscheinungen wurden viel einfacher interpretiert. Für fehlerhafte Augen war nicht einmal eine Verdichtung der Luft notwendig, wie uns das Beispiel eines Sehbehinderten zeigt: »Der Blick diese Mannes war infolge der Krankheit so schwach und unscharf, daß die Luft, die sich in seiner Nähe befand und die er nicht zurückstoßen konnte, zu einem Spiegel wurde.«

Diese Passage der *Meteorologie* findet sich in Versform bei Jean de Meung in der *Wissenschaft der Blicke* wieder, die ein Teil des *Rosenromans* (1265–1280)[42] ist:

Aristote neïs temoigne	(Aristoteles, der in dieser Materie sehr bewandert war, da er sich mit allen Wissenschaften befaßt hatte, berichtet folgende Begebenheit: ein Mann war krank, sagt er, und die Krankheit hatte sein Augenlicht geschwächt; und wenn die Luft dunkel und trübe war, sah er, wie er sagt, aus diesem doppelten Grunde in der Luft hier und dort vor sich sein eigenes Gesicht gehen. In einem Wort, wenn Spiegel auf keine Hindernisse treffen, lassen sie viele wunderbare Schauspiele erscheinen.)
Qui bien soit cete besoigne	
Car toute science avait chiere	
Uns on, ce dit, malade iere,	
S'il avait la maladie	
Sa veüt mout afeiblie	
Et li airs lui semblaient obscurs et troubles	
E dit que par ces raisons doubles	
Vit il en l'air de place en place	
Aler par devant lui sa face	
Brievement miroers s'il n'ont ostacles	
Font apareir trop de miracles.	

42. Luftspiegelung bei Grönland, 19. Juni 1822. F. Zurcher, 1865.

Wenn die Luft glatt wie Wasser oder poliertes Metall ist, rücken ihre Spiegel direkt vor die Person mit einer blutarmen Netzhaut, die jederzeit vor sich ihr eigenes Gesicht im Spiegel sieht.

Cornelius Agrippa (1529)[43] gibt dieselbe Beschreibung dieser flottierenden Spiegelbilder: »Und Aristoteles berichtet, daß es einem Mann mit geschwächten Augen geschehen ist, daß die Luft in seiner Nähe ihm als Spiegel diente und daß er, da er nicht begreifen konnte, daß sein Augenlicht sich in ihm reflektierte, dachte, sein Schatten liefe vor ihm her, den er immer als ersten vorneweg laufen sah, wohin er auch ging.«

Auf weite Entfernungen können Menschen mit normalem Augenlicht dieselben Illusionen haben: »Auf diese Weise entsteht jede Art von Darstellung so weit in der Luft entfernt, wie man nur will, welche die Unwissenden, wenn sie sich sehen, für die Gestalten von Dämonen oder Geistern halten, obwohl es sich nur um Darstellungen handelt, die ganz in ihrer Nähe sind und kein Leben haben. All diese Dinge liegen im Wesen der Luft, und ihre Prinzipien beruhen auf der Mathematik und der Optik.«

Indem er die aristotelischen Spiegelgespenster in seine Dämonologie einbezieht, gehört auch Ronsard (1557)[44] zu diesen Unwissenden:

En ce point les DAIMONS masquez de vains feintes	An dieser Stelle versetzen listenreich maskierte DÄMONEN
Donnent aux cœurs humains de merveilleuses craintes	Die menschlichen Herzen in wundersame Schrecken.
Car ainsi que l'Air en reçoit à-lentour	Denn so wie die Luft aus der Umgebung
Toute forme et couleur, ce pendant qu'il fait jour,	Jede Form und Farbe annimmt, solange es Tag ist,
Puis les rebaille ceux qui de nature peuvent En eux les recevoir et qui propres se treuvent:	Und sie auf diejenigen zurückspiegelt, die sie von Natur aus Aufnehmen können und die dazu geeignet sind:
Tout ainsi les Daimons font leur masqueures voir	Ebenso zeigen die Dämonen ihre Masken
A nostre fantaisie aptes à les recevoir…	Unserer Phantasie, die bereit ist, sie aufzunehmen…

Dieser Abschnitt aus der *Hymne des Daimons* beruht allerdings nicht auf Agrippa-Meung,

43. Luftspiegelung. Fata Morgana.

sondern auf Psellos, einem byzantinischen Enzyklopädisten aus dem 11. Jahrhundert, dessen Abhandlung über die Dämonen zunächst in der lateinischen Übersetzung von Marsilius Ficino, erschienen 1552[45] in Lyon, zugänglich war. Laumonier und Schmidt[46] haben die beiden Versionen miteinander verglichen, und es ergab sich, daß alle Wörter mit einer Ausnahme gleich waren: der »Spiegel« war von dem Dichter bei seiner Beschreibung der Reflexionen von Körpern und Farben in der Luft ausgelassen worden, da er ihn zweifellos für ausreichend erklärt hielt.

Sicut apparet in speculis rebusque quasi specularibus präzisieren Psellos und Ficino.

Wie wir mit Spiegeln sehen und experimentieren können... (Comme nous pouvons veoir et experimenter ès mirouer...) übersetzt Moreau (1575)[47] direkt aus dem Griechischen.

Die byzantinische Überlieferung greift auch Belleforest (1575)[48] auf. Mit einem Verweis auf »Pselle et tous les docteurs de l'école platonique« machte er lange Auszüge aus Ronsard, während Le Loyer (1586)[49] sich direkt auf die *Meteorologie* von Aristoteles bezieht, der zufolge die Visionen in der Luft bestimmte atmosphärische Voraussetzungen haben: »Und es geschieht oft, daß man, wenn man irgendwelche Bilder von nahem in einer schweren Luft betrachtet, sein Abbild dort wie in einem Spiegel zurückgespiegelt und zurückgeworfen sieht, allerdings nicht ganz genau, denn es scheint sich aufzulösen.«

Es handelt sich also um einen optischen Mechanismus und nicht um eine Halluzination. »Das ergibt sich weniger durch eine besondere Betrachtungsweise als durch die dichte und schwere Luft, die für entgegengesetzte Formen aufnahmefähig ist, welche sie (wie ein Spiegel) vor uns reflektiert.«

Im Zusammenhang mit diesen Theorien erwähnt der Dämonologe aus Anjou den Namen des Pomponatius. Dabei handelt es sich um Pomponazzi (1462–1524), den Anhänger eines uneingeschränkten Aristotelismus und Professor der Naturwissenschaften in Padua. Sein Werk *Des causes des merveilles de la Nature ou des Enchantements*,[50] in dem die Wunder durch physikalische Gesetze erklärt werden, konnte nicht zu seinen Lebzeiten veröffentlicht werden. Es erschien erst 1556 in Basel[51] auf der Grundlage eines Manuskriptes, das einer seiner Schüler aufbewahrt hatte und das einen großen Widerhall fand, obwohl es auf den Index gesetzt wurde.

Die Lehre von der schweren Luft, die Gegenstände reflektiert, wurde dort durch die Lehre der Projektionen ergänzt, die sie empfängt und die selbst ebenfalls verdichtet sind. Das Bild eines Gegenstandes kommt durch die Ausdünstung einer materiellen Substanz zustande. Jede Reflexion resultiert aus einem Zusammenprall zweier Körper. Der paduanische Professor hatte diese Anschauung von seinem Bischof Pierro Barozzi, einem heiligen und in der Mathematik sehr bewanderten Mann, übernommen.[52] Und zwar als Antwort auf die Frage: war es Magie, daß Apollonius von Tyana sehr weit sehen konnte? »Der Prälat lächelte und sagte, daß daran nichts Übernatürliches sei, denn die Gegenstände der unteren Welt würden ihr Bild bis in den Äther und in den Himmel senden und dieser würde es wie ein Spiegel zu einem anderen Spiegel auf die Erde zurücksenden. Und deshalb könnten die Dinge in sehr großer Entfernung gesehen werden. Und er zitierte bei dieser Gelegenheit viele Autoren, an die ich (Pomponazzi) mich nicht mehr erinnere.«

Dabei handelte es sich zweifellos um Atomisten und Epikuräer.[53] Für Demokrit (5. Jahrh. v. Chr.) strahlte das Bild für das Auge wahrnehmbare Körper aus, wie eine Materie, die aus unendlich vielen kleinen, auf eine sichtbare Oberfläche projizierten Körpern besteht. Die verdichtete und komprimierte Luft empfängt ihre Eindrücke wie Wachs.[54] Vergleicht nicht auch Lukrez (98–55)[55] dieses Abbild mit einer Rinde, die sich vom Gegenstand ablöst, dabei dessen Form bewahrt und sich in den Raum hinausbewegt?

Der Beweis für die Existenz vom Simulakren wird erbracht, wenn Apuleius (2. Jahrh.)[56] sich fragt: »Ist es wahr, was Epikur (341–276) sagt, nämlich daß die Bilder, die von uns ausgehen wie Emanationen, welche – wenn sie auf eine polierte und feste Oberfläche treffen –, andauernd dem Körper entfliehen, sich dort so brechen und reflektieren, daß sie sich dort mit der Rückseite und kopfüber abbilden?«

Diese letzte Definition scheint der von Barozzi am nächsten zu kommen. Pomponazzi geht noch viel weiter; auf der Basis dieser Ausdünstungen von Körpern, die Abbildungen aussenden, gründet er seine Theorie über die Kraft der Phantasie, bei der die Materie Geist ausstrahlt, den man für das Immaterielle par excellence hielt. Die Aussendung dieser Simulakren konnte folgendermaßen bewerkstelligt werden: »Was die vom Spiegel reflektierten Bilder betrifft, so ist es nicht unmöglich, daß sie in dieser Absicht wie innere Geister vom Zauberkünstler durch von ihnen ausgesandte Dämpfe erzeugt werden. Dieser Zauberkünstler denkt lange über diese Figuren nach und drückt sie den von ihm ausgesandten Dämpfen und Geistern auf, welche sie dem Spiegel einprägen.«[57]

Die Konzentration des Denkens schafft Figuren, die sich in den Spiegeln reflektieren, und die geistigen Ausdünstungen füllen Formen, die ein optischer Apparat vollkommen aufzeichnen kann: »Wenn man meint, daß im Traum Erscheinungen entstehen können, muß man auch zugestehen, daß sie in der Atmosphäre entstehen können«, ergänzt Pomponazzi,[58] indem er auf eine Katoptrik von Wachträumen verweist.

Ein letzter Beweis wird ihm durch zwei Wunder geliefert, die tatsächlich natürliche Ursachen hatten: die Erscheinung des Heiligen Petrus in Bologna und vor allem die des Heiligen Cölestin in Aquila in Verbindung mit bestimmten atmosphärischen Bedingungen.

Das Bild des heiligen Patrons der Abruzzen-Stadt war über der ihm geweihten Abtei erschienen, als die Bevölkerung zu ihm um Regen betete. Es handelt sich immer um denselben Mechanismus: das Trugbild prägt sich zunächst in den Geist der versammelten Gläubigen ein, der es dann in die von Regenfluten komprimierte Luft überträgt, die es der *Meteorologie* von Aristoteles zufolge, wie der Autor sagt, materiell sichtbar macht:[59] »In die Dämpfe (des Geistes) war das Bild des Heiligen Cölestin eingeprägt, und so geprägt konnten sie in der Luft dieselbe Figur in der Realität und in voller Erscheinung abbilden. Und diese Erscheinung konnte länger andauern, weil die Luft aufgrund der Feuchtigkeit schwer und für Eindrücke empfänglich war. Sie konnte sich durch den Raum bewegen, weil der Wind sie bewegte.«

Die durch das Denken projizierte Gestalt schwebte davon wie ein Blatt. Die Beweisführung wird bis auf die Spitze getrieben.

IV

Der Luftspiegel, der sich gleichzeitig mit den Wasser- und Nebelspiegeln verbindet, vereint deren Eigenheiten. Die Spukgestalten, die materialisierten Visionen werden in ihm durch eine geistige Ausdünstung sichtbar wie der Regenbogen oder die vielfachen Sonnen.

Die katoptrische Ausstattung des Firmaments enthält eine große Zahl von Elementen:
- Den konkaven oder konvexen sphärischen Mond, der die Erde, einen Ozean, die Sonnenflecken und ein weibliches Gesicht reflektiert.
- Den Regentropfen, der eine Mikrosonne und das winzig kleine Teil eines Spiegels ist, der den ganzen Himmel bedeckt.
- Die flachen Wolken, konkav-sphärisch poliert und glatt wie Metalle.
- Die verdichtete Luft als gasartiger oder kristalliner Körper und sogar in ihrem Normalzustand.

Im himmlischen *Theatrum polydicticum* erscheinen verkleinerte, vervielfältigte und vergrößerte Gestalten. Sie gehören zur lebendigen Welt, bilden aber auch die Emanationen des Geistes ab. Die Spiegel können auch Träume widerspiegeln.

Die orphischen und neo-platonischen Lehren haben solche Begegnungen zwischen Geist und Vision in ihre Überlegungen einbezogen, indem sie die Elemente vertauschten. Es handelt sich nicht um das konzentrierte und erregte Denken, das in der Luft reflektiert wird, sondern um Intelligenzen, die im Himmel umherirren und die ihre Seelen auf die Erde projizieren, wo sie reflektiert werden, indem sie Körpern Gestalt geben. Die Beschreibung dieses Vorgangs findet sich in den *Aeneaden* von Plotin (3. Jahrh.):[60] »Und die menschlichen Seelen? Sie sehen ihre Bilder wie im Spiegel des Dionysos, und aus der Höhe stürzen sie auf sie herab.«

Dabei handelt es sich um Seelen, die einen Fehler begangen haben und die als Kreaturen Gottes ursprünglich das Recht auf einen Aufenthalt im Himmel hatten, welche man wie durch ihr eigenes Spiegelbild angezogen zu uns heruntersteigen sieht.

Der dionysische Reflektor ist seinerseits zum Gegenstand einer metaphysischen Exegese durch Proclus (410–485)[61] geworden: »Der Spiegel ist von den Theologen wie ein Emblem der Fähigkeit zur geistigen Vollendung des Universums behandelt worden. Deshalb hat Hephaistos, wie gesagt wird, für Dionysos einen Spiegel angefertigt. Nachdem er sein Bild betrachtet hatte, ging der Gott (aus sich selber heraus) und verbreitete sich in der ganzen teilbaren Schöpfung.«

Die materiellen und geistigen Welten werden in den unzugänglichen Tiefen eines glänzenden Körpers vereinigt. Der Spiegel wird zum Schmelztiegel des Immateriellen und der Materie. Im Spiegel zeigt sich den Menschen auch der biblische Jehovah.

44. Luftspiegelung. Der Berggeist. F. Zurcher, 1865.

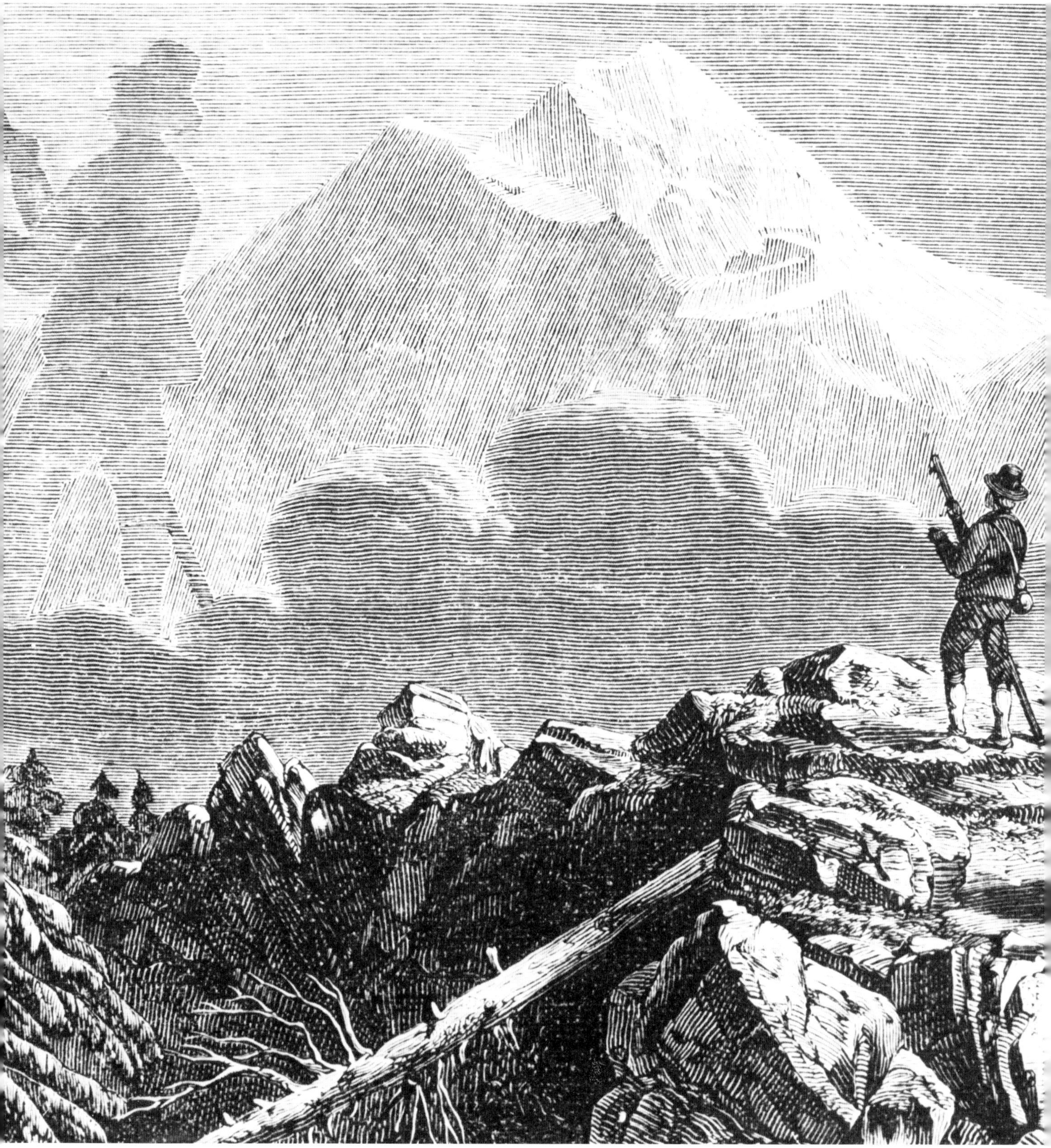

ATHANASII KIRCHERI S.I. ARS MAGNA LUCIS ET UMBRÆ

ad Serenissimum Principem FERDINANDUM ARCHIDUCEM AUSTRIÆ Cæsaris Filium

יהוה

AUCTORITAS SACRA

RATIO

SENSUS

AUCTORITAS PROFANA

SERENISSIMUS FERDINANDUS ARCHIDUX CÆS. FIL.

Romæ Apud Hermannum Scheus

III
Göttliche Spiegel

Mehrere Visionen, die den Auserwählten Gottes erschienen sind, werden in der hebräischen Sprache geheimnisvoll durch einen Begriff bezeichnet, der dem Wort SPIEGEL entspricht.

                                Raphael Mirami, 1582

45. Göttliche Spiegel. A. Kircher, *Ars Magna*, Rom 1646 (Titelblatt).

I Die mosaischen Spiegel und die antiken Theogonien

Das Gesicht von Moses *(Exodus)*. Der Rückspiegel des Proteus. Hebräische Visionen und hebräischer Spiegel. Der konvexe Spiegel der Bundeslade. Der konkave Spiegel des Tabernakel-Behälters. Die Erscheinung von Jehovah im Spiegel *(Numeri)*. Die Sonne als Spiegel der unteilbaren Gottheit (Plutarch). Der Sonnenspiegel aus Glas (Philolaos). Das Elektrum von Alexander dem Großen (Zosimos). Das AUGE des Geistes. Der Spiegel der Gnosis, der die sichtbare Welt, den Sohn Gottes und die Dreifaltigkeit reflektiert.

II Der paulinische Spiegel

Die Vision mit Hilfe eines Rätsel-Spiegels. Die indirekte Vision Gottes. Die antike Katoptromantie und die göttlichen Offenbarungen. Das katoptrische Rätsel: konfuse Bilder? Verschlüsselte Bilder?

III Enthüllung des Unsichtbaren

Die Götter Arkadiens (Guillebaud). Der Tod (J. de la Fons). Die *tabula scalata*. Ein Kunstwerk, das zwei antike Götter, die Fürsten und Päpste der Renaissance sichtbar macht. Der in einem Rätselspiegel wiederauferstandene Christus. Die *Epistel* des Heiligen Paulus im *Theatrum polydicticum* (Bettini-Schott). Der Symbolspiegel von Christus und der Jungfrau.

IV Plotin – Faust – Moses

Der neo-platonische Schöpfungsspiegel. Dialog zwischen einem Chinesen und einem Jesuiten. Die *Aeneaden*. Eine Szene im *Faust* von Goethe. Der Faust von Rembrandt. Moses und Faust. Die Isis-Spiegel von Novalis und Gérard de Nerval.

V Der menschliche Spiegel

Eine Geschichte von Perrault. Orante und seine drei Brüder. Die Rache von Calliste. Der Gott Amor im Spiegel von Orante. Der gläserne Mensch im Logbuch des Herrn Teste.

46. Moses steigt vom Berg Sinai herab. Anonymus, vielleicht nach Martin de Vos, Ende 16. Jahrh.

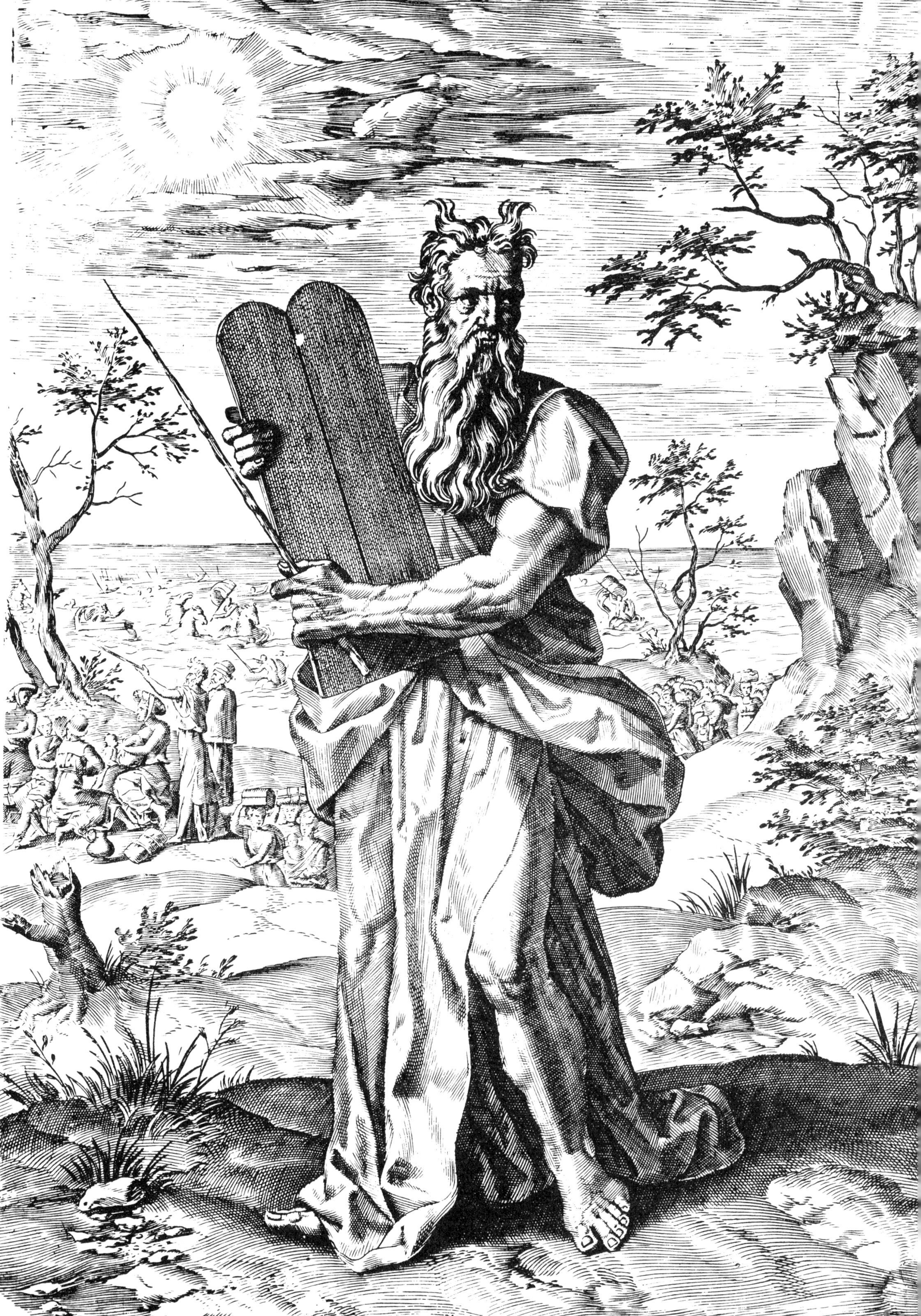

I

Die Herrlichkeit Gottes wurde Moses auf dem Gipfel des Sinai in einer furchterregenden Umgebung und mit schreckenerregender Gebärde offenbart. Jehovah stieg in einer Wolke hernieder und verkündete den Namen Jehovahs. Moses war dort mit Jehovah vierzig Tage und vierzig Nächte zusammen, ohne sein Gesicht gesehen zu haben, und er kehrte nach dieser Begegnung verklärt zurück:[1] »Als Moses mit den beiden Tafeln den Berg Sinai hinabstieg, wußte er nicht, daß sein Gesicht einen strahlenden Glanz bekommen hatte, während der Herr mit ihm sprach. Aaron und alle Israeliten sahen das Leuchten auf Moses Gesicht und fürchteten sich, ihm nahe zu kommen.« (*Exodus*, XXXIV, 29–30)

Dieses Strahlen ist nichts anderes als der Reflex der Herrlichkeit Gottes. Die tiefen Spuren der außerordentlichen Begegnung, die stattgefunden hatte, waren im Gesicht des Propheten erhalten geblieben, das Gott zu einem Spiegel seines Lichtes gemacht hatte.

Indem die *Bibel* zweimal explizit darauf hinweist, daß die Transfiguration durch eine lokale Veränderung der Epidermis zustandekommt, insistiert sie auf der physikalischen Natur dieser Erscheinung. Die Haut wurde umgewandelt und mit einer wie poliertes Metall glänzenden Maske überzogen. Die Kirchenväter und die Theologen haben sich über diesen Punkt ganz genau geäußert. Joseph Filere (1636), der sich auf den Heiligen Augustinus *(Liber de visio deo)* bezieht, bekräftigt ohne Umschweife, daß Moses auf dem Berg Sinai zu einem Spiegel Gottes wurde, dessen Licht von seinem Gesicht zurückstrahlte. Die Reflexe waren derartig stark, daß Moses, als er zu den Kindern Israels sprach, sich einen Schleier um den Kopf winden mußte, den er nur vor Jehovah lüftete. Der indirekte Anblick eines unerträglichen Glanzes konnte also durch eine spiegelartige Anlage ermöglicht werden.

Auch in der antiken Mythologie wurden furchterregende Wesen, die man nicht direkt anschauen konnte, in Spiegelbildern sichtbar gemacht, wie zum Beispiel die Medusa für Perseus. Um eine der drei Gorgonen zu treffen, die einzige sterbliche, welche diejenigen, die sie anblickten, versteinerte, griff der Sohn des Zeus zu dem Hilfsmittel eines Rückspiegels, um sie mit einem einzigen Schwertstreich zu enthaupten. Ovid (Anfang 1. Jahrh.) läßt diesen Vorgang vom Helden selber beschreiben.

Auch diese Szene findet in einer wüstenartigen Landschaft statt: »...er habe weithin verstecktes, unwegsames Gelände, wo brüchige Wälder auf Felsen starren, bis hin zur Gorgonenbehausung durchwandert; auf Wegen und im Gefilde, allüberall sah er die Bilder von Menschen, wie auch von wildem Getier, versteinert vom Blick der Meduse. Er jedoch habe im bronzenen Schild, den die Linke getragen, sich das Bildnis der Schauergestalt der Meduse gespiegelt; und als drückender Schlaf sie selbst und die Nattern beschwerte, hab' er das Haupt ihr vom Halse geschlagen.« (Ovid, *Metamorphosen*, IV, 780–790)

Die erste Begegnung der Menschen mit Jehova und der Gorgo kam durch ein katoptrisches Hilfsmittel zustande. Da die Medusa später den Schild der Athene schmückte, wurde sie übrigens direkt mit einer der größten griechischen Göttinnen verbunden. Aus dem Spiegelbild des Schlangenkopfes wurde also ihre in Bronze gegossene Trophäe.

Ihre Züge wurden mit der Zeit weniger schrecklich und die Gorgonen bekamen schließlich die Aufgabe, gemeinsam mit den Hesperiden die Tore des orphischen Paradieses zu bewachen.

Die jüdische Tradition, die die biblischen Texte nach den durch Spiegel bewerkstelligten, indirekten Offenbarungen durchforschte, hat viele Spekulationen über diese Frage angestellt.

Die Etymologie entspricht übrigens dem *Alten Testament*. Mirami (1582) und in seiner Folge Cesi (1636)[2] haben zurecht darauf hingewiesen, daß im Hebräischen der Spiegel und die Vision mit demselben Wort bezeichnet werden. Trotz einer unterschiedlichen Vokalisierung haben die RE-I-Fassung (Spiegel) und die RE-A-I-Fassung (Vision) tatsächlich dieselbe konsonantische Schreibweise, die es ermöglicht, zwischen den beiden Bedeutungen zu wählen.[3] Die rabbinischen Kommentare zu Anfang unserer Epoche haben nicht versäumt, sie einander anzunähern und aus dieser Annäherung theologische und technische Folgerungen zu ziehen. Moses selber hatte Gott nicht direkt angesehen, sondern in einem Spiegelbild, dessen Mechanismus man sogar nachzubilden versucht hat. Der Rabbiner Meïr (ca. 150)[4] erklärte ihn einem Samariter, der ihm folgende Frage gestellt hatte: »Ist es möglich, daß der, von dem geschrieben steht, daß er Himmel und Erde erfüllt, mit Moses zwischen den Tragegriffen der Bundeslade gesprochen hat?«

Der Rabbiner ließ einen konkaven Spiegel bringen und forderte den Samariter auf, sich das Bild anzusehen, das ihn groß zeigte. Dann nahm er einen konvexen Spiegel, in dem das Bild klein war, und sagte zu ihm: »Wenn Du, der Du aus Fleisch und Blut bist, nach Belieben Deine Größe verändern kannst, wieviel mehr kann dann der vollbringen, der gesprochen hat und der im ganzen Universum gepriesen wird. Kann er also nicht, wenn er es will, Himmel und Erde erfüllen? Und wenn er es will, kann er dann nicht mit Moses zwischen den beiden Tragegriffen der Bundeslade sprechen?«

Dem Rabbiner Jehuda (ca. 150) zufolge wurde der Spiegel durch den Metalldeckel der heiligen Lade gebildet. Es handelte sich also um einen ehernen konvexen Spiegel, der das verkleinerte Bild der Welt zeigte und der den Reliquienschrein wie ein Schild bedeckte.

Vor dem Heiligtum befand sich ein weiterer, ähnlich gebauter Reflektor, der die kostbaren Gegenstände schützen sollte. Bezalel, der Erbauer des Heiligtums, fertigte es genau nach den Vorschriften Jehovahs an: »Weiter machte Bezalel das Becken aus Bronze und seinen bronzenen Untersatz. Er fertigte beides aus den Bronzespiegeln der Frauen, die am Eingang des heiligen Zeltes Hilfsdienste verrichteten.« (*Exodus*, XXXVIII, 8)

Dabei handelte es sich um einen Spiegel, der alle Tugenden der Spiegel in sich vereinte, die dem Allmächtigen von den Töchtern Israels dargeboten wurden. Wenn sie ihre Reinigungen vornahmen, konnten die Opfernden und die Priester feststellen, ob ihre Seelen tatsächlich unbefleckt waren. Dies war also ein Vergrößerungsspiegel, der die kleinsten Fehler zeigte.[5] Das konkave Becken war in gewisser Weise das Gegenstück zu dem konvexen Deckel des heiligen Schatzes, in dem man aufgrund einer optischen Verkürzung die ganze Größe des Himmels sehen konnte.

Die Gott offenbarenden Spiegel werden in mehreren Texten erwähnt. Die hebräische Version von *Numeri* (XII, 6)[6] erinnert noch daran, daß der Anblick von Jehovah »durch einen Spiegel« oder »im Spiegel und nicht durch Rätsel« ein ausschließliches Privileg von Moses war. Die rabbinischen Interpretationen der katoptrischen Erleuchtungen sind in der Bibel überprüfbar und entsprechen den hellenischen Lehren:[7] »Gott selber kann in einem Spiegel betrachtet werden, er, von dem man weder den Körper noch die Seele sehen kann…« erklärt Porphyrios (233–304) in seinem *Brief an Marcella*.[8] Nach Plutarch (ca. 45 bis ca. 125) reflektiert die Sonne das Bild des unteilbaren Gottes: »Er (Gott) hat in den Himmel ein sehr schönes Bild, von dem, was er ist, gesetzt, nämlich die Sonne, die so etwas wie ein Spiegelbild für diejenigen ist, die ihn durch dieses Hilfsmittel betrachten können.«

Nicht nur der Mond reflektiert die Welten, die Erde, einen Ozean und Sonnenflecken. Auch die Sonne war ein Spiegel des Ewigen im Glanz seiner Werke. Philolaos, ein Pythagoreer aus dem 4. Jahrhundert vor unserer Zeitrechnung, gibt davon eine detaillierte Beschreibung:[9] »Sie ist eine Glasscheibe, die das Leuchten des kosmischen Feuers empfängt und die uns das Licht sendet; so unterscheidet man im Himmel drei Teile: zunächst das himmlische Feuer, dann sein Leuchten und dessen Widerspiegelung wie in einem Spiegel; und schließlich die Sonnenstrahlen, die durch diesen Spiegel auf unsere Erde gelenkt werden: eben diese Reflexion bezeichnen wir als Sonne, sie ist nur das Bild eines Bildes.«

Somit wäre die Sonne also keine Licht- und Wärmequelle. Sie ist ein Körper, der ein Trugbild reflektiert.

Auch Dürer bezieht sich noch auf den Mythos des Sonnenspiegels, wenn er ihn Apollo, dem Licht- und Sonnengott der Stoiker und Platoniker, in die Hand gibt, so daß er den Namen APOLO in spiegelverkehrten Buchstaben in einem leuchtenden Lichthof widerspiegelt.

Bei Dante gibt es einen Hinweis auf einen metallischen Gegenstand. Sein Ahnherr Cacciaguida erzählt, daß er im Himmel des Mars folgendes gesehen hat:

Der Glanz, darinnen lächelte das Kleinod,
Das ich dort fand, begann erst zu erschimmern,
So wie im Sonnenstrahl ein goldner Spiegel…
Paradies, XVII, 121

Der Mond und die gläserne Sonne, die Sonne aus Gold, der Mond aus Zinn oder Metallegierungen und aus verschiedenen Materialien sind der Reihe nach zur Bildung von himmlischen Spiegeln herangezogen worden. Und dann gibt es noch einen weiteren kosmischen Spiegel, der aus einer Verbindung von Silber und Gold bestand, das *Elektrum*, das als gelbes Metall einen höheren Glanz hatte. Homer erwähnt es bei mehreren Gelegenheiten, und man findet es bereits als Bestandteil der mykenischen Goldschmiedekunst.

Nach Zosimos, dem Parapolitaner, einem in Ägypten geborenen griechischen Alchimisten (3.–4. Jahrh.),[10] geht seine Erfindung auf Alexander von Macedonien zurück und diente als Schutz gegen den Blitz, der die menschliche Gattung zu vernichten drohte. Der Herrscher hat daraus einen Spiegel gemacht, der ihm als Talisman diente. Seine Nachfolger, weniger bedeutende Könige, stellten ihn zunächst in ein Haus, dann in den Tempel der Sieben Tore. Seine Kräfte wurden für unermeßlich gehalten.

47. Apollo mit einem Sonnenspiegel. A. Dürer. British Museum. ▶

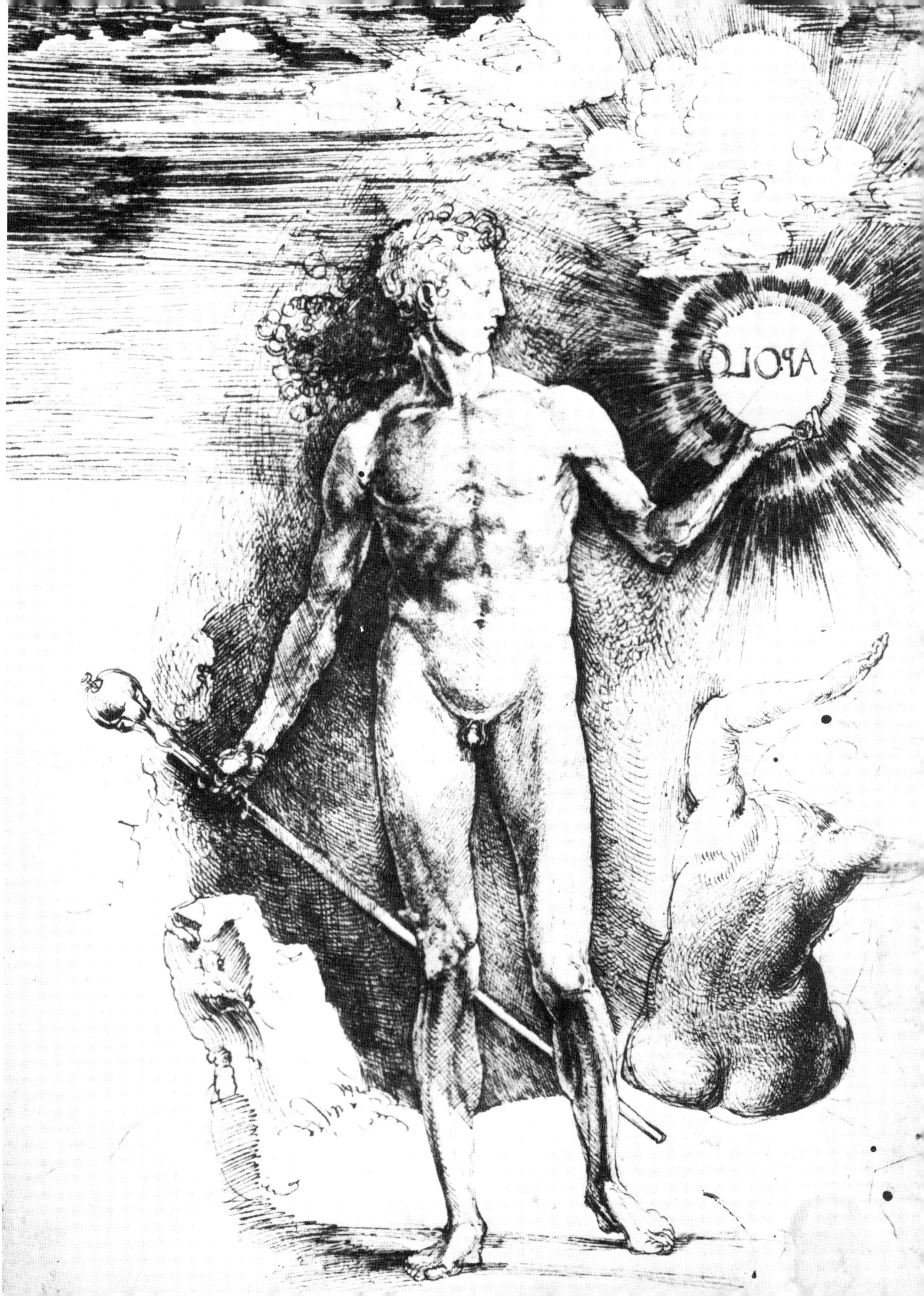

Der Spiegel verkörpert den göttlichen Geist. Er reinigt die Seelen derjenigen, die sich in ihm, ähnlich wie die Opfernden im Becken des Tabernakels, widerspiegeln, so daß sie selber zu Geist werden. Das von einem historischen Monarchen entworfene Gerät findet sich plötzlich mitten im kosmogonischen Räderwerk wieder: »Der Spiegel steht auf der Seite des Okzidents über den Sieben Toren, so daß derjenige, der in ihn hineinsieht, den Orient sieht, dort, wo das geistige Licht brennt, das sich über dem Schleier befindet. Deshalb befindet er sich auch im Süden, über der sichtbaren Welt und über den zwölf Häusern (den zwölf Tierkreiszeichen) und den Plejaden.«

Völlig hingerissen von seiner Spekulation über das Elektrum, erhebt sich Zosimos in schwindelerregende Höhen und vereinigt dabei jahrtausendealte Theogonien. Der goldene, von Silber erleuchtete Spiegel wird mit dem AUGE identifiziert, mit dem AUGE des Geistes und dem AUGE der unsichtbaren Sinne, das alles umgibt. Berthelot[41] hat ihn auch mit dem heiligen AUGE in Verbindung gebracht, mit dem *Oujda* der Ägypter, das mal die Sonne und den Mond und mal die beiden Augen der Sonne symbolisiert. Wir treffen wieder auf eine Sonne, die metallisch wie der Mond ist. Die spirituellen und materiellen Welten werden direkt mit den alchimistischen Arkanbereichen verbunden. Auch der Text über das Elektrum geht andauernd unvermittelt vom einen zum anderen über. Auf grandiose Enthüllungen folgt eine Geschichte über von Alexander in die Erde ausgesäte Amulette, auf denen man sein Reiterstandbild eingeprägt hatte. Dann plötzlich – ein Gedankenblitz: »Aber du, du erhebe dich durch das Denken aus der unteren Sphäre, die ein Teil des (sichtbaren) Universums ist. Betrachte deine Seele mit Hilfe dieses Elektrum-Spiegels, der aus zwei Intelligenzen hergestellt wurde, das heißt aus dem SOHN GOTTES und dem mit dem HEILIGEN GEIST verbundenen WORT, das mit dem Geist der Dreifaltigkeit erfüllt ist.«

Das gnostische Christentum, direkt einer Mischung aus orientalischen und antiken Paganismen aufgepropft, erkennt sich in der Beschreibung einer metallischen Legierung wieder, die mit dem Namen eines großen Königs, dem Schüler von Aristoteles, verbunden war.

48. Sonnenspiegel. Leonardo da Vinci, 1494. Kupferstichkabinett, Louvre, Paris.

II

Man weiß nicht, ob diese christlichen Einschübe zum ursprünglichen Text gehörten oder später eingefügt wurden. Wie immer es auch sei, die Idee eines göttlichen Spiegels findet sich bereits bei einem Apostel. In den *Korintherbriefen*[12] wird er vom Heiligen Paulus an zwei Stellen erwähnt:

1. »Heute sehen wir (Gott) *mit Hilfe eines Rätsel-Spiegels*, aber dann (wenn alles vollkommen ist) sehen wir direkt.« – »...aber dann sehen wir *Gott* direkt, präzisiert die Übersetzung des *Neuen Testamentes* von Port-Royal (1647).[13] (*Korintherbriefe I, 13, 12*)

2. »Als Moses vom Sinai herabstieg, konnten die Kinder Israels es nicht ertragen ihn anzusehen, da seine Stirn noch in der Herrlichkeit Gottes erstrahlte. Wir anderen dagegen sehen mit unverhülltem Gesicht die Herrlichkeit des Herrn wie in einem Spiegel. *(Korintherbriefe II, 3, 18)*

Diese Bibelverse gehen direkt auf *Exodus* (XXXIV, 29–30) und *Numeri* (XXII, 6) zurück, deren Formulierungen ins *Neue Testament* übernommen werden und dabei gleichzeitig die rabbinischen Auslegungen bestätigen. Bis in unsere Tage dauern die lebhaften Kontroversen über diese sibyllinischen Passagen an.

– Ist der Spiegel nicht eine Metapher für den indirekten und unvollkommenen Anblick des Allmächtigen?
– Beschreibt der Spiegel in diesem Kontext nicht das Phänomen der Reflexion und keine Vision? Die Christen sehen nicht, sondern tragen auf ihrem Gesicht das göttliche Strahlen, eben das, welches Moses auf seiner für die Israeliten noch verschleierten Stirn trug.[14]
– Und schließlich, symbolisiert der Spiegel nicht den Gegensatz der künftigen und der vorhandenen Welt? In der Zukunft wird die eschatologische Sicht direkt, von Angesicht zu Angesicht, sein. Heute ist sie indirekt und rätselhaft.

Man hat sich sogar gefragt, ob es in diesen Worten des Heiligen Paulus nicht eine Anspielung auf die Katoptromantie gab?[15] Die magischen Spiegel zeigten das Schicksal und erlaubten es, das Jenseits in den par excellence enigmatischen Reflexen zu betrachten. Diese Annahme bestätigte sich um so mehr, wenn es in der *Bibel* um divinatorische Praktiken ging. Nach bestimmten Interpretationen der *Genesis* (XLIII, 1) hat Jakob sie gebraucht, als er sah, daß in Ägypten Getreide und seine große Hoffnung Joseph zu finden waren. Die *Mandrach* und die *Mekhilta* bestätigen das (ca. 135).[16] Auch die Weissagungen Josephs wurden mit Hilfe eines Spiegels gemacht, der wie ein Becher mit reflektierender Innenseite geformt war: »Ist das nicht der Becher, aus dem mein Herr (Joseph) trinkt und aus dem er weissagt?« (*Genesis*, XLIV, 5), ruft sein Verwalter aus, als er einen Sack entdeckt, den seine Brüder mit sich tragen.

Noch Johannes von Salisbury, der Bischof von Chartres, sprach davon in seinem *Polycraticus* (1159),[17] als er die Instrumente eines *specularius* abhandelte. Demzufolge knüpfte das Denken des Heiligen Paulus vor allem an die Katoptromantie seiner Zeit an. Beim hellenischen Divinationsritus wurde oft ein sehr junges Medium herangezogen, dessen unverdorbener Blick viel klarer als der eines Erwachsenen war. Wenn also ein Kind (»als ich Kind war«) in dem Bibelvers (*Korinther I*, 13, 11) erwähnt wird, der direkt dem Text vorausgeht, welcher sich auf die Vision »mit Hilfe eines Spiegels« (*Korinther I*, 13, 12) bezieht, dann entsprach das einem Brauch, der den Empfängern des *Briefes*, den Korinthern, völlig geläufig war.

In Verbindung mit dem Spiegel und seinen visionären Eigenschaften ergänzt das Wort »Rätsel« diese Interpretationen, die im Grunde schwer mit den Lehren der Kirche zu vereinbaren sind. So wurde dann »in aenigmate« allgemein mit »undeutlich« oder »in unklarer Weise« übersetzt. Der Ausdruck bezog sich auf undeutliche Bilder, die durch die Mängel der antiken Spiegel deformiert wurden. Aber auch von denjenigen, die die Erwähnung einer heidnischen Orakelprozedur durch einen Apostel nicht für möglich hielten, wurde der Gebrauch eines katoptrischen Hilfsmittels bei einer göttlichen Offenbarung niemals in Zweifel gezogen.

Die Alten haben ihre Spiegel übrigens nicht für mangelhaft und die in ihnen abgebildeten Gestalten verdunkelnd gehalten. Ganz im Gegenteil, man hielt gerade das für ein Symbol der Genauigkeit und Klarheit.[18] Bei der Beschreibung der Leber hat sich Platon (429–347)[19] für seine physiologische Beweisführung eines Spiegels bedient: »Gott hat die Leber dicht, glatt, glänzend und mild gestaltet, damit die vom Verstande herabdringende Kraft der Gedanken von ihr *wie in einem Spiegel* aufgenommen wird, der die Strahlen empfängt und Bilder erscheinen läßt...«

Für Apuleius (2. Jahrh.; *Apologie*, XV, 8) überragten die Spiegel, wie schon erwähnt wurde, durch ihre Glätte und durch ihren schöpferischen Glanz bei der Abbildung von Formen alle anderen plastischen Kunstwerke. Die Philosophen werden aufgerufen, vor ihnen in einsamer Betrachtung zu meditieren.

Die *aenigma* des Apostels der Heiden ist kein Irrtum, sondern ein chiffriertes Gebilde, das eine Sache durch eine andere bezeichnet und das durch die genauen Reflexe des Lichtes beschrieben wird. Es ist ein katoptrisches Wunder, das das Unsichtbare und die immateriellen Bilder sichtbar macht, welche bei der geringsten Neigung von metallischen Oberflächen enthüllt, transfiguriert und ausgestrahlt werden. Die Vision ist zwar transzendent, aber es handelt sich ja auch weniger um einen magischen Spiegel als um die Magie des Spiegels.

In *De docta ignorantia* verweist Nikolaus von Cues (ca. 1450)[20] auf ihre Bedeutung: »Die weisesten und gelehrtesten unserer Doktoren sind sich darüber einig, daß die sichtbaren Dinge wahrhaftige Abbilder der unsichtbaren Dinge sind und daß man den Schöpfer in seinen Schöpfungen so deutlich wie in einem Spiegel und einem Rätselbild (aenigma) sehen kann.«

J. Filere (1636) kommt zu derselben Schlußfolgerung: »Wenn der Heilige Paulus, der große Apostel, der mit den größten Geheimnissen des Himmels und mit den Mysterien der Gnaden wohlvertraut war, sich der beiden Ausdrücke Spiegel und Rätsel bedient, um uns zu verdeutlichen, wie wir in der Dunkelheit dieses Erdenlebens Gott erkennen können (...), dann kann es in diesem Zusammenhang nicht verkehrt sein, euch hier einen Spiegel in einem Rätsel und ein Rätsel in einem Spiegel zu zeigen.«

49. Der Tod im Spiegel. Das Ehepaar Burgmair. Laux Furtenagel, 1527, Wien.

50. »Tabula Scalata«. Links: Gregor XIII., Vignole-Danti, 1583; Rechts: François I., Niceron, 1638.

III

Die Offenbarung von unsichtbaren Gottheiten in einem Spiegel ist von Guillebaud (1642)[21] in seinem *Trésor chronologique* in der Rubrik für das Jahr 2684 seit dem Bestehen der Welt beschrieben worden: »Die Arkadier widmeten Jupiter einen Tempel und bewunderten dort einen Spiegel, der so kunstvoll angefertigt war, daß diejenigen, die sich in ihm spiegelten, nicht sich sahen, sondern die Götter und den Thron Jupiters.«

Die apokryphe Beschreibung stimmt mit der neo-platonischen Lehre der indirekten Anschauung überein, während das Instrument selber, das »so kunstvoll angefertigt war«, im Denken des Autors mit einem modernen katoptrischen Mechanismus zusammenfällt.

»Ein mit bewundernswerter Kunstfertigkeit gearbeiteter Spiegel«, der so gemacht ist, »daß jeder Mensch, der in ihn hineinblickt, anstelle von sich etwas anderes sieht«, findet sich auch in der *Histoire de nostre temps* von Goulard (1610),[22] wo diese Passage in der von Jacques de la Fons (1610)[23] für Henri IV. gehaltenen Grabrede wiedergegeben wird.

Nicht mehr um hellenische Gottheiten, sondern um einen Monarchen, Cosimo von Medici, den Großherzog der Toskana (1537–1574), handelte es sich bei einem berühmten Porträt, das sich in einer raffinierten Anlage befand, in der er aus dem Nichts in einem Spiegel erschien.

Der Redner spricht davon als von einem Symbol für die geheimen Kräfte, die uns umgeben, und er fährt fort: »Ich hätte es schöner gefunden, wenn dort der Tod abgebildet worden wäre, denn in dieser Gestalt werden alle Dinge in ihrem Wesen dargestellt, da es in Wirklichkeit so ist, daß alle Dinge der Welt nur verschiedene Teile des Todes sind. Dieser Tod wäre ihr lebendigstes Bild gewesen, und dieser Spiegel hätte in keiner Weise gelogen.«

Bei Laux Furtenagel sieht das *Ehepaar Burgkmair* (1527, Kunsthistorisches Museum, Wien) seine Totenschädel in einem runden Spiegel.

Der Spiegel wäre allerdings auch dann keine Täuschung gewesen, wenn er anstelle des Todes den allmächtigen und unsichtbaren Gott gezeigt hätte. Der Text der Grabrede könnte sich direkt auch darauf beziehen, ohne ein Wort zu ändern.

Die *Tabula scalata*, die *Metamorphosis IV* von Kircher,[24] vereinte in all diesen Fällen die »bewundernswerten Kunstfertigkeiten«. Vignole-Danti (1583)[25] haben eine Bauanleitung für diese in Stücke geschnittenen, in geneigten Spiegeln wieder zusammengefügten Gemälde verfaßt, wobei sie gleichzeitig darauf hinwiesen, daß die ersten dieser geheimnisvollen Porträts – François I. und Henri II. als Kind –, die man in Italien zu sehen bekam, aus Frankreich gekommen waren.[26] Die Illustrationszeichnung stellt den Papst Gregor XIII. (1572–1582) dar. Der Herstellungsprozeß wurde sehr schnell industrialisiert. Niceron (1638)[27] zeigt einen *Franciscus primus, Francorum rex*, den man nach einem Modell aus dem 16. Jahrhundert künftig in Serie reproduzieren sollte. Aber mit Papst Paul V. (1605–1621) bietet er auch die Variante einer verstellbaren Anlage, bei der die prismatischen Kombinationen durch wie Dachpfannenreihen auf einem Dach hintereinandergestaffelte Bildstreifen ersetzt werden.

Als er seine Geschichte des arkadischen Spiegels erzählt, der die Götter und ihren Thron zeigte, kann Guillebaud nicht umhin, an jene technischen Kunstgriffe zu denken, die völlig überraschend Fürsten und Päpste sichtbar machten. Er selber verweist übrigens direkt darauf, als er auf einen anderen Fall ihrer Anwendung aus dem Jahre 3617 seit dem Bestehen der Welt zu sprechen kommt:[28] »Zu dieser Zeit gab es in Smyrna einen Spiegel, der so kunstvoll gefertigt war, daß er das Antlitz der schönsten Mädchen mit einem häßlichen Mal zeigte, während er den Häßlichen einen Anstrich von Schönheit verlieh… Eben davon berichtet auch Plinius (bei Plinius handelte es sich um Götter!), und viele wollen es kaum glauben, was aber völlig grundlos ist, da man sieht, wie Cosimo von Medici zwei solche Spiegel bei einem Florentiner machen ließ, der sie mit einer derartigen Geschicklichkeit angefertigt hatte, daß sie immer nur Cosimo zeigten. Einen davon schenkte er der Republik Venedig und den anderen Heinrich dem Zweiten.«

Zwei der Weltwunder der Antike werden durch ein Werkzeug erklärbar, das in der Renaissance hergestellt wurde; aber all das geschieht in einem großen Durcheinander.

Guillebaud kannte weder die Formen der Zerrspiegel des Tempels von Smyrna, die den Kelchen und Schilden Thraziens ähnlich waren,[29] noch die florentiner Spiegel. Ebensowenig hatte er Niceron gelesen. Er bezog sich auf Leurechon (1624),[30] der – ohne etwas von Vignole-Danti zu wissen – für das berühmte Porträt des Monarchen eine neue Apparatur erfand, »die in einem Spiegel ein Bild erscheinen ließ, ohne daß man wußte, woher es kam«.

In allgemeinen Begriffen formuliert, entspricht die Problemstellung seiner *Récréations mathématiques* genau der seit Vignole gestellten Frage, für die er allerdings eine dilet-

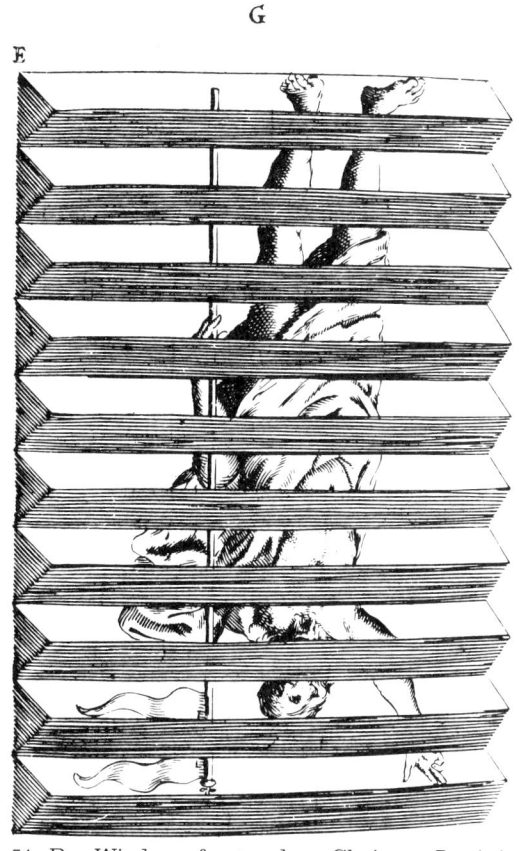

51. Der Wiederauferstandene Christus. Bettini, 1642.

tantische Lösung findet: »Dadurch, daß die Rückseite eines Spiegels eingeritzt wird, oder dadurch, daß irgendein Bild in die Zinnschicht, mit der er bedeckt ist, eingraviert wird, erscheint auf der Vorderseite ein Bild, ohne daß außerhalb irgendeine Erscheinung oder ein Prototyp notwendig wäre. Ich meine, daß man den Spiegel, den der Großherzog Cosimo an Heinrich den Zweiten geschickt hat, auf diese Weise graviert hat.«

Mydorge (1630),[31] »der erste Mathematiker Frankreichs« und Freund Descartes', hat dazu angemerkt, daß eine Gravur auf der Zinnschicht den Spiegel nicht daran hindern würde, an den Stellen, die nicht von der Zeichnung bedeckt wären, ganz normal als Spiegel zu funktionieren. Dennoch hat dieser falsche Konstruktionsvorschlag die Exegesen der Historiker inspiriert, denen zufolge die arkadischen (und smyrniotischen) Gottheiten sich mit Hilfe desselben Kunstwerkes zeigen konnten, welches auch dem Großherzog der Toskana gedient hatte.

Das optische Spiel, das als eine Belustigung gedacht war, endete in hochfliegenden Spekulationen über die Enthüllungen des Unsichtbaren. Den Fürsten und Päpsten, die aus dem Nichts erstanden, folgten der Tod, der Thron des Jupiter, mythologische Gestalten und natürlich auch Christus.

In den *Apiaria* von Bettini, dem bologneser Jesuiten, die im selben Jahre 1642[32] wie der *Trésor Chronologique* von Guillebaud veröffentlicht wurden, wird der technische Aufbau in vollkommener Kenntnis der Elemente dargestellt. Die *Tabula scalata* wird Vignole-Danti folgend nur mit einer einzigen Veränderung abgebildet: Gregor XIII. wird durch den Erlöser ersetzt. Die Inschrift auf den sichtbaren unteren Stufen erklärt:

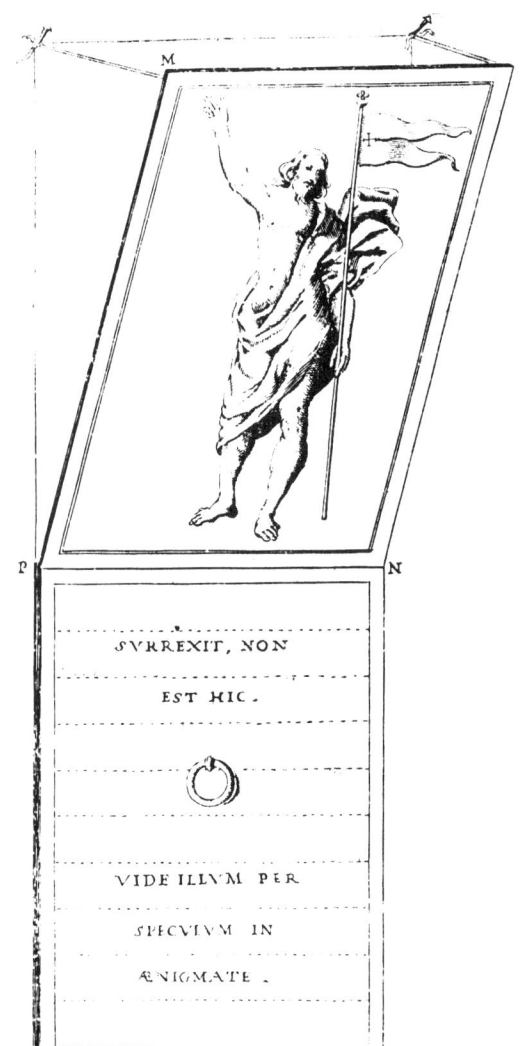

SURREXIT, NON
EST IIIC
VIDE ILLUM PER
SPECULUM IN
AENIGMATE

52. »Tabula Scalata«. Der Wiederauferstandene Christus. Bettini, 1642.

»Der Wiederauferstandene ist nicht hier (in diesem Bilderrahmen), siehe ihn in dem Rätsel-Spiegel.« Man erkennt den *Brief* des Heiligen Paulus wieder. Der Untergrund der Inschrift muß eine einheitliche Farbe haben, am besten schwarz oder marmoriert sein. Außerdem stellt er die Grabplatte eines Sarkophags dar – mit einem Epitaph und einem Ring zum Anheben.

Diese Konstruktion wird bei Schott (1657)[33] reproduziert, der gleichzeitig die geschichtliche Überlieferung mit ihren Quellen (Danti) und ihre hauptsächlichen Themen (François I., Cosimo) rekapituliert, ohne den Irrtum von Leurechon zu vergessen, und der vorschlägt, der Wiederauferstehung ein Bild des Todes gegenüberzustellen, wobei er zweifellos an die Grabrede von Jacques de la Fons dachte.

Der Übergang vom Apostel zu Gott und zum enigmatischen Spiegel führt zum sieg-

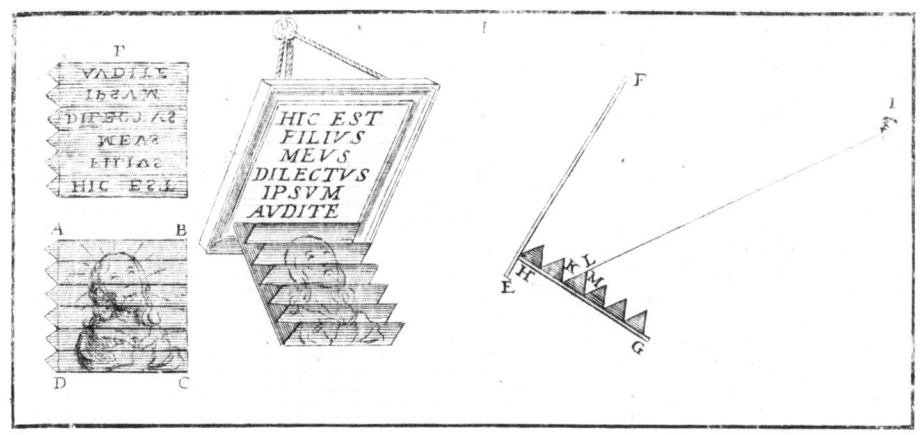

53. »Tabula Scalata«. Hic est filius meus. Pater du Breuil, 1649.

reichen Erlöser und wird von einer verborgenen Maschine illustriert. Die Offenbarung Gottes durch eine indirekte Vision geschieht in einem *Theatrum polydicticum*.

Der Spiegel selber ist ein göttliches Symbol: SPECULUM EST CHRISTUS.

Mit diesen Worten schließt Kaspar Schott seine drei Bücher über die *Katoptrische Magie*, wobei er sich dieses Mal nicht auf die *Korintherbriefe*, sondern auf *Das Buch der Weisheit* (VII, 26) bezieht:

> Die Weisheit ist ein Glanz des ewigen Lichts
> und ein unbefleckter Spiegel der göttlichen Kraft.

Eine Ode Salomons, dem Weisen des Morgenlandes par excellence (ein Apokryph aus den Jahren 100–120),[34] hebt das deutlich hervor:

> Unser Spiegel hier ist der Herr,
> Öffnet die Augen.

Bei Dante wird der göttliche Spiegel direkt dem Spiegel der Eitelkeit gegenübergestellt:

> Lea bin ich! Im Schreiten streck' ich ringsum
> Die schönen Hände, mir den Kranz zu flechten.
> Zu freuen mich im Spiegel schmück' ich hier mich;
> Doch meine Schwester Rahel trennt sich niemals
> Von ihrem Glas und sitzt tagaus, tagein.
> Sie ist ihr schönes Aug' zu seh'n begierig...
>
> *Berg der Läuterung*, XXVII, 101–106

Rahel, die zweite Frau von Jakob (den Kirchenvätern zufolge eine allegorische Gestalt der vita contemplativa), verfügt jetzt über ein Instrument, welches das ganze Licht der Schöpfung sichtbar macht.

Der göttliche Offenbarungsspiegel findet sich im *Paradies* wieder, im fünften Himmel, wo der Dichter von Cacciaguida, seinem Urgroßvater, empfangen wird, der ihn bestärkt:

> Du glaubst das Wahre; denn die Kleinen, Großen
> Von diesem (himmlischen) Leben hier schau'n in den Spiegel,
> Drin, eh' du denkst, sich der Gedanke kundtut.
>
> Paradies, XV, 61–63

Im achten Himmel, dem der Fixsterne, sagte Adam seinerseits:

> Erkenn' ich deines Herzens Wunsch doch besser
> Als du, was sonst am besten dir bekannt ist;
> Denn ich erblick' ihn in dem Spiegel,
> Der sich zum Abglanz macht der anderen Dinge
>
> Paradies XXVI, 103–108

Ein auf die Spitze getriebener Symbolismus begleitet all diese Ausführungen:

> Der Spiegel ist das Symbol des Erlösers
> Der Spiegel ist das Symbol der Heiligen Schrift
> Der Spiegel ist das Symbol des Ewigen Wortes
> Der Spiegel ist das Symbol der prophetischen Visionen
> Der Spiegel ist das Symbol für das Leben Christi
> Der Spiegel ist das Symbol für die Gott enthüllende Vernunft
> Der Spiegel ist das Symbol für die sichtbare Schöpfung,

erfährt man in einer langen Aufreihung in *De speculorum symbolis* von Cesi (1636),[35] dessen Anmerkungsapparat sich von dem Heiligen Gregor von Nyssa und von dem Heiligen Papst Gregor bis zum Heiligen Bernhard und zum Heiligen Bonaventura sowie vom Heiligen Laurentius Justinianus, dem Patriarchen von Venedig, bis zu Mirami und Martin del Rio erstreckt. Wir erreichen einen Höhepunkt des visionären, barocken Mystizismus, der eine ganze religiöse Gedankenwelt grundlegend gezeichnet hat.

Selbst noch Claudel bezieht sich auf diese Erleuchtungen: »Das Kreuz hat den vollkommenen Kreis, von seinem Doppeldurchmesser bedingt, hervorgebracht, und dieser Kreis ist ein Spiegel. Der Spiegel hat eine aktive und eine passive Rolle. Passiv, nimmt er getreulich das Bild auf und bewahrt es auf einer Fläche und in einem Rahmen, die angemessen sind. Aktiv, zeigt und überträgt er das von ihm gespiegelte Bild den anderen, ihm zugewandten Spiegeln, die bereit sind, es aufzunehmen und zu verdeutlichen. Und diese doppelte Funktion sehen wir die Makellose Jungfrau im Bereich des sechsten und siebten Schmerzes ausüben, sei es, daß sie ihn prüft, sei es, daß sie ihn reinigt, sei's, daß sie ihn vorweist oder ihn verbirgt.«[36]

Das *Speculum sine macula* war immer ein Symbol für die Jungfrau und es war für alle Feinheiten einer allegorischen Exegese geeignet.[37] Die Augen Marias sind Spiegel. Sie selbst wird mit einem Kristallspiegel identifiziert. Der letzte *Goldene Sermon* (1255)[38] treibt diese Vergleiche sehr weit und führt eine große Anzahl von ihnen auf.

Der Spiegel besteht aus Glas und aus Blei. Das Glas symbolisiert die Jungfräulichkeit, das Blei die Sanftmut und seine ascheähnliche Farbe die Demut. »Ebenso wie alle

54. Die Jungfrau mit einem Spiegel *Sine Macula*. *Heures à l'Usage de Rome et de Thieman Kerver*, 1505.

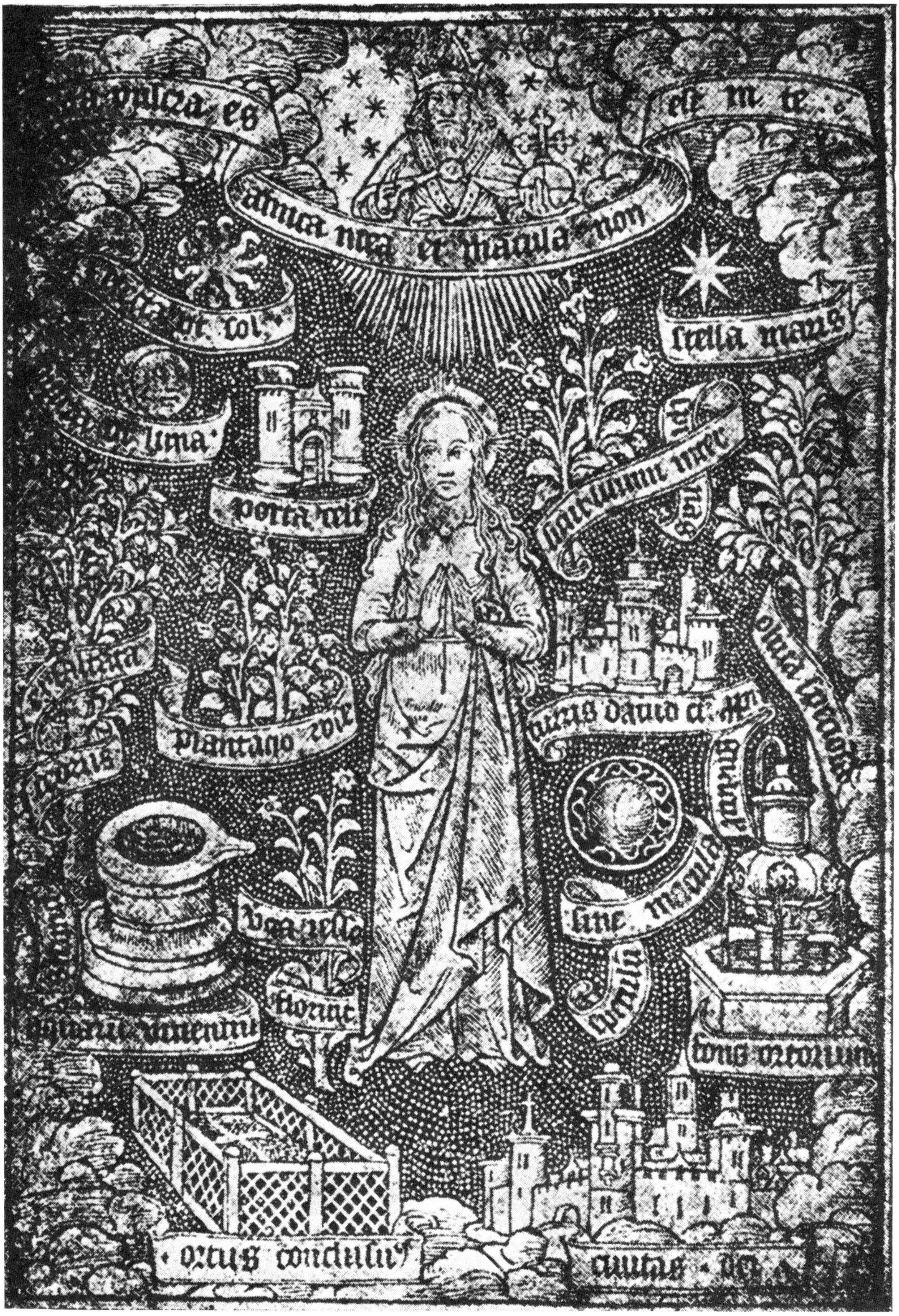

Dinge in einem Spiegel reflektiert werden, werden sie in der Heiligen Jungfrau als dem Spiegel Gottes reflektiert.«

Die Ikonographie des Bildes *Der brennende Dornbusch* von Nikolas Froment (1472), auf dem man sieht, wie sich das Jesuskind in einem kleinen runden Spiegel betrachtet, kann mit diesen Überlegungen in Verbindung gebracht werden. Der göttliche Spiegel reflektiert hier tatsächlich Christus und die Jungfrau.

Auf einer Zeichnung von Conrad Witz (ca. 1440) spiegelt sich das Jesuskind in einem Wasserbecken. Das erinnert an die biblische Erzschale, die denjenigen, die sich über sie beugten, zeigte, ob ihre Seele tatsächlich absolut rein war. Dazu gab es noch ein anderes Apokryph zur *Genesis*. Jakob Böhme[39] zufolge bestand Adams Sündenfall darin, daß er, in den Spiegel schauend, anstelle von Gott sein eigenes Antlitz suchte. Wie man übrigens weiß, hat der deutsche Mystiker im Jahre 1600 selber eine plötzliche Offenbarung über den Urgrund der Schöpfung erhalten, als er seinen Blick auf ein die Sonne reflektierendes Zinnstück warf.

55. Die Jungfrau und das Jesuskind im Spiegel. »Der brennende Dornbusch« (Ausschnitt). Nicolas Froment, 1472, Kathedrale von Aix-en-Provence. ▶

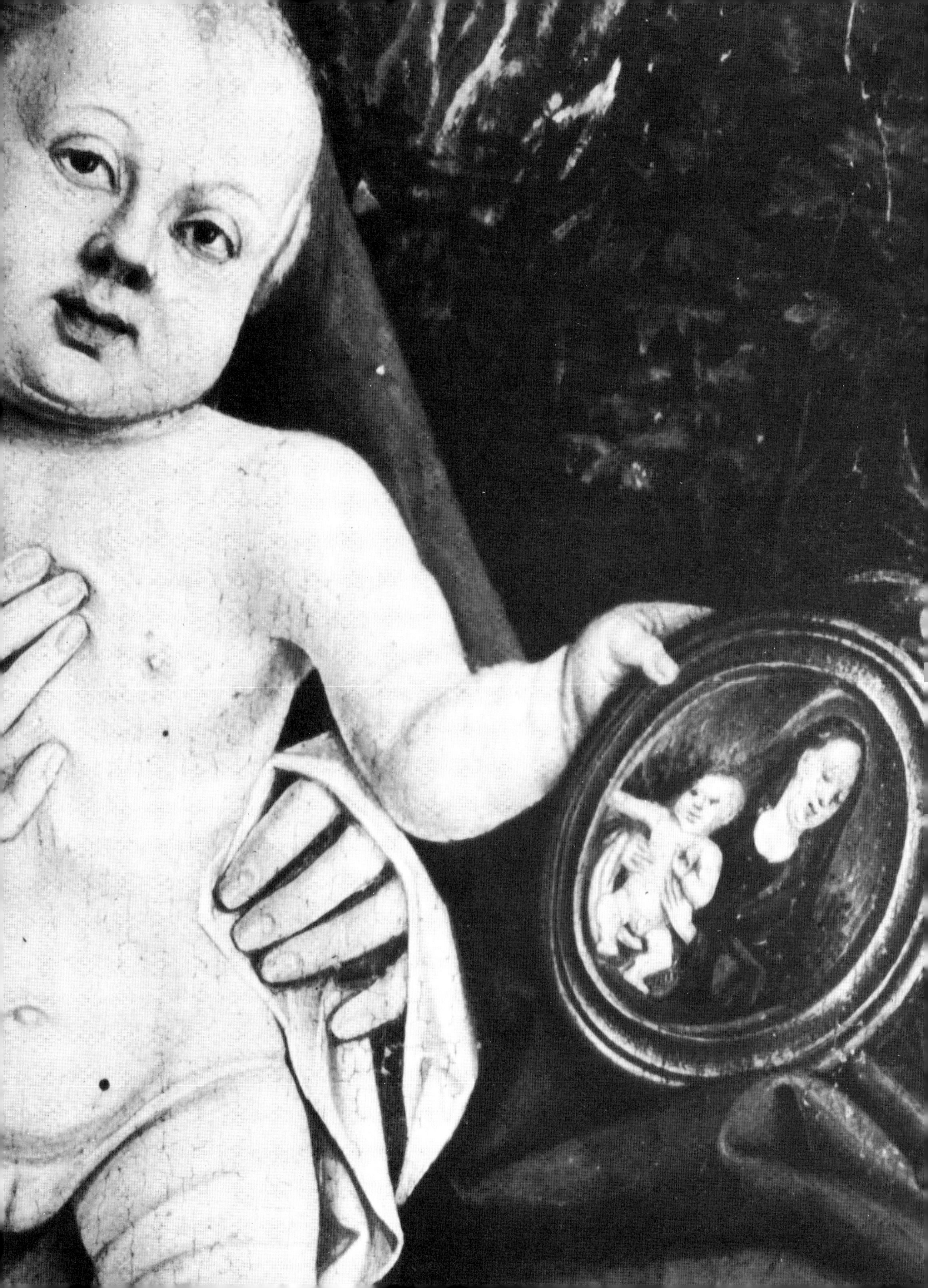

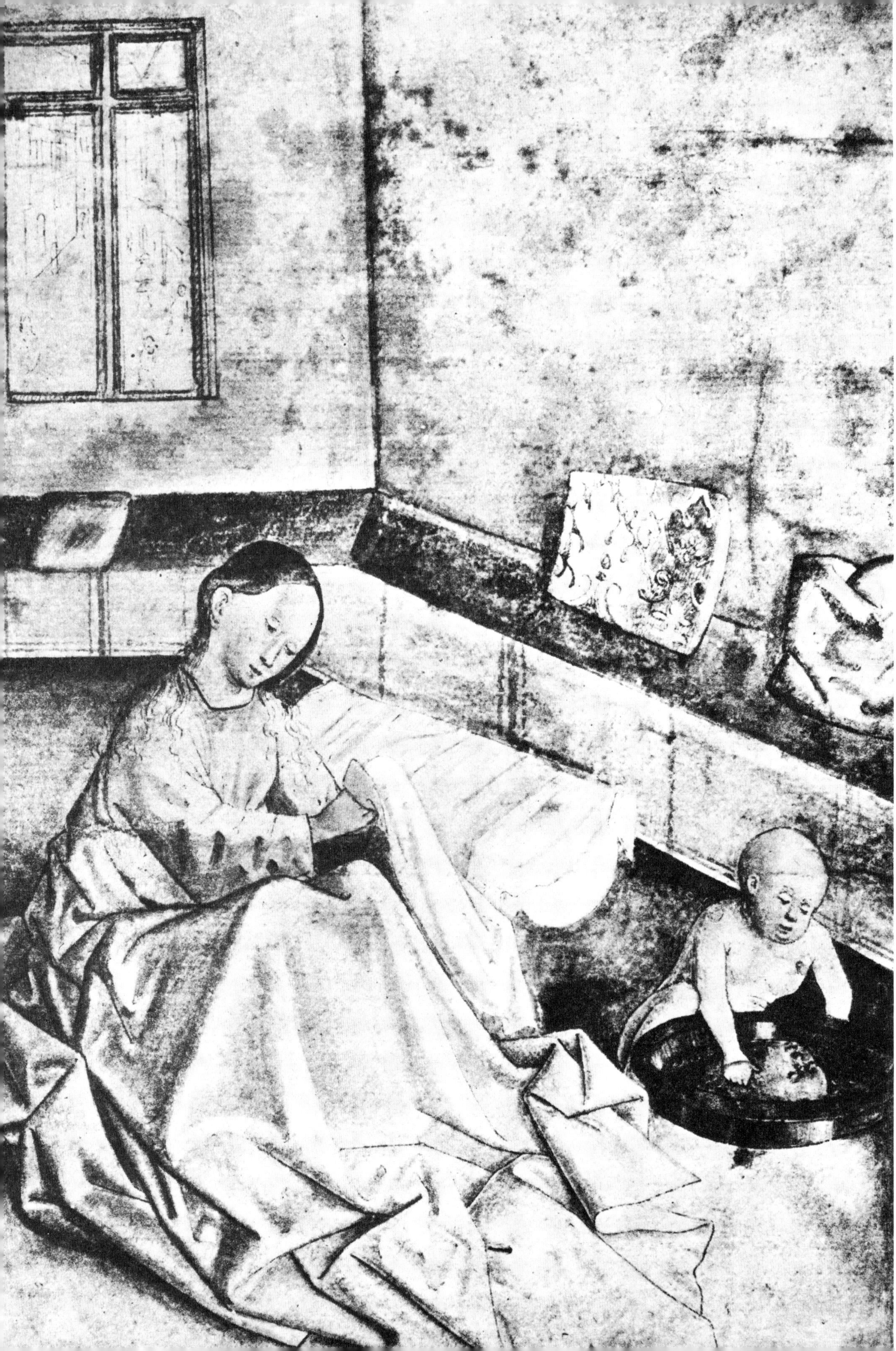

IV

Der schöpferische und göttliche Spiegel war auch Gegenstand eines Dialoges zwischen einem Jesuiten und einem Chinesen, von dem Francesci (1670)[40] berichtet hat.

Auf die Frage des Missionars: ob er wie ein Blasphemist glaube, Gott gleich zu sein, und ob er in der Lage sei, die von Gott geschaffenen Dinge zu vollenden, antwortete der orientalische Philosoph bejahend und gab zu verstehen, daß auch er Himmel und Erde schaffen könnte. Der Mönch erwiderte darauf: »Richtig ist allein, daß unsere Intelligenz, wenn wir von einer Sache sprechen, sie wie ein Bild wahrnimmt, das in der Erinnerung die Bedeutung einer Schöpfung bekommt. Auch ist es möglich, von der Sonne und vom Mond wie von einer Schöpfung zu sprechen, ohne sie zu sehen.«

Die Bilder der Erinnerung entsprechen den Gemälden oder Porträts, die existierende Dinge darstellen. Auch sie sind Illusionen. »Schauet, in diesem Spiegel hier siehet man der Sonne, und des Mondes Bild, so man ihn recht dagegen stellt; wer sollte aber so stumpfsinnig wohl sein und sprechen, der Spiegel könne den Mond und die Sonne erschaffen?«

Dennoch gab es solche »Stumpfsinnigen«. Dieses Gespräch ist einerseits mit Plotin und andererseits mit Goethe[41] in Verbindung gebracht worden, und zwar bei Goethe mit zwei großen Gestalten – Moses und Faust –, die im Vorspiel auftreten sollten.

In den *Aeneaden*[42] heißt es ausdrücklich: »Die bildliche Darstellung einer Sache ist immer darauf gerichtet, sich dem Einfluß ihres Modells (der Idee) zu unterstellen. Sie ist so etwas wie ein Spiegel, der in der Lage ist, die Erscheinung zu erfassen... So ist jedes Ding, das heißt die der Materie innewohnende Vernunft, entstanden, indem eine Form nachgebildet wurde, die einer Vernunft entspricht, welche höher als die Materie ist... und der sie sich unterstellt, wenn sie das Ding nachbildet...«

Der Spiegel zeigt nicht nur die Relationen zwischen dem sinnlich Wahrnehmbaren und dem Intelligiblen, zwischen Objekt und Subjekt. Er steht am Ursprung der Wahrnehmung des Wesentlichen: »Der Spiegel ist da, und es entsteht ein Bild. Wenn es keinen Spiegel gibt oder wenn er nicht stillsteht, ist der Gegenstand, der sich in ihm abbilden könnte, ebensowenig vorhanden. – Genauso ist es mit der Seele. Wenn dieser Teil von uns, in dem die Abbilder der Vernunft und der Intelligenz erscheinen, unbewegt, beziehungsweise nicht erregt ist, sind diese Abbilder dort sichtbar... Aber wenn dieser Spiegel aufgrund einer plötzlich eintretenden Erschütterung der Harmonie des Körpers in Stücke zerbricht, handeln die Vernunft und die Intelligenz, ohne sich dort abzubilden, und es entsteht ein bilderloses Denken...«

Eine Seele zerbricht wie ein Spiegel.

Plotin hat einen starken Einfluß auf Goethe ausgeübt, der auch Erasmus Francesci kannte. In einem Brief an Schiller vom 3. Januar 1798[43] erwähnt er ausdrücklich den Text des Gespräches des Jesuitenpaters, wobei er erklärt, daß dieses Fundstück ihn unglaublich amüsiert und ihm eine gute Vorstellung vom Scharfsinn der Chinesen gegeben habe.

◀ 56. Das Jesuskind betrachtet sich in einem Wasserbecken. Konrad Witz, ca. 1440, Berlin.

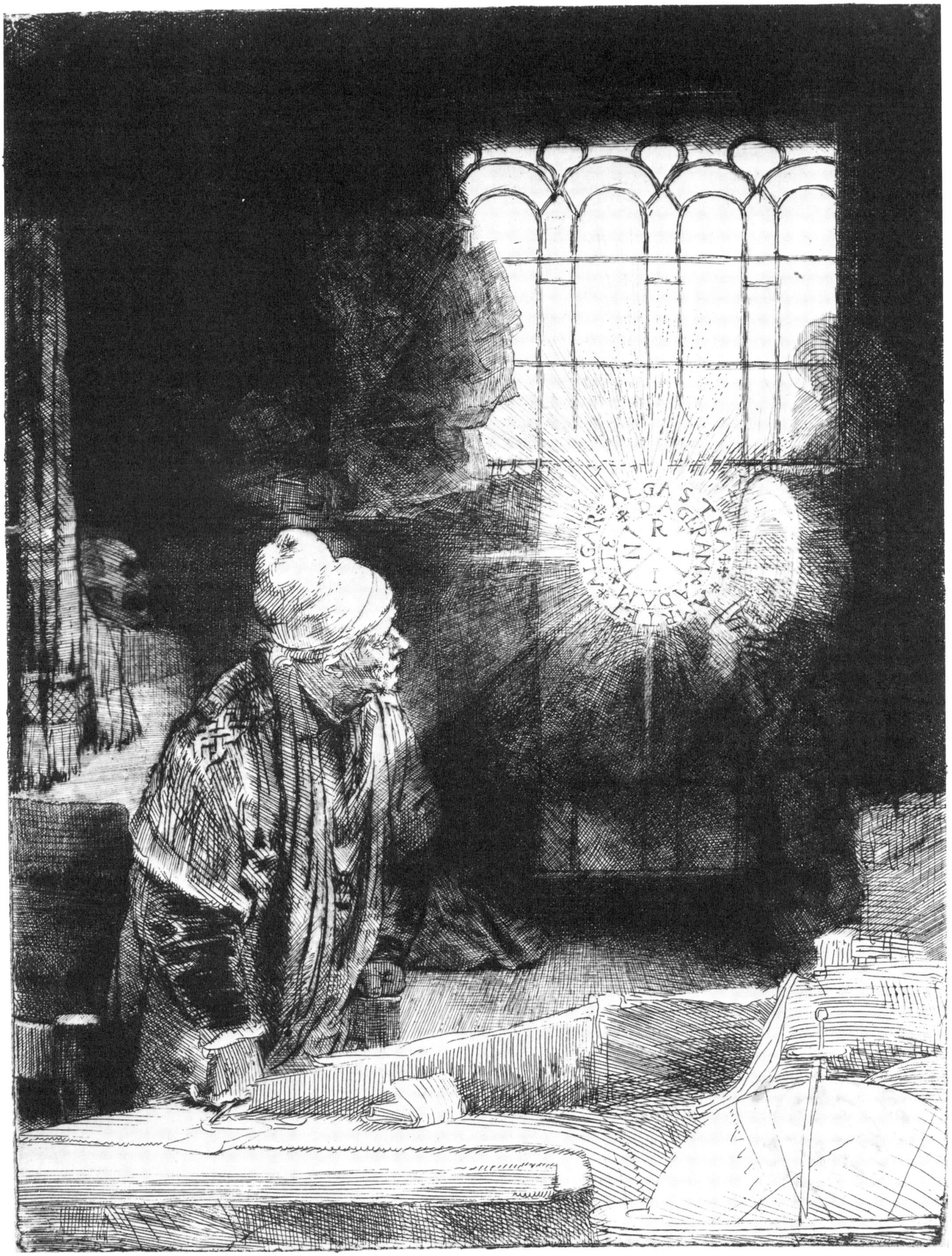

Im Entwurf zu einer Szene des *Faust* kommt er in Form einer akademischen Debatte mit dem als fahrender Scholastiker verkleideten Mephisto auf den neo-platonischen und chinesischen Spiegel zu sprechen. Die Frage nach den Kenntnissen, die dem Schulwissen fehlen,[44] wird Gegenstand einer Diskussion:

Faust: Gegenfrage wo der schaffende Spiegel sey.
Mephisto: Compliment. Die Antwort einandermal.

Dieser Dialog ist nicht in die endgültige Fassung aufgenommen worden, wo man allerdings auch auf einen Spiegel stößt, der aus einer unabhängigen, par excellence magischen Tradition stammt.

Der erste Faust mit einem metaphorischen Spiegel findet sich nicht bei Goethe, sondern bei Rembrandt.[45] Es handelt sich dabei um einen gegen 1652 angefertigten Stich, der den Doktor an seinem Tisch zeigt, wie er gerade seinen Pakt mit dem Teufel abfaßt. Hinter ihm zeichnet sich ein auf eine Bücherreihe gestellter Totenschädel wie eine dunkle Vorahnung ab. Vor ihm, am Fenster, leuchtet wie ein Blitz ein Feuerrad. Es trägt folgende Inschriften: *INRI (Jesus Nazareus Rex Judeorum)*, das Christusmonogramm, das von zwei Schriftringen umgeben ist: *ADAM + te + DAGERAM* und *AMRTET + ALGA + ALGASTINA*.

Die Scheibe ruht wie eine Aureole auf den Schultern eines flüchtigen Schattens. Es handelt sich um eine göttliche Erscheinung, deren Licht und Mysterium einen unerträglichen Glanz haben, welcher eine letzte Warnung gibt. Der Gelehrte, gekleidet wie ein orientalischer Magier, erhebt sich, ist überrascht, verwirrt, die Feder in der Hand. Und er betrachtet die Erscheinung nicht direkt, sondern in einem konkaven sphärischen Spiegel (ein Schild oder ein Deckel), der von einem zweiten Schatten gehalten wird. Die Hand der Zentralfigur, die aus dem Lichthof emportaucht, weist mit dem Zeigefinger auf die Erscheinung.

Man hat der Herkunft dieser Komposition im Theaterbereich nachgespürt.[46] Und zwar in der Aufführung von *The Tragic History of Dr. Faustus* von Marlowe, der englischen Fassung eines deutschen Volksbuches. Sie fand um das Jahr 1650 in Amsterdam statt und inspirierte den Meister. Das Drama, das unter dem Zeichen eines Kampfes zwischen *Good and Evil Angel* seinen Lauf nimmt, enthält eine Szene, in der vor der Unterzeichnung des Paktes gewarnt wird. Die übernatürlichen Erscheinungen wurden in den Schauspielen dieser Epoche oft mit Hilfe von Spiegeln bewerkstelligt. Die Einführung eines Spiegels, von dem im Stück nicht die Rede ist, erklärt sich also durch die Verwendung einer der gängigen Bühnenrequisiten.

Diese Annahme könnte noch durch eine ganze Reihe von Elementen, die alle aus einer anderen Quelle stammen, gefestigt werden. Ein unerträgliches Licht um eine mit rätselhaften Zeichen beschriebene Scheibe, ein Spiegel, der dessen Reflexe aufnimmt, ein Mann, der in ihn hineinschaut – all das entspricht Punkt für Punkt dem Bibelvers des Heiligen Paulus:

»Heute sehen wir (Gott) mit Hilfe eines Rätsel-Spiegels.«

Wir haben hier eine der sehr seltenen, wenn nicht die einzige bildliche Darstellung, die an die rabbinischen Exegesen anknüpft, denen zufolge Moses Jehovah nur in einem

◂ 57. Dr. Faustus. »Ein Fingerzeig Gottes«. Rembrandt, ca. 1652. Rijksmuseum, Amsterdam.

sphärischen Spiegel gesehen hat. Daneben wurden typologische Konkordanzen zwischen dem Magier, der im 16. Jahrhundert lebte, und dem Propheten festgestellt, dessen Legende, die von Gregor von Nyssa aufgegriffen worden war, sich unter dem selben Zeichen des Neo-Platonismus entwickelt hatte. Rembrandts Darstellung überträgt die *Bibel* in die Geschichte des Dr. Faust.

Cesi (1636), Bettini (1642), Rembrandt (1657) und Francesci (1670) kennzeichnen die Etappen einer Entwicklung, deren Fluchtlinien man im schöpferischen Spiegel Goethes (1788) wiederfindet. In seinem Buch *Irdisches Vergnügen in Gott* widmet Brockes (1735)[47] ganze Gedichte – *Spiegel der Gottheit, Göttlicher Spiegel, Spiegel des Geistes* – der Gottheit und dem Geist, in denen die Gegenwart des Allmächtigen wie in einem »dunklen Wort« erahnt werden kann.

»Lasz uns in Creaturen Spiegel hier als in einem dunkln Wort
Dein Allmacht, Weisheit, Lieb erblicken.«

Herder (1772)[48] schreibt angelegentlich der Vereinigung von Seele und Körper, daß das *Gesicht* – Blick, Vision und Antlitz – letztendlich nur die *Spiegelkammer der Seele* sei.

Novalis, der erste deutsche Romantiker, der Plotin entdeckte,[49] ließ eine Gestalt mit einem göttlichen Spiegel wiederaufleben, die die meisten Ähnlichkeiten mit Moses und mit Faust hatte.

Im Entwurf zu einer Szene des unvollendeten Werkes *Die Lehrlinge zu Sais*[50] (1789) heißt es: »Ein Günstling des Glücks sehnte sich, die unaussprechliche Natur zu erfassen. Er suchte den geheimnisvollen Aufenthalt der Isis… Entzückt vor Freude kam er an die Türe. Er trat ein und sah – seine Braut… Er hob den Schleier der Göttin zu Sais… Er sah – Wunder des Wunders – sich selbst.«

Der Schleier der Isis bedeckte einen Spiegel, so wie der Schleier des Moses das Antlitz des Propheten verbarg. Die *Chroniken* der Bibel haben Schiller zu einem Gedicht angeregt, *Das verschleierte Bildnis zu Sais*, in dem ein Mann, der dasselbe Risiko eingeht, vom Blitz erschlagen wird. Genauso wie in *Exodus* war sein Aufblitzen unerträglich für die Sterblichen.

Die große Gottheit, die sich großartig und still in den Reflexen eines Spiegels erhebt, wurde auch von Gérard de Nerval (vor 1855)[51] in *Les Chimères* heraufbeschworen:

La déesse avait fui sur sa conque dorée	Die Göttin war auf ihrer vergoldeten Muschel entflohen,
La mer nous renvoyait son image adorée	Das Meer spiegelte uns ihr angebetetes Bild wider,
Et les cieux rayonnaient sous l'écharpe d'Isis.	Und die Himmel erstrahlten unter dem Regenbogen der Isis.

58. Dr. Faustus (Ausschnitt). Das Feuerrad. Rembrandt, ca. 1652. Rijksmuseum, Amsterdam.

59. Venezianischer Spiegel. Louvre, Paris.

V

Gottheiten und Spiegel werden ständig miteinander in Verbindung gebracht. Die Gottheit mit dem Spiegel, die Spiegel-Gottheit und die Gottheit, die in einem flüssigen Spiegel oder in einem anthropomorphen Spiegel erscheint (Isis? Moses), sind ein Hinweis auf die Mannigfaltigkeit dieser Beziehungen. Daneben gab es noch die Geschichte der Umwandlung eines Menschen in einen Spiegel, der einem Gott zum ersten Mal sein Spiegelbild zeigte. Die Geschichte stammt von Perrault (1661).[52] Sie spielt nicht in einem Gebirge oder einem Tempel, sondern in einem Spiegelsaal.

Die einem venezianischen Autor in den Mund gelegte Geschichte beginnt mit einer Beschreibung des Gegenstandes: »Seht ihr diesen großen Porträtisten – den Toilette-Spiegel? Seinerzeit gab es einen Mann von Welt, der diese Werke in hervorragender Weise herstellte und der sicherlich ein großes Ansehen hatte, bevor er verwandelt wurde.«

Sein Name war Orante (vom Griechischen »sehend«, »zeigend«) und er war sehr begabt in der »naiven und gefälligen« Beschreibung aller Dinge und der Porträts sowohl »von Körper und auch Geist«. Dennoch fehlte es ihm an Gedächtnis und an Urteil: er vergaß die Dinge, sobald sie sich nicht mehr in seinem Blickfeld befanden, und er verstand es nicht, angesichts unaussprechlicher Dinge zu schweigen.

Orante hatte drei Brüder, die ihrerseits auch, jeder auf seine Weise, solche Porträts anfertigten und deren Körper ganz unterschiedlich gestaltet waren: »Zwei dieser Brüder waren ganz rund und buckelig, der eine vorn und der andere hinten: und der dritte war derartig dünn, daß er einen Stock in seinem Körper zu haben schien.«

Man erkennt sphärische, konkave und konvexe Spiegel und den konischen Spiegel, die die Dinge unterschiedlich wiedergeben: »Derjenige, der nach hinten ausgebeult war (der konkave Spiegel), machte die Dinge immer größer als sie waren: einen Riesen aus einem Zwerg, eine Fliege zu einem Elephanten.«

Es gab auch einen Brennspiegel, der einen hitzigen Charakter hatte und Feuer verschlang. Der »nach vorne Ausgebeulte« (der konvexe Spiegel) hatte eine ganz entgegengesetzte Eigenschaft: er verkleinerte die Dinge und zeigte sie in einer bewundernswerten Klarheit. Der dritte Bruder (der konische Spiegel) machte aus (anamorphotischen) Monstern[53] regelmäßige und aus regelmäßigen Porträts mißgestaltete Dinge.

Wir befinden uns inmitten der Katoptrik. Die Personen gehören zu derselben Familie, aber sie halten sich nicht am selben Ort auf. In den mondänen Salons fühlen sich die Brüder Orantes nicht wohl: »Sie zogen sich zu den Wißbegierigen zurück, die sie großer Wertschätzung erachteten und sie in ihren Kabinetten voller Freude pflegten. Dort standen sie voll und ganz der Mathematik zur Verfügung, wo sie Wunder vollbrachten und selbst den Gelehrtesten tausend wunderbare Geheimnisse zeigten.«

Während dieser Zeit hielt sich Orante, der Älteste (der Flachspiegel) in den Boudoirs der Damen auf, wo er durch einige unglückliche Ereignisse in einen unbelebten Gegenstand verwandelt worden war. Calliste, die Frau, die er liebte, war plötzlich durch eine grausame Krankheit entstellt worden. Der Liebhaber hatte ihr schonungslos die großen Veränderungen gezeigt, welche ihre Freunde ihr bis dahin erfolgreich verheimlicht hatten. Darauf erstach die Unglückliche, Verzweifelte, ihn mit einer langen Haarnadel, und es ereignete sich etwas Merkwürdiges.

Der Liebesgott, ein Freund Orantes, versuchte zwar ihn zu retten, aber es war zu spät: »Die schöne Seele war bereits entschwunden, und als er (Amor) sich ihm näherte, fand er nur noch einen *farblosen, bewegungslosen und eiskalten, gläsernen* Körper.

Trotzdem wollte er ihn wieder zum Leben erwecken: »Aber alles, was er von den Schicksalsgöttinnen erlangen konnte, war, daß der Körper von Orante unvergänglich wurde und dieselben Eigenschaften bekam, die seine Seele gehabt hatte. Unmittelbar nach Amors Anordnung, der Körper Orantes, der die menschliche Gestalt kaum merklich verloren hatte, solle klar poliert und glänzend gemacht werden, so daß er alle möglichen Bilder aufnehmen und naturgetreu wiedergeben könne, sah man schon, wie er alle Dinge, die sich vor ihm befanden, abbildete. Amor, den er mit seinem Bogen und seinem Köcher und wie er sonst noch war, nachzeichnete, wurde davon völlig überrascht.«

Verwundert über diese Erscheinung, kam der Gott näher und stellte fest, daß er, seitdem er auf der Welt war, nichts Lieblicheres und Schöneres gesehen hatte als sich selbst. Er erkannte, daß sein Freund nach dem Tode, nach dieser Metamorphose, den Menschen denselben Dienst erweisen würde, und er tröstete sich damit über dessen Hinscheiden hinweg. Es ist Orante, ein venezianischer Spiegel, den man jetzt an der Wand des Salons sieht.

Die Transmutation der Haut, die bei Moses strahlend wurde und glänzend, poliert und klar bei Orante, und die Reflexion eines Gottes – der schreckliche, undurchdringliche Jehovah, der huldvolle Amor – finden sich gleichzeitig im *Alten Testament* und in einer barocken Phantasiegeschichte wieder. Die Geschichte des göttlichen Spiegels entfaltet sich wie ein theatralisches Mysterium mit vergnüglichen Einschüben. Sie endet jedenfalls auf einer höheren Ebene.

Im *Logbuch* des Herrn Teste[54] findet sich ein aufgeklärter und tiefsinniger Orante wieder: »So gerade ist mein Schauen, so rein mein Empfinden, so ungeschickt vollständig mein Erkennen und so vortrefflich, so klar meine Vorstellungen, so vollendet mein Wissen, daß ich vom Ende der Welt bis in mein leisestes Wort mich durchdringe; und an dem formlosen *Ding*, das man beim Aufstehn begehrt, verfolge ich mich bekannten Fibern und Zentren entlang, ich antworte mir, ich spiegle und strahle mich zurück, ich schaudre vor der Unendlichkeit der Spiegel – ich bin aus Glas.«

Derselbe Gedanke kehrt ein weiteres Mal in denselben Formen und mit denselben Definitionen wieder. Der letzte anthropomorphe Spiegel, der die Welten schafft, widerspiegelt und projiziert, ist der *Gläserne Mensch* von Valéry.

60. Sonnenstrahlen. ▶

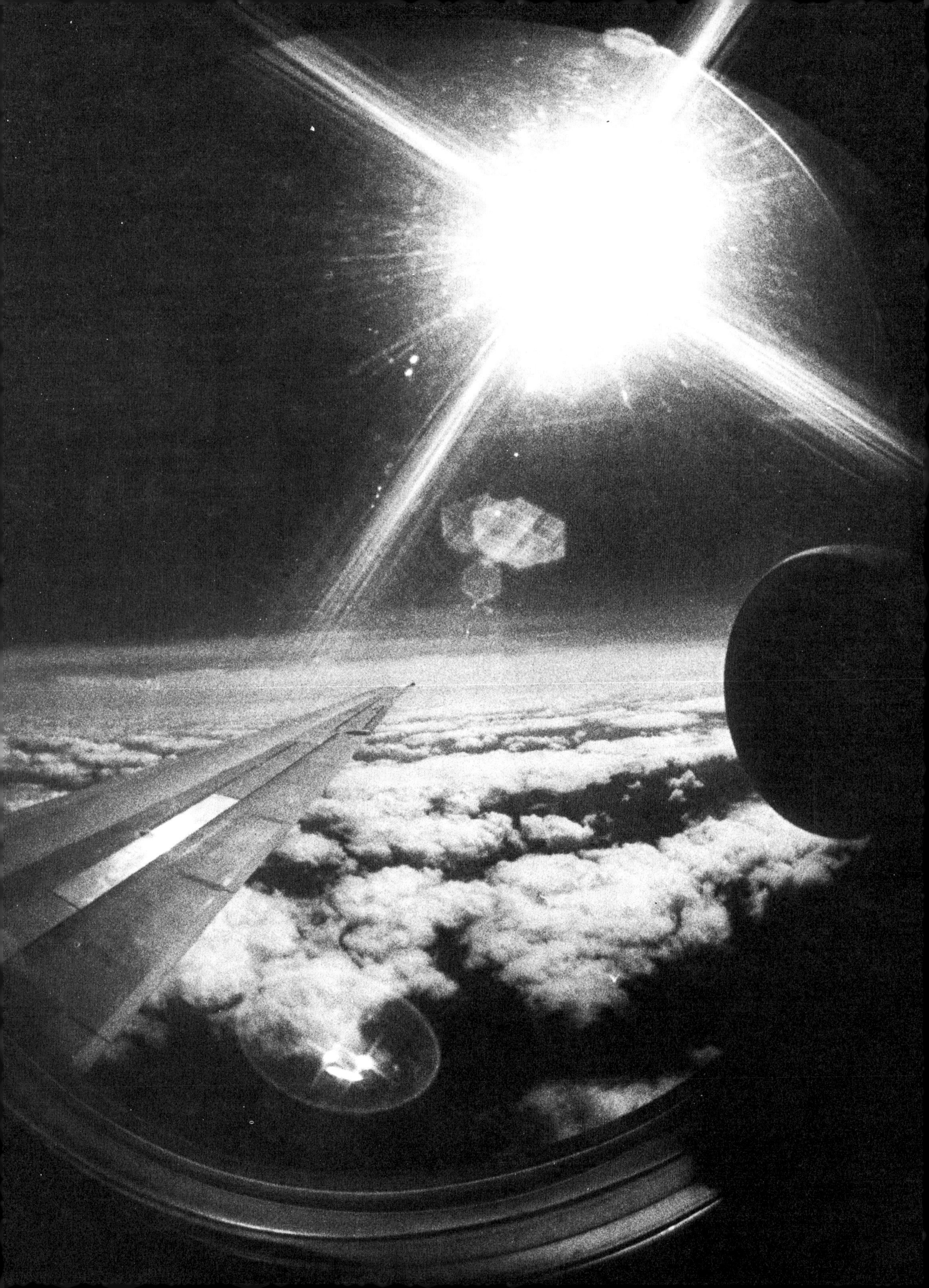

61. Die Spiegel von Syrakus setzen die feindliche Flotte in Brand; weitere optische Phänomene. Vitellius, Ed. Risner, 1572.

IV Der Spiegel des Archimedes

1. Von Euklid bis Buffon

Prometheus hat das Feuer nicht durch das Aufeinanderschlagen von zwei Steinen erzeugt, sondern mit Hilfe eines Spiegels… Jeder weiß, welche Hochachtung man dem hochgelehrten Archimedes von Syrakus und seinem Ruhm entgegenbringen muß, welchen er sich durch Feuerspiegel erworben hatte, die die Schiffe der Feinde in Brand setzten, welche gekommen waren, um dieses Land mit Zerstörung und Verderben zu überziehen.

Raphael Mirami, 1582

I Die Entstehung der Legende

Die Halbkugel (Euklid) und der Polyeder (Plutarch). Die Geräte von Syrakus ohne katoptrische Maschinen (Polybios, Plutarch). Eine Feststellung von Galenos. Die Inkunabeln: Zonaras, Tzetzes, Vitellius, Roger Bacon. Mit einem Spiegel gegen die Ungläubigen.

II Die barocken Parabolspiegel

Der von Fine nachgebaute und gefeierte Parabolspiegel des Vitellius. Die sechzigfache Brechung eines sphärischen Spiegels von Cardano. Die *linea ustoria* von Porta. Die *vergo ustoria* von Cavalieri. Der *tubus* und der *tubulus* von Bettini. Die Experimente von Fay.

III Streitigkeiten und das Aufkommen des Flachspiegels

Ein Vorstoß von Descartes. Mersenne wird von Descartes kritisiert. Zerstörung der Legende. Die Flachspiegel Kirchers: die Pyramide mit tausend Facetten, die auseinandergenommene Pyramide und der Dampfkessel von Taschkent. Die Wiederentdeckung der Antike durch die Geometrie. Erneuter Rückgriff auf Tzetzes von Forest-Duchesne. Die Zusammenfassung von Kaspar Schott.

62. Konkaver Brennspiegel. Euklid. *Propositio XXX* (3. Jahrh. v. Chr.). Nach Paul Veer Eecke.

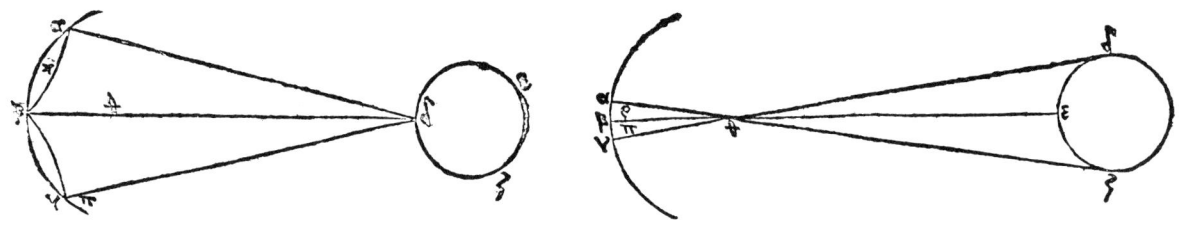

63. Konkaver Brennspiegel, *Propositio XXX*. Nach der Ausgabe von Straßburg, 1557.

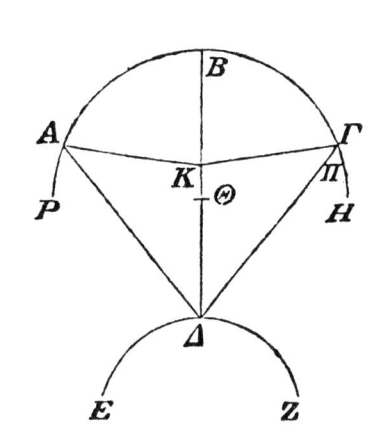

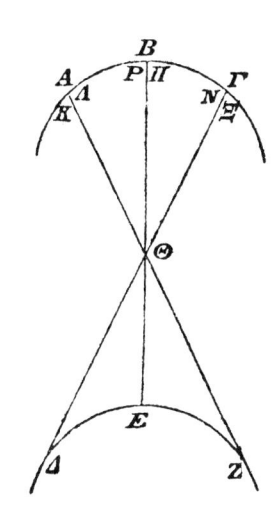

I

»Die von konkaven, in Richtung Sonne gedrehten Spiegeln entwickelte Wärme entfacht das Feuer.« In der *Katoptrik* von Euklid (3. Jahrh. v. Chr.)[1] findet sich die älteste uns überlieferte Formel für einen Brennspiegel. Die Beweisführung wird anhand von zwei Zeichnungen vorgenommen, die zeigen, daß die von einer kugelförmigen Oberfläche reflektierten Sonnenstrahlen in demselben Punkt konvergieren: »Folglich sammelt sich die Glut dieser erhitzten Strahlen in der Weise um den Mittelpunkt, daß das an diese Stelle gelegte Werg entflammt wird.«

Es stellte sich die Frage, ob dieser dreißigste und letzte Lehrsatz, der sich ohne Zusammenhang mit den vorhergehenden Theoremen im Anhang des Buches befindet, nicht aus einer verlorengegangenen Abhandlung des Archimedes stammte, die von mehreren Autoren erwähnt wurde.

Als Plinius (23–79)[2] in seinem Abschnitt über das *Wunder des irdischen Feuers* auf dasselbe Instrument sowie auf die Rolle des Feuers im Universum und auf seine Gefräßigkeit zu sprechen kommt, übernimmt er eine ganze Formulierung von Euklid: »Es übersteigt gewiß alle Wunder, daß – auch wenn es einmal einen Tag ohne Feuersbrunst auf der Welt geben sollte – *die konkaven Spiegel, die den Sonnenstrahlen ausgesetzt werden, die Gegenstände* viel leichter *in Brand setzen* als jedes andere Feuer.«

Es handelt sich jedenfalls nicht mehr nur um entzündetes Werg, sondern um eine allgemeine Feuersbrunst. Daneben gab es bei den Alten noch eine andere Art von Brennspiegel, der aus flachen Elementen zusammengesetzt war. Die erste bekannte Beschreibung dieses Spiegels, die sich auf das archaische Griechenland bezieht, verdanken wir Plutarch (Anfang des 2. Jahrh.).[3] Zur Zeit von Numa Pompilius, dem zweiten legendären König von Rom (714–671), wurden die heiligen Feuer von Delphi und Athen, die unter der Gewaltherrschaft der Meder und des Aristion erloschen waren, mit Hilfe eines Polyeders wieder entfacht: »Wenn (das Feuer) einmal durch einen Zufall ausgeht (…), so darf es nicht von einem anderen Feuer her entfacht werden, sondern man muß ein neues und frisches machen, indem man von der Sonne her eine reine, unbefleckte Flamme entzündet. Man tut das zumeist mittels der Hohlpfannen, die man herstellt, indem man sie von der Grundlinie eines gleichschenklig-rechtwinkligen Dreiecks ausgehend nach einem Mittelpunkt hin aushöhlt.«

Dabei handelt es sich also nicht um Halbkugeln, sondern um ungestülpte Pyramiden. »Wenn ein solches Gefäß gegen die Sonne gestellt wird, so daß ihre Strahlen von allen

Seiten zurückgeworfen werden und sich nach dem Mittelpunkt hin sammeln und vereinigen, so zersetzt es die sich verdünnende Luft und entzündet rasch sehr leichte und trockene Stoffe, die man dort hingelegt hat, da der Strahl durch den Rückprall Körper und Wirkungskraft des Feuers erhält.«

Das heilige Feuer steigt direkt vom Himmel herab. Da die Hitze sich im Inneren des Empfängers konzentriert, genügt es, getrocknete Pflanzen hineinzulegen, damit die Flamme direkt aus der Höhlung emporschießt. Nach einer apokryphen, von Coubertin wiederaufgegriffenen Überlieferung wurde die während der Olympischen Spiele brennende Fackel, deren Ursprung auf das Jahr 776 v. Chr. zurückgeht, mit einer goldenen Schale entzündet, die man den Strahlen des Phoebus aussetzte.[4]

Auf dieser wissenschaftlichen und legendären Grundlage entstand ein Epos von der katoptrischen Waffe, das die Entwicklung bis ins 19. Jahrhundert bestimmen sollte. Der Brennspiegel gehörte ursprünglich allerdings nicht zu den von Archimedes für die Verteidigung von Syrakus entworfenen Gerätschaften. Er wurde erst später hinzugefügt. In den Beschreibungen von Polybios (205–120) und in seiner Folge von Titus Livius (59–17) und von Plutarch (ca. 45– ca. 125)[5] findet er keine Erwähnung. Bei ihnen ist nur die Rede von ballistischen Maschinen, Schießapparaten und phantastischen Hebekränen. Die Mauern waren mit Maschinen bestückt, die auf die römische Armada gerichtet waren. Felsblöcke und ein Hagel von leichteren Geschossen wurden über größere oder mittlere Entfernungen auf die Schiffe geschleudert. Eiserne Hände und Schwenkkräne hoben sie in die Luft, wenn sie sich der Küste näherten. Die Boote wurden umgedreht und dann auf den Klippen zerschmettert. Gigantische Hämmer schlugen auf ihre Brücken ein.

Syrakus konnte auf diese Weise drei Jahre lang gehalten werden. Bekanntlich war Archimedes, als die Stadt von Marcellus durch eine List eingenommen wurde, so tief in seinen Berechnungen versunken, daß er nichts um sich herum wahrnahm. Er wurde von einem Soldaten getötet (212 v. Chr.). Vor der zweiten Hälfte oder dem Ende des 2. Jahrhunderts unserer Zeitrechnung wurde ihm keinerlei Maschine zugeschrieben, die etwas in Brand setzen konnte. Derartiges wird zuerst in einigen Werken erwähnt, die in keinem direkten Zusammenhang mit dem Thema stehen: »Archimedes hat mit einem einzigartigen Kunstwerk die römischen Schiffe in Asche verwandelt«, bemerkt Lukian von Samosata (ca. 125–190) in seinem *Hippius*,[6] ohne dessen Eigenart genauer zu beschreiben, was dann Galenos (130–200)[7] in *De Temperamentis* tut: »...mit Hilfe eines Brennspiegels kann man ganz einfach Wolle, Werg, eine Lunte, Sägemehl und schließlich alles, was trocken und leicht ist, in Brand setzen... Und genau auf diese Weise, so glaube ich zumindest, hat Archimedes die feindlichen Schiffe verbrannt.«

Der Arzt Galenos scheint Euklid und Plinius gekannt zu haben, da man bei ihm das Werg und ein allgemeines Auflodern wiederfindet. Sein Gedankengang ist allerdings nicht ganz überzeugend: eine Lunte und Sägemehl sind keine Flotte. Aber dieser unklare Abschnitt ist das einzige antike, den Historikern bekannte Zeugnis, in dem eine katoptrische Waffe in Syrakus erwähnt wird.

Die ersten Texte, die als Grundlage für das Aufblühen der Legende gedient haben, stammen erst aus dem 12. und 13. Jahrhundert.

In der *Chronik* von Zonaras, dem Historiographen und Würdenträger am Hofe von Alexis Comnemnos I., die im Jahre 1118 endet,[8] beschränkt Archimedes sich nicht darauf, die römischen Schiffe mit Felsblöcken zu vernichten. Nachdem er sie zermalmt, in die Luft gehoben und wieder ins Wasser geworfen hatte, vernichtete er sie mit Feuer, berichtet der byzantinische Gelehrte: »Und danach verbrannte er die römische Flotte durch eine wunderbare Erfindung. Denn indem er einen bestimmten Spiegel gegenüber der Sonne aufhängte (Euklid), empfing er deren Strahlen, mit deren Hilfe die Luft, die durch die gut polierte und einheitliche Glanzfläche des erwähnten Spiegels entzündet wurde, eine große Flamme hervorbrachte, welche direkt auf die Schiffe geschleudert wurde und sie in Asche verwandelte. Marcellus geriet darüber in große Verzweiflung.«

Im strategischen Schlachtaufbau gab der Spiegel also den Gnadenstoß.

Die Geschichte bleibt aber nicht dabei stehen. In derselben *Chronik* werden die gleichen Waffen als Verteidigungsmittel von Konstantinopel angeführt, das unter Anastasius sieben Jahrhunderte später, im Jahre 514, von Vitalian belagert wurde. Die Einführung eines Brennspiegels war hier umso leichter, als die Befestigungen von Byzanz bereits von Dion Cassius (3. Jahrh.)[9] nach dem Vorbild von Syrakus beschrieben worden waren, der ihre Erfindung einem gewissen Priscus zuschreibt. Auch hier fand der Aufbau in zwei Etappen statt: zunächst die Wurfmaschine, Kräne und Greifer und dann als höchste Vervollkommnung – ein Brennspiegel. Laut Zonaras wurde das Ganze von Proklus erdacht, der in seiner Vorstellung gleichzeitig mit Priscus und mit Proklos, einem neo-platonischen Philosophen und Euklid-Kommentator aus dem 5. Jahrhundert, verschmilzt. Dieser war ein ausgezeichneter Gelehrter, der die Werke seines berühmten Vorgängers kannte und sie sogar noch übertraf: »Denn wie man sagt, machte er Brennspiegel aus Bronze, welche an den geraden Mauern hingen und den feindlichen Schiffen gegenüber angebracht waren: die Sonnenstrahlen wurden von ihnen angehalten und das Feuer, das wie ein Blitz aus ihnen hervorschoß, traf so heftig auf die Schiffe und den darauf eingeschlossenen Feind, daß alles verbrannt wurde. Dieses wurde schon früher von Archimedes erfunden, als die Römer Syrakus belagerten.«

Zwei technische Präzisierungen ergeben sich aus diesen Berichten: es gab einen oder mehrere Metallspiegel, und diese waren an den Mauern der belagerten Städte mit der Oberfläche in Richtung Meer und Sonne aufgehängt.

Eine genauere Beschreibung dieser Installationen findet sich in den *Chiliades*, einer Geschichtensammlung in Versform von Tzetzes (gest. 1185),[10] einem weiteren Byzantiner der nachfolgenden Generation:

> Als die Flotte von Marcellus in Bogenschußweite war,
> Ließ der Alte (Archimedes) einen sechseckigen Spiegel bauen.
> Um diesen Spiegel herum hatte er in einer bestimmten Entfernung
> Weitere kleinere und viereckige Spiegel angebracht,
> Die an Scharnieren und auf Plättchen bewegt werden konnten.
> Er setzte den Spiegel in die Mitte der Sonnenstrahlen
> Aus dem Süden, Osten und Westen.
> Nachdem die Sonnenstrahlen reflektiert worden waren,
> Entbrannte ein riesiges Feuer auf den Schiffen,
> Die in Bogenschußweite zu Asche verwandelt wurden.

Durch die Wiederholung bestimmter Wörter und durch dieselbe Beschreibung des Mechanismus wird in all diesen Berichten eine gemeinsame Grundlage spürbar, auch

64. Die Spiegel von Syrakus (Ausschnitt). Ed. Risner, 1572.

wenn dieser Mechanismus jetzt in einem anderen strategischen Zusammenhang auftaucht. Der Brennspiegel dient jetzt nicht mehr dazu, das Zerstörungswerk zu vollenden, indem er die Boote in Brand setzt, die von teuflischen Maschinen bereits aus dem Wasser gehoben worden waren und sich somit ganz in der Nähe der Küste befinden. Er vernichtet sie auf dem offenen Meer, bevor sie in Angriffsnähe kommen. Die erwähnte Distanz entspricht einer Bogenschußweite, die auf 150 bis 200 Schritte geschätzt wird. Als Eustathios, der Erzbischof von Thessaloniki (gest. 1192),[11] die *Ilias* kommentiert, übernimmt er dieselbe Entfernungseinschätzung. Außerdem handelt es sich auch nicht mehr um den einfachen, sphärischen Spiegel von Euklid, sondern um eine komplizierte Maschine, die aus mehreren Teilen besteht und in einer bestimmten Reihenfolge aufgebaut wird.

Auch in einem Traktat aus dem 13. Jahrhundert heißt es: »Mit einem einzigen flachen Spiegel, der der Sonne zugewendet wird, ist es unmöglich, Feuer zu machen; mit mehreren ist es möglich.«

Abschnitt 65 aus dem *Buch V* der *Optik* von Vitellius (ca. 1270),[12] einem Mathematiker polnischer Herkunft, beruht voll und ganz auf verschiedenen Systemen dieser Vervielfachung, die er einem großen byzantinischen Architekten zuschreibt: »Anthemius, der von einem mir unbekannten Experiment ausgeht, unterstreicht, daß nur vierundzwanzig Reflexionen (von Spiegeln), die auf ein und denselben Punkt eines brennbaren Materials gerichtet werden, genügen, um dort Feuer zu entfachen.« – Dabei handelt es sich höchstwahrscheinlich um Anthemius von Tralles, einen der beiden Wiedererbauer der Hagia Sophia (537).

Ein wirksameres Gerät, das Tzetzes zweifellos derselben Quelle entnommen hat, besteht aus sieben sechseckigen Spiegeln, von denen einer in ihrer Mitte angebracht ist. Dieses Gerät konnte Flammen auf jede beliebige Entfernung werfen, allerdings nur unter der Voraussetzung, daß seine Flügel nicht in einer Ebene befestigt wurden, denn dann würden sie einen einzigen Spiegel bilden, der nichts entzünden würde. »Aber

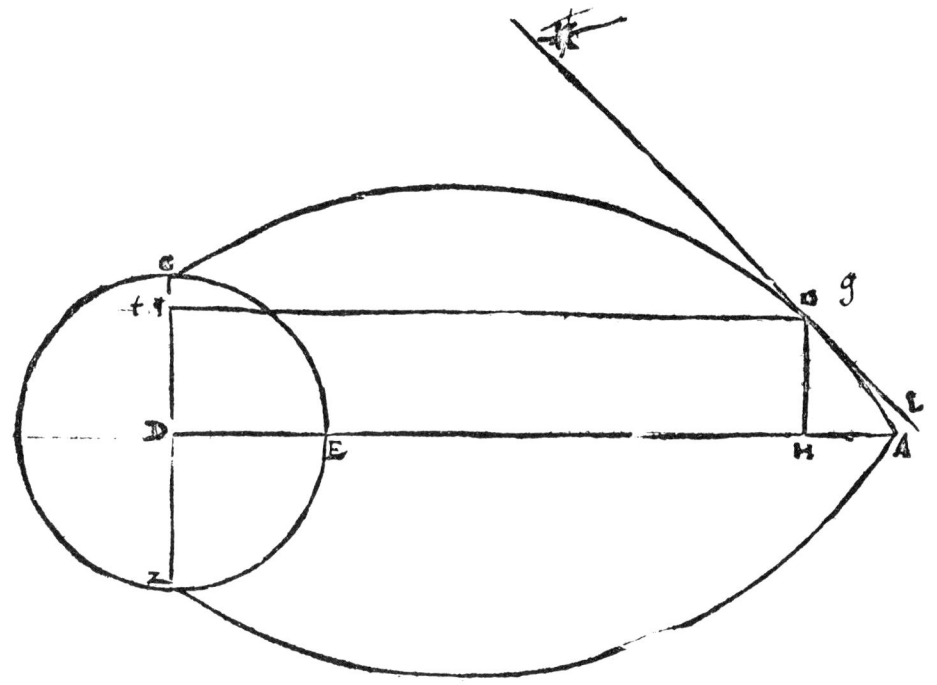

65. Ein Parabolischer Brennspiegel. Vitellius IX, *Propositio* 43, ca. 1270.
Ed. Risner, 1535.

wenn diese Hexagone untereinander so kombiniert werden, daß sie von einer Halbkugel eingefaßt werden könnten, dann würden aus dem Mittelpunkt dieser Halbkugel alle Strahlen reflektiert werden, die von einem Punkt lotrecht auf diese Oberflächen zurückfallen, so daß die Stärke der Hitze gesteigert werden würde. Es wäre also besser, einen solchen Spiegel mit Dreiecken anstatt mit Sechsecken zu bauen, weil die Zahl der Strahlen sich nach der Zahl der Oberflächen berechnet.«

In einem Abschnitt aus dem *Buch der Blicke* im *Rosenroman* von Jean de Meung (1265–1280)[13] werden ähnliche Konstruktionen erwähnt:

Es gibt noch andere Spiegel, die verbrennen,
was man vor sie stellt,
wenn man es versteht, sie so genau einzustellen,
daß sie die ganzen Strahlen in sich sammeln,
wenn die Sonne sich widerspiegelt
und auf der Oberfläche dieser Spiegel erstrahlt.

Auch in der Abhandlung von Vitellius nimmt das euklidische System einen großen Raum ein. In Abschnitt 68 in *Buch V* wird wiederum definiert: »Mit einem konkaven sphärischen Spiegel, der in die Sonne gehalten wird, kann man Feuer entfachen«, wobei allerdings hinzugefügt wird – und zweifellos nicht ohne sich auf Anthemius zu beziehen –, daß eine Kombination von mehreren Apparaten dieser Art spürbar die Wirkung erhöhen würde. In der Ausgabe von Risner (1572) sind sie auf einer Tafel abgebildet, die zahlreiche optische Phänomene zeigt. Es gibt dort drei Spiegel, welche runden Schilden ähnlich sehen, die an einem Turm befestigt sind und Flammen auf den Schiffen auflodern lassen. Die beiden verschiedenen Anlagen (mit flachen und mit gekrümmten Elementen) die von unterschiedlichen Autoren für die Verteidigung von Syrakus beschrieben worden waren, werden in ein und demselben Buch dargestellt.

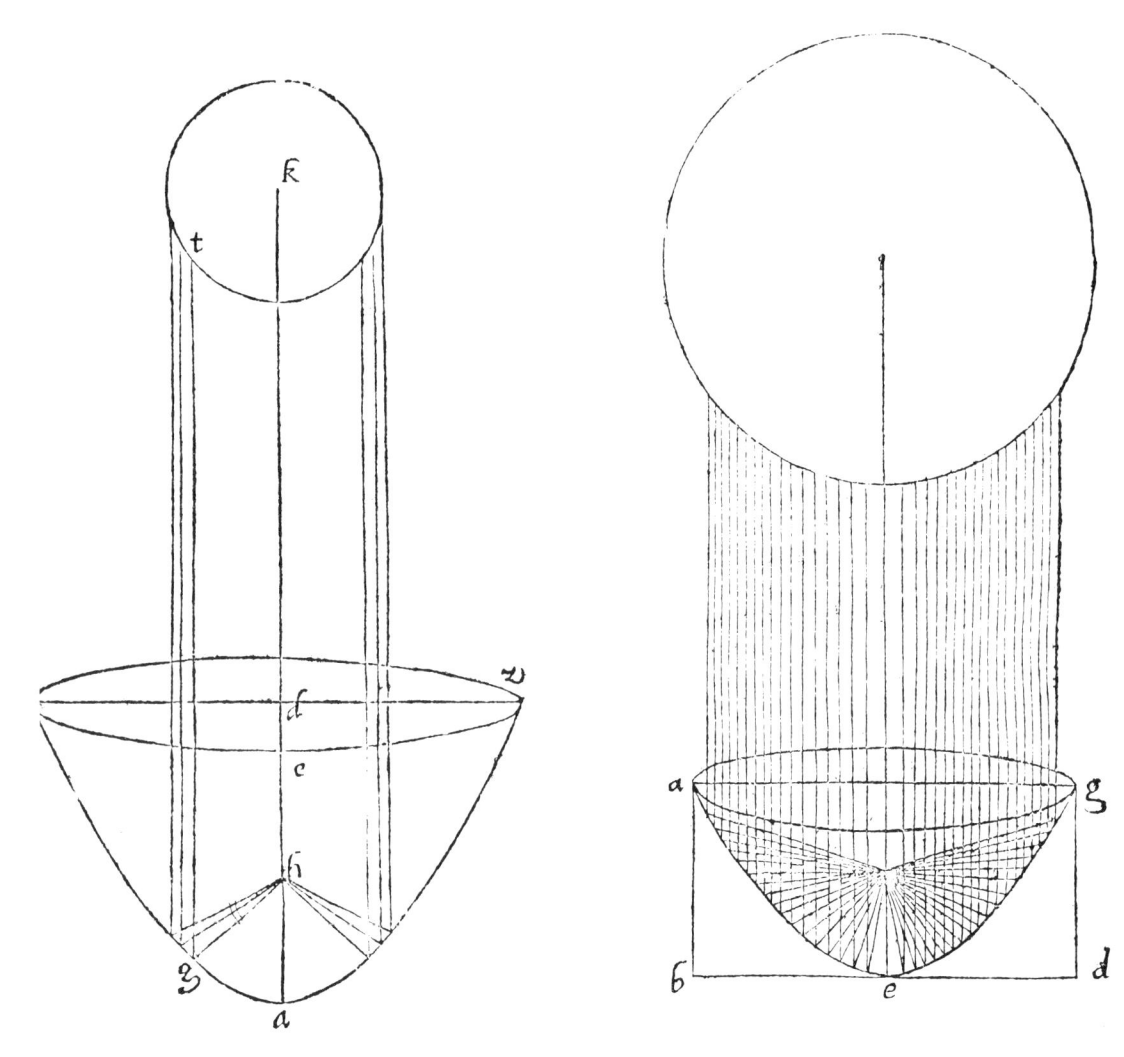

66. Parabolischer Brennspiegel. Ed. Risner, 1572.

Auch die Beschaffenheit des Reflektors konnte vielleicht noch verbessert werden. Der parabolische Bereich erzielt nämlich, indem er die parallelen Strahlen aufnimmt, in seinem Brennpunkt die höchste Strahlenkonzentration. Die entsprechende Formel, die Euklids Überlegungen vervollkommnet, befindet sich in den Abschnitten 43 und 44 des *Buches IX*. Sie beschreibt eine Kurve, die eine Vielzahl von neuen Entwicklungen kennzeichnen und bis zu den thermischen Anwendungsformen der Sonnenenergie in unserer Zeit ihre Gültigkeit bewahren sollte.

Auch Roger Bacon (ca. 1264)[14] beschäftigte sich mit diesen Problemen: »Die Experimentalwissenschaft verlangt von der Geometrie die Vorgabe eines ovalen, kreisförmigen oder ähnlichen (das heißt eines parabolischen) Spiegels, der so beschaffen ist, daß alle Figuren, die von einem sphärischen Körper auf die konkave Oberfläche des Spiegels kommen, dort gleiche Einfallswinkel bilden. Aber der Geometer weiß nicht, wozu ein solcher Spiegel gut sein könnte, und versteht es nicht, ihn zu benutzen.«

Seine praktischen Verwendungsmöglichkeiten, von denen Vitellius nicht spricht, sind allerdings sehr zahlreich. »Der Experimentator versteht es, mit Hilfe dieses Spiegels jeden brennbaren Körper anzustecken, jedes Metall zum Schmelzen zu bringen und jeden Stein zu Staub zu machen; er kann jede Armee oder jede Festung überwinden, die er vernichten möchte, und zwar nicht nur in der Nähe, sondern auf jede Entfernung, die er möchte.«

Der *doctor admirabile* bezieht sich also auf den Text des Plinius über die Wirksamkeit dieser Maschinen und fährt fort: »Mit zwölf Spiegeln dieser Art kann man die Sarazenen und die Tartaren vertreiben, ohne Blut zu vergießen.«

Die Waffen, die seinerzeit zur Bekämpfung der Angriffe der Skythen und Römer gedient haben, werden jetzt also gegen die Araber und die Mongolen eingesetzt.

Auch im Mittelalter wurden derartige Instrumente hergestellt. *»Un mirouer ardents d'assier«* (ein stählerner Brennspiegel) kommt unter anderem im Inventarium der Comtesse de Montpensier aus dem Jahre 1474[15] vor. Und Cornelius Agrippa (1527)[16] weist darauf hin: »Man hat Brennspiegel hergestellt, die die Strahlen der Sonne in sich gesammelt und sie dann direkt auf bestimmte Materialien gelenkt haben, die brennbar sind, und die auf eine große Entfernung Feuer entfachen können.«

Zweifellos geht der Ursprung des Brennspiegels, der immer von sagenhaften Geschichten umgeben war, in sehr frühe Zeiten zurück. Schon im archaischen Griechenland hat man sich über ihn Gedanken gemacht. Aber die Texte selber, die sich auf diesen Spiegel beziehen, stammen aus der Zeit zwischen dem 3. Jahrhundert v. Chr. und dem Ende des 2. Jahrhunderts n. Chr., während die ersten mehr oder weniger detaillierten Legenden über die absolute Waffe, die zur Verteidigung von Syrakus (und von Konstantinopel) eingesetzt wurde, erst im 12. und 13. Jahrhundert unter Bezugnahme auf Texte aus dem 6. byzantinischen Jahrhundert entstanden sind.

Nach dem Ende des Mittelalters blüht die antike und mittelalterliche Erzählung in voller Pracht wieder auf; dabei erfährt ihr mythologischer und poetischer Gehalt in dem Maße eine Erneuerung, wie man sich darum bemüht, Lösungen für ein unlösbares Problem zu finden. Diese Wiederbelebung vollzieht sich durch eine spielerische Kombination derselben Elemente. Die wissenschaftliche Legende und die legendäre Wissenschaft sollten damit für lange Zeit unabänderlich miteinander verbunden bleiben.

ORIGINE D'AMORE.

67. Ursprung der Liebe. C. Ripa, 1593.

LES BLASONS
Le blason du
MIROIR.

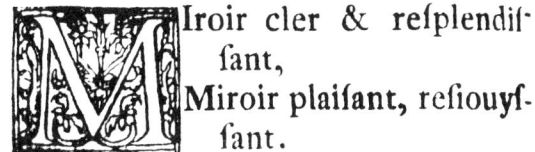

Miroir cler & resplendis-
sant,
Miroir plaisant, resiouys-
sant.
Miroir ardent de grand splendeur,

68. »Le Blason du Miroir«. Gilles Corrozet, 1539.

II

Marsilio Ficino (1489)[17] stellt den Brennspiegel in den Kontext seiner Kosmogonie. Durch seine konkave Form ist er der Form des Himmels analog. Er ist ein verkleinertes Himmelsgewölbe und konzentriert dessen Licht in seiner ursprünglichen Hitze und Feuergestalt.

> Ein klarer und glänzender Spiegel,
> Ein kurzweiliger, verkleinernder Spiegel,
> Ein hell-leuchtender Brennspiegel,
> Ein Spiegel von beträchtlicher Größe...

deklamiert Corrozet, der erste Historiker von Paris, in seiner Sammlung von *Blasons domestiques* (1539). In einer ikonologischen Abhandlung von Cesare Ripa (1593)[18] dient der Brennspiegel zur Illustration der *Herkunft der Liebe*. Die Entstehung dieser Leidenschaft wird durch eine junge Schönheit dargestellt, die in der einen Hand einen runden Spiegel hält, den sie den Sonnenstrahlen entgegenstreckt und dessen Reflexion eine Fackel entzündet, die sie in der anderen Hand trägt; unterhalb des Spiegels sieht man ein Spruchband, auf dem folgende Worte stehen: SIC IN CORDE FACIT AMOR INCENDIUM.

PROPOSITIO VII.

commune punctū reflectantur. Nam si aliquod tale dari posset speculum, maximè foret hemisphæricum concauū: sed in illo tot offenduntur reflexionū puncta, quot sunt incidentium radiorum orbiculares reuolutiones. Vt ex Vitellione, aliisque authoribus Perspectiuæ facilè deprehenditur. Solum itaque speculū, pro recti atq; rectanguli coni sectione parabola constructum, punctum habet commune, in quod coincidentes radij solares uniuersaliter refranguntur. Et cùm uirtus unita, fortior sit ipsa diffusa: fit ut in præfato speculo parabolico, & ad communem illius refractorum radiorum concursum, ignis celeriùs atq; intensius accendatur, quàm per aliud quod uis speculum datum.

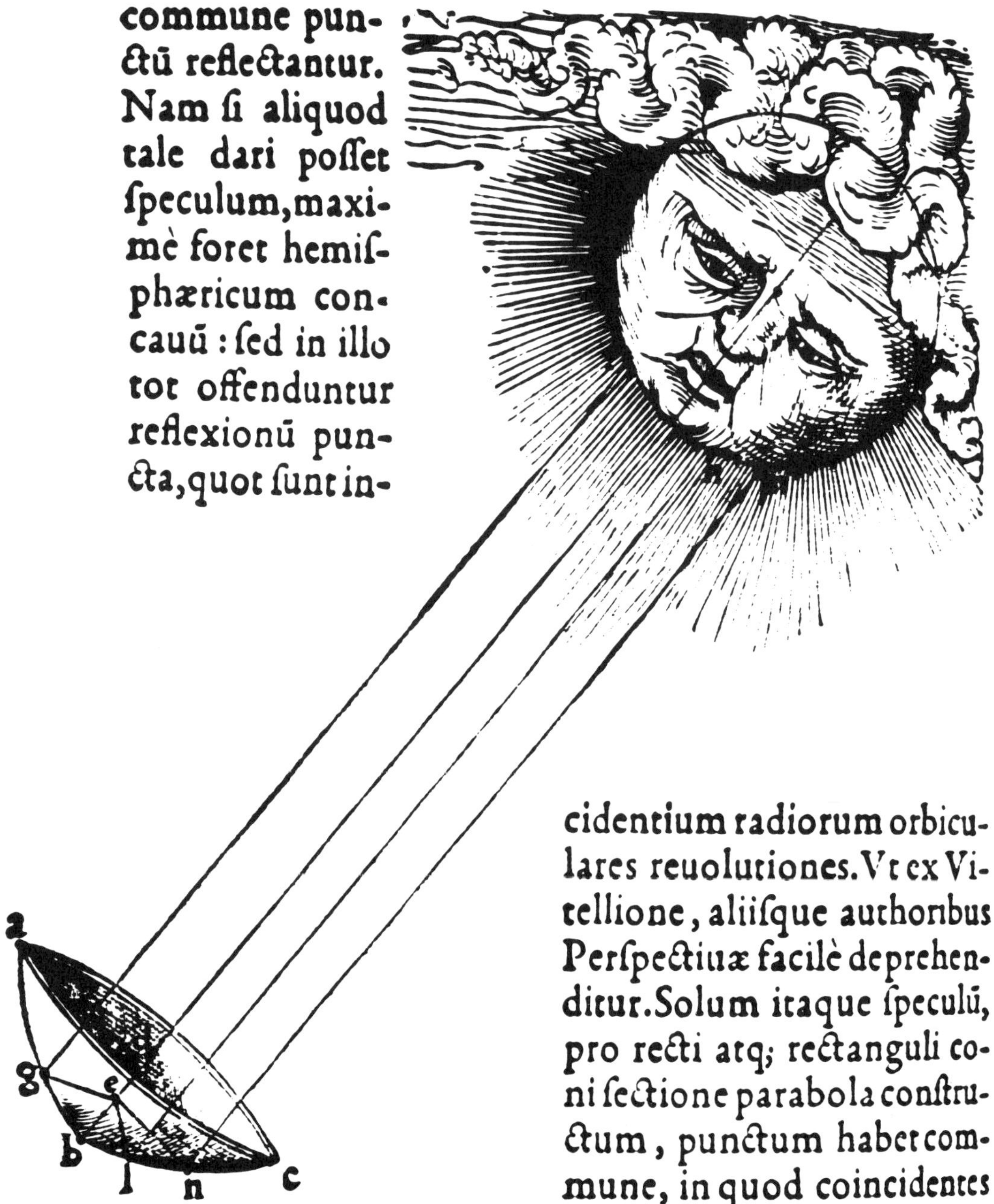

69. Parabolspiegel.
O. Fine, 1551.

PROPOSITIO VIII.

70. Parabolischer Kegelschnitt. O. Fine, 1551.

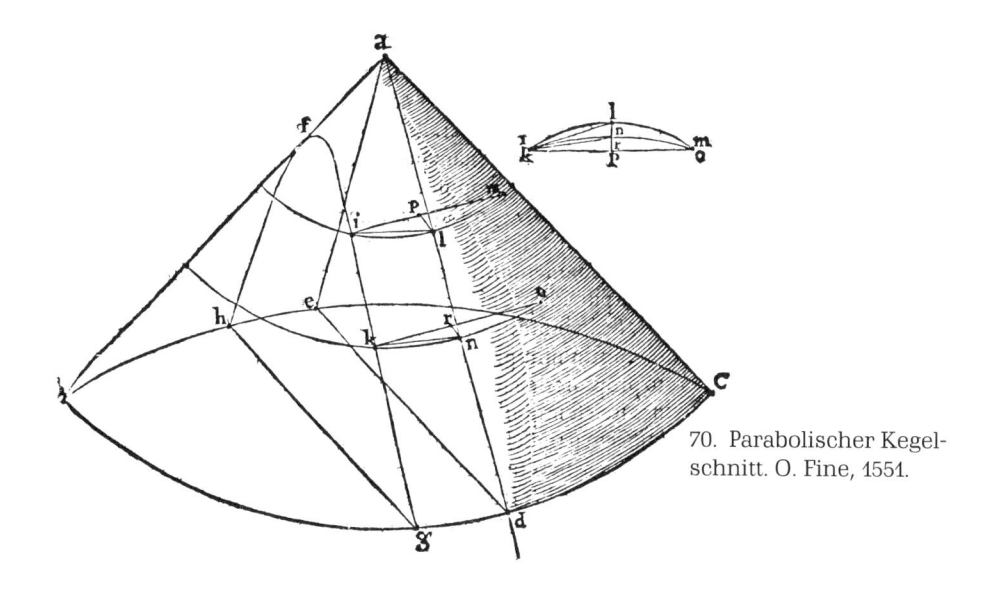

In seiner zehnten Rede über Platons *Gastmahl* versichert Ficino, daß die Liebeskrankheit durch eine Begegnung der Augen hervorgerufen wird, »und diese Begegnung, durch die die Liebe entsteht, kann nicht besser als durch die Begegnung der Sonne und des Spiegels, welche einander gegenübergestellt werden, dargestellt werden«.

Der in dieser Ikonologie gebrauchte Spiegel hat dieselben Eigenschaften wie derjenige, mit dem die Vestalinnen, Plutarch zufolge, das himmlische Feuer wiedereingefangen haben, wenn dieses auf der Erde erloschen war. Sein Erfinder war Archimedes, der sich seiner gegen die Römer bedient hat. Wie Zonaras behauptet, hat auch der Mathematiker Proclos die Flotte des Vitellius mit »glühenden Spiegelgläsern« in Brand gesetzt.

Ripa nimmt eine systematische Rekapitulation der Quellen vor und fährt fort: »Wenn man diese symbolische Gestalt erklären will, muß man also annehmen, daß so, wie sie mit den künstlich geschaffenen Strahlen des Spiegels, die den Strahlen der Sonne entgegengehalten werden, eine Fackel anzündet, auch das Feuer der Liebe in unseren Herzen durch die Begegnung unserer Augen, welche wahre Spiegel der Natur sind, mit einer Schönheit oder mit einem beseelten Gestirn, das sein Licht auf unsere Augen wirft, entfacht wird.«

Wenn Theologen das Thema der Liebe aufgreifen, handelt es sich natürlich um die Liebe Gottes. Joseph Filere, dessen *Makelloser Spiegel* in demselben Jahr 1636 erschien wie die französische Übersetzung von Ripa, untersucht methodisch die einzelnen Aspekte der Liebe Gottes im Verhältnis zu den verschiedenen Typen von sphärischen, elliptischen, Brenn- und Parabol-Spiegeln. Dabei erweist sich der Parabolspiegel als am stärksten und am besten geeignet, um in uns das Feuer der göttlichen Liebe zu entzünden. Die metaphorischen Gedankenflüge des Jesuiten beruhen auf genauen mathematischen Skizzen, mit denen er durchaus vertraut war.

Aber es gab nicht nur poetische Variationen. Die technische Entwicklung wurde im Laufe des 16. Jahrhunderts fortgesetzt; dabei dominierten drei große Namen: Oronce Fine, Girolamo Cardano und Giovanni-Battista della Porta.

Oronce Fine, Astronom und Kartograph, Mathematikprofessor am von François I. gegründeten Collège Royal, hat sich viel mit Präzisionsinstrumenten beschäftigt. Im

71. (oben) Brennspiegel. Kabinett des Herzogs von Picquigny. J. LaJoue. Mitte 18. Jahrh.

72. (rechts) Brennspiegel, der das Feuer bei der Darstellung der vier Elemente repräsentiert. Schussenried (Schwaben), Fresko, ca. 1757.

Jahre 1551 hat er zusammen mit anderen den Uhrenturm des Kardinals de Lorraine konstruiert, und außerdem hat er selber Brennspiegel gebaut, denen er ein ganzes Buch widmete: *De Speculo ustorio* (1551),[19] *Über einen Brennspiegel, der auf ganz bestimmte Entfernungen Feuer erzeugen kann.*

In dem apologetischen Vorwort der Abhandlung wird der Autor als jemand vorgestellt, der durch seine Wissenschaft und die Arbeit seiner Hände die Kunst des Greises von Syrakus wiedererlangt habe. Seit Urzeiten konnte der Spiegel auf größere Entfernungen Feuer entfachen. Mit seiner Hilfe fing Vulkan die Strahlen des Phoebus ein, um seine Esse anzufachen. Mit ihm hat auch Prometheus das himmlische Feuer geraubt, um es auf die Erde zu bringen. Aber die antike Feuermythologie bekommt nun eine katoptrische Fassung. Auf einem Fresko in Schussenried (Schwaben, ca. 1757),[20] das die vier Elemente darstellt, wird das Feuer noch mit Hilfe eines kreisförmigen Spiegels entfacht, der von drei geblendeten Personen gehalten wird. Die Komposition ist identisch mit der von Lajoue († 1761), auf der im Kabinett des Herzogs von Picquigny die *Optik* dargestellt wird.

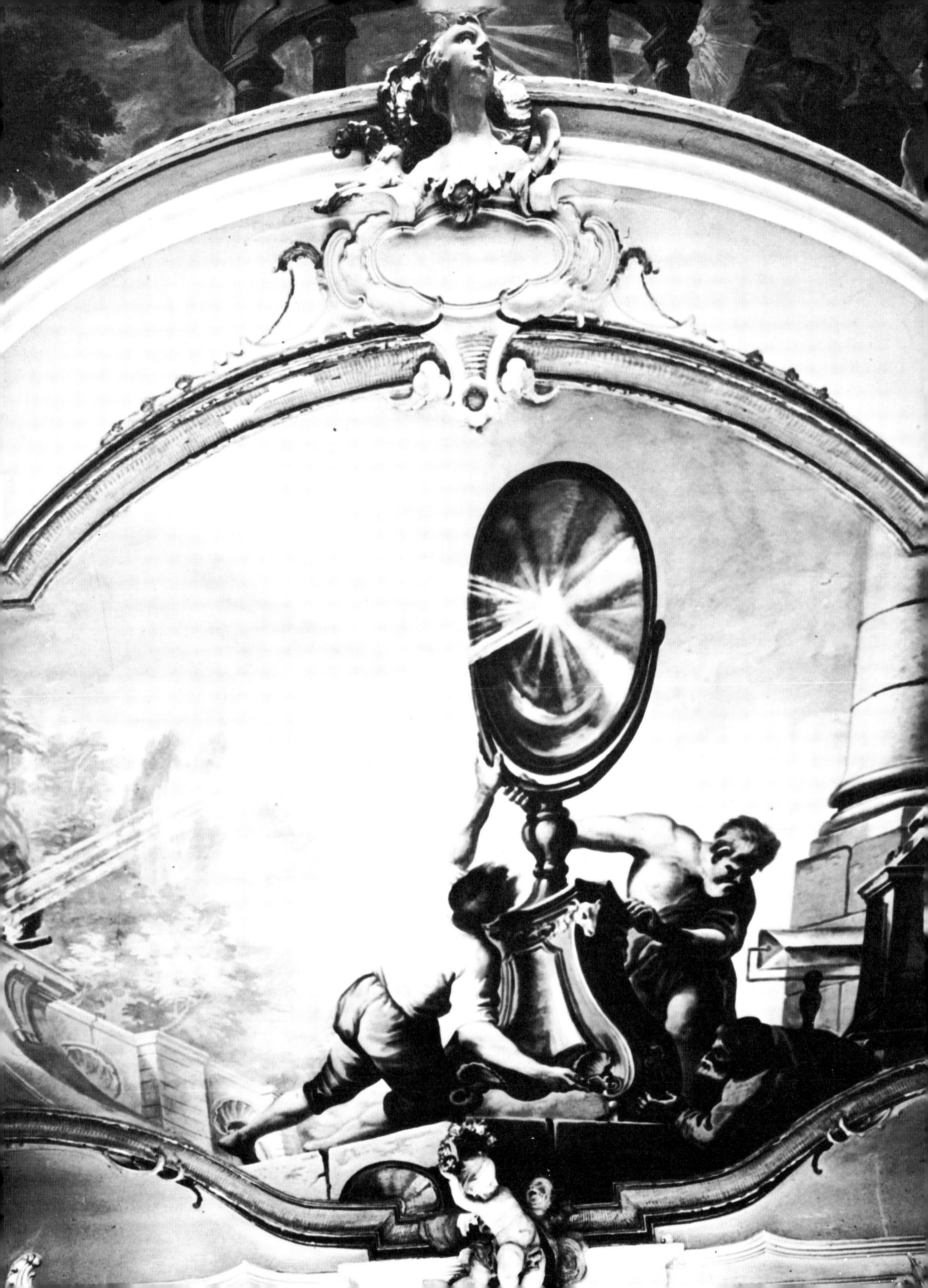

Die außergewöhnlichen Taten, die außer den sagenhaften Göttern und Heroen keiner vollbringen konnte, werden nun von Oronce Fine vollbracht, einem berühmten Mann aus Gallien. Wie der Schreiber des Vorwortes begeistert ausruft, wird sein Name einst unter den Sternen leuchten.

Das *Speculum ustorium* des Pariser Gelehrten geht allerdings nicht auf Euklid oder Plutarch zurück, sondern auf Vitellius (X, 43); es wurde 1535 in Nürnberg mit genauen Quellenangaben veröffentlicht. Dabei handelt es sich um einen Parabolspiegel, dessen Form wie bei einer Hyperbel oder bei einer Ellipse durch einen Kegelschnitt ermittelt werden kann. Mit ihm kann viel schneller und viel intensiver Feuer entfacht werden als mit einem sphärischen Spiegel. Auf der Zeichnung ähnelt er einem bauchigen Metallbecher. Die parallelen Sonnenstrahlen treffen ihn direkt von vorne, und der Brennpunkt befindet sich im Inneren der Höhlung. Die Brennweite kann durch eine Veränderung der Krümmungen gesteuert werden. Das Instrument wurde zu Laborzwekken entworfen und nicht, um eine Flotte in Brand zu setzen.

Es war Girolano Cardano, der sich mit dieser Frage beschäftigt hat, als er zur selben Zeit dieselben Probleme behandelte. Dieser mailänder Arzt und Mathematiker, dessen Denken zwischen den Scholastikern des Mittelalters und Platon oszillierte, nahm auch in den wissenschaftlichen Bereichen des 16. Jahrhunderts eine hervorragende Stellung ein. In *De subtilitate*, einem Werk, das 1550 in Nürnberg und 1556 in Paris erschien,[21] tritt er für folgende Lösung dieser Frage ein: »Wenn es darum geht, einen Spiegel herzustellen, der auf große Entfernungen Feuer entfacht, so wie es Galenus zufolge Archimedes gemacht hat, als er die feindlichen Schiffe verbrannte, dann ist offensichtlich, daß derartige Spiegel eine parabolische, kreisförmige oder runde Form haben müssen. Sie müssen sehr groß sein, das heißt, sie müssen die Ausmaße von sehr großen Halbkugeln haben.«

Da es unmöglich ist, einen gigantischen Spiegel in voller Größe aufzubauen, nimmt man ein Fragment davon. Dabei muß man folgendermaßen vorgehen: »Wenn man ein Feuer in tausend Schritten Entfernung entfachen will, zieht man einen Kreis, der einen Durchmesser von zweitausend Schritten hat«.

Da der Brennpunkt sich im Zentrum befindet, das heißt im Mittelpunkt des hemisphärischen konkaven Spiegels, kann ein von den Küsten entferntes Ziel nur durch eine besondere Anordnung erreicht werden, bei der das Gerät deutlich verkleinert wird: »Wir nehmen einen Teil dieses Spiegels, der so groß ist, daß die Rundheit dabei nicht verborgen wird, das heißt den sechzigsten Teil… Wir drehen einen Teil des Kreises herum, der einen Teil der Kugel beschreibt, der, nachdem wir ihn poliert und geglättet haben, der Sonne ausgesetzt wird und für uns auf bis zu tausend Schritten ein sehr starkes Feuer entfacht.«

Ein Sechzigstel eines gedachten Spiegels von zweitausend Schritten Durchmesser, der dieselbe Brennweite hat, soll dieselbe Wirkung am selben Punkt erzielen. Der Autor bemerkt allerdings, daß dieses Instrument seit der Erfindung des Schießpulvers für die Verteidigung nicht mehr von großem Interesse sei: »Heute ist dieses Ding aufgrund der Artillerie von keinem großen Wert mehr.«

Aber zu seiner Zeit war es sehr wirksam, vor allem mit einem parabolischen Reflektor, dessen »robustere« Strahlen die stärksten Brände entfachen. Der dem Archimedes zugeschriebene Apparat kann mit Hilfe von Glas hergestellt werden, das mit einer dicken Bleischicht überzogen wird und das man in eine Gipsmasse drücken muß. »Es ist befremdlich festzustellen, welchen Irrtums er sich in seinem Texte schuldig macht«, empört sich G.-B. della Porta (1589),[22] der allerdings trotz derartiger Erwägungen ein Schüler Cardanos gewesen ist. Sein Spiegel könne nicht weiter als dreißig Schritte brennen. Als winziger Bruchteil eines riesigen Kreisumfanges sei er zu klein, um noch eine Krümmung zu haben und immer noch zu groß, um gebaut werden zu können. Und welcher Zirkel könnte schon auf dem Boden einen Kreis mit einem Radius von tausend Schritten ziehen? Außerdem überdachte Porta noch einmal alle Lehren über den Brennspiegel, durch den wir von einem der größten Geheimnisse der Natur erfahren.

Die erste Fassung der *Magia naturalis* in vier Bänden (1561)[23] beschränkt sich auf eine Rekapitulation. Der sphärische Spiegel (Euklid), der pyramidale Spiegel (Plutarch), der Parabolspiegel (Vitellius) und der Spiegel aus flachen Elementen (Anthemius).

»Aus kleinen flachen Spiegeln baut ihr einen Brennspiegel. Dabei bildet ihr einen konkaven sphärischen Körper, wenn ihr darauf achtet, daß alle Teile sich so berühren, daß die Teile dieses Spiegels sechseckig, viereckig oder dreieckig sind. Anthemius will berechnet haben, daß sieben miteinander verbundene hexagonale Spiegel genügen, um ein Feuer zu entfachen...«

Die letzte Veröffentlichung von Vitellius (1535) wurde von ihm noch weitaus mehr ausgebeutet als von Oronce Fine. Man findet auch die Spiegel aus mehreren Teilen wieder: »Des weiteren kann man die gleichen Effekte durch eine Kombination von konkaven Spiegeln und durch ihre wechselseitige Überschneidung erzielen. Aber auch derjenige, der darangeht dieses zu tun, wird nicht ohne große Schwierigkeiten und einen bewundernswerten und arbeitsamen Fleiß zum Ziel gelangen.«

All das war jedenfalls unzureichend, um eine Armada zu vernichten (ein sphärischer Spiegel erreicht nur eine Brennweite von einem Viertel seines Durchmessers). Auch Porta schlägt dreißig Jahre später in der neuen Fassung seiner Abhandlung in einundzwanzig Bänden einen revolutionären Mechanismus der Maschine des Archimedes vor, die dem entspricht, was die byzantinischen Chronisten darüber gesagt haben.

Bestätigen die Historiker nicht, daß die römischen Schiffe, die sich Syrakus näherten, von Maschinen zerschmettert und auf die Felsen geworfen wurden? Wenn dem so ist, müssen auch die Projektionen von Feuer weit über die unmittelbaren Stadtmauern hinausgegangen sein. Und das konnte nur durch eine Umkehrung der Elemente erreicht werden. Das angezielte Objekt steht also nicht mehr zwischen der Sonne und dem Spiegel. Das Licht und die Hitze werden von einem parabolischen Instrument, das die Form eines abgestumpften, nach beiden Seiten offenen Kegels hat, nicht mehr nach vorne, sondern nach hinten reflektiert. Die Sonnenstrahlen werden darin wie in einem Trichter eingefangen und in dieselbe Richtung weitergeleitet. Der Autor hütet sich aber davor, der Allgemeinheit das Geheimnis dieses außergewöhnlichen Apparates preiszugeben, damit man weiterhin »die Größe der Güte unseres Gottes« ermessen könne.

Auf dem Frontispiz der Ausgabe von Vitellius aus dem Jahre 1535 ist die ganze Anlage abgebildet, von der der neapolitanische Gelehrte in der ersten Ausgabe seiner *Magie* nur Teilabschnitte gezeigt hatte. Man sieht auf dieser Abbildung eine sitzende Person, die eine Art Ring in der Hand hält, der von den Strahlen durchquert wird, ohne daß sie ihre Richtung ändern: sie fallen direkt auf die entgegengesetzte Seite, wo eine

Flamme auflodert. Zweifellos hat der Künstler sich getäuscht, weil er vergessen hat, das direkt auf ein Objekt treffende Sonnenstrahlenbündel zurückzuspiegeln, wie das bei den drei Spiegeln auf der berichtigten Abbildung desselben Bildes in der Ausgabe von Risner (1572) geschieht.

Der Apparat von Porta hat einen analogen Aufbau und funktioniert in derselben Weise, indem auch er parallele Strahlen weiterleitet. Ihre Reichweite beträgt nicht zehn, zwanzig, hundert oder tausend Schritte. Sie konvergieren nicht mehr in einem bestimmten Brennpunkt, sondern werden bis ins Unendliche verlängert, wobei sie alles in Brand setzen, was ihnen in die Quere kommt. Der wie eine Rakete in den Raum geschossene Brennpunkt, der sich im Inneren des Konoiden befindet, wird zu einer *linea ustoria*, zu einer unendlichen, brennenden Linie. Archimedes und Proklus, von denen Zonares berichtet, haben die Flotten der Angreifer zweifellos mit diesem Feuerstrahl vernichtet. Und derselbe Parabolspiegel hat wahrscheinlich auch Phytagoras gedient, als er Buchstaben auf dem Mond einprägte.[24]

Mit seinem abgestumpften Kegel, der die Flammen bis über den Horizont hinausschleuderte, schien die Apparatur des neapolitanischen Gelehrten nicht weniger überraschend als die Anlage von Cardano zu sein, die mit dem sechzigsten Bruchteil einer Kugel operierte und mit der man sie verglich. Dennoch wurde ausgehend davon nach neuen und teilweise heute noch annehmbaren Geräten geforscht. Insbesondere zwei Jesuiten, Cavalieri und Bettini, der eine aus Mailand, der andere aus Bologna, haben sich damit beschäftigt.

In *Lo specchio ustorio* von Cavalieri (1632),[25] »wo der Kegel abgehandelt wird«, wird die gesamte Problematik überdacht, ohne daß die Quellen (Galenus, Zonaras... Fine, Cardano und Porta) vergessen werden. Er bietet eine eigene Lösung an, indem er ein zweites parabolisches Teil einführt, das konisch und konvex ist, also einen winzig kleinen *specchietto*, der die konzentrierten Strahlen parallel reflektiert. Ob er nun konkav oder konvex ist, der Parabolspiegel funktioniert auf die gleiche Weise, indem er jedes Strahlenbündel, das durch seinen Brennpunkt hindurchgeht, um die Hauptsache herum gruppiert zurücksendet.

Bei der ersten Version wird der parabolische Konoid im Brennpunkt eines konkaven, kreisförmigen Spiegels eingebaut, der dem von Fine ähnelt, bei der zweiten liegt er hinter dem abgestumpften Kegel von Porta, und zwar so, daß sein Brennpunkt sich außerhalb befindet und leicht zurückgezogen ist. Auf den Illustrationszeichnungen ist das Strahlenbündel, das aus dem in verschiedene Richtungen drehbaren *specchietto* hervorschießt, dicht und kräftig dargestellt. Es handelt sich nicht mehr um eine *linea*, sondern um eine *vergo ustoria*, einen brennenden Stab. Wie alle Projektionen von parallelen Linien wäre sie virtuell unendlich.

Auch Bettini (1642)[26] arbeitet mit einem zweiteiligen Instrument, wobei er allerdings den konvexen Kegel durch einen verkleinerten, abgestumpften, konkaven Kegel ersetzt.

73. Ringförmiger Spiegel. Vitellius, Ausg. 1535. (links: Ausschnitt)

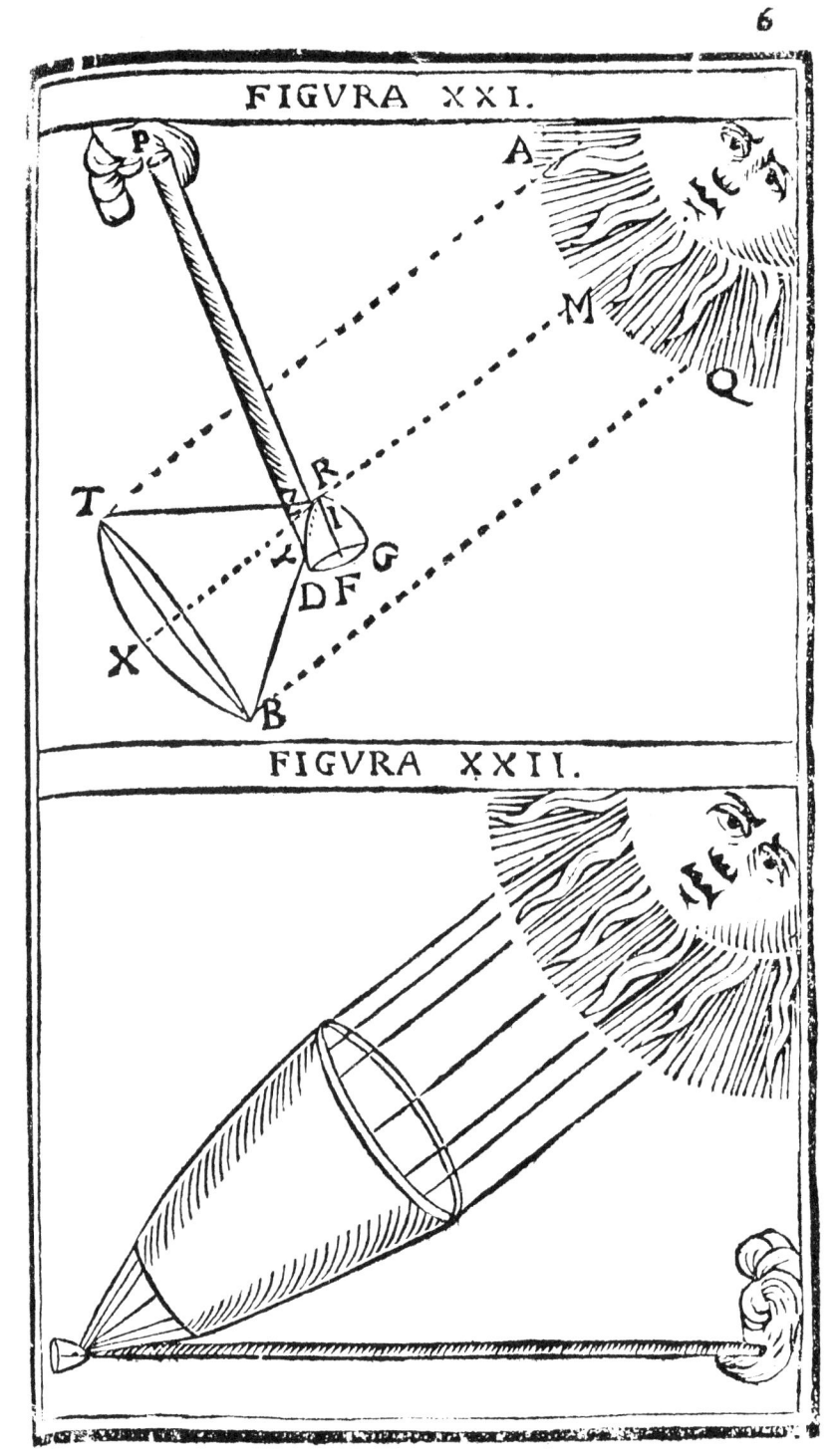

74. Konische Parabolspiegel. Cavalieri, 1632.

Der Apparat funktioniert wie ein Transformator von elektrischem Strom. Der große *tubus* von Porta-Cavalieri nimmt die parallelen Strahlen auf und läßt sie hinten, am Ausgang, in einem gemeinsamen Punkt konvergieren. Der *tubulus* empfängt diese in einem Brennpunkt vereinten Strahlen, fügt seine eigenen hinzu und leitet sie in Form eines kompakten Strahlenbündels zu dem gewünschten Ziel weiter, und zwar auf eine theoretisch unbegrenzte Entfernung.

75. Röhrenförmige Parabolspiegel. Bettini, 1652. (oben)

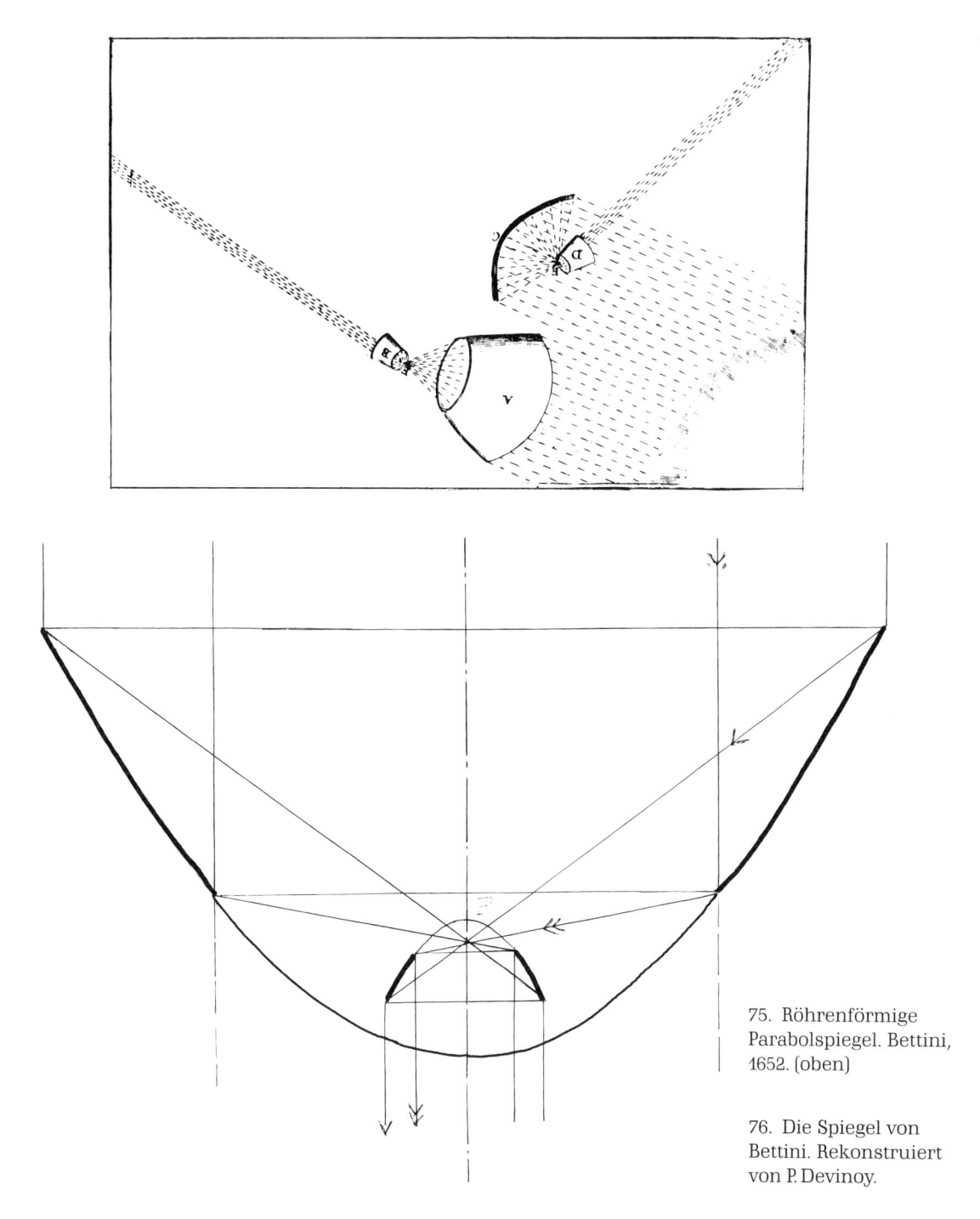

76. Die Spiegel von Bettini. Rekonstruiert von P. Devinoy.

Die für uns von Pierre Devinoy angefertigte Zeichnung bestätigt:
1. daß man einen Teil eines konoiden Parabolspiegels so abschneiden kann, daß der Brennpunkt sich außerhalb befindet. Zweifellos werden die Strahlen, die direkt durch die Öffnung dringen, nicht umgeleitet. Es ist aber richtig, daß diejenigen Strahlen, die auf die Wände des Ringes treffen, an derselben Stelle in einem verkleinerten Raum konzentriert werden.
2. Wenn man die erwähnte Konzentration in einem zweiten abgestumpften Parabolspiegel einfängt, der auf der Gegenseite des ersten angebracht ist und der in gewissem

77. Katoptrische Batterie zur Verteidigung einer belagerten Stadt. Bettini, 1642.

129

78. u. 79. Spiegel von M. du Fay, 1728.

Maße seine Richtung ändern kann, werden die Strahlen parallel aus ihm herausfallen und eine starke Hitzekonzentration weiterleiten, deren Reichweite sich allerdings ebenso wie beim *specchietto* aufgrund einer progressiven Abschwächung der Strahlen verkürzt.

Der *tubulus* kann auch in Verbindung mit einem klassischen konkaven Parabolspiegel gebraucht werden.

Bettini schlägt sogar noch eine Verbindung dieser beiden Geräte vor, indem er zwischen dem sphäroiden Konkavspiegel und dem *tubus*, die beide auf eine in zwei Richtungen schwenkbare Konsole montiert sind, einen *tubulus* installiert. Man sieht auf der Abbildung, wie sie auf dem Turm einer belagerten Stadt aufgebaut sind. Ihre Größe ist offensichtlich beträchtlich; der Durchmesser des kreisförmigen Konkavspiegels ist anscheinend ebensogroß wie der der Kuppel eines benachbarten Hauses. Die Sonnenstrahlen treffen schräg auf diese Apparatur, von der aus in einer doppelten Reflexion zwei Strahlenblitze aufflammen. Der eine geht nach oben und nach vorn und trifft auf den Gipfel des die Landschaft beherrschenden Hügels, der andere fällt rückwärts nach unten auf die Ebene. Sie lassen die Artilleriebatterien mit ihren Pulverfässern in die Luft fliegen und setzen die Stellungen der Angreifer in Brand. »Dem Feind wird auf beiden Seiten gleichzeitig ein doppelter Schaden zugefügt. ›Ab igne mathematico‹, mit dem mathematischen Feuer, wird die auf dem Berg gelagerte Munition und der in den Zelten auf der Ebene eingelagerte Nachschub gleichzeitig in Brand gesetzt.«

Das ist eine Replik auf Cardano: der Spiegel ist stärker als die Kanone, und die Waffe von Syrakus behält ihren Wert.

Die Maschinerie wird immer komplexer, immer barocker. Ein sphäroider Konkavspiegel, konvexe oder konkave konische Spiegel, ein Konkavspiegel in Verbindung mit einem konvexen oder konkaven konischen Spiegel oder mit einem konkaven sphäroiden Spiegel – alle denkbaren Anordnungen werden nach und nach auf der Suche nach praktischen Vorteilen und nach größerer Wirksamkeit untersucht. Trotz der Vielfalt der Kombinationen beruht sie doch auf ein und derselben Regel. Alle basieren auf derselben parabolischen Krümmung, deren außerordentliche Eigenschaften an Magie zu grenzen scheinen. Losgelöst von seinem klassischen Ursprung, beeinflußt der Kreisbogen von Vitellius-Fine, deren Namen beständig zitiert werden, jetzt diverse geometrische Körper und bewirkt dort eine Unzahl von Wundern. Die Wiederaufnahme einer antiken Legende hat im Anschluß an das Mittelalter zu einer Befreiung von den griechisch-römischen Konventionen und zu einem Aufschwung der Mathematik geführt.

Die Prozeduren haben ihre Epoche überlebt. M. du Fay (1726)[27] experimentiert noch mitten im 18. Jahrhundert mit ihnen. Er stößt auf mehrere Unzulänglichkeiten: »Der kleine Spiegel (der konvexe *specchietto* von Cavalieri) erhitzt sich sehr schnell, und es ist nahezu unmöglich, ihn an den (Brenn-)Punkt zu bringen, wo er hingehört. Außerdem beeinträchtigt der Glanz dieser vereinigten Strahlen, die auf den konvexen Spiegel fallen, im erheblichem Maße die Sicht.«

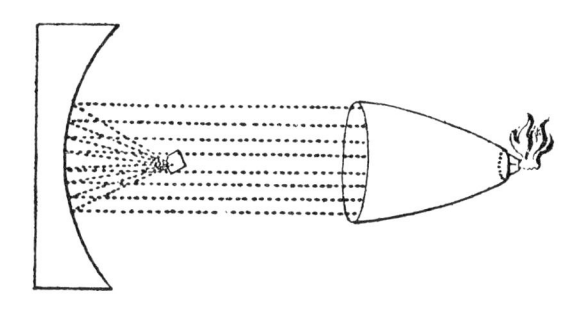

In Miniatur nachgebaut – zwei Zoll (54 mm) Durchmesser für den *tubus*, ein halber Zoll (ca. 13 mm) für den *tubulus*, ein Würfel – erbrachten die beiden abgestumpften Parabolkegel von Bettini auch keine besseren Resultate: »Sie sollen diejenigen Strahlen parallel reflektieren, die, nachdem sie sich in ihrem Brennpunkt gekreuzt haben, unterschiedlich auf ihre innere Oberfläche fallen. Beim größeren der beiden gelang dies besser, aber da sein Innenraum sehr lang war, waren die Strahlen, obwohl parallel, nicht eng genug beieinander, um eine größere Hitze zu erzeugen.«

Man ist weit von einem Stab entfernt, der auf eine unendlich weite Entfernung Feuer entfachen kann. Dennoch läßt der Autor sich von seinen Mißerfolgen nicht entmutigen, die er auf Mängel der Natur zurückführt: »Es ist nämlich so, daß die Physik sehr oft die Wahrheiten der Geometrie zurückgewiesen hat, welche zur Ausführung Körper verlangt, die regelmäßiger und vollkommener sein müssen, als sie in Wirklichkeit sind.«

Doch die meisten der seit dem 16. Jahrhundert entwickelten Mechanismen waren bereits heftig in Zweifel gezogen worden.

III

In einem Brief an Mersenne schreibt Descartes 1630:[28] »Es ist unmöglich einen Spiegel anzufertigen, der auf eine Meile Feuer entfacht, was immer Archimedes darüber geschrieben haben mag, es sei denn, er hätte eine außerordentliche Größe. Der Grund dafür liegt darin, daß die Sonnenstrahlen nicht so parallel sind, wie man denkt. Und selbst wenn ein Engel einen Brennspiegel gemacht haben sollte – wenn er nicht mehr als sechs Klafter Durchmesser hat, glaube ich nicht, daß er genügend Kraft haben kann, um auf eine Entfernung von einer Meile irgendetwas anzubrennen, was man ihm entgegenhält.«

Diese Bemerkung, die sich auf Cardano bezieht, wurde an den Paulaner-Pater zweifellos im Zusammenhang mit dessen *Récréations des sçavans* adressiert, einem populärwissenschaftlichen Werk, das 1629 beendet, aber erst 1633[29] gedruckt wurde. Darin wird folgende Frage ausführlich behandelt: »Kann man einen Spiegel anfertigen, der an jedem Ort und sogar bis ins Unendliche Feuer entfachen kann?«

Die Antwort war kategorisch: »Wenn man über unbrennbare Materialien verfügt, aus denen man Spiegel machen kann, die niemals ihren Glanz verlieren, ist es gewiß, daß man bis ins Unendliche Feuer entfachen kann…«

Der zweiteilige Parabolspiegel, konkav und konvex (Cavalieri), sowie der mehrteilige konkave (Roger Bacon, Vitellius) und der mehrteilige flache (Vitellius, Porta) Spiegel bietet dazu die Möglichkeit, sofern man über geeignete Materialien und Herstellungsverfahren verfügt.

Als Descartes seine *Dioptrik* (1635)[30] verfaßt, greift er auf die Formulierungen seines fünf Jahre vorher geschriebenen Briefes zurück. »Mag er auch von einem Engel poliert worden sein«, der Wirkungsbereich eines Brennspiegels ist begrenzt: »Diejenigen, die in optischen Dingen nur über ein Halbwissen verfügen, lassen sich oft von Dingen überzeugen, die unmöglich sind, so zum Beispiel, daß jene Spiegel, mit denen Archimedes angeblich auf große Entfernung Schiffe verbrannt haben soll, extrem groß und nahezu fabulös sein müssen.«

Alle im Laufe der Jahrhunderte entwickelten Systeme werden in Bausch und Bogen mit Geringschätzung zurückgewiesen.

Mersenne konnte sich dem nur beugen. In seinem posthumen Werk, der *Katoptrik* (1651),[31] ist er sogar über die Lehren von Descartes hinausgegangen, indem er seinen ersten Annahmen vollständig abschwor. Die Sonnenstrahlen fallen nicht, wie die meisten Gelehrten angenommen haben, parallel herab, und der parabolische oder anders gefertigte Spiegel nimmt von ihnen tatsächlich nur einen kleinen Teil auf. Wenn die Sonne mit den Strahlen gleichzusetzen wäre, die vom Menschen eingefangen werden, wäre sie für unsere Augen selbst durch die stärksten Brillen unsichtbar. Außerdem werden die berechneten Wirkungen auch durch die Streuung der Strahlen und durch die Vergrößerung ihrer Brennweite abgeschwächt.

Der zweiteilige konkave und konvexe Spiegel könnte folglich nur auf eine Entfernung von zwei, drei oder vier Schritten etwas in Brand setzen.

Ebenso hätten die größten Spiegel, die man herstellen könnte, nur eine sehr geringe Reichweite.

Hier gelangt Mersenne zu einer Entschleierung des Mythos: »Wenn man über Archimedes und andere gesagt hat, daß sie mit Hilfe von Spiegeln einige Schiffe in Brand gesetzt haben sollen, so sind die Berichte darüber zu ungenau, um dem Urteil der Vernunft standhalten zu können!«

Es handelte sich dagegen um kleine Schiffe, die sich den Stadtmauern nähern konnten, von denen aus man sie mit hinuntergeschleuderten Fackeln in Brand setzte: »Das gab den Historikern die Möglichkeit, diese Wirkung Spiegeln zuzuschreiben, da es ihre Gewohnheit ist, ihre Geschichten prächtiger auszuschmücken, indem sie falsche Dinge hinzufügen, die sie und die gewöhnlichen Menschen nicht für möglich halten.«

Die Legende, die bis dahin niemand in Zweifel gezogen hatte, wird systematisch zerstört.

Auch Kircher (1646)[32] hat sich seinerseits an eine kritische Überprüfung der letzten Erfindungen gemacht, die er allerdings in einem anderen Stil aufgegriffen hat. Die *linea ustoria* ist ein Produkt der Unkenntnis, wenn nicht gar der Arroganz von G.-B. della Porta. Die Schiffe des Marcellus konnten nicht mit einem *brennenden Stab* in Brand gesetzt werden, wie Bettini sich dachte. Der Spiegel von Cardano ist für eine Entfernung von tausend Schritten vorgesehen? Welch eine Unfähigkeit der Beweisführung bei einem Mann, der ansonsten voller Gelehrsamkeit war. Der Bericht von Cluver (1619),[33] der dreitausend Schritte erwähnt, ist falsch. Weder die topographische Gestalt von Syrakus noch die Kraft eines konkaven sphärischen Spiegels, der zweifellos verwendet wurde, hätten es erlaubt, eine Aktion zu planen, die über dreißig Schritte hinausgeht.

Die Brennspiegel, die man zu jener Zeit in Frankreich, Italien und Deutschland herstellte, waren weit von solchen Leistungen entfernt. Der größte bekannte Spiegel, im Museum von Settala, hatte einen Durchmesser von sechs Handbreiten. Der Pater Chappius bezeugt in einem Brief aus dem Jahre 1645, daß er gesehen habe, wie brennbare Materialien auf fünfzehn Schritte Entfernung entflammt wurden. Die Spiegel von Grunbergarius, einem deutschen Jesuiten und Mathematiker, der in Rom lebte, gingen nicht über drei oder vier Schritte hinaus. Er war ein qualifizierter Gelehrter, dessen Untersuchungen über die spezielle Struktur des Brennspiegels (1613)[34] große Autorität genossen.

Kircher zeigt einen Aufriß dieses Spiegels in der Mitte seiner zusammenfassenden Tafel. Es handelt sich um eine Ellipse mit zwei Brennpunkten, von denen der eine von der Sonne eingenommen wird. Die Grundstruktur ergab sich natürlich aus einer kosmischen Anordnung. Der sphärische Spiegel von Euklid und der Parabolspiegel von Vitellius-Fine befinden sich auf beiden Seiten im Hintergrund. Die Darstellung von Syrakus, wo ein Schiff mit Hilfe eines auf den Turm gestellten abgestumpften Kegels (Porta) in Brand gesetzt wird, ist von Bettini angeregt worden.

Als Kircher seine eigenen Untersuchungen wiederaufnimmt, kommt er zu der Überzeugung, daß ein Spiegel von der Größe der Kuppel des Petersdoms in Rom wunderbare Wirkungen auf eintausendzweihundert Schritte Entfernung hervorrufen könnte, das heißt auf eine Entfernung, die ihn vom Jesuitenkolleg trennt – aber die Möglichkeiten des menschlichen Strebens sind begrenzt. Außerdem sucht er nach Lösungen mit Hilfe von flachen Spiegeln, die leichter zu realisieren sind.

Dabei handelt es sich um pyramidenförmige Konstruktionen, die nach seiner Ansicht noch die praktischsten waren. Eine dreiseitige konkave Pyramide, bei der die reflektier-

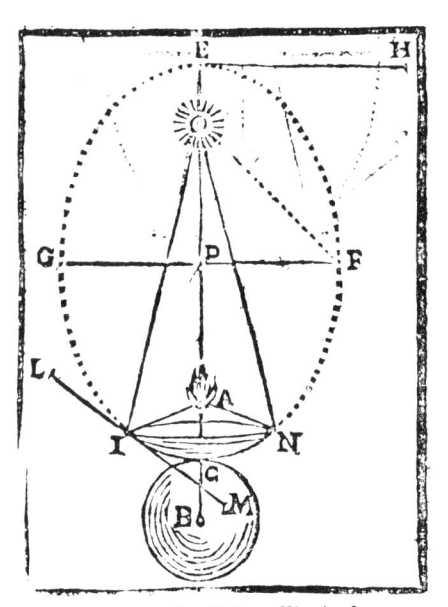

80. Der ursprüngliche elliptische Brennspiegel. Grunbergius, 1613.

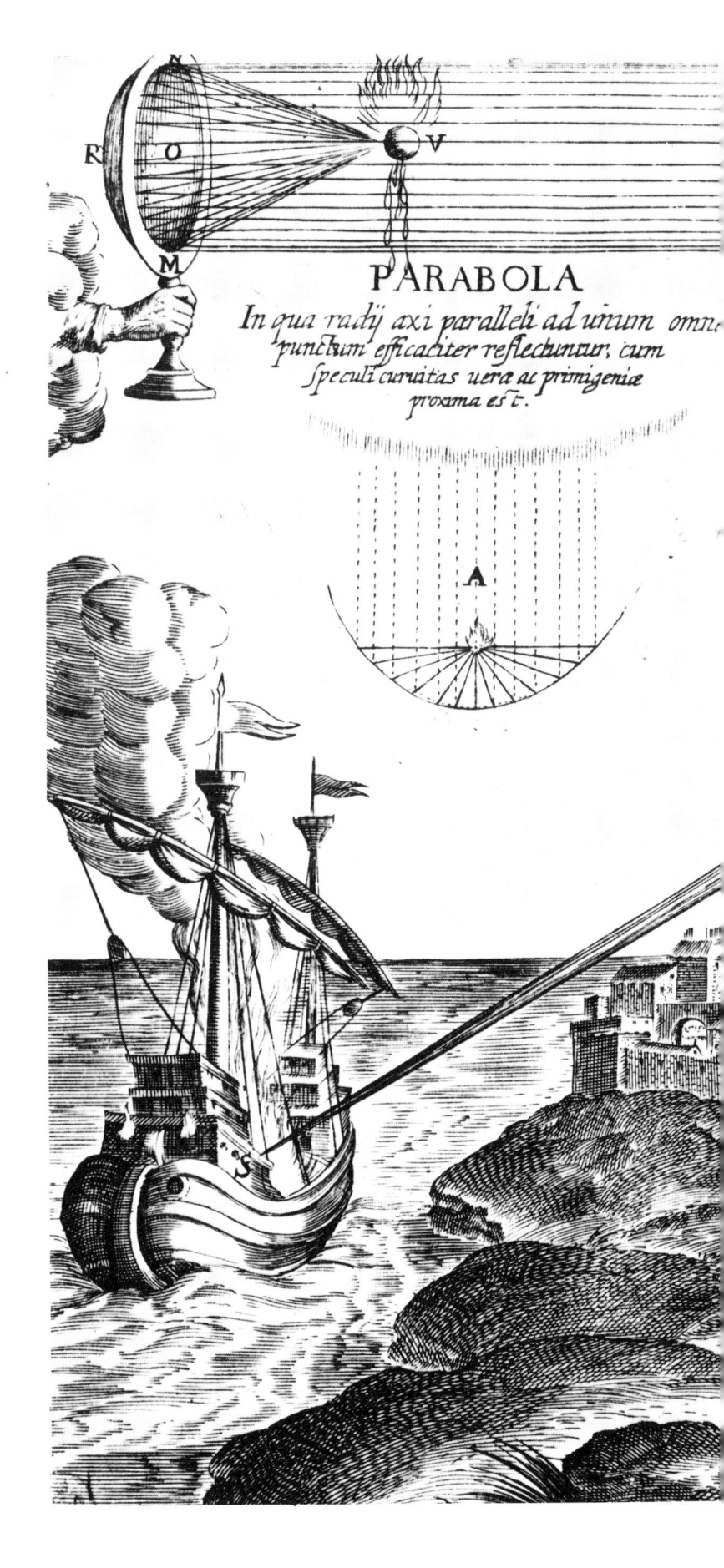

PARABOLA
In qua radij axi paralleli ad unum omne punctum efficaciter reflectuntur, cum speculi curuitas uera ac primigenia proxima est.

81. Elliptische, kreis- und röhrenförmige Parabolspiegel. A. Kircher, 1646.

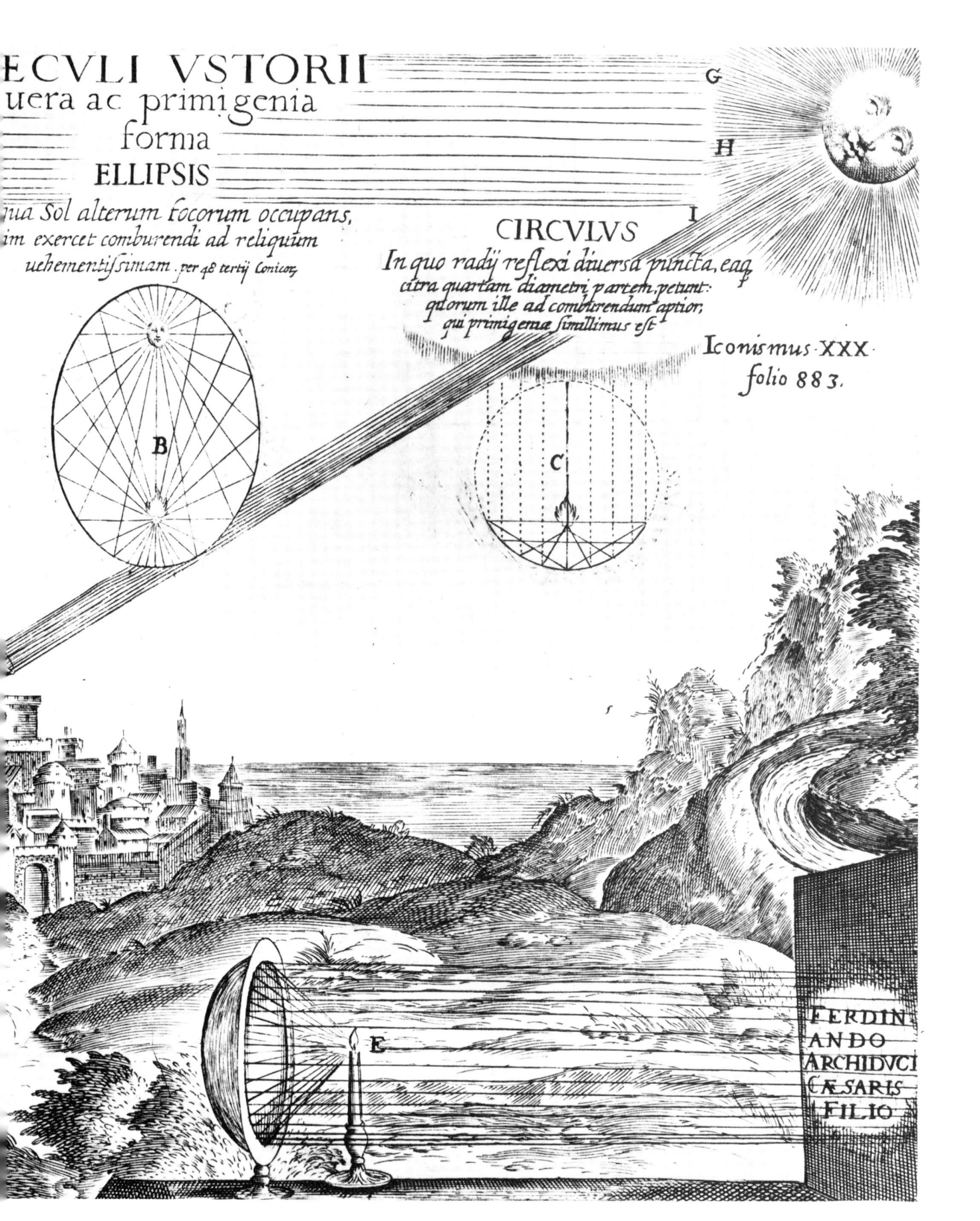

ECULI USTORII uera ac primigenia forma ELLIPSIS

qua Sol alterum focorum occupans, uim exercet comburendi ad reliquum uehementissimam. per 48 tertij Conicor.

CIRCULUS

In quo radij reflexi diuersa puncta, eaq citra quartam diametri partem, petunt: quorum ille ad comburendum aptior, qui primigeniæ simillimus est

Iconismus XXX.
folio 883.

FERDINANDO ARCHIDUCI CÆSARIS FILIO

82. Der pyramidenförmige Spiegel. A. Kircher, 1646.

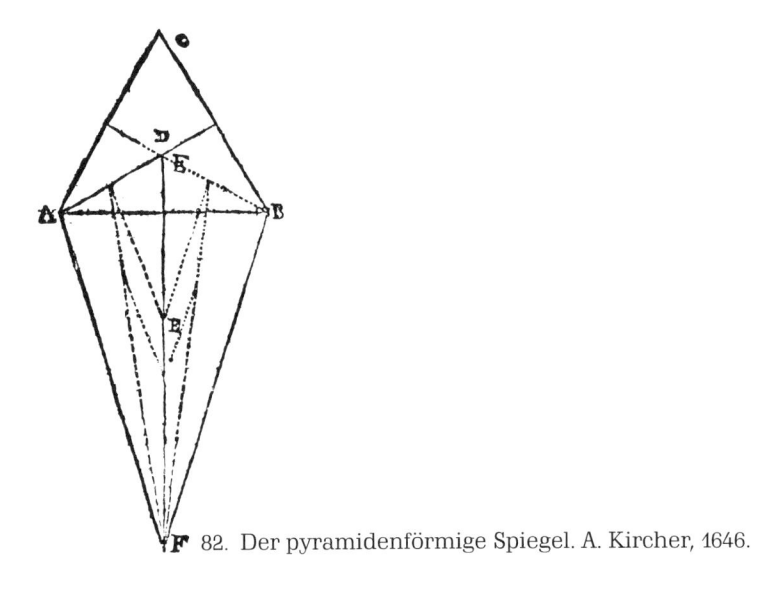

ten Sonnenstrahlen sich auf derselben Achse vereinigen, erzeugt eine dreifache Hitze. Die heiligen Feuer von Delphi und Athen sind mit einem solchen Instrument entfacht worden. Seine Kraft steigert sich mit der Vervielfachung der Elemente. In einer pentagonalen Pyramide wird die Temperatur verfünffacht, in einer heptagonalen Pyramide versiebenfacht. Eine Pyramide mit tausend Flächen steigert in entsprechendem Maße ihr Hitzepotential. Die mathematischen Kenntnisse verleihen dem Menschen grenzenlose Kräfte.

In diesem Zusammenhang wurde in Rom ein Experiment durchgeführt. Kircher zerlegte den geometrischen Körper und installierte an einer gebogenen Mauer in gleichmäßigen Abständen flache Spiegel, die jeweils einem Teil einer polygonalen Pyramide entsprachen: »Ich nahm«, präzisiert der Jesuit, »fünf Spiegel von einem Fuß Höhe… Vier Spiegel erzeugten eine kaum erträgliche Hitze. Ich habe daher geschlossen, daß ich durch eine Vervielfachung der flachen Spiegel nicht nur größere Wirkungen als im Brennpunkt von parabolischen, hyperbolischen und elliptischen Spiegeln erzielen würde, sondern daß ich dadurch auch Wirkungen auf eine größere Entfernung erreichen könnte: mit fünf Spiegeln kam ich auf hundert Fuß (ca. dreißig Meter). Was bewirkte man nicht für ein schreckliches Phänomen, wenn man tausend Spiegel verwenden würde.«

Es handelt sich also nicht um einen festen Brennpunkt, in dem das Bild der Sonne solange zusammengezogen wird, bis es brennt, sondern um einen beliebig wählbaren Punkt. Dabei wird eine Vielzahl von Projektionen einer Vielzahl von Sonnenbildern an ein und derselben Stelle aufeinandergehäuft.

Auf dem Stich, der den Text begleitet, sind die Spiegel rund und treffen auf einen sechsten (rechteckigen und flachen) Spiegel, wo unter der Sonne eine zweite reflektierte Sonnenscheibe erscheint. Auf derselben Abbildung ist ein hydraulischer Automat dargestellt, der durch erhitztes Wasser angetrieben wird. Dabei handelt es sich um den KolossMemnon, der, wenn er vom Morgenlicht berührt wurde, Töne von sich gab und dadurch, wie man sagt, seine Mutter Aurora grüßte. Er hat das Aussehen eines gehörnten Fauns und steht auf einem Apparat mit Glaskugeln und Rohren. Die Stimme, die aus dem steinernen Körper erschallt, kommt durch den Druck der Luft zustande, die dort entweicht, wenn die Strahlen auf die durchsichtigen Kugeln treffen. In unmittelbarer Nachbarschaft dieser Anlage gezeigt, scheint die römische Installation die Glut der Sonne Thebens zu verfünffachen.

Hier handelt es sich um einen Vorgriff auf eine spätere Entwicklung. Der Entwurf eines Dampfkessels für das Kraftwerk von Taschkent aus dem Jahre 1963[35] sieht einen ähnlichen Aufbau vor, der mit den Mitteln unserer Zeit vervollkommnet wurde. Kleine Loren, die auf konzentrischen Schienen zirkulieren, tragen große verstellbare Flachspiegel. Es gibt zehnmal mehr Spiegel als bei Kircher, also ungefähr fünfzig dieser »Empfänger«, die in mehreren Reihen angeordnet sind und die man je nach Sonnenstand auf den Eisenbahnschienen rund um das Reservoir verschiebt, das sich seinerseits auch um seine Achse dreht. Auf diese Weise werden die Strahlen den ganzen Tag auf dem Heizgerät konzentriert und treiben somit den Elektrogenerator an. Trotz all dieser ultra-modernen Innovationen ist die Ähnlichkeit dieser Konstruktion mit dem Phantasiegebilde aus dem 17. Jahrhundert verblüffend.

Nach den haltlosen Spekulationen von Porta-Bettini kennzeichnen die Lehren Kirchers eine Rückwendung zu den Quellen. Die von Zonaras beschriebenen Geräte des Proklus bestanden aus Flachspiegeln. Die Antike wird insbesondere bei technischen Überlegungen wiederentdeckt. In der *Ars Magna* stößt man nicht nur auf die Pyramiden von Plutarch. Sie stützt sich auch auf eine lateinische Fassung des Tzetzes, wo auch keine gekrümmten Oberflächen erwähnt werden. Der Jesuitenpater hütet sich davor, diese Überlieferung mit der Maschine von Syrakus in Verbindung zu bringen, für die er eine andere Lösung vorschlägt. Und man brauchte nicht lange darauf zu warten, bis von einem französischen Gelehrten, Forest-Duchesnes, ab 1647 eine ausführliche Exgese der *Chiliades* des Tzetzes vorgelegt wurde.[36]

Zu Beginn seiner Analyse erinnert der Autor wie die meisten seiner Vorgänger daran, daß es der konkave und vor allem parabolische Spiegel von Vitellius (Vitellius schließt immer Euklid aus), der das Feuer sehr weit wirft, gewesen sein muß, der von Archimedes verwendet worden ist, aber daß eine Reichweite von einhundert Schritten (die geschätzte Entfernung einer Bogenschußweite variiert beständig) eine doppelt so große Breite erfordert hätte. Auch wenn dieser Spiegel zehnmal kleiner als der von Cardano ist, handelt es sich immer noch um riesige Dimensionen. Aber alles weist darauf hin, daß das Metallgerät, welches von Archimedes gebraucht wurde, nicht groß war. Und es war Tzetzes, der den genauen Aufbau dieses Gerätes rekonstruiert hat.

Die hexagonalen und eckigen Spiegel, von denen der byzantinische Schriftsteller spricht, waren offensichtlich flach. Der nachgebaute Apparat ist auf einer Zeichnung abgebildet. Er ähnelt einem geometrischen Blütenkranz, dessen Blätter um einen zweimal so großen Kelch angeordnet sind. Sechs rechteckige Platten sind wie Klappen direkt an den Seiten des zentralen Polygons angebracht. Die Spiegel können unterschiedlich geneigt werden, das heißt sie können je nach dem Einfallswinkel der Sonnenstrahlen und ihrer Reflexe sowie nach dem Stand des Zielobjektes herauf- oder heruntergeklappt werden. Wenn die Sonne sich auf der Seite der Schiffe befindet, müssen die Kanten der Klappen so weit geöffnet werden, daß sie die Form einer Parabel annehmen, welche einen Durchmesser von sechs Fuß hat.

Die Bilanz aus dieser ganzen Wühlarbeit wurde von Kaspar Schott gezogen, einem Schüler und Freund von Athanasius Kircher. Alle mathematischen Operationen und alle Rekonstruktionen von Instrumenten, mit denen »der moderne, himmlisches Feuer

Fig: I Iconismus XXXI. Folio 888.

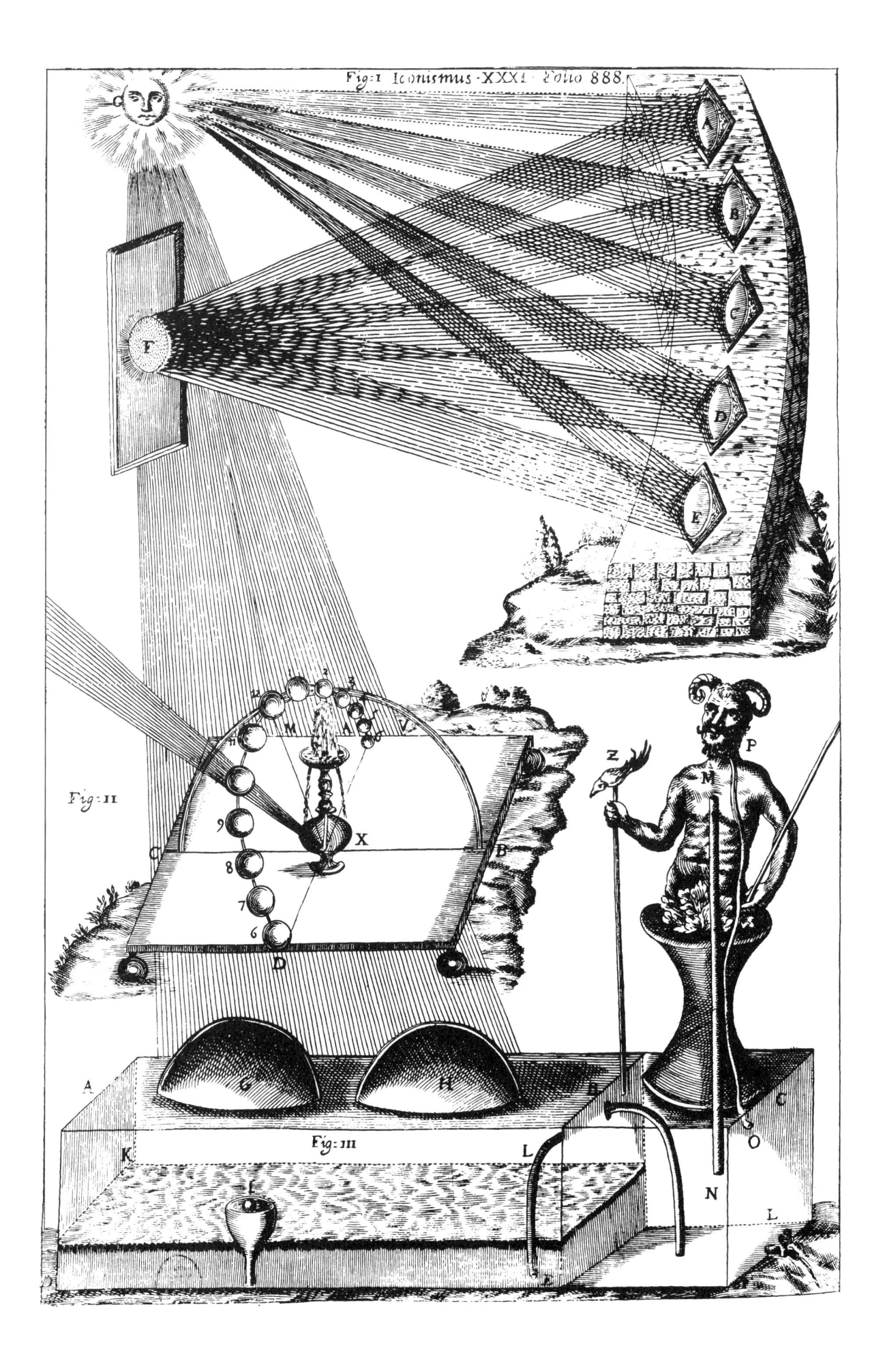

Fig: II

Fig: III

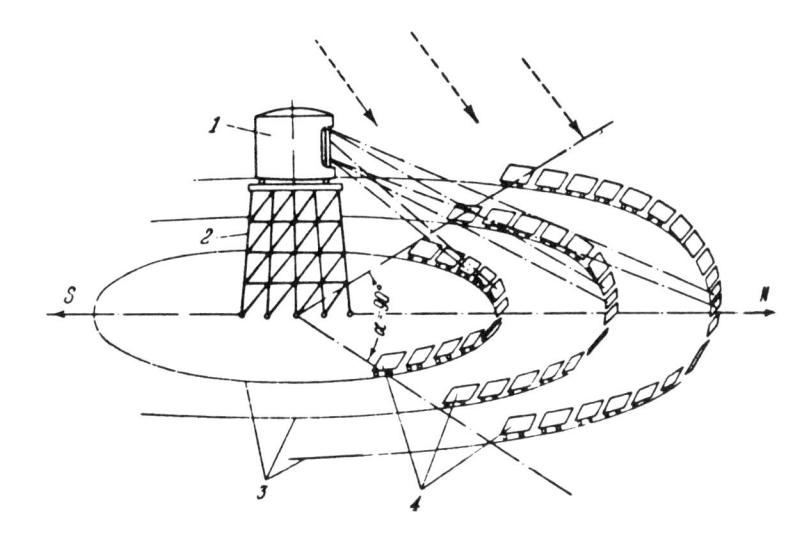

sprühende Jupiter aus der Sonne einen neuen Blitz erzeugen konnte«, werden in der *Katoptro-kaustischen Magie*, dem siebten Buch der *Magia unversalis* (1657)[37] zusammengestellt. Nur das römische Experiment mit den fünf übereinander aufgehängten und nicht horizontal aufgebauten Spiegeln, die ein Haus in Brand setzten, ist bei dieser Darstellung verändert worden, die ansonsten außerordentlich genau ist. Die beiden Etappen – Entstehung einer Welt von Apparaten, in der die Phantasie durch unerschütterliche Berechnungen entfesselt wird, und die nicht weniger spontane Rückkehr zu den genauen antiken Konstruktionen – werden in dieser Bestandsaufnahme der in zwei Jahrhunderten erworbenen Kenntnisse ganz deutlich.

Zwei Strömungen treffen in der Mitte des 17. Jahrhunderts aufeinander. Descartes und in seiner Folge Mersenne beginnen damit, eine Regel zu formulieren, die in Bausch und Bogen alle angepriesenen Systeme eliminiert und die formal allen Untersuchungen auf diesem Gebiet entgegengesetzt wird. Die Texte der Alten haben nach ihrer Überzeugung die Geister nur verdorben. Kircher und Schott dagegen bemühen sich darum, einen Korpus von Brennspiegeln zusammenzustellen, aus dem sie eine Auswahl vornehmen, indem sie bestimmte Konstruktionen verwerfen und ihre Untersuchungen fortsetzen, ohne den Glauben an den Ruhm eines großen Mannes und an die Macht der Wissenschaft zu verlieren.

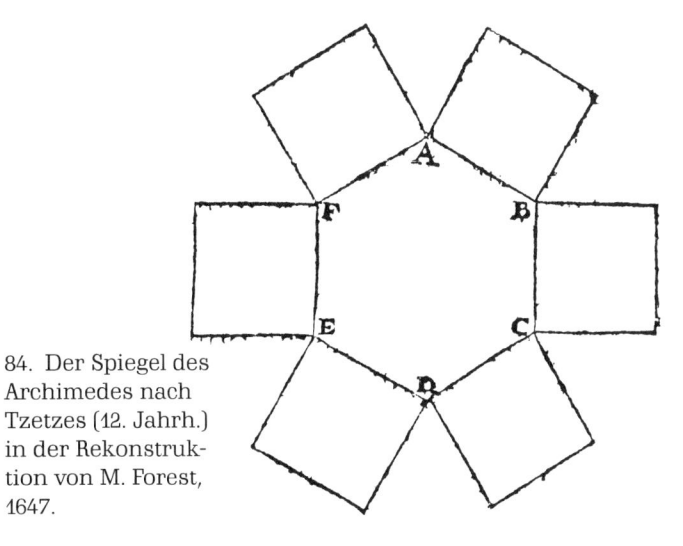

83. Brennspiegel aus mehreren flachen Elementen. Links: mit fünf Spiegeln von Kircher, 1646; oben: Konstruktion mit fünfzig Spiegeln, Taschkent 1963.

84. Der Spiegel des Archimedes nach Tzetzes (12. Jahrh.) in der Rekonstruktion von M. Forest, 1647.

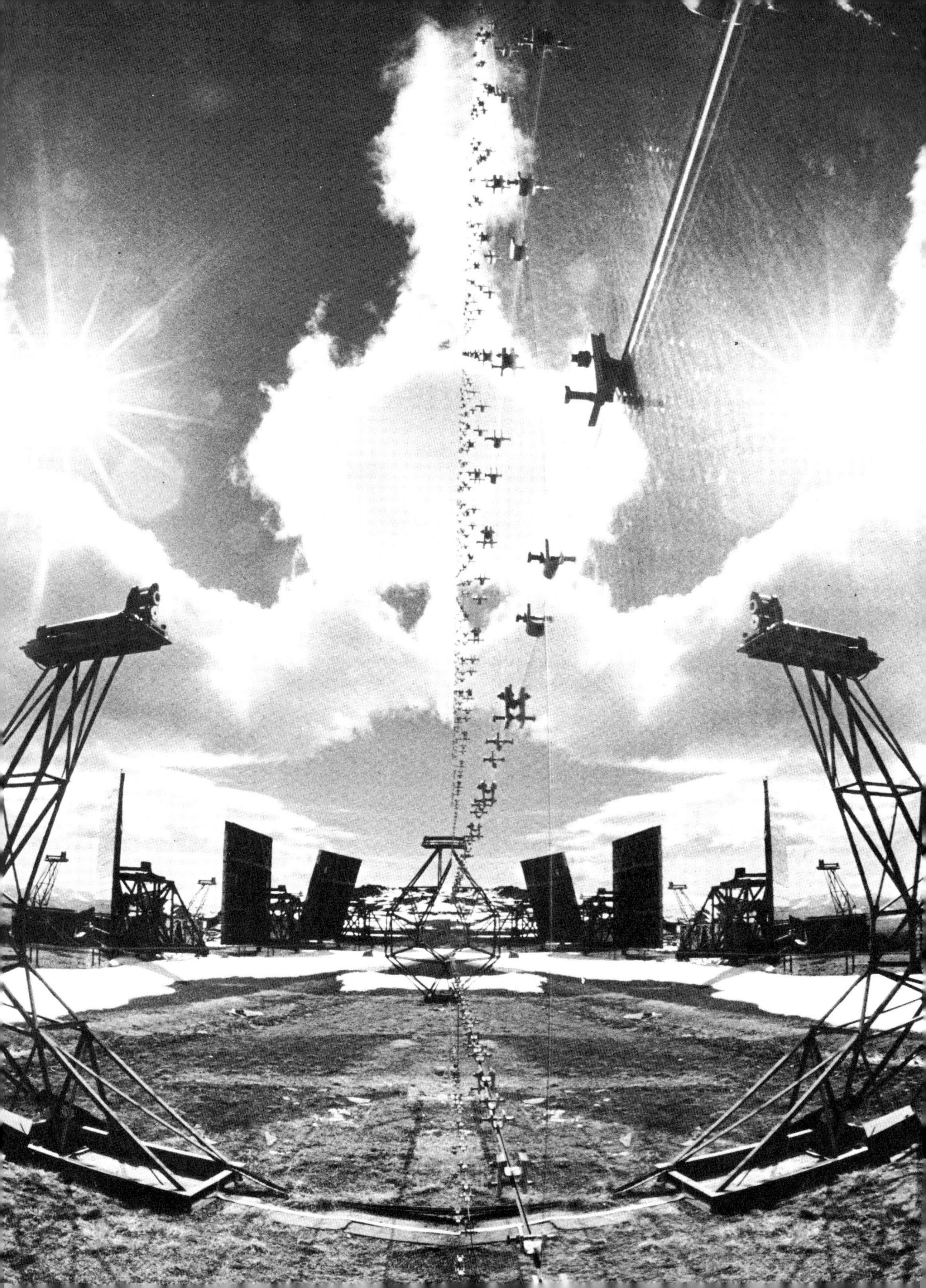

V
Der Spiegel des Archimedes

2. Von Buffon bis zu den Solaranlagen des 20. Jahrhunderts

> Prometheus hat das Feuer nicht durch das Aufeinanderschlagen von zwei Steinen erzeugt, sondern mit Hilfe eines Spiegels... Jeder weiß, welche Hochachtung man dem hochgelehrten Archimedes von Syrakus und seinem Ruhm entgegenbringen muß, welchen er sich durch Feuerspiegel erworben hatte, die die Schiffe der Feinde in Brand setzten, welche gekommen waren, um dieses Land mit Zerstörung und Verderben zu überziehen.
>
> Raphael Mirami, 1582

85. Versuchsstation für Solarenergie. Odeillo-Font-Romeu.

86. Der Spiegel des Archimedes nach Buffon, 1747.

87. Links: der große Spiegel; Rechts: die Kollektoren von Odeillo-Font-Romeu, 1970 ▶

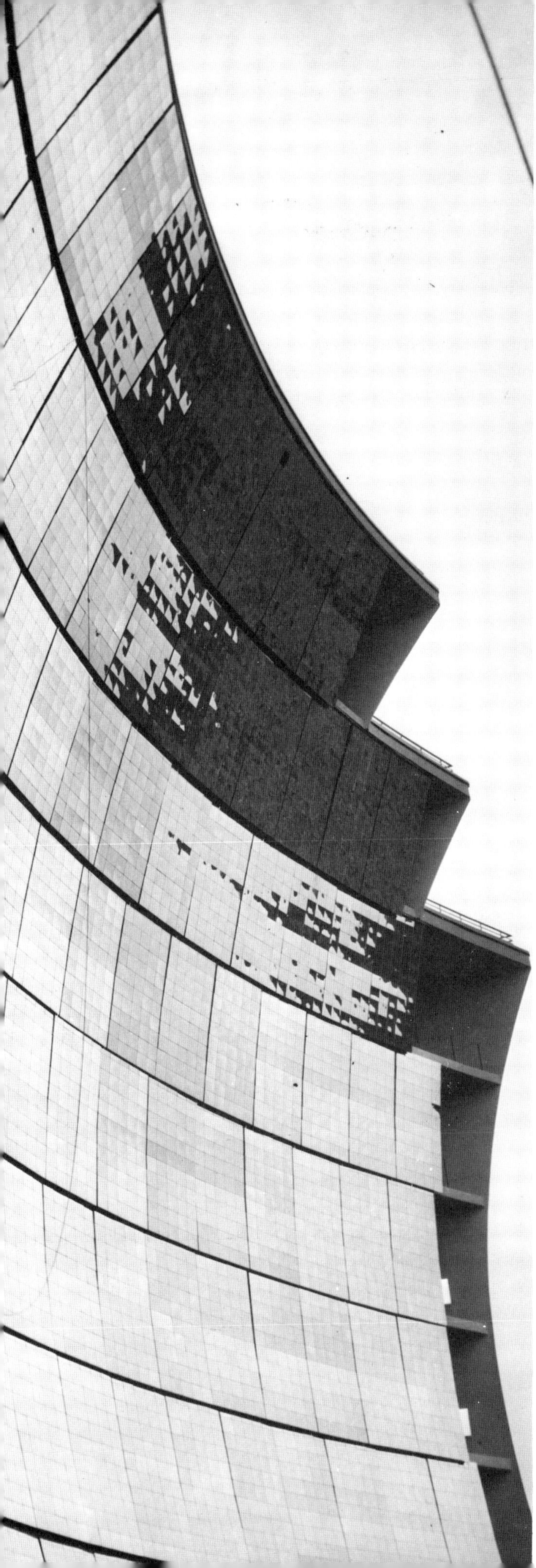

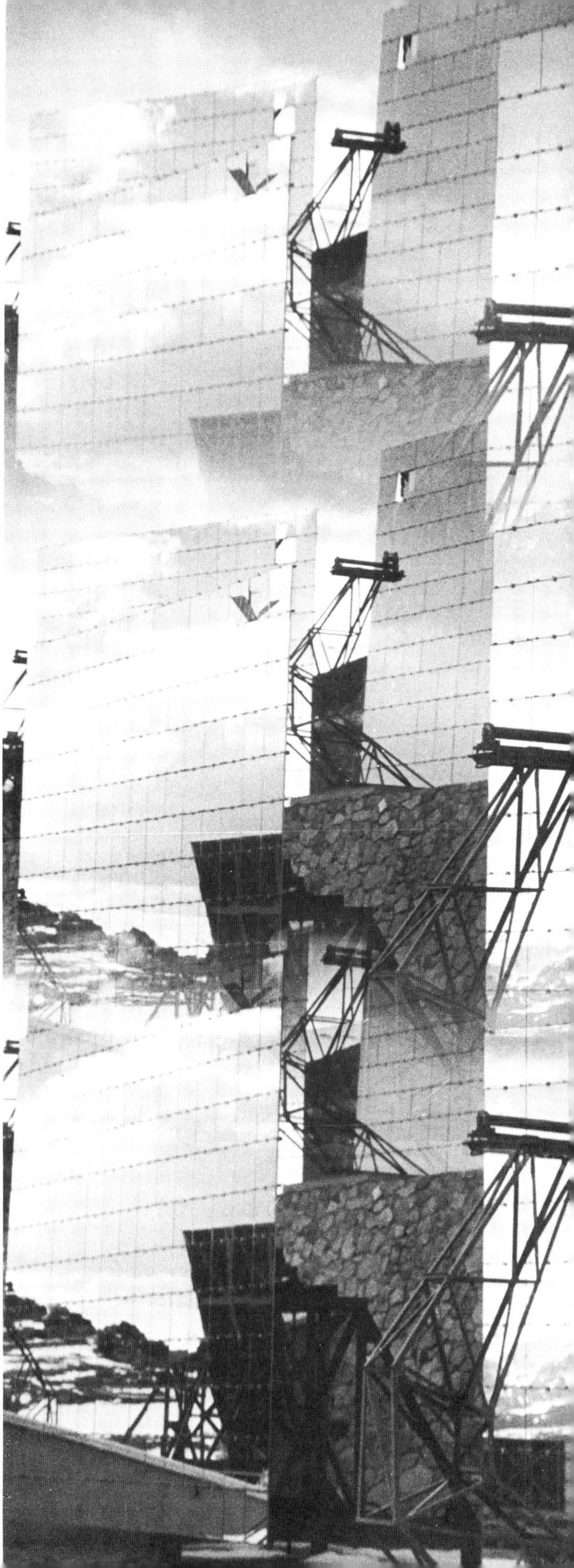

I Die (flachen) Spiegel von Buffon

Ein Rahmen mit 168 Spiegeln. Ein französischer Archimedes. Sein Spiegel aus 360 Teilen. Eine anti-cartesianische Schmähschrift. Spiegel aus tausend Teilen. Militärische und andere Verwendungen. Der »Asbest«-Spiegel von Bexon und die Regeneration der Natur. Spiegel aus flexiblem Glas.

II Die letzten historischen und technischen Entwicklungen

Die Vorläufer und Nachfolger von Buffon. Wiederentdeckung von Anthemius und Tzetzes (Montucla, Abat). Ein neuer Anthemius (Louis Dupuy). Rekonstruktion des Spiegels von Syrakus durch einen Buffon des 6. Jahrhunderts. Von Soldaten gehaltene Spiegel. Entlang einer parabolischen Kurve von mehr als 400 Schritten Länge aufgebaute Spiegel. Technische Vervollkommnung von schwenkbaren Rahmen. Der Spiegel des Archimedes um 1800 (Robertson, Peyrard).

III Die Antike und die Wunderwerke des 20. Jahrhunderts

Die Solaranlagen von Mont-Louis und von Odeillo-Font-Romeu. Der Parabolspiegel von Natick und seine *vergo ustoria*. Antike, mittelalterliche und moderne Vorformen. Die Genese des Mythos. Die auf die Realität aufgepfropfte Legende. Die Mathematik läßt die Legende wiederaufleben. Zahlenrausch und nachgemachte Antike. Projekt für die Zukunft.

I

Buffon führte seine Experimente mit Spiegeln, die Feuer »auf eine sehr große Entfernung« entfachen können, im Rahmen seiner Arbeiten über die Strahlen durch. Der Gedanke an einen konkaven Spiegel drängte sich auf, aber ein weiteres Mal wurde berechnet, daß ein solches Gerät nur schwer aufzubauen wäre: um zum Beispiel auf 240 Fuß Entfernung ein Feuer zu entfachen, müßte ein solcher Spiegel einen Durchmesser von 216 Fuß haben. Man mußte also darauf verzichten und nach einer anderen Lösung suchen. Diese ergab sich paradoxerweise aus einer Annahme von Descartes, die sich auf den Hitzegrad im Verhältnis zur Lichtstärke bezog und der zufolge »man sehr kleine Gläser oder Spiegel herstellen könnte, die eine ebensolche Brennkraft haben wie die großen«.

Buffon, der diese Behauptung zunächst bezweifelte, stellte Versuche an, die positiv ausgingen. Er verzichtete daher auf kreisförmige Spiegel, die eine Größe von 200–300 Fuß hätten haben müssen und deren Aufbau zu kostspielig gewesen wäre, und konstruierte seinen Apparat in einem Rahmen mit rechteckigen Unterabteilungen. In seinem Bericht an die Akademie der Wissenschaften (1747)[1] liefert er eine detaillierte Beschreibung. »Ich beschränkte mich auf ganz gewöhnliche Spiegel von 6 mal 8 Zoll Größe (ungefähr 0,15 m mal 0,20 m) und auf einen Holzrahmen. Monsieur Passement übernahm die Ausführung dieses Details... Der Spiegel bestand zunächst aus 168 verzinnten Gläsern. Jedes dieser Gläser konnte in jede Richtung und unabhängig von den anderen bewegt werden. Mit dieser Konstruktion kann man 168 Bilder (der Sonne) auf ein und denselben Punkt fallen lassen, und folglich auch in verschiedene Entfernungen, wie zum Beispiel 20, 30 und sogar 150 Fuß; und wenn man den Spiegel vergrößert, indem man weitere solche Spiegel anfertigt, kann man das Feuer mit Sicherheit in noch viel größere Entfernungen aussenden...«

Die Experimente wurden auf einem horizontalen Terrain am 23. März, am 4. und 7. April und im Sommer 1747 im Jardin du Roi, heute Jardin des Plantes, durchgeführt. Sie führten zu folgenden Ergebnissen:
– Ein geteerter Buchenzweig wurde auf eine Entfernung von 66 Fuß mit 40 Spiegeln, das heißt mit einem Viertel des ganzen Spiegels, in Brand gesetzt.
– Das geteerte Brett einer Tanne – auf 150 Fuß mit nur 128 Spiegeln.
– Mit 45 Spiegeln wurde eine große Zinnflasche geschmolzen, die ungefähr sechs Pfund wog (Zinn schmilzt bei 228 Grad).
– Mit 117 Spiegeln hat man auf 50 Fuß ein Stück Silber geschmolzen (Silber schmilzt bei 1044 Grad).

Mit dem ganzen Spiegel brannte das Holz auf 200–210 Fuß, während vier solcher Spiegel über 400 Fuß hinausreichten.

Der Aufbau und die Einstellung all dieser Spiegel dauerte ungefähr eine halbe Stunde. Danach konnte man sie jederzeit benutzen: wenn man das Abdecktuch wegnahm, funktionierte der Apparat sofort.

Auch wenn dieses System ganz eigenständig entwickelt wurde, so schließt es doch an die Spekulationen der Historiker zu einem bestimmten Zeitpunkt ihrer Entwicklung an: »Als ich an diesen Spiegeln arbeitete, wußte ich nichts von dem, was die Alten

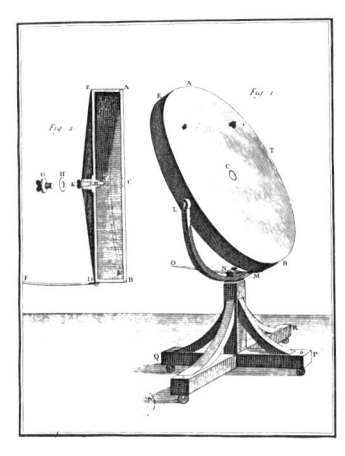

88. Brennspiegel aus Glas, das mit Luftdruck eingestellt werden kann. Buffon, 1774.

darüber gesagt haben«, gesteht Buffon, wobei er darauf beharrt, daß dieser Apparat voll und ganz seine Erfindung sei, auch wenn es vielleicht Vorläufer gegeben haben mag: »Jetzt, wo ich mir Rechenschaft über meine Entdeckung und über den Erfolg meiner Experimente abgelegt habe, muß ich Archimedes den Ruhm überlassen, der ihm zukommt. Es ist gewiß, daß Archimedes mit Stahlspiegeln vollbringen konnte, was ich mit Glasspiegeln gemacht habe... Es ist sicher, daß man ihm nicht den Titel des ersten Erfinders dieser Spiegel streitig machen kann, den die Gelegenheit, bei der er sie einsetzte, zweifellos viel berühmter gemacht hat, als es die Sache selber verdient...«

Der letzte Satz des Naturforschers ist sicherlich nicht ganz frei von Neid. Wenn es eine Belagerung von Lutetia gegeben hätte, wäre sein Ansehen bestimmt nicht geringer gewesen.

Der zweite Teil des Buches von Buffon (Mémoire) enthält die älteren Texte, die sich auf Archimedes und seine Erfindung beziehen und gleichzeitig die Genauigkeit seiner Methode bestätigen. Seine Aufgabe wurde ihm durch M. Mélot von der Académie des Belles-Lettres erleichtert, einem der »Hüter der Bibliothek des Königs«, der auf diese Frage spezialisiert war und ihm eine ausgezeichnete Abhandlung zur Verfügung stellte, in der er die wichtigsten Autoren zusammengestellt hatte: Galenos, Dion Cassius, Zonaras, Tzetzes... Kircher...

Wir erleben hier eine Vertauschung der Elemente und eine Umkehrung der Perspektiven der historischen Vorgehensweise. Cardano, Porta und Cavalieri haben ihre Überlegungen ausgehend von der Fabel angestellt, in der sie nach technischen Lösungen suchten, die sich zum größten Teil als irrig oder praktisch nicht durchführbar erwiesen. Buffon dagegen beginnt mit brauchbaren Versuchsanordnungen, die er erst später mit der Legende in Verbindung bringt.

Nach seinen Experimenten mit Holz oder Metall wendet auch er sich dem Problem zu, ob eine Flotte mit demselben Instrument in Brand gesetzt werden kann. Er zitiert in diesem Zusammenhang ein Apokryph von Kircher. Seine Quellen stammen aus zweiter Hand, und im vorliegenden Fall handelte es sich wohl eher um Anthemius, dem zufolge eine lange Brennweite durch eine Vielzahl von Flachspiegeln erreicht werden kann, die von Personen gehalten werden, welche sie auf dasselbe Ziel richten. 1156 Spiegel dieser Art konnten auf 600 Fuß Entfernung Feuer entfachen, was für einige Gelehrte einer Bogenschußweite entspricht. Nach einer geringeren Schätzung würden

289 Spiegel für 300 Fuß ausreichen. Schließlich wurde der Spiegel des Archimedes mit 360 auf einen Rahmen von ungefähr 4,00 m mal 3,00 m montierten Spiegeln rekonstruiert.

Das Unternehmen konnte nicht ohne Kritik durchgeführt werden. Bei der Präsentation des *Mémoire* in der Akademie der Wissenschaften wurden von mehreren Mitgliedern Einwände formuliert, so zum Beispiel von Bouguer, dem Erfinder des Heliometers. Sie stützten sich vor allem auf das Urteil von Descartes. Buffon antwortete im selben Jahr 1747 mit einem zweiten *Mémoire*, in dem er sich direkt auf den Philosophen bezieht und anstelle eines Vorwortes schreibt: »Die *Dioptrik* war zu ihrer Zeit ein Meisterwerk, aber die schönsten Spekulationen werden oft durch die Erfahrung widerlegt, und die klügsten Mathematiker sind ständig gezwungen, sich neuen Tatsachen zu beugen.«

Descartes lehnt zwar alle Überlegungen von »Halb-Wissenden« zum Spiegel von Syrakus mit angeblich phantastischen Ausmaßen voller Verachtung ab. Aber er vergißt, daß man sehr kleine Spiegel herstellen kann, die eine ebenso große Brennkraft haben wie die großen.

Descartes behauptet andererseits, daß die bis ins Unendliche »brennende Linie« *(linea ustoria)*, die von einigen erdacht wurde (Porta, Cavalieri, Bettini), nur eine Träumerei sei. Aber eine solche »Träumerei« kann vollkommen mit solchen Spiegeln verwirklicht werden, wie sie im Jardin du Roi verwendet wurden.

Auf der Basis der gewonnenen Erkenntnisse gelangt Buffon zu neuen Berechnungen. Wenn ein Spiegel aus 130 Teilen einen brennbaren Körper auf 150–170 Fuß in Brand setzen kann, würde einer mit 154 Teilen 170–200 Fuß erreichen.

Mit 2000 Spiegeln von sechs Zoll Größe kann die *linea ustoria* bis auf 300–400 Fuß verlängert werden. 4000 Spiegel würden das Feuer in eine nicht festgelegte Entfernung projizieren. Somit ist in der Theorie das Undefinierte der Praxis das Unendliche. Die Stärke kann vervierfacht werden, wenn man die Spiegel von 6 auf 5 Zoll verkleinert und ihre Zahl auf derselben Trägerfläche vervierfacht.

In seiner globalen wissenschaftlichen und historischen Ablehnung spricht Descartes nicht einmal von flachen Spiegeln. Er scheint weder zu wissen, wie oft das Sonnenlicht multipliziert werden muß, um eine Flamme zu entzünden, noch die Texte der Alten zu kennen. Bereits Ch.-Fr. du Fay hatte sich gegen den berühmten Philosophen gewandt: »Anstatt den Spiegel des Archimedes als etwas Unmögliches und Fabulöses zu behandeln, hätte Descartes ihn als völlig mit seiner Theorie übereinstimmend ansehen sollen.«

Die zweite Fassung des *Mémoire* ist nicht in der Sammlung der Akademie erschienen. Zweifellos ist es dort zurückgewiesen worden… und zwar »wegen der Machenschaften der Gegner«, erklärte Buffon, als er es in seine *Allgemeine Naturgeschichte* (1774)[2] einfügte, wo es durch die neuen Entwicklungen des modernen Gebrauchs des antiken Apparates und des Brennspiegels für mittlere und kleine Entfernungen ergänzt wird.

Die Konstruktion aus kleinen Spiegeln könnte noch immer für die Zwecke der militärischen Verteidigung nützlich sein, indem sie die Segel der Schiffe, Getreide, Lebensmittel und die Munition der Feinde in Brand setzt. Sie könnte auch zur Eindampfung von Salzwasser, zum Sammeln der flüchtigen Teile von Gold und Silber in ihrer vollen Reinheit sowie zum Brennen von Gips und Kalksteinen verwendet werden. In einem 1773 erschienenen Werk[3] empfahl der Abbé Bexon sie zur Fruchtbarmachung des Bodens, da verbrannter Stein ein ausgezeichnetes Düngemittel sei. Die Abhandlung ist

89. Brennspiegel, die durch den Druck einer Schraube eingestellt werden können. Buffon, 1774.

in einem emphatischen Stil abgefaßt: »Das Licht-Fluidum, dieser gewaltige Ozean, in dem unser Globus und alle Planeten schwimmen, erzeugt durch seine sanfte Einwirkung und durch sein gleichmäßiges Fluten auf der Erde das Leben und die Bewegung der ganzen Natur... Aber wenn dieses Feuer durch den Eifer des Menschen vereinigt und konzentriert wird, wird es zum fürchterlichsten, mächtigsten, umfassendsten und am besten verfügbaren Hilfsmittel, das der Mensch jemals einsetzen kann...«

Man muß allerdings zugestehen, daß alle Versuche zur Unterwerfung dieser Elementarkraft bis zu diesem Zeitpunkt nur zu bescheidenen Ergebnissen geführt haben. »Und es ist der Spiegel von Monsieur de Buffon, den man mit der Epoche verknüpfen muß, die das Feuer der Sonne der Macht des Menschen unterstellt hat... Daher schreibe ich diesen Namen (de Buffon) voller Freude und Respekt. Eher noch mit dem Namen des Archimedes als mit dem des Plinius vereint, steht er jetzt inmitten der Pracht der Natur und ist in alle Seelen eingeschrieben, die ein Gefühl für das menschliche Genie haben.«

Das Solarfeuer von Buffon kann in großem Maßstab und sozusagen kostenlos Steine in Erde verwandeln, indem es sie kalziniert. Ein Spiegel »aus Asbest« (zum Kalzinieren), der aus 25 oder 30 kleinen Spiegel von acht Zoll besteht, genügt, um riesige Operationen durchzuführen. Zwei Arten von Installationen können eingesetzt werden: eine Maschine, die auf einem ebenen Terrain rollt und dabei solange Mineralien verbrennt, wie sie in Richtung Sonne geschoben wird, und eine feststehende Maschine, die auf eine drehbare Plattform montiert wird, welche ihr die Materialien direkt vor ihren Brennpunkt bringt. Damit ergibt sich also die Möglichkeit zu grundlegenden Veränderungen der Erde: »All die Massen von Muscheln, die in bestimmten Gegenden die Äcker und Weinfelder bedecken, alle Mamorsteine und alle Stalaktit-Spate sowie alle Kalksteinstücke, die die Erde bedecken, in einem Wort, alle Steine in Landschaften mit kalzinierbarem Gestein sind dazu geeignet, vor den Spiegel gebracht zu werden und sich dadurch in einen weichen und fruchtbaren Boden zu verwandeln.«

Die Entwicklung dieser Bodenbehandlung mit dem durch das menschliche Genie kondensierten und konzentrierten Licht überschreitet den Rahmen der Landwirtschaft und läuft Gefahr, die Elemente der Natur durcheinanderzubringen. Mit einer höheren Gewalt verbunden, enthält der Brennspiegel immer eine erschreckende Seite. Bexon hat ein Gespür dafür und schließt seine Abhandlung daher mit einer Warnung: »Der Brennspiegel scheint mir große Veränderungen anzukündigen, die sich aus ihm auf der Oberfläche der Erde ergeben könnten. Indem wir den Menschen eine neue Macht verleihen, sprechen wir den Wunsch aus, daß sie sie nicht mißbrauchen mögen. Ihr unverständigen Menschen, Prometheus hat euch das Feuer vom Himmel geholt. Er wurde dafür von den Göttern bestraft...«

Buffon erwähnt das Buch von Bexon nur mit einem einzigen Vorbehalt: seine Spiegel »aus Asbest« seien nicht groß genug.

Was seine Brennspiegel für mittlere und kleine Entfernungen betrifft, die die Reihe vervollständigen, so basieren diese auf dem Prinzip einer relativen Flexibilität des Glases, die der Naturforscher beobachtet hatte. Eine Wölbung des Spiegels kann mit Hilfe von raffinierten Konstruktionen, die dazu erdacht wurden, entweder durch den Druck einer Schraube oder durch den Druck der Luft bewirkt werden. Die Schraube, die man mit sehr viel Vorsicht anziehen muß, geht durch ein Loch, das man in die Mitte eines runden Spiegels gebohrt hat, und wird hinten in eine Mutter gedreht, die an einer Metallhalterung befestigt ist. Bei der Konstruktion mit Luftdruck wird der Spiegel in eine Trommel eingespannt, aus der die Luft entweder mit einer Pumpe abgesaugt wird oder in der sie mit Hilfe der Flamme eines Dochtes verbraucht wird, den man ins Innere hineinsteckt und mit einer Lupe, die sich an der Stelle der Schraube befindet, ansteckt. Dabei handelt es sich um ein eigenartiges Gerät, das sich von selber krümmt, »wenn es der Sonne ausgesetzt wird, ohne daß man es berühren muß«.[4]

Mit einer Vertiefung von 4,5 mm kann ein Spiegel von 3 Fuß Durchmesser (ca. 90 cm) leichtere Materialien auf eine Entfernung von 40 Fuß (ca. 12 m) in Brand setzen. Diese Berechnung ist völlig zutreffend. Nach den Flachspiegeln aus mehreren Teilen erprobt der Gelehrte jetzt konkave Spiegel. Buffon gesteht allerdings, daß die letzteren nicht das gleiche Interesse hervorrufen: »Es kam mir immer so vor, daß die Spiegel aus einem einzigen Stück mit einem festen Brennpunkt eher kurios als nützlich waren, daß sie aber geschickt genug gebaut waren, um einen Platz in einer physikalischen Sammlung zu bekommen.«

Einer von ihnen, der 46 Zoll erreichte und der stärkste war, »den es je in Europa gegeben hat«, wurde dem König (Ludwig XV.) vorgelegt, vor dessen Augen er alle Metalle zum Schmelzen brachte, und später im Château de la Muette aufgestellt.

90. Der »polygon-plan-konkave« Spiegel von Mattmüller. Z. Traber, 1675.

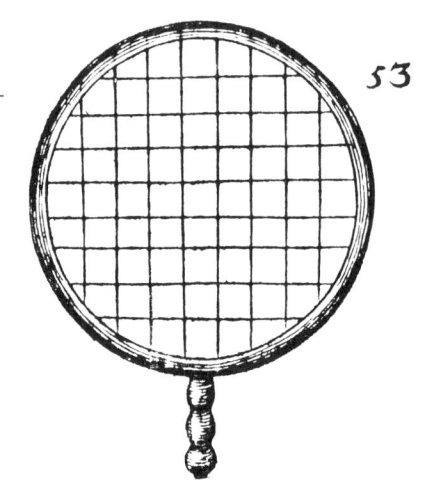

II

Buffon war weder der einzige noch der erste in der Nachfolge Kirchers, der Brennspiegel mit mehrteiligen, flachen Oberflächen konstruierte. Als er überlegte, daß ein konkaver Spiegel nicht groß genug sein könnte, um das Feuer auch nur auf die von Kircher berechneten dreißig Schritte zu projizieren, behauptete der Pater Millet de Chales (1674),[5] indem er sich an Tzetzes erinnerte, daß es sich in Syrakus um zahllose flache Spiegel gehandelt habe, die so aufgestellt waren, daß ihre reflektierten Strahlen an derselben Stelle auftrafen. Hastig zur Verteidigung einer belagerten Stadt aufgestellt, bestand diese Installation aus mehreren Kombinationen von Frauenspiegeln. Die modernen *specula ustoria* wurden nach denselben Regeln gebaut. Traber (1675)[6] berichtet, daß es bei Mattmüller, einem Laternenfabrikanten in Wien, »polygon-planokonkave« Spiegel gab, die aus 80 flachen Spiegeln im Inneren einer sphärischen Aushöhlung bestanden. Der Apparat konnte für optische Spiele, eine kräftige Nachtbeleuchtung mit der Flamme nur einer einzigen Kerze und auch zum Feueranzünden gebraucht werden. Dieses Gerät wurde mit den römischen Experimenten von Kircher, so wie sie von Schott beschrieben worden waren, in Verbindung gebracht: »Der große Brennspiegel aus mehreren miteinander verbundenen Teilen, welcher dem ähnlich ist, von dem einige behaupten, daß Archimedes sich seiner bedient habe«, den Hartsocker im Observatorium von Amsterdam aufstellen ließ, gehörte vielleicht zu derselben Gattung. Fontenelles Beschreibung dieses Spiegels in seiner Lobrede auf den holländischen Gelehrten aus dem Jahre 1726[7] unterstützt eine solche Annahme.

Jedenfalls kommt Buffon das Verdienst der endgültigen und vollständigen Rekonstruktion des Spiegels von Syrakus zu, die die Gelehrten seit zwei Jahrhunderten beschäftigt hatte. Mehr oder weniger alte und genaue Texte wurden bei dieser Gelegenheit wieder ausgegraben. Ein letzter Beweis zu seiner Unterstützung fand sich in einem Dokument, das schon zu vielem herhalten mußte und das Montucla (1758),[8] »der erste Mathematikhistoriker«, als eine Wiederentdeckung bewertet: »Anthemius Trallienus, der Architekt des Kaisers Justinian, berichtet in einem Fragment seines Buches über bewundernswerte Maschinen, daß es einen Brennspiegel gab, der aus mehreren flachen Spiegeln gebildet worden war, die die Sonnenstrahlen auf eine einzige Stelle reflektierten und dort eine solche Hitze erzeugten, daß ein Feuer entfacht wurde. Wenn wir Vitellius glauben können, hatte Anthemius herausgefunden, daß zu diesem Zwecke vierundzwanzig Spiegel ausreichend waren. – Buffon hat vor einigen Jahren einen ähnlichen Spiegel hergestellt, der aus ungefähr 400 Teilen bestand. – Wie man weiß, haben auf diese Weise auch Archimedes und Proklos Wunder vollbracht, von denen ihr Ruf kündet.«

Somit kann es jetzt weder einen Zweifel über den Mann, der das Geheimnis der Alten wiedergefunden hat, das vergeblich von so vielen Mathematikern gesucht wurde, noch über die Genauigkeit seiner Rekonstruktion des legendären Apparates geben.

Zwei Dinge verblüffen uns bei dieser Darstellung:
1. das plötzliche Auftauchen eines verlorengeglaubten Textes, der dennoch in einer allgemein bekannten Abhandlung zugänglich war; und
2. die Auswahl der Zitate, bei der alle Passagen eliminiert werden, die sich auf die im Inneren einer Halbkugel zusammengefügten polygonalen Elemente beziehen.

Die Historiker suchen und finden eben ganz allgemein die Zeugnisse, die sie brauchen und die sie am besten für ihre Zwecke verwenden können. Antike und Moderne... ihre Annäherung hat sich im Laufe dieser zweiten Hälfte des 18. Jahrhunderts fortgesetzt.

Als er seine katoptrischen Maschinen erfand, ohne jemals etwas von Kircher gelesen zu haben, hat Buffon »eines der größten Genies aller Zeiten eingeholt, dessen Meisterwerke seit mehr als zweitausend Jahren in Vergessenheit geraten waren«, schreibt Pater Abat (1768),[9] der versucht, Anthemius-Vitellius durch Tzetzes zu vervollständigen, allerdings durch einen Tzetzes, der der Sachlage angepaßt wurde.

Anthemius-Vitellius beharren zwar auf mehreren Spiegelteilen, allerdings ohne darauf hinzuweisen, daß ihre Winkel variabel waren. In den *Chiliades* wird diese Auslassung korrigiert: »Aus allem, was ich gesagt habe, ergibt sich«, folgert Abat, »daß, wenn es richtig ist, daß es sich um plane Spiegel gehandelt hat, es auch richtig ist, wie Tzetzes versichert, daß die Spiegel, deren Archimedes sich bediente, auch beweglich waren.«

Beweglichkeit und Mehrteiligkeit der flachen Elemente, das ist alles, was es von den beiden grundlegenden technischen Schriften festzuhalten gilt, die eigentlich sehr ausführlich sind. Keine Beschreibung von Sphären, Hexagonen oder Metallklappen... die mittelalterlichen Zeugnisse werden so aufbereitet, daß nichts übrigbleibt, was nicht genau dem Spiegel des Archimedes aus dem 18. Jahrhundert entspricht.

Aber diese Methode war nicht für alle befriedigend. Verstümmelte Zitate, Zitate aus zweiter Hand und allzu freie Übertragungen haben einige Gelehrte abgestoßen, die sich auf der Suche nach der ursprünglichen Fassung des ersten byzantinischen Traktats bemühten, ältere Dokumente aufzuspüren.

Louis Dupuy, Sekretär der Académie des Inscriptions auf Lebensdauer, der diese Aufgabe übernommen hatte, schreibt im Vorwort zu ihrer Veröffentlichung (1777):[10] »Es mutet ein wenig seltsam an, daß sich, seitdem der französische Plinius in unseren Tagen die Möglichkeit der Tatsache (das Verbrennen der römischen Schiffe mit Hilfe von Flachspiegeln) durch ein authentisches Experiment bewiesen hat, niemand gefunden hat, der die Spuren des Lichtes, das in der Nacht bis zu uns durchgedrungen ist, zurückzuverfolgen versucht hat.«

Man sollte meinen, daß Anthemius seine Kenntnisse direkt aus der griechischen Antike bezog und daß er der Erbe dieses Lichtes war. Dem war aber nicht so. Das Fragment über die *Mechanischen Paradoxe* beginnt mit einer Klarstellung. Der Architekt der Hagia Sophia wußte weder etwas von den katoptrischen Systemen, die in Syrakus um 215–212 v. Chr. eingesetzt wurden, noch von ihrer Wiederaufnahme sieben Jahrhunderte später in Konstantinopel, also genau im Jahre 515 (*Annales* von Zonaras); das heißt nur fünfzehn Jahre, bevor er von Justinian berufen wurde.

Die Thesen, die er übernommen hat und die alle auf Euklid beruhen, waren nicht haltbar: »Die Größe des Spiegels, die in einem Verhältnis zu der Entfernung stehen muß, in der etwas in Brand gesetzt werden soll, zwingt uns zu der Einsicht, daß eine Konstruktion, wie sie von den Alten beschrieben worden ist, nahezu unmöglich ist.«

Die Autoren der Spätantike waren ebensolche »Halb-Wissenden« wie die Vorgänger von Descartes. Aber im *Polymachinos* wird deshalb trotzdem nicht auf eine genaue Rekonstruktion der Tatsachen verzichtet, deren Realität nicht in Zweifel gezogen werden konnte: »Auch wenn man Archimedes den ihm gebührenden Ruhm nicht nehmen kann, da man heute darüber einig ist, daß er die feindlichen Schiffe mit Hilfe von Sonnenstrahlen verbrannte, so ist es doch die Vernunft, die uns zu der Ansicht bringt, daß dieser Vorgang möglich ist. Wir werden, nachdem wir diesen Gegenstand untersucht haben, die Methode so beschreiben, *wie sie sich uns in der Theorie gezeigt hat.*«

Cardano, Porta, Cavalieri und Bettini sind nicht anders vorgegangen. Die auf der Grundlage von abstrakten Berechnungen wiederentdeckte Antike des Anthemius ist bereits eine Chimäre. Schon seit 530 beruhen in der Geschichte des Brennspiegels die Fiktionen auf den Abstraktionen.

Die vierundzwanzig Flachspiegel, die hexagonalen Spiegel und die im Kreis aufgebauten mehrteiligen Spiegel, die bei Vitellius aufgeführt werden, finden sich in seiner Abhandlung, die eine ganze Reihe von Elementen vervollständigt und korrigiert, allerdings in weiterentwickelter Form.

Die vierundzwanzig Spiegel können von Männern gehalten werden, die sie in die gewünschte Richtung drehen. Siebenfach multipliziert und in gleiche Intervalle aufgeteilt, bekommen die Gruppen von hexagonalen Spiegeln eine schreckenerregende Kraft. »Mit Hilfe der Konstruktion dieser Flachspiegel kann man auch die Augen der Feinde blenden, da sie sic auf ihrem Vormarsch nicht erkennen können und plötzlich auf diejenigen treffen, die sie über und in ihren Schilden befestigt haben. Mit diesen Schilden wird die Reflexion der Sonnenstrahlen bei passender Gelegenheit auf einen Feind gerichtet, der sich ihrer Wirkung nur schwer entziehen und sie überwinden kann.«

Diejenigen, die behaupteten, daß Anthemius Blitze erzeugen konnte, dachten wahrscheinlich an dieses Mittel: »Und wir haben sagen gehört«, liest man bereits bei Mirami (1582),[11] »daß er (Archimedes) während eines Kampfes mit Schwert und Schild gegen seinen Gegner eine weitere Erfindung gemacht hat, die dieser (dem Brennspiegel) ganz ähnlich ist. Er fertigte den Schild so, daß der Feind, wenn man die Reflexe der Sonne in einem einzigen Punkt seines Auges konzentrierte, weder angreifen noch sich verteidigen konnte und erstarrte wie eine beschworene Schlange. Und das war vielleicht der Anlaß für den göttlichen Ariost, den leuchtenden Schild von Atlante zu besingen.«

Mit den Spiegeln, die von Dutzenden von Soldaten oder von einer marschierenden Armee getragen wurden, waren diese Konstruktionen zweifellos viel bedeutender als die in den Texten des 12. und 13. Jahrhunderts erwähnten. Auch die kreisförmigen Geräte werden in den ersten Fassungen anders dargestellt. Es handelt sich nicht mehr um einen Einbau von Spiegeln in ein sphärisches Gebäude, sondern um eine Aufreihung mit größeren Abständen.

Nach Dupuy wurde für diesen letzteren Aufbau ein parabolisches Spiegelstück verwendet. Wenn es auch unmöglich war, einen Konkavspiegel mit einer Brennweite von 200 Schritten herzustellen (eine Bogenschußweite), so konnte seine Krümmung mit einem Durchmesser, der zweimal so groß war wie die Brennweite, doch an einem Meeresufer abgesteckt werden. Cardano wollte eine Krümmung beschreiben, die der fünffachen Größe, also einem Durchmesser von 2000 Schritten entsprach, von der er aber nur den sechzigsten Bruchteil verwendete, während Anthemius auf der ganzen Länge Spiegel aufbaute: »Man nehme also«, faßt der ständige Sekretär der Académie des Inscriptions zusammen, »eine große Zahl von flachen Spiegeln und baue sie entlang dieser Krümmung wie flache Tangenten auf, und man wird sofort feststellen, daß alle Strahlen, die parallel zur Achse dieser Kurve sind und auf den Mittelpunkt dieser Spiegel fallen, sich in einer Entfernung von einhundert Klaftern vereinigen, wo sie sehr kräftig und sehr rasch eine Flamme auflodern lassen. – Dieses Experiment ist meines Wissens noch nicht durchgeführt worden, was sich aber lohnen würde, da man dabei so viel Gewinn davontragen würde, wie man sich auf diesem Gebiet erwarten kann.«

Folgende Bemerkung ist an Buffon gerichtet: »Ich füge sogar noch hinzu«, schließt der Übersetzer des Anthemius, »daß man mit einer großen Zahl von sehr kleinen Flachspiegeln auch sehr leicht eine Art von sphärischer oder parabolischer oder sonstiger Oberfläche bilden kann und dadurch einen kaustischen Spiegel erhält, der eine viel größere Dimension hat, als der menschliche Fleiß jemals herstellen kann.«

Buffon und Anthemius werden also letztendlich miteinander vermischt. Man behauptete sogar, daß auch die militärische Konstruktion von reflektierenden Schilden im Jardin des Plantes experimentell erprobt worden wäre: »Im selben Jahr (1747) entzündete Monsieur Buffon vor den Augen von ganz Paris einen Brennstoff, der sich auf der einen Seite der Seine befand. Soldaten hielten die Spiegel dem Sonnenlicht entgegen und versuchten sie so gut wie möglich alle auf denselben Punkt zu richten.«

Diese apokryphe Überlieferung stammt von Robertson (1831),[12] einem belgischen Luftschiffer und Physiker, der übrigens auch einen eigenen Brennspiegel konstruierte. Seine wichtigste Neuerung bestand im Austausch der rechteckigen Armatur von Buffon, die viele Nachteile mit sich brachte, gegen einen radförmigen Träger. Die Neigungswinkel der flachen Spiegel, die in konzentrischen Kreisen angeordnet waren, konnten alle mit der Schraube des Archimedes verstellt werden, also mit einer Schraube, die er zweifellos auch bei seinen katoptrischen Maschinen benutzt hat. In einer Gebrauchsanweisung werden die Haupteigenschaften aufgeführt: »Diese sehr einfache Maschine kann ihren Brennpunkt in eine sehr große Entfernung verlegen und ihn so schnell verändern, wie es dauert, das kürzeste Wort auszusprechen; sie kann Bewegungen in jede Richtung ausführen und dem Lauf der Sonne folgen, wobei alle Wirkungen so leicht zu erzeugen sind, daß die Kraft eines Kindes genügen würde, um sie alle hervorzurufen.«

Der Spiegel des Archimedes wird also ein weiteres Mal erfunden. Wo könnte er praktisch eingesetzt werden? Natürlich im Krieg gegen England: »In großer Ausführung und an unseren Küsten aufgestellt, zerschneidet der horizontal auf die Schiffe gerichtete Brennpunkt dieser Maschine deren Takelage und setzt sie von einem Moment zum anderen außer Gefecht; wird die Maschine auf die Magazine eines belagerten Ortes gerichtet, beendet sie in einer Stunde Belagerungen, die sonst mehrere Monate dauern.«

Zweifellos kannte Robertson, der sich ansonsten auf Tzetzes und Kircher bezieht, auch Bellini.

Der Erfinder ließ seinen Apparat von Lüttich nach Paris schaffen, wo er ihn dem Direktorium vorführen wollte, da er auf Subventionen und Aufträge des Staates hoffte. Dieses Unternehmen datiert aus dem Jahre 1795, dem Jahr IV der Republik. Nach einer Untersuchung durch einige Spezialisten, darunter Monge, wurde der Apparat in der Akademie der Wissenschaften gezeigt. Diese Vorführung wird nirgendwo protokolliert. Aber schließlich fand das Gerät im Kabinett von J.A. Charles, dem ständigen Sekretär, seinen Platz.

Wenn Monge der Erfindung des Belgiers kein großes Interesse entgegengebracht hat, so liegt das wohl daran, daß er unwiderruflich an den historischen und technischen Thesen von Anthemius-Dupuy festhielt. Nur die mechanischen Aufbaumöglichkeiten fehlten noch zur Montage ihrer Installationen, die aus riesigen Krümmungen bestanden. Peyrard,[13] Professor für Mathematik und Astronomie am Lycée Bonaparte, machte eine Reihe von Vorschlägen dazu, und Monge selber, der am 3. April 1807 sein *Mémoire* im Institut präsentierte, sprach ihm seine volle Anerkennung aus.

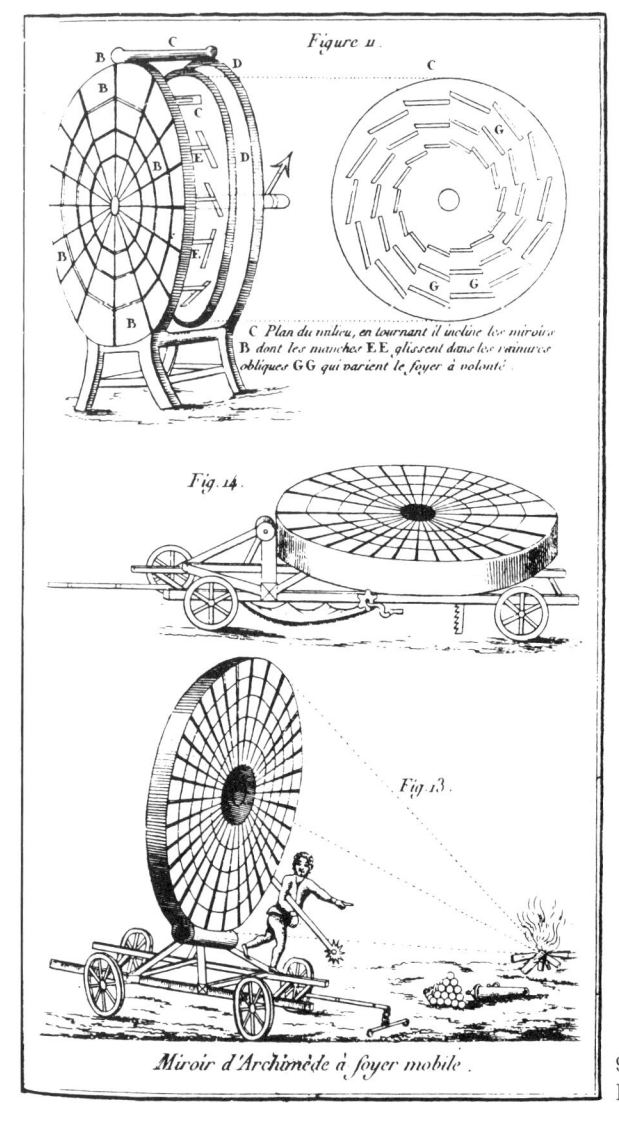

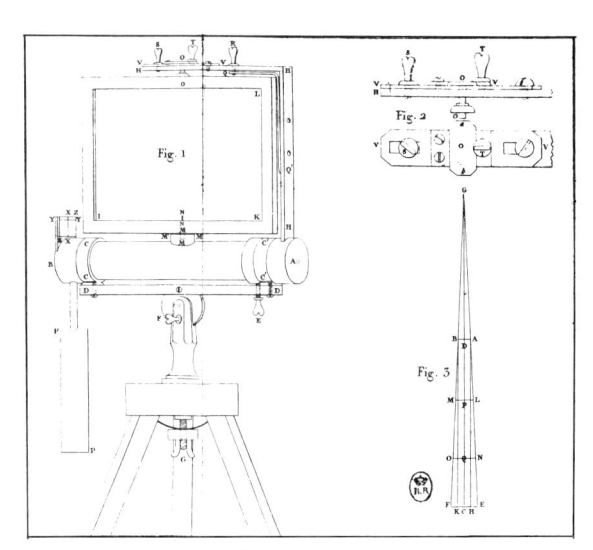

92. Der Spiegel des Archimedes nach Peyrard. Das verstellbare Chassis eines flachen Spiegelelementes, 1807.

91. Der Spiegel des Archimedes nach Robertson, 1831.

Es handelt sich nicht mehr um einen kreisförmigen Aufbau von Spiegeln, die mit einer einzigen Schraube eingestellt werden. Teile des Spiegelrasters von Buffon werden (ganz im Sinne von Anthemius-Dupuy) auf einzelnen Chassis installiert, die auf dreibeinigen Stativen befestigt sind. Ihre Ausrichtung auf die Sonne und auf das Ziel erfolgt mit Hilfe einer am Schatten orientierten Skala und mit Hilfe von Sehrohren, welche am Spiegel befestigt sind und sich mit ihm drehen. Dieser raffinierte Mechanismus hat zwei Vorteile: Schnelligkeit und Genauigkeit.

Zur Einstellung der 168 Spiegel von Buffon brauchte man eine halbe Stunde. Und am Ende einer solchen Operation hatte sich die Sonne bereits weiterbewegt. Für eine unmittelbare Einstellung hätte man gut hundert Leute haben müssen, während beim System von Peyrard für zwanzig Spiegel eine einzige Person genügt.

Eine größere Energie kann auch durch eine bessere Ausrichtung auf die Sonne erreicht werden, so daß die Strahlen direkt und nicht mehr schräg auf den Spiegelmittelpunkt fallen. Wenn also 40 Spiegel von Buffon das Feuer auf 66 Fuß entfachen, das heißt auf ungefähr 22 Meter, so erreichen die 40 neuen Spiegel 66 Meter. Für 120 m benötigt Buffon vier Spiegel mit je 168 kleinen Spiegeln. Peyrard berechnet, daß er mit 590 Spiegeln 1250 m erreichen würde. Und für 2000 m benötigte er 2262 Spiegel. Aber durch eine Vergrößerung der Oberfläche kann die Menge ausgeglichen werden. So würden ihm 590 Spiegel von 0,50 m Höhe genügen, um Schiffe in der Entfernung von einer Viertelmeile (1000 m) in Asche zu verwandeln. Auf eine halbe Meile (2000 m) würden sie die Schiffe in Brand setzen, wenn sie einen Meter, und auf eine Meile (4000 m), wenn sie zwei Meter hoch wären.

Nebeneinander und übereinander in parabolischer Form aufgebaut, können diese Spiegel auf verschiedene Entfernungen und Richtungen eingestellt werden. Für den unbeweglich aufgebauten Spiegel von Syrakus mit festem Brennpunkt, so wie er von Anthemius-Dupuy rekonstruiert worden ist, schlägt Peyrard je nachdem, ob das Ziel fern oder nah ist, zwei unterschiedliche Bauweisen vor. Dabei handelt es sich um komplexe Apparate, die ganz genau ausgerichtet werden (Einstellung auf den Äquator mit Spiegeln, die sich um die Erdachse drehen) und bei denen der Sonnenstand ganz leicht mit einem auf das Ziffernblatt einer Uhr montierten Hebel verfolgt werden kann.

Peyrard läßt alle früheren Autoren (Lukian, Galenos, Eustathios, Zonares und Tzetzes) Revue passieren und folgert nach einer genauen Erörterung der jüngeren Theorien (Kircher, Buffon, Dupuy), daß das berühmteste Instrument von allen seine Wirksamkeit nur durch die Ergänzung von mechanischen Teilen, wie er sie entwickelt hatte, erreichen konnte. »Nur auf diese Weise konnte der große Archimedes die Flotte des Marcellus in Brand setzen.«

III

Die 1952 in Mont-Louis (Pyrénées-Orientales) erbaute Solaranlage besteht aus 3500 Spiegeln. Sie ist fest installiert und hat eine unveränderliche Brennweite von 6 m. Ein Heliostat von 13 m mal 12,50 m, der durch photo-elektrische Zellen und Öldruck gesteuert wird, sichert ihr gleichmäßiges Funktionieren. Die erreichte Temperatur geht bis zu 3500°, das heißt bis zur Hälfte der Temperatur der Sonnenoberfläche.[14]

Die ultramoderne Konstruktion greift auf das System von Buffon zurück und vervollkommnet es. Da seine gut einhundert Spiegel nur eine schwache Temperatur erzeugten, unter 1000°, war es notwendig, die Elemente zu vervielfachen und zu verändern. Die Berechnungen gingen davon aus, daß man mehr als 20000 Spiegel benötigt, um höhere Temperaturen zu erzeugen, wenn es nicht gelingen würde, ihre Kraft durch eine leichte Höhlung zu steigern: ein gewölbter Spiegel entspricht sechs oder sieben völlig flachen Spiegeln. Die Einbuchtung wird durch den Druck einer Schraube bewirkt. Die 3500 Spiegel des Kollektors aus versilbertem Glas, die sehr dünn sind (15 mm) und, einem Spinnennetz ähnlich, wie ein in einen Rahmen gespannter Film aussehen, bedecken 90 m². Der ganze Aufbau ist parabolisch, konkav und nicht rechtwinklig.

Die Solaranlage von Odeillo-Font-Romeu, die 1970 in Dienst gestellt wurde, ist noch wesentlich größer:

Oberfläche des Kollektors – 2160 m² (40 m mal 54 m); durch mechanischen Druck gewölbte Spiegel – 12000 (das entspricht 60000 Flachspiegeln); Brennweite – 18 m; Temperatur – 3500°.

Der Parabolspiegel, der auf der horizontalen Nord-Süd-Achse errichtet wurde, steht einem im Westen aufgebauten Heliostaten gegenüber, der aus 63 Flachspiegeln von 7,50 m mal 6 m besteht, welche einzeln eingestellt werden können und einzeln auf übereinanderliegenden Terrassen aufgestellt sind, die man in den Abhang geschnitten hat. Die acht Stunden lang auf den Kollektor gelenkte Sonnenenergie soll 1000 kW Wärme erreichen.

Die einzelnen Spiegelelemente sind quadratisch (0,45 m mal 0,45 m) und haben eine Stärke von 4,2 mm. Ihre Krümmung wird nicht durch den Druck einer Schraube erzeugt, sondern durch den Zug eines über Räder laufenden Kabels und durch ein Gewicht von 75 kg. Buffon hatte bereits ähnliche Mittel verwendet, die auf der Biegsamkeit des Glases beruhten. In dieser Anlage wurden schließlich 9500 dieser Spiegel montiert, die bis zu 3800° erzeugen.

Bei dem Parabolspiegel von Natick (U.S.A., 1958) wurden in einem quadratischen Kollektor von 8,50 m mal 8,50 m 180 sphärisch-konkave Spiegel aus mit Aluminium überzogenem Glas zusammengestellt. Mit einer besonderen Konstruktion kombiniert, die aus Membranen besteht und durch zirkulierendes Wasser gekühlt wird, projiziert er ein Strahlenbündel von 0,10 m Stärke auf eine Entfernung von 11 m in das Innere eines Versuchsraumes, in dem thermische Effekte erzielt werden, die einer atomaren Explosion vergleichbar sind.[15]

Eine *vergo ustoria*, flache und gewölbte Spiegel, die auf verschiedene Weisen kombiniert werden, das *speculum-planoconcavum* und verschiedene andere Geräte, die in der

93. »Sonnenkocher« von Mont-Louis. Teil des Parabolspiegels. ▶

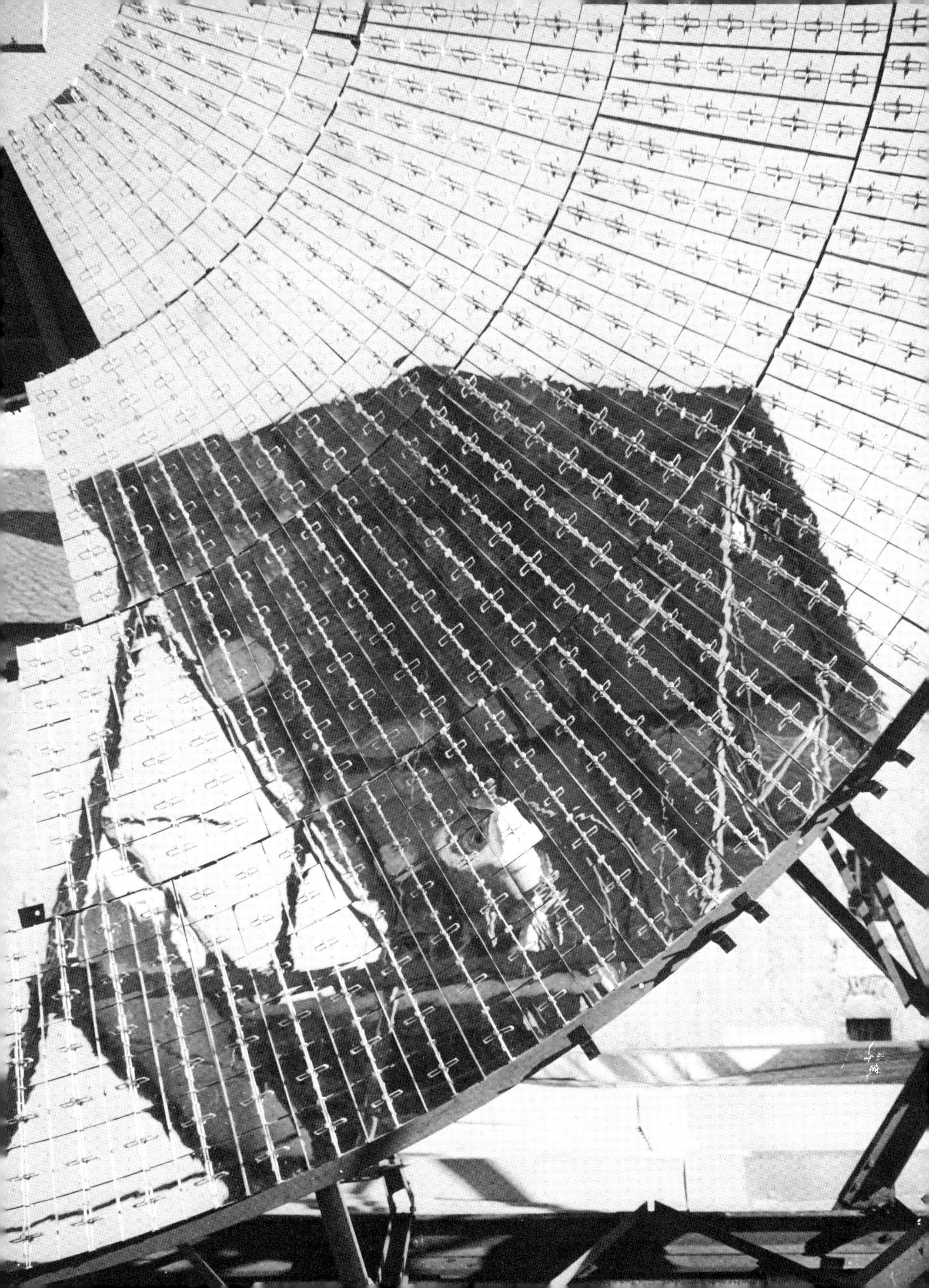

94. »Sonnenkocher« von Odeillo-Font-Romeu. Gesamtansicht, 1970.

Folge der antiken Legende aufgetaucht sind und diese am Leben gehalten haben, finden sich bei den technischen Wunderwerken unserer Zeit wieder. Die Konstruktion des Kraftwerks von Taschkent war nicht die einzige, die von einem alten System, insbesondere von dem Kirchers, vorweggenommen wurde. Die Parabolspiegel der gegenwärtig geplanten oder schon betriebenen Solaranlagen beruhen voll und ganz auf den Formeln, die, indem sie die Lösungen von Buffon vervollkommnen, bis zu den Sphäroiden von Vitellius-Anthemius zurückgehen. Wenn man heute nach einem Text suchen würde, der die letzten Konstruktionen und ihre fabulösen Vorläufer in sich vereinigte, würde man immer noch auf das *Buch der Wundermaschinen* stoßen, das in der Fassung aus dem 13. Jahrhundert die beste und genaueste Definition dieser Phänomene liefert.

Auch die einfachen Konkavspiegel sind immer noch in Gebrauch: ein Apparat aus Stellit-Bronze mit einem Durchmesser von 1,50 m und einer Brennweite von 0,65 m erreichte 1955 in New York 3500°. Ein Spiegel mit einem Durchmesser von 2 m aus versilbertem Glas erreichte 3200° auf 0,85 m und ein Spiegel aus Aluminiumblech nur 1000° auf 0,50 m. Ein Spiegel von 3 m in Fort Worth (U.S.A., 1952) aus poliertem Aluminium erreicht 2800° auf 0,85 m.[16] Ein nicht vollständiges Gerät ist nicht weniger wirksam als die komplizierten Maschinen mit zahllosen Teilen. Es kann auf zweierlei Weise gebaut werden, direkt oder mit manuell oder automatisch gesteuerten Heliostaten. Es dient vor allem zur Erforschung von Materialien unter hoher Temperatureinwirkung. Als wissenschaftliches Nebenprodukt wurden Sonnenkochtöpfe aus mit Aluminium überzogener Pappe, mit denen man Wasser zum Kochen bringen kann, hergestellt.[17]

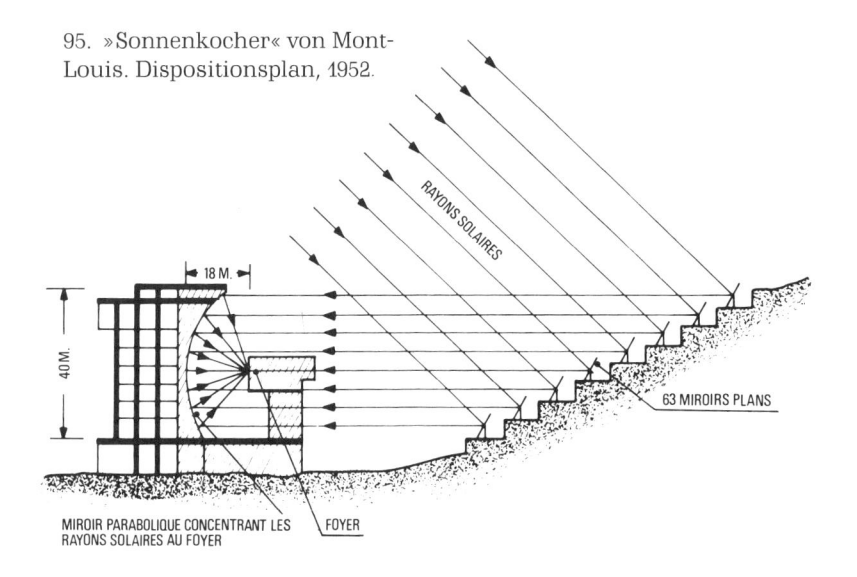

95. »Sonnenkocher« von Mont-Louis. Dispositionsplan, 1952.

96. u. 97. Solaranlage von Odeillo-Font-Romeu.
Oben: Die verstellbaren Flachspiegel.
Unten: Der große Parabolische Kollektor.

98. »Sonnenkocher« von Odeillo-Font-Romeu. Der Brennpunkt.

99. »Powersat«. Ein Element der von der »Boeing Aerospace Company« geplanten solaren Raumstation für das Jahr 2000. ▶

Das ist eine klassische Idee, die seit Euklid zu allen Zeiten realisiert wurde. Das parabolische Element der meisten dieser Werkzeuge geht auf Vitellius und Oronce Fine zurück. Die *Specula ustoria* des 17. bis 18. Jahrhunderts unterscheiden sich davon nur durch die Ausmaße (0,30 m mal 0,90 m, während Buffon zufolge der größte Spiegel Europas nur 1,20 m hatte) und durch die verwendeten Materialien (Stahl, Silber, Zinn, vergoldetes Holz oder mit Gold beschichteter Gips und mit Messing überzogene Untergründe, sowie natürlich auch Glas). Sie dienten zu verschiedenen Zwecken, darunter auch zum Schmelzen von Metall, was vor Buffon (1774) von G.-B. della Porta (1561) und von Roger Bacon (ca. 1268) erwähnt wird, wobei die Legende von in Asche verwandelten Schiffen diese sich im Wettstreit der Genialität befindenden Maschinen ständig begleitete. Das im Laboratorium einer *Wunderkammer* entzündete mathematische Feuer war Anlaß zu allen möglichen Spekulationen.

Ein Rest von Genauigkeit bleibt in den absurdesten, Hitze erzeugenden Maschinen des katoptrischen Mythos erhalten. Die heutigen Solaranlagen mit ihrer erstaunlichen Kraft schließen an die ursprüngliche Maßlosigkeit an und lassen gleichzeitig den Mechanismus der Entstehung einer wissenschaftlichen Legende erkennen.

Ursprünglich gab es eine Fabel, die in die Realität projiziert wurde. Ein von einem Genie zur Vernichtung der Feinde entworfener Spiegel und ein Spiegel, der zur Verblüffung der Zeitzeugen Wolle entzündete, waren die beiden imaginären und exakten Bestandteile, deren Verbindung in einer beständigen Weiterverarbeitung derselben Voraussetzungen den Prozeß einer unglaublichen technologischen Entwicklung ermöglicht hat.

Da die sphärischen Spiegel in einer Dimension von 2000, 400 oder selbst 200 Schritten materiell unmöglich waren, sieht man, wie immer ausgeklügeltere und kompliziertere Apparate aufeinanderfolgen, die zu einer historisch bezeugten kriegerischen Epoche gehören.

Diese überraschenden Instrumente geben Zeugnis von einer hochentwickelten Mathematik, die der Allgemeinheit unzugänglich war. Die geometrischen Schemen, die Zahlen und die Berechnungen zeigen, errechnen das Unmögliche. Die Konstruktionen sind bemerkenswert genau. Die *Specula Archimedis* werden nach und nach zum sechzigsten Bruchteil einer Kugel, das Feuer auf 1000 Schritten Entfernung entzündet und zu einem abgestumpften Kegel, der Flammenlinien oder -Bündel über Meere und Länder hinaussendet. Die in all diesen Instrumenten enthaltene magische Parabel verleiht ihnen eine unermeßliche Kraft.

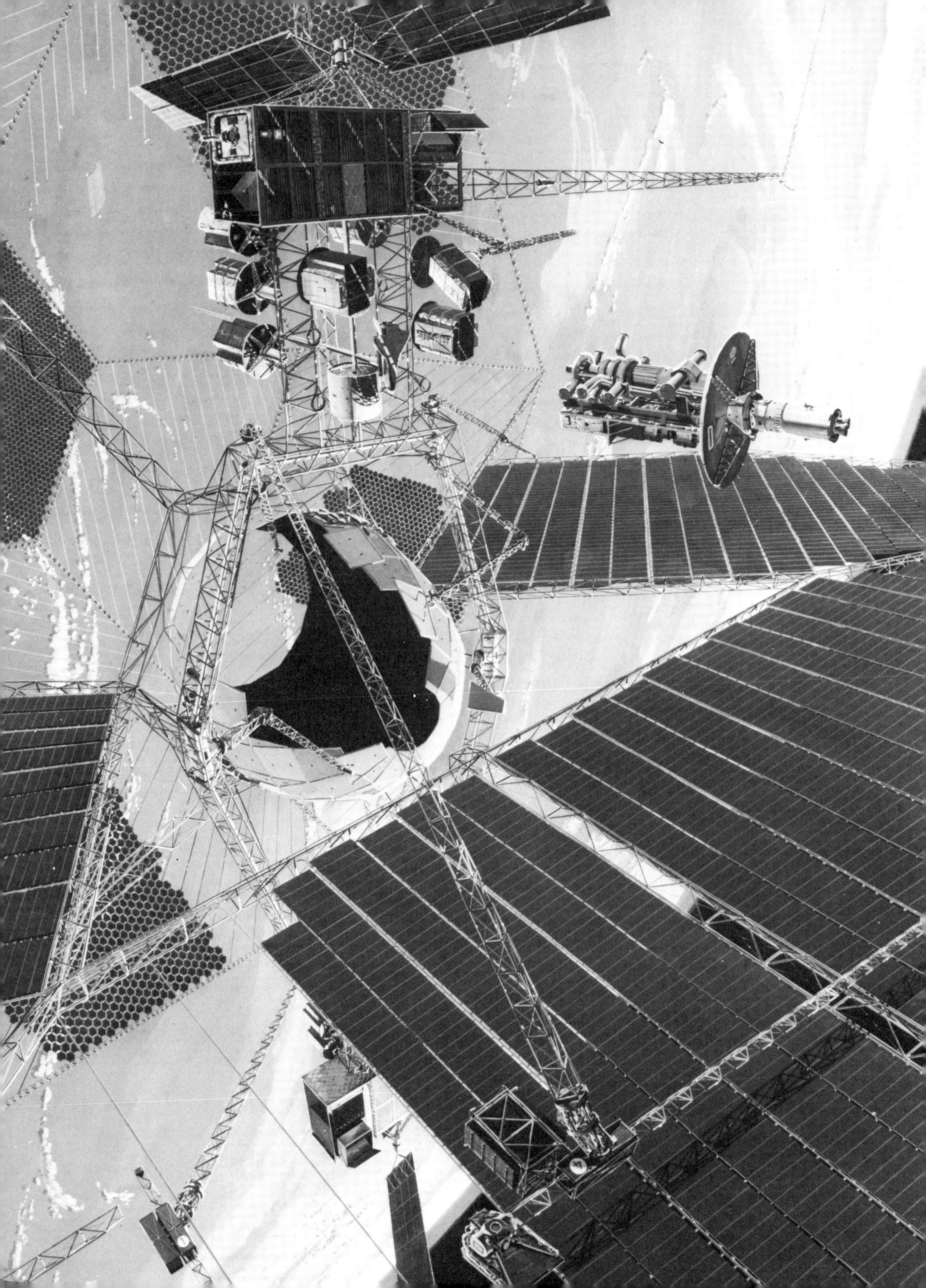

Die Spekulationen erreichen um die Mitte des 17. Jahrhunderts ihren Höhepunkt und führen zu einer Gegenreaktion. Die Entfernungen werden plötzlich auf eine Bogenschußweite reduziert (wobei man sich auf einen byzantinischen Text aus einer Sammlung von 1546 stützte), und die Bauweise erfährt durch das Auftreten des Flachspiegels eine Revolution. Die röhrenförmigen und konischen Maschinen werden durch Pyramiden, die die Hitze tausendfach vergrößern, durch polygonale Rosetten, die einer Flotte Einhalt gebieten, und durch Glasmosaike, die die Höhlung einer Halbkugel bedecken, abgelöst. Die Neuerungen entsprechen einer mehr oder weniger genauen Rückkehr zu den antiken Vorbildern, die in jedem Fall das tiefe Bedürfnis nach einer Erneuerung zum Ausdruck bringt.

Fünf Bilder der Sonne, die 1646 von fünf Spiegeln in der Größe von 0,30 m reflektiert werden, führen zu interessanten Ergebnissen. Aber ein Feuer läßt sich in 30 m Distanz nicht entzünden. In demselben quadratischen Rahmen mit 168 Spiegeln von 0,20 m mal 0,15 m aber gelang es, mit 168 Bildern der Sonne auf eine Entfernung von 60 m Feuer zu entfachen. Die modernen wissenschaftlichen Forschungen, die in totaler Unkenntnis ihrer Vorläufer vorgenommen werden, führen zu einer Wiederbelebung der Legende, die ihnen ihrerseits ihr Siegel aufgeprägt hat. Der Spiegel des Archimedes besteht jetzt aus 360 Spiegelgläsern, und die Vernunft taumelt im Rausch der Zahlen.

1156 Spiegel, immer noch dieselben von 0,20 m mal 0,15 m, lassen in 200 Metern Entfernung eine Flamme auflodern. 4000 erzeugen eine unbegrenzte *linea ustoria*, die dem Unendlichen gleichzusetzen ist. 16000 verstellbare Spiegel von 0,10 m mal 0,075 m vervierfachen die Reflexionskraft derselben Oberfläche, die 16000 Bilder der Sonne aussendet. Mont-Louis und Odeillo-Font-Romeu sind durch diese aberwitzigen Multiplikationen überholt worden. Wegen der hohen Temperaturen, die durch einen nicht allzuweit entfernten Brennpunkt erzielt werden, ist das System, was die Reichweite betrifft, auf die von einem einzigen seiner Spiegel erzielbare Brennweite reduziert. Ob es nun einen oder tausend solcher Spiegel gibt, das Gerät hat denselben Wirkungsbereich. Und was die unendliche Feuerlinie betrifft, ist die Berechnung vollkommen falsch: da Unendlichkeit theoretisch nur durch parallele Projektionen erreicht werden kann, müßten die Elemente sich alle auf derselben Ebene befinden. Sie würden somit einen einzigen Spiegel bilden, der – unabhängig von der Zahl seiner Teile – nur ein einziges Sonnenbild widerspiegeln würde, das nichts in Brand setzen könnte.

Im 19. Jahrhundert hat man die Entfernung des Brennpunktes und nicht die thermische Intensität im eigentlichen Sinne untersucht. 2000 m wurden mit 2262 kleinen Spiegeln oder mit 590 größeren Spiegeln erreicht, die, wenn sie noch mehr vergrößert würden, in eine Entfernung von 4000 m zielten.

Bestätigt durch die späte Wiederentdeckung eines byzantinischen Textes aus dem 6. Jahrhundert, führte die Tradition des Flachspiegelbaus schließlich zu bedeutenden Konstruktionen. Die Spiegelelemente, die sich auf einer Fläche von ungefähr 12 m² befinden, sind über eine Kurve von 350 m verteilt. Zwei der drei letzten Archimedischen Spiegel, die von 1777 und von 1807, der eine mit einem festen und der andere mit einem verstellbaren Brennpunkt, wurden auf der Basis eines konkaven Phantasiespiegels entwickelt, der angesichts der Ohnmacht des menschlichen Strebens am Ursprung all dieser Erfindungen stand. Und hier wird die wiederaufgegriffene Antike wirklich antik.

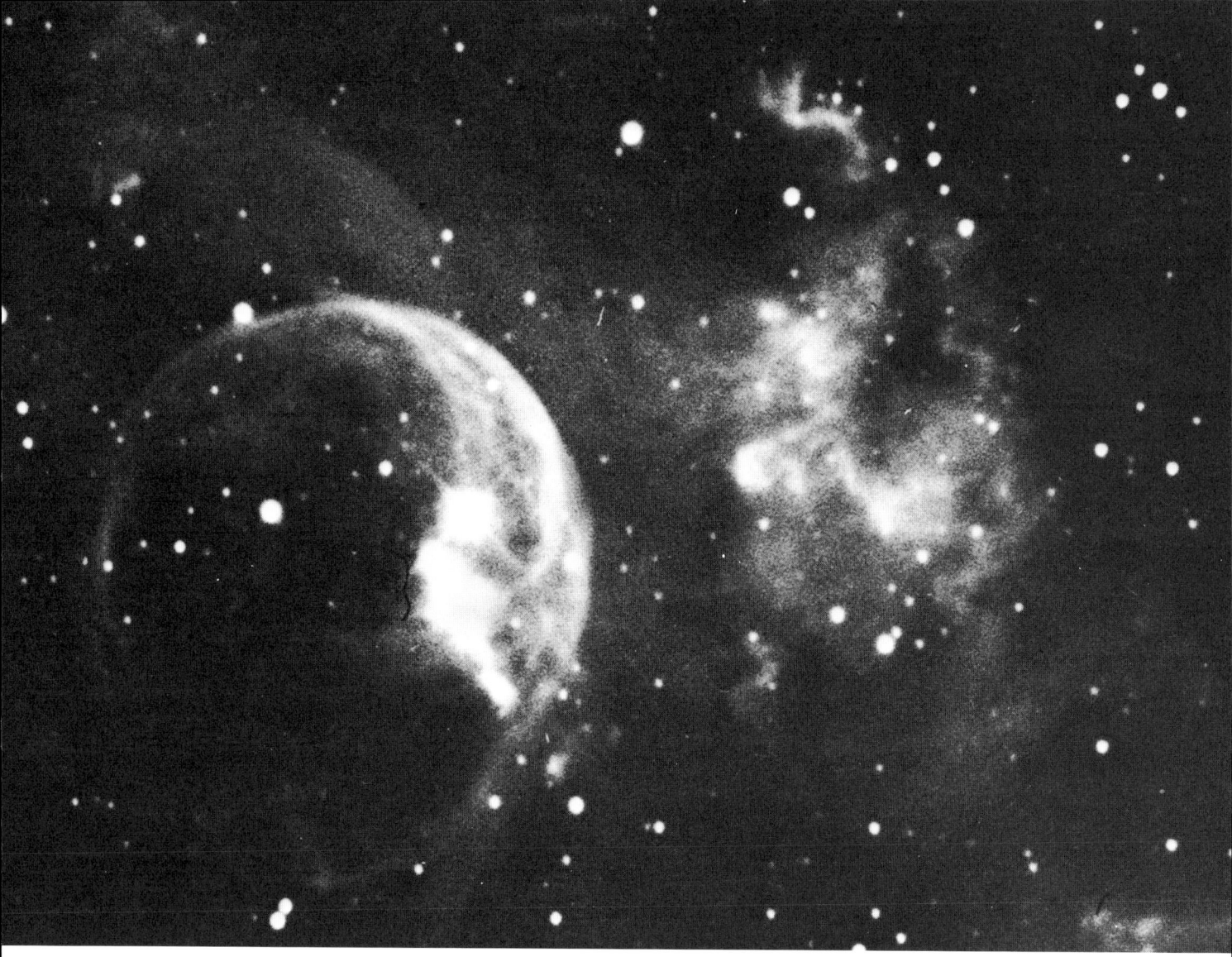

100. Blick durchs Teleskop: Nebel NGC 7635, aufgenommen am 10.9.1958. Sternbild der Kassiopeia, mit Hilfe von UV-Strahlung in reflektierendem Licht sichtbar gemacht.

Nach der Energiekrise unserer Zeit wenden sich die Techniker und Gelehrten immer mehr der Kraft und dem Mythos der Sonnenenergie zu. Individuelle oder städtische Heizung, Stromerzeugung durch Photozellen oder mechanische Generatoren, Entsalzung des Wassers, Erzeugung von Feuchtigkeit in Dürregegenden... die neuen technischen Hilfsmittel zu allen möglichen Zwecken werden immer zahlreicher und beruhen dennoch auf einer Jahrtausende alten Tradition. Dabei handelt es sich zwar um vereinzelte Experimente, aber geleitet werden sie vom Traum einer Energie der Zukunft, die unerschöpflich und großartig ist.

Das amerikanische Projekt *Powersat*[18] sieht ein Kraftwerk vor, das 37000 km von der Erde entfernt ist. Um 10000 Megawatt aufzufangen, die in Form von Mikrowellen über Antennen übermittelt werden, muß der Empfangsspiegel 64 m² groß sein. Die ersten Aktivitäten dieses Gerätes sind für 1990 vorgesehen. Im Jahre 2010 könnte ein Netz dieser Installationen den Vereinigten Staaten ein Drittel ihres Stromverbrauches liefern. Die himmlischen Spiegel der Antike, wie der Mond von Plutarch und die Sonne von Philolaos, würden also durch künstliche Satelliten ergänzt werden.

101. Pharos. Alexandrische Münze. Kommode. 180–192.

VI
Der Spiegel des Leuchtturms von Alexandria

Und jeder kann sich vorstellen, mit welcher Freude und welcher Verwunderung jene Spiegel betrachtet worden sind, die viele Meilen entfernte Dinge zeigten, und in denen man noch die kleinsten Grashalme erkennen konnte... Und ebenso das, was über die Spitze eines Turms geschrieben wurde, von dem aus man alle Schiffe, die im Hafen ankommen, deutlich sehen kann, und zugleich auch alle Menschen und Waren, die dort sichtbar sind...

Raphael Mirami, 1582

I Die antike Legende – der Leuchtturm ohne Spiegel

Ein Feuer auf der Turmspitze, der Mond und Kanopus. Der Unterbau mit vier Krebsen. Wiederaufleben der Legende. Gregor von Tours, Vossius und Montfaucon. Die gläsernen Krebse und die gotischen Spitzbögen von Quicherat. Ein zweiter, symmetrischer Leuchtturm: der Koloss von Rhodos.

II Die islamische Erzählung – der Spiegel von Pharos

Ägyptische Vorahnungen – weltweite Fernsicht: der Himmel, die ganze Erde, die Zukunft als astronomisches und militärisches Observatorium. Seine Zerstörung durch den Feind. China. Der Teleskop- und Brennspiegel. Verbreitung im Abendland. Der *Itinerarius* eines spanischen Rabbiners; Peutingers Weltkarte; das Grab von Camillo (Aeneas); Caesars Teleskopspiegel (Roger Bacon).

III Die abendländische Erzählung

Zwei marginale Entwicklungen. Der Brennspiegel von Leo Africanus. Der Spiegel von Rhodos. Ein Plagiat: Benjamin von Tudela, von Martin Crusius übernommen. Die Irrwege von G.-B. della Porta. Der Spiegel von Pharos in Ragusa. Der alexandrische Spiegel und das Teleskop von Newton.

IV Newton und die moderne Rekonstruktion von Pharos

Die Thesen des Pater Abat: ein neuer Vorläufer – Zucchi, der alexandrische Archetyp. Die Entdeckung und der Zufall. Die Rekonstruktion von Buffon – ein Brunnen, ein horizontaler Tunnel. Newtons Teleskop: eine Verkleinerung des Turms von Pharos. Newton und Roger Bacon. Die Rekonstruktion von Thiersch: die teleskopische Röhre in Gestalt eines Turmes. Die riesigen modernen Teleskope.

102. Der Koloss von Rhodos. A. Thévet, 1554.

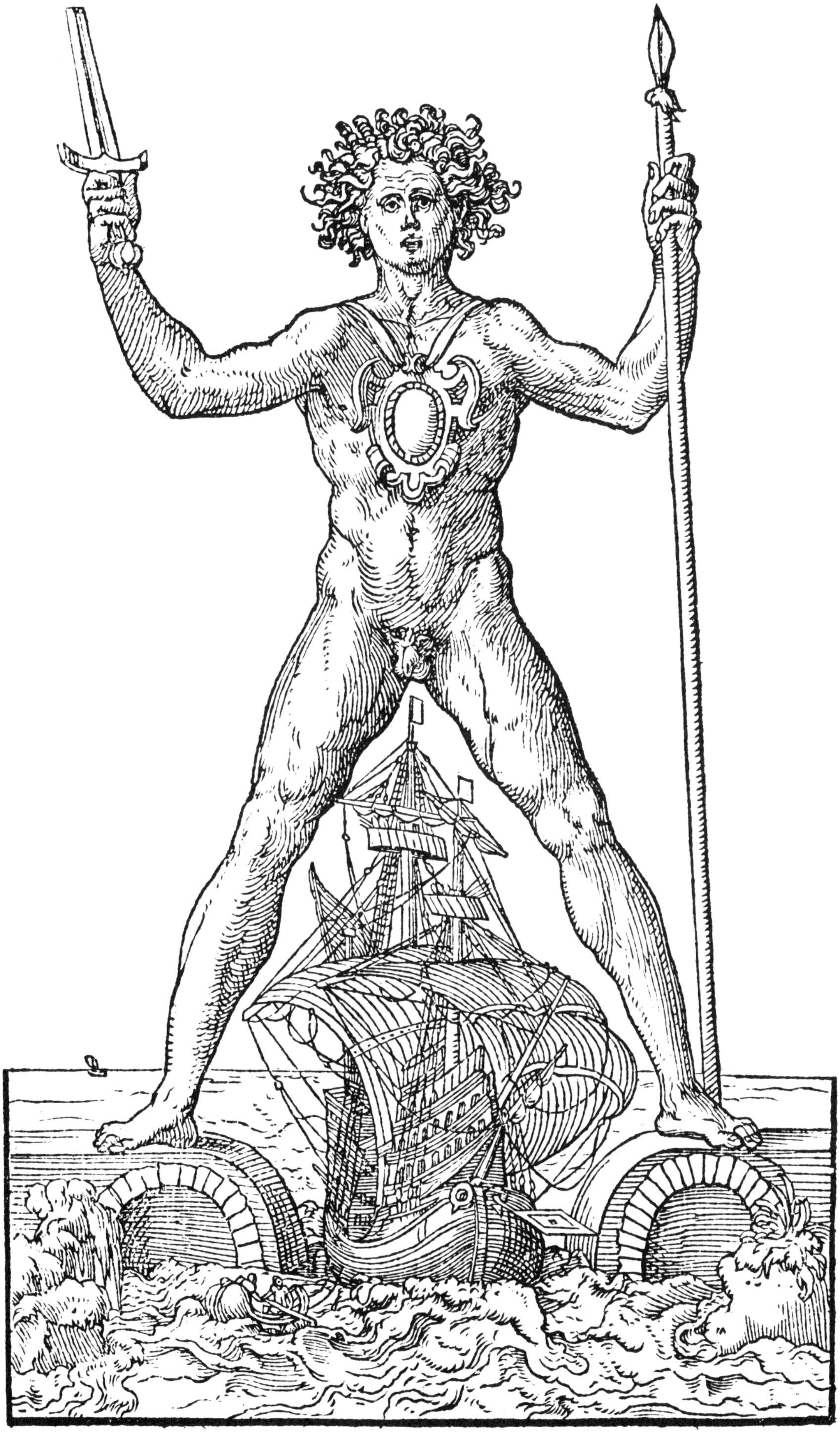

I

103. Der Leuchtturm von Pharos. Münzen aus Alexandria.

Der Turm von Pharos war sicher das bekannteste der Sieben Weltwunder, zumindest dem Namen nach, der sich in »phare« (frz. für Leuchtturm) wiederfindet. Der Turm war im 3. Jahrhundert v. Chr. auf einer kleinen Insel (Pharos, dem Ursprung dieser ganzen Etymologie) in der Nähe von Alexandria errichtet worden, die später durch die Anschwemmungen des Nils, einen Damm und eine Brücke mit dem Festland verbunden wurde. Wir kennen seine Widmungsinschrift mit dem Namen des Architekten:

> Sostratos aus Knydien, der Sohn des Dexiphanos
> den rettenden Göttern, jenen zugunsten
> die zur See fahren.

Seine Erbauung hat man im allgemeinen Ptolemäus II. Philadelphus (285–246) zugeschrieben (Strabo, Plinius, Lukian, Eusebius, Suidas), aber auch Alexander (Eutyches) und Kleopatra (Ammianus Marcellinus, Tzetzes).[1] Das Erdbeben von 1302 hat alle Reste des Bauwerks, das seit langem verlassen war und in Ruinen versank, endgültig zerstört.

Die antiken Beschreibungen des Turmes sind nüchtern. Strabo (58 v. Chr. – 25 n. Chr.)[2] zufolge war das auf einem von Wasser umgebenen Felsen errichtete Bauwerk aus weißem Marmor und hatte mehrere Stockwerke. Für die Navigation war es ein wichtiger Orientierungspunkt: »…Man mußte ein hochgelegenes und sichtbares Signal aufstellen, damit die Schiffe, die von hoher See kamen, die Hafeneinfahrt nicht verfehlen konnten.« Plinius (23–79)[3] macht genauere Angaben zur Beschaffenheit dieses Signals: »Der Turm dient dazu, mit seinem Feuer den Schiffen auf ihrer nächtlichen Fahrt die Untiefen und die Hafeneinfahrt zu signalisieren.« Aber es gibt gewisse Unannehmlichkeiten: »Es besteht die Gefahr, dieses ständig leuchtende Feuer für einen Stern zu halten, denn von weitem sieht es so aus.« Für Statius (40–96) waren das Ausmaß und der Lichtschein dieser Flamme beträchtlich: »Das flackernde Licht, das sich in der Nacht über Pharos erhebt, gleicht dem Mond.« Beide Versionen werden durch die Modernen miteinander in Einklang gebracht: »Die außergewöhnliche Höhe des Turms bewirkte, daß das Feuer, welches man auf ihm entzündete, wie ein Mond erschien. Wenn man es aber aus größerer Entfernung sah, erschien es kleiner und hatte die Form eines Sterns, der hoch über dem Horizont stand«, schreibt Bernard de Montfaucon (1729),[4] indem er auf einen Text von Isaac Vossius (1654)[5] zurückgeht, der meint, daß der Stern von Plinius, mit dem die Flamme des Leuchtturms verwechselt wurde, Kanopus war.

In seinen *Beobachtungen* über Pomponius Mela, der die Brücke erwähnt, durch die der Leuchtturm von Alexandria mit dem Festland verbunden war, trägt der holländische Gelehrte eine bis dahin zum größten Teil unveröffentlichte Dokumentation zu dieser Frage zusammen. So vermerken die handschriftlichen Notizen eines Scholiasten von Lukian unter anderem, daß der Turm quadratisch war, daß sein Umfang dem der ägyptischen Pyramiden ähnlich war und daß man sein Feuer aus 100000 Schritten Entfernung erkennen konnte. Flavius Josephus (37–95)[6] gibt diese Distanz mit 300 Stadien an, und ein Geograph aus Nubien (Edrisi, 12. Jahrh.) erwähnt die gleiche Strecke und nennt eine Höhe von 300 Ellen, also etwa 150 Meter. Diese riesige Masse ruhte auf einem ungewöhnlichen Fundament, das in einem unveröffentlichten, einem antiken Autor zugeschriebenen Werk über die Sieben Weltwunder beschrieben wird: »Das Zweite Weltwunder ist der Leuchtturm von Alexandria, der auf vier gläsernen Krebsen errichtet wurde, die 20 Fuß tief im Meer lagen. Diese großen Krebse, die ohne zu schwanken und zu zerbrechen die Fundamente des darüberliegenden Bauwerks tragen konnten, waren ein wunderbares Werk, das dort im Wasser vollbracht worden war. Pharos wurde von Sostratos dem Älteren erbaut.«

Diese Passage, deren antike Herkunft durch die Erwähnung des griechischen Architekten bestätigt wird, ist unverändert in der Notiz über die sieben von Menschenhand erschaffenen Weltwunder wiedergegeben, die am Anfang der *Sermone* des Petrus Chrysologos, des Erzbischofs von Ravenna (380–450),[7] steht. Gregor von Tours (538–594)[8] macht aus dem Leuchtturm von Alexandria, der auf vier riesigen Krebsen erbaut ist, nicht das Zweite, sondern das Siebente Weltwunder. Die klassische Legende hat sich sehr schnell im Abendland verbreitet.

Vossius hat diese zoomorphen Unterbauten mit den Sphinxen, Löwen oder Schildkröten verglichen, die die Sockel der Obeliske flankieren. Bei dem Material soll es sich ihm zufolge nicht um Glas handeln, das wegen seiner Zerbrechlichkeit unbrauchbar wäre, sondern um Marmor aus Memphis, der so durchscheinend wie eine Gemme ist. Quicherat (1872),[9] der sich wegen des Problems der Gewölbe für das Monument interessiert hat, übersetzt das Wort »cancer«, »cancri« mit »Gurtung diagonaler Bogen«, woraus er schließt, daß die vier Krebse von Pharos vier Rippen gewesen sein müssen. Das älteste gotische Spitzbogenkreuz wäre demnach von Sostratos in Glas erbaut worden. Der Zauber des antiken Wunders fasziniert auch noch den Begründer einer großen französischen Archäologenschule.

Der Text von Vossius ist von Chevreau (1669)[10] teilweise wiederaufgenommen worden, doch zum einen fügt er das genaue Erbauungsdatum hinzu, nach Eusebius (261–340) das Jahr 3720 seit Bestehen der Welt, und zum anderen erkennt er im Koloss von Rhodos, dem Vierten Weltwunder, einen zweiten Leuchtturm.

»Er (der Koloss) stand an der Einfahrt zum Hafen, die er durch eine Lampe kenntlich machte, die er in seiner Hand hielt und mit der er während der Nacht jenen leuchtete, die dort anlegen wollten und die mit vollen Segeln zwischen seinen Beinen hindurchfahren konnten.«

Mit den gleichen Worten wurden der Hafen von Alexandria und sein Leuchtturm von Plinius und Strabo beschrieben. Die Erinnerung an das antike Pharos lebt noch bei einigen Schriftstellern des 17. Jahrhunderts fort, aber sie wird schon seit langer Zeit von einer anderen Version überstrahlt, bei der statt des Feuers auf der Turmspitze ein Spiegel installiert ist: diese Version ist orientalischer und islamischer Herkunft:

104. Der Leuchtturm von Pharos.
Münze aus Alexandria.

II

»Am Ufer des Meeres errichtete man Türme und befestigte verschiedene Spiegel aus miteinander vermischten Substanzen. Es gab solche, die die Sonnenstrahlen auf die feindlichen Schiffe lenkten und sie verbrannten, andere, in denen man die Städte sah, die auf der anderen Seite des Meeres lagen, wieder andere, in denen man die Landstriche Ägyptens sehen konnte. Ein Jahr im voraus sah man die Gegenden, die fruchtbar sein würden, und jene, die keine Frucht tragen würden, und ebenso die künftigen Geschicke des Landes. Einige schreckten Meeresungeheuer ab, die den Einwohnern des Landes schaden konnten.«

Brennspiegel, teleskopische Spiegel, die in alle Richtungen gingen, Spiegel, die die Zukunft zeigten, Spiegel, die gegen Seeschlangen schützten, ragten über die phantastischen Befestigungen einer ägyptischen Stadt hinaus wie die Kriegsmaschinen, die man auf den Mauern von Syrakus und Konstantinopel aufgestellt hatte. Die Beschreibung stammt aus dem *Kurzen Abriß der Wunder*, einer arabischen Zusammenfassung pharaonischer und koptischer Traditionen aus einem legendären Ägypten.[11] Seine tausendjährige Zivilisation soll die katoptrische Magie und Wissenschaft gekannt haben. Die sagenumwobenen Herrscher des Niltals sollen sich ähnlicher Instrumente bedient haben:

»Der König Nekraous erbaute eine Kuppel auf bleiversiegelten Säulen, auf der er einen Chrysolithspiegel von sieben Spannen Größe (1,75 m) befestigte, dessen Glanz noch in großer Entfernung zu sehen war. Sourid errichtete einen Spiegel aus verschiedenen Substanzen, in dem er die Landstriche der Erde sah, mit ihren bewohnten Teilen und ihren Wüsten und allem, was darin vorging; dieser Spiegel stand auf einem Leuchtturm aus Kupfer. Man sah darin Reisende aus allen Richtungen, die nach Ägypten kamen.«[12]

Ein ähnlicher Spiegel, in dem man alle Gegenden der Welt sah, ist von Adim, einem anderen ägyptischen König, gebaut worden. Wenn Lukian von Samosata (125–190)[13] das königliche Schloß auf dem Mond beschreibt, in dem es einen Spiegel gibt, der alle Städte und alle Völker der Erde zeigt, dann hat er sich sicher von einer dieser Legenden anregen lassen, deren Ursprung sich im Dunkel der Zeiten verliert.

Einige dieser Einrichtungen sind genau lokalisiert worden: »Mitten in Rhkondah (dort, wo später Alexandria entstehen wird) errichtete ein König eine Kuppel aus vergoldetem Kupfer, auf der er einen Spiegel aufstellte, der vor herannahenden Feinden warnte. Dann sandte man Strahlen aus, deren Flamme ihre Schiffe anzündete.«[14] In dieser alten Fabel findet sich die Vorform eines Monuments, in dessen Umkreis sich zahlreiche Texte entwickeln, von denen einer der ältesten bis ins 9. Jahrhundert zurückgeht.[15] Ibn Khordadhbeh, ein persischer Reisender, der um 875[16] Ägypten besuchte, vermerkt, daß auf dem Turm von Pharos ein Spiegel aufgestellt war: »Wer darunter saß, sah, wer sich in Konstantinopel befand, obwohl die ganze Weite des Meeres zwischen den beiden lag... Der Turm ruhte auf einem gläsernen Krebs.«

»Es gibt Sieben Wunder in der Welt: das Erste ist der Spiegel, der im Leuchtturm von Alexandria hängt«, erklärt Ibn al Faqih (903),[17] der auf denselben Text zurückgreift. Aber Masoudi (954),[18] dem arabischen Herodot, verdanken wir die vollständigste Darstellung des Monuments. Auf einem gläsernen Piedestal in Form eines Krebses erbaut, war der Turm von nicht weniger seltsamen Bronzestatuen gekrönt.

»Eine dieser Statuen hielt den Zeigefinger der rechten Hand ständig zur Sonne hin gerichtet: wenn sie in der Mitte ihrer Umlaufbahn war, zeigte der Zeigefinger diese Stellung an. Wenn sie vom Horizont verschwand, senkte sich die Hand der Statue nieder und beschrieb so den Verlauf des Gestirns.

Eine andere Statue zeigte alle Stunden des Tages und der Nacht durch einen wohlklingenden Ton an, der zu jeder Stunde erklang.

Eine dritte Statue streckte die Hand zum Meer hin. Sobald ein Feind in der Entfernung von einer eine Nacht währenden Schiffsreise war, drang ein schrecklicher Ton aus dieser Statue. Die Einwohner, die so vor dem Herannahen des Feindes gewarnt waren, konnten seine Bewegungen überwachen...«

Als astronomisches und militärisches Observatorium war der Leuchtturm von Alexandria mit bemerkenswerten Instrumenten ausgestattet, mit Automaten, die den Lauf der Zeit, der Gestirne und der Schiffe verfolgten – und es gab einen noch erstaunlicheren Apparat: »Sie (die Erbauer) stellten den Leuchtturm als eine Art Küstenwache auf, indem sie oben einen Spiegel befestigten, der aus einer Art von dünnen, durchsichtigen Steinscheiben gemacht war, durch den sie die Schiffe, die aus Rom kamen, in einer Entfernung sehen konnten, die das Auge nicht hätte erreichen können.« Dieses Gerät wurde vom Feind besonders gefürchtet, und darauf hatte er es in erster Linie abgesehen.

Mit der Zerstörung war ein Eunuch des Königs von Byzanz beauftragt worden, dem es gelungen war, die Huld von el Walid (706–715) zu gewinnen, indem er sich zum Islam bekehrte. Er redete dem Kalifen ein, daß alle Schätze der Erde, die Alexander während seiner Eroberungen angehäuft hatte, sich dort an der Mündung des Nils befänden, wo sie in gewölbten Höhlen aufbewahrt würden. Um sie vor menschlichem Zugriff zu schützen, habe man über den unterirdischen Gewölben den Turm von 1000 Ellen errichtet, auf dessen Spitze ein Wächter mit einem Suchgerät postiert sei.

Der Herrscher der Gläubigen, durch diese Enthüllung angereizt, befahl dem Eunuchen selbst, das Bauwerk zu zerstören, um sich des Goldes und der Kleinodien zu bemächtigen, die in seiner Höhle verborgen seien. Dieser zerbrach den Spiegel und ergriff die Flucht, wobei er einen nur zur Hälfte zerstörten Leuchtturm zurückließ, so wie er zur Zeit dieses Berichtes, im Jahre 332 der Hedschra (954), noch bestand.

Die Legende, die im ganzen Orient verbreitet war, wurde in den Einzelheiten ständig weiter ausgeschmückt. Nach Maqdisi (985)[19] hatte der Turm 300 Zimmer. Man konnte mit dem Pferd hinaufreiten. Ein Greis beobachtete Tag und Nacht einen Spiegel, den später ein räuberischer Grieche durch eine List entwendete. Nach Kazwini (1270) soll es drei übereinander gebaute Türme gegeben haben, einen quadratischen, einen achteckigen und einen runden. Dimisqui (ca. 1300)[20] schreibt: »Der Leuchtturm wurde auf Befehl der Tochter von Mourbiouch, dem Griechen, im Jahre 1200 nach der Sintflut errichtet, um die Sterne zu beobachten. Man sagt, daß er 1000 Ellen hoch war... Man sagt auch, daß sich auf der Spitze des Leuchtturms ein Spiegel befand, der auf das Meer gerichtet war und der die sich nähernden Schiffe aus einer Entfernung von drei Tagen widerspiegelte.« Zwanzig Jahre später fügt Abdulfedha (ca. 1320)[21] genauer hinzu, daß der Spiegel »aus chinesischem Eisen« gemacht war.

Manchmal bleibt der Brennspiegel mit dem teleskopischen Spiegel verbunden: »In Alexandria sah ich einen Leuchtturm, der in gut erhaltenem Zustand war. Früher hatte man einen Spiegel auf die Spitze gestellt, der die aus Konstantinopel kommenden griechischen Schiffe in Brand setzte, wenn sie sich ihm gegenüber befanden«, schrieb Nassiri Khosrau,[22] ein weiterer persischer Reisender, der 1047 der Route von Khordadhbeh gefolgt ist und dem Gerät eine zerstörerische Kraft hinzugefügt hat.

Ahmed el Absihi (ca. 1440)[23] liefert eine detaillierte Beschreibung: »Man berichtet, daß sich oben auf diesem Leuchtturm ein sieben Ellen (etwa 3,50 m) großer Spiegel aus chinesischem Stahl befand, in dem sich Schiffe auf der Höhe der Insel Zypern spiegelten. Man sagt, daß man in diesem Spiegel die Schiffe aus allen Ländern der Franken sehen konnte, die das Meer befuhren. Wenn es Feinde waren, ließ man sie an die Stadt herankommen, und in dem Augenblick, in dem die Sonne den Meridian überschritten hatte und herabzusteigen begann, stellte man den Spiegel der Sonne gegenüber und drehte ihn in Richtung auf die Schiffe. Die Strahlen, die durch diesen Spiegel reflektiert wurden, fielen dann auf diese Schiffe, setzten sie in Brand und ließen alle umkommen, die auf ihnen waren.«

Während die Geschichte des Spiegels, in dem man die ganze Erde sehen kann, lange in ihren archaischen Versionen verbreitet wurde, die mit dem legendären Ägypten eines Sâ, eines Nikraous, eines Sousid verknüpft war, wurde sie zwischen dem 7. und 9. Jahrhundert mit dem antiken Pharos verbunden. Der magische Spiegel hat hier den Platz der Mondscheibe eingenommen, die bei Statius über der Turmspitze erscheint. Die älteste Erwähnung, auf die wir gestoßen sind, datiert von 875, und im Laufe des 9. Jahrhunderts (903 – Ibn al Faqih, 954 – Masoudi, 985 – Maqdisi) sieht man, daß zahlreiche, immer vollständigere Fassungen der Legende erscheinen, bis sie schließlich im 15. Jahrhundert durch zwei neue Elemente bereichert wird: China und die Kraft, Brände zu entzünden. Das erste Element entspricht den Einflüssen des fernen Ostens, die sich in dieser Zeit in der gesamten islamischen Welt bemerkbar machen, und das zweite hängt mit den byzantinischen Fabeln um Syrakus und Konstantinopel zusammen.

Im Abendland wie in Ägypten folgt auf den Leuchtturm von Alexandria, der auf vier *cancros vitreos* erbaut wurde, ein Turm mit einem Spiegel, der ebenfalls aus Glas gewesen sein soll. Dem spanischen Rabbiner Benjamin von Tudela, der eine Reise durch die Mittelmeerländer – also seinerzeit eine Weltreise – gemacht hat, verdanken wir eine Beschreibung dieses Turms, die sich in seinem *Itinerarius* findet, den er nach seiner Rückkehr im Jahr 1173[24] verfaßt hat:

»Die Bewohner des Ortes nennen ihn Magraah und die Araber Magar Alexandria, das heißt der Leuchtturm von Alexandria. Man versichert, daß Alexander einen gläsernen Spiegel auf die Spitze dieses Turms gestellt hat, in dem man auf eine Entfernung

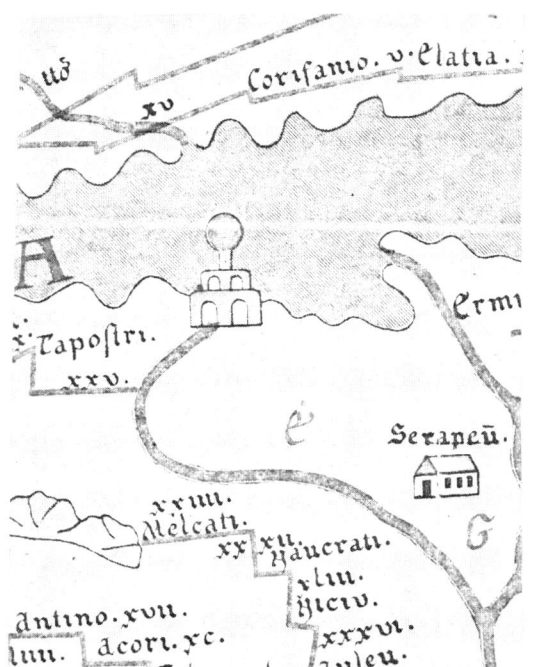

105. Pharos. Karte von Peutinger, ca. 1260.

von mehr als fünfzig Parasangen[25] Kriegsschiffe erkennen konnte, die mit der Absicht, Ägypten Schaden zuzufügen, sowohl aus Griechenland wie aus dem Okzident kamen, so daß man sich auf die Verteidigung vorbereiten konnte. Diese Schutzmaßnahme überdauerte den Tod Alexanders lange Zeit, bis eines Tages ein Schiff mit einem Kapitän namens Sodorus aus Griechenland kam und neben dem Leuchtturm Anker warf.«

Der Eunuch von Masoudi wird durch einen Seemann ersetzt, dessen Namen als einziger der Rabbiner uns nennt, der eine andere List gebrauchte und sich nicht an den Herrscher wandte, sondern an die Wachen des Turmes, die er mit Wein einschläferte. Die Zerstörung des Spiegels war ein fataler Schlag für Ägypten, das nacheinander die Inseln Zypern und Kreta verlor. Die Tat von Sodorus war der Ursprung seines Niedergangs.

Der Leuchtturm von Alexandria ist auch auf der Karte von Peutinger[26] zu sehen, die die Eroberungen von Alexander zeigte. Wie in der Beschreibung von Kazwini besteht er aus drei Etagen, deren oberste ein runder, säulenähnlicher Turm ist, auf dem ein riesiger, kreisförmiger Spiegel ruht. Man weiß, daß diese berühmte Tafel 1260 nach einem antiken Dokument von einem Mönch des Klosters Corvey reproduziert worden ist, der alle Darstellungen von Bauwerken modernisiert hat.

Zwei Texte des 12. und 13. Jahrhunderts nehmen die Elemente der Legende von Pharos wieder auf und machen daraus neue Erzählungen:

De desus ot un mireor	qui ert asis desus la tor
iluec poënt tres bien veor	lor enemis vers aus venir
quant lán les vendra aseor	donc se pouvoient bien garnir
ou fust par mer ou fust par terre	aparoillier aus a deffandre
bien veoit an el mireor	nérent legier pas a sorprendre.

Diese Beschreibung des Spiegels, der den Feind zu Wasser und zu Lande von weitem zeigt, stammt aus dem *Aeneas*, einer normannischen Bearbeitung von Vergil,[27] die zur selben Zeit wie der Bericht von Benjamin von Tudela entstand. Hier erhebt er sich über einem Monument im Süden Latiums. Es ist das Grab von Camilla, der legendären Königin der Volsker, die von Aruns getötet wurde. Das Bauwerk selbst verleugnet alle physikalischen Gesetze. Es besteht aus drei kreisförmigen, mit Säulen besetzten, sich vergrößernden Plattformen aus Marmor, von denen die oberste die größte ist. Das ganze ruht auf einer einzige Säule, die von zwei sich kreuzenden Gewölbebogen (eine arabische Kuppel mit Gewölberippen? ein gekreuzter gotischer Spitzbogen?) getragen wird, die auf einem Fundament von Löwen ruhen. Auf der Spitze, über einem Sarkophag aus Bernstein, ist der Spiegel an einem vergoldeten Stab befestigt:

> Grant merveille sanbloi a toz
> que graindre est desus et desoz
> bien retenoient le plusor
> a mervoille le mireor.

Der zweite Text stammt aus England. Roger Bacon, der versicherte, daß man die Sarazenen und die Tartaren mit zwölf Brennspiegeln vertreiben könne, erwähnt in seinen *Wundern der Natur und der Kunst* (vor 1280)[28] auch Teleskopspiegel: »Man kann auch Geräte bauen, in denen entfernte Dinge sehr nahe erscheinen. Man kann auch sehr kleine Buchstaben aus unglaublichen Entfernungen lesen und winzige Gegenstände zählen. Mit Hilfe großer Spiegel kundschaftete Caesar vom gallischen Ufer aus die Beschaffenheit und den Standort von Lager und Städten der Bewohner des kleinen Britanniens aus.«

Wir befinden uns nicht mehr im Nildelta, sondern auf den Klippen des Kaps Gris-Nez, mit einem Spiegel, der nicht auf byzantinische Schiffe und Konstantinopel, sondern auf die englischen Städte und Armeen gerichtet ist. Aber es ist immer noch das gleiche Instrument. Caesars Name[29] ist damit übrigens direkt verbunden gewesen. Er selbst berichtet, daß er, als er sich mit seiner Flotte Alexandria näherte, zunächst auf Pharos an Land gegangen sei, dessen Geheimnis er von Cleopatra erfahren haben könnte.

III

Eine zweite Überlieferung der Legende, die direkt in den Okzident gelangte, verdanken wir einem Araber, der wie Benjamin von Tudela aus Spanien stammte. Hasan Ibn Mahomed, der 1483 in Granada geboren wurde, flieht vor der Inquisition nach Fez. Er läßt sich 1517 in Rom taufen und stirbt 1570 in Ägypten. Sein Werk über Afrika, das er unter dem Namen Leo Africanus veröffentlichte, erschien 1556 gleichzeitig in Antwerpen und Lyon.[30] Der Bericht, in einer Zeit entstanden, in der die Überreste des Monuments seit zweieinhalb Jahrhunderten verschwunden waren, ist voll merkwürdiger Verwirrungen: »Ungefähr sechs Meilen von Alexandrien gegen Westen findet man einige sehr alte Bauwerke, darunter eine sehr große und hohe Säule, die auf arabisch Hemud es-Sawari, d. i. Säule der Mastbäume heißt und von der man folgende Fabel erzählt. Ein Ptolemäus, König von Alexandrien, habe diese Säule aufrichten lassen, um seine Stadt sicher gegen die Angriffe der Feinde und unüberwindlich zu machen. Auf ihrer Spitze sei ein großer stählerner Spiegel angebracht gewesen. Dieser habe die Kraft gehabt, alle Fahrzeuge, die bei der Säule vorbeifuhren, auf eine wunderbare Art in Brand zu stecken. Deswegen sei er auf diese Säule an der Öffnung des Hafens gesetzt worden. Später hätten die Mohammedaner den Spiegel verdorben, ihm seine Kraft genommen und die Säule weggeschafft.«[31]

Es handelt sich nicht einmal mehr um einen Turm, sondern um eine Säule, die wie irgendein Gegenstand mitgenommen wird. Der Spiegel soll nur noch ein Brennspiegel sein (die Erzählung von Syrakus siegt über die Erzählung von Alexandria). Seine Zerstörung soll 641 stattgefunden haben und das Werk von Arabern gewesen sein, die sich seiner den früheren Zeugnissen zufolge aber bis ins 8. Jahrhundert bedient haben sollen. Daher wurde der Text, der allgemein bekannt war, von der Mehrzahl der Historiker des Monuments abgelehnt.

Der alexandrische Spiegel erscheint nicht nur auf einer Säule. Er findet sich auch auf einer Statue wieder, nämlich dem Koloss von Rhodos, dem Vierten Weltwunder, in dem einige Gelehrte einen zweiten Leuchtturm gesehen haben, einen anthropomorphen Leuchtturm als Gegenstück des Turms von Pharos.

Das *Liber Insularum Archipelagi*, das um 1420 von Cristoforo de' Buondelmonti, einem florentiner Kaufmann, der sich 1444 auf der Insel aufgehalten hatte, verfaßt wurde, erwähnt ihn unter Bezug auf eine antike Quelle:[32] »In einem Buch habe ich gelesen, daß dieses Götzenbild (der Koloss von Rhodos) aus Erz war und mitten auf seiner Brust einen großen Spiegel hatte, der so strahlend war, daß man darin die Schiffe sah, die Ägypten verließen, und es gab nicht nur diesen einen, sondern auf der Insel gab es mehr als tausend, wenn auch kleinere, die auf Säulen standen.«

Die letzte Bemerkung geht auf Plinius (XXXIV, 7) zurück, wo allerdings keine Rede von Spiegeln ist, sondern wo man liest, daß es in dieser Stadt hundert Kolosse von geringerer Größe gegeben haben soll. Die Überlieferung von antiken und orientalischen Elementen der Legende, die sich rasch ausbreitet, verdanken wir einem byzantinischen Text von Tsonaras oder Tzetzes.

»Die aus Rhodos konnten die Schiffe, die nach Syrien oder Ägypten segelten, in einem Spiegel sehen, der am Hals ihres Sonnenkolosses hängt…« schreibt Guillaume Boucher,

Sieur de Brocourt in seiner *Sérée*, die dem Sehen gewidmet ist (1584).[33] Bei Peter de Jode, einem Graveur und Verleger aus Antwerpen, der sich um 1595 in Italien aufhielt, hatte der *colossis solis* ebenfalls einen Brustspiegel: *in pectore speculum habet*. Die Bezeichnung *Sonnenkoloss* geht auf eine Verwechslung des Monuments von Rhodos mit seinem römischen Gegenstück zurück, das Sueton und Dio Cassius zufolge nach dem Tod Neros diesem Gestirn geweiht worden sein soll. Der Mythos von einer Sonneninsel und ihrem Apollokult ist im Zusammenhang mit solchen Spekulationen verbreitet worden.

Die Aufstellung des Kolosses entspricht genau der in Alexandria, auf der gegenüberliegenden Seite des Meeres, wo man auch »Schiffe sah, die aus Griechenland und dem Okzident kamen« (Benjamin von Tudela), und er macht in gewisser Weise die gleiche Entwicklung durch. Die beiden einander gegenüberstehenden Weltwunder bekommen nach und nach die gleiche Ausstattung: das Teleskop und der Brennspiegel des Leuchtturms wiederholen sich.

»Er (der Koloss von Rhodos) hielt in der rechten Hand ein Schwert und in seiner linken einen Spieß, und vor der Brust hatte er einen Brennspiegel, wie man auf der voranstehenden Illustration sehen kann...« liest man in der *Kosmographie des Morgenlandes* von Thévet (1554).[34] Es handelt sich um das gleiche *speculum ustorium*, das wie bei Leo Africanus die feindliche Flotte bedroht. Durch einen merkwürdigen Zufall haben die beiden Autoren ihre Werke etwa zum selben Zeitpunkt veröffentlicht. Auf dem erwähnten Stich, der Jean Cousin zugeschrieben wird, hat der Spiegel eine ovale Form und ist, wie ein Schmuckstück, in einen prunkvollen Rahmen gefaßt. Weder bei F. van Aelst (ca. 1580),[35] wo er das Bild eines fernen Schiffes zeigt, noch bei A. Tempesta (1608), wo er ebenfalls ein Teleskopspiegel ist, verändert er sich. Auf einem Gobelin (Anfang des 17. Jahrhunderts)[36] trägt die riesige Bronzestatue, die nach einer Zeichnung von Caron reproduziert wurde, den gleichen, eiförmigen Schild um den Hals. Mit ihrem glänzenden Gesicht, mit den gespreizten Beinen, zwischen denen die Schiffe in den Hafen hineinfahren, bietet sie einen ungewöhnlichen Anblick. Sie ist von furchteinflößender Majestät. Und am rätselhaftesten von allen Attributen des Kolosses – Lichter und Waffen, eine Aureole von Strahlen, eine Lampe oder eine Fackel, ein Schwert, ein Bogen, eine Lanze – bleibt doch der Brustspiegel. Man hat auch nach einem okkulten, übernatürlichen Zug gesucht. Guillaume Boucher zufolge »wurde der Spiegel in Toledo verzaubert und mit Magie besprochen«. Wieder greift Spanien eine Legende des Orients auf und erweckt sie zu neuem Leben.

Ebenfalls auf eine spanische Quelle geht die Rekonstruktion der Geschichte des Leuchtturms von Alexandria selbst zurück. Der Text von Benjamin von Tudela, der 1575 in Antwerpen erschien, wurde sofort von einem modernen Klassiker und dann in dessen Nachfolge von Generationen von Gelehrten aufgenommen. Martin Crusius, Professor in Tübingen, beschreibt das Monument in seiner *Turcograecia*, die 1584 in Basel veröffentlicht wurde und in der Pharos[37] ein Kapitel gewidmet ist: »Die Bewohner des Ortes nennen diesen Turm Magraah und die Araber Magar Alexandria. Man versichert, daß Alexander auf die Spitze dieses Turms einen gläsernen Spiegel stellen ließ, in dem man auf eine Entfernung von 500 Parasangen sehen konnte... Eines Tages

106. Der Koloss von Rhodos. G. de Jode, Antwerpen, ca. 1560.

COLOSSVS SOLIS

Prodigiosa hæc Colossi figura ex ære conflata tantæ fuit altitudinis vt per eius pedes naues transi rent extensis velis Erat autem septuaginta cubitoru In pectore speculum habet in sinis tra gladium in dextra hastam snuetā tradunt a quodam Ly sippi discipulo qui in ea elaboranda consumsit duodeci annos vnde non immeri tò inter septē mundi miracula referri poterat nisi stupendum hoc simulachrū post quīqua gesimum sextum annum ingenti terræ motu humi prostratū esset a° mūdi 3742 secundo ano Olimpiadis 139 G. de Jode

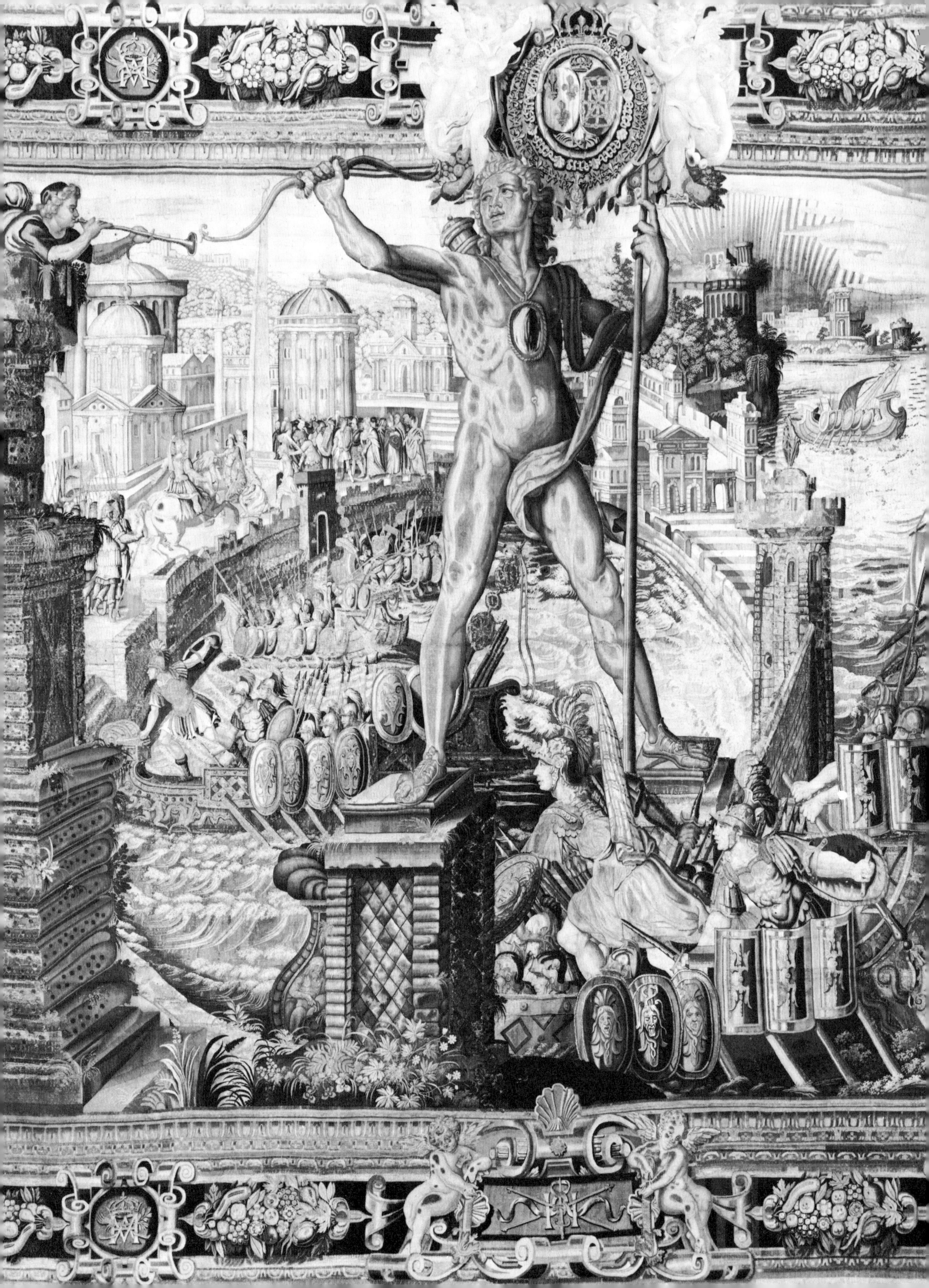

107. u. 108. Der Koloss von Rhodos. Wandteppich aus den Gobelin-Werkstätten, Beginn des XVII. Jahrhunderts.

(lange nach dem Tod von Alexander) kam ein Schiff aus Griechenland (die Griechen waren von den Ägyptern unterjocht). Sein Kapitän hieß Sodoros. Er machte die Wache betrunken und schlug dann den Spiegel in Stücke.«

Der Bericht des Rabbiners aus Navarra wird fast vollständig und wortwörtlich wiedergegeben. Dennoch gibt es eine Auslassung und eine falsche Zahlenangabe, 500 statt 50 Parasangen. Die Reichweite des Instruments wird verzehnfacht, und darüber hinaus fehlt jeder Hinweis auf die Herkunft dieser Nachricht, so daß dem deutschen Gelehrten eine Zeugenschaft, die mehr als vierhundert Jahre zurückliegt, ohne weiteres zugeschrieben wird.

Diese letzte, verfälschte Veröffentlichung markiert den Beginn dieser Legende im Abendland des 16. Jahrhunderts. Noch Bruzin de Martinière (1726),[38] Bernard de Montfaucon (1729)[39] und Abat (1763)[40] berufen sich auf dieses Werk. Trotz mehrerer Neuauflagen seines *Itinerariums* (1633, 1666, 1734)[41] bleibt Benjamin von Tudela diesen Gelehrten unbekannt und wird durch Martin Crusius ersetzt. Selbst in der zweiten, posthumen Ausgabe Montuclas, die von Lalande durchgesehen und herausgegeben wurde (1802),[42] wird der grundlegende Text für die abendländische Geschichte des katoptrischen Wunders von Alexandria nicht seinem Autor zugeschrieben, und erst in Libris Werk über die mathematischen Wissenschaften von 1835[43] findet man ihn mit den notwendigen Richtigstellungen an dem ihm zustehenden Platz. Die Forschung hat fast bis in unsere Zeit hinein eine verfälschte Spur verfolgt, aber vor allem in ihrer ersten Phase, vor dem Auftauchen des Teleskops, hat sie sich in einer gewissen Verlegenheit befunden.

G.-B. della Porta, der die Behauptungen von Crusius wieder aufgreift (1589),[44] sieht sich verwirrt und stürzt sich in umfangreiche Spekulationen. Der Spiegel von Ptolemäus (die meisten Historiker übernehmen schließlich die These von Plinius) soll imstande gewesen sein, Schiffe in einer Entfernung von sechshunderttausend Schritten zu zeigen, was fünfhundert Parasangen entspricht, eine Entfernung, die weit über den Horizont hinausreicht. Auch das für diese unmögliche Aufgabe vorgesehene Gerät erscheint undenkbar. »Wie soll es beschaffen sein, wenn man damit auf eine für den menschlichen Blick unerreichbare Entfernung Freunde erkennen und kleine Buchstaben lesen können soll?« Das Rezept ist technisch und trocken: »Man muß es so machen, daß das Bild in der Mitte des Spiegels, wo es erscheinen soll, am stärksten ist und alle Sonnenstrahlen, auch die am weitesten verstreuten, sich vereinigen. In seinem Mittelpunkt, in dem die Diameter sich überkreuzen, werden sie alle zusammenkommen.«

Ein zylindrischer Spiegel entsprach diesen Überlegungen: »Also ein konkaver Spiegel in Form einer Säule mit abstandsgleichen Seiten, die durch laterale Sektionen mit stumpfen Winkeln zusammengehalten werden. Aber Dreiecke mit stumpfem Winkel oder Dreiecke mit rechtem Winkel müssen hier und dort von transversalen Linien durchschnitten werden, die vom Zentrum ausgehend gezogen werden, und so wird der Spiegel hergestellt, der dem Gebrauch dient, von dem ich gesprochen habe.«

Diese Erklärung ist für unverständlich gehalten worden... Dunkle Worte, freilich mit Absicht,[45] damit kein Unberufener sich ein solches Instrument herstellen konnte. Die Winkel, die Dreiecke, die überschneidenden Linien, die auf einer Röhrenform eingezeichnet werden, zeugen in der Tat weniger von exakter Wissenschaft als vielmehr von Hexerei. Es ist fast eine Beschwörung, bei der das Profane durch hermetische Zeichen und Sprache beherrscht wird. Der Erzbischof von Tortona, Aresi (1630),[46] bezieht sofort Stellung gegen den Text: »Man sagt, daß Ptolemäus die feindlichen Schiffe auf sechshundert Meilen Entfernung nicht durch natürliche Sehschärfe, sondern mit Hilfe eines Kristalls sehen konnte. Aber das scheint mir nicht unverdächtig zu sein, wegen der Rundheit des Meeres, die das unmöglich macht, und auch, weil eine so seltene Erfindung nicht so schnell verloren gegangen, sondern von den Astrologen benutzt worden wäre.«

Ohne die Tatsachen förmlich zu leugnen, ist Kircher (1646)[47] ebenso wie Bouchet geneigt, sie einer übernatürlichen Macht zuzuschreiben: »Wenn es wahr ist, daß Ptolemäus Euergetes, wie gewisse Historiker behaupten, einen Spiegel auf dem Leuchtturm angebracht hat, in dem man die feindlichen Schiffe sowie alles, was in Ägypten auf dem Wasser oder auf dem Land geschah, sehen konnte, dann handelte es sich um ein von der Kirche verdammtes Teufelswerk.«

Die Legende, die sich trotz der verschiedenen Gegenströmungen weiter verbreitet, ist Gegenstand zahlreicher Spekulationen. Man hat sogar behauptet, daß der Spiegel von Pharos nicht zerstört worden sei, sondern immer noch in funktionsfähigem Zustand existiere. Vor undenklichen Zeiten soll er nach Ragusa gebracht und dort zumindest bis 1670 aufbewahrt worden sein, dem Jahr, in dem ein schreckliches Erdbeben stattfand. Burattini, ein italienischer Gelehrter und Künstler, Autor der *Mesure universelle*, die in Litauen veröffentlicht wurde (Wilna 1675), und der sich lange in Polen aufhielt, hat bei zufälligen Begegnungen zahlreiche Hinweise zu diesem Thema erhalten.

Eine Zusammenfassung davon findet sich in seinem Brief aus Warschau vom 7. Oktober 1672 an Bouliau.[48] Nachdem das Instrument zunächst Archimedes zugeschrieben worden war, konnte es nach der Erfindung des Teleskops durch Isaac Newton, das der französische Astronom ihm durch eine Zeichnung bekannt gemacht hatte, mit der alexandrischen Apparatur identifiziert werden. Nachdem er das Bild der Röhre mit dem vergrößernden Reflektor erhalten hat, stellt Burattini sofort den Vergleich an: »Die Erfindung ist sehr schön und macht ihrem Urheber große Ehre. In Ragusa (dem antiken

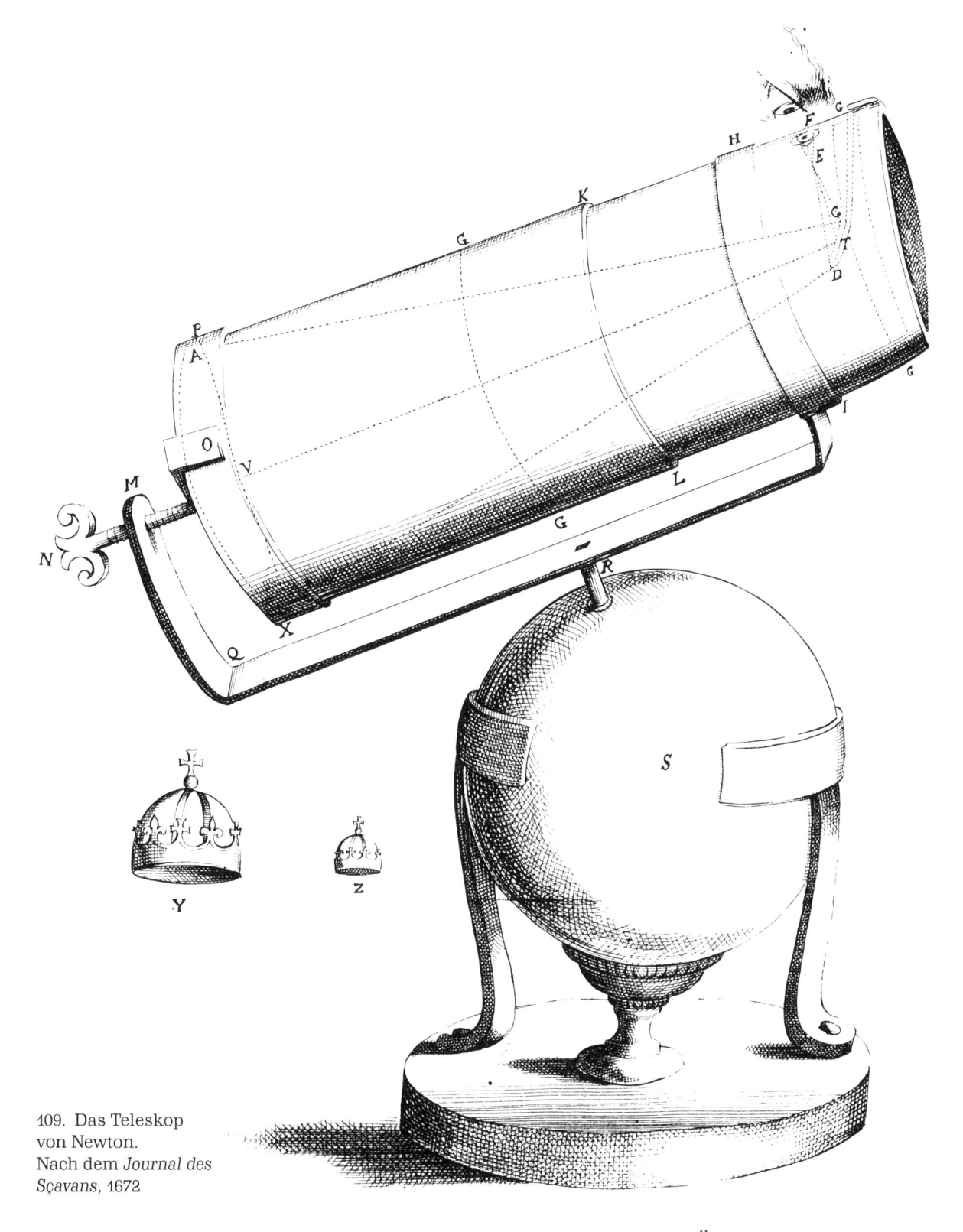

109. Das Teleskop
von Newton.
Nach dem *Journal des
Sçavans*, 1672

Epidauros, einer berühmten Stadt in Illyrien und Heimat des Äskulap) bewahrt man noch heute, wenn es nicht vom letzten Erdbeben zerstört wurde, ein Instrument dieser Art auf, mit dem man auf eine Entfernung von 25 bis 50 italienischen Meilen die Schiffe auf dem adriatischen Meer sehen konnte, als wären sie im Hafen von Ragusa selbst. Als ich 1656 in Wien war, hörte ich jemanden aus Ragusa über dieses Instrument

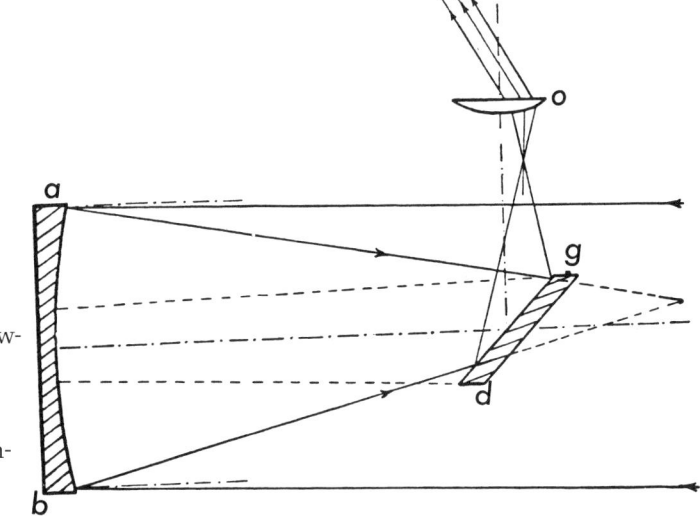

110. Das Teleskop von Newton. Querschnitt nach H. C. King:
AB – Konkavspiegel,
DG – Flachspiegel im Winkel von 45°,
O – Okular.

sprechen. Das Instrument hatte die Form eines Scheffels, in dem Getreide abgemessen wird.«

Doktor Gisgoni, der Leibarzt der Kaiserin Eleonore, der seinen Beruf zehn Jahre lang in Ragusa ausübte, hat bei seiner Durchreise in Warschau ebenfalls von dem Apparat gesprochen, den er in ähnlicher Weise beschreibt: »Er hatte die Form einer Trommel, die nur einen Boden hat, und man sah von der Seite hinein.« – »Ich bin überzeugt«, fährt Burattini fort, »daß es dasselbe Instrument war, von dem bei mehreren Autoren die Rede ist und das zur Zeit von Ptolemäus auf dem Leuchtturm von Alexandria war, der es benutzte, um Schiffe auf eine Entfernung von 50 oder 60 Meilen zu sehen.«

Die erwähnten Autoren waren zweifellos Porta, Aresi, Kircher oder Schott, die nicht von der Zerstörung des Spiegels durch einen Hellenen oder durch Muselmanen sprechen, sondern jeder nur möglichen Vermutung freien Raum lassen. Natürlich drängt sich diese auf: »Nachdem er während des Niedergangs des Römischen Reiches vielleicht verschollen war, wurde der Spiegel in der Stadt Ragusa versteckt und aufbewahrt, wo er, wie Herr Doktor Gisgoni mir erzählt hat, auf einen Turm gestellt und vom Magistrat bewacht wurde.«

Das ptolemäische Gerät soll also nach Dalmatien transportiert worden sein und noch im 17. Jahrhundert funktioniert haben. Außerdem soll es dem Apparat, der gerade hergestellt worden ist, überlegen gewesen sein: »Das Instrument, das in England gemacht worden ist, hat eine geringere Größe, und da wir aus der Erfahrung wissen, daß die metallischen Brennspiegel desto besser sind je größer sie sind, glaube ich auch, daß ein Objektivspiegel umso besser ist, je mehr Strahlen er empfangen kann. Ich habe diesen Gedanken Herrn Hevelius mitgeteilt, der gerade damit beschäftigt ist, einen herzustellen, und er teilt meine Meinung. Er will einen Parabolspiegel herstellen, aber ich glaube, daß sphärische Spiegel immer noch die besten sind.«

Beim katoptrischen Scheffel von Ragusa sucht man nun nach einer Möglichkeit, um das erste Teleskop zu verbessern, das gerade von einem berühmten Gelehrten gemacht worden ist.

Der Verfasser des Briefes verwahrt sich dagegen, Newtons Ruhm herabsetzen zu wollen, zeigt sich aber höchst erstaunt darüber, daß die bewundernswerte Erfindung der Antike so lange unbekannt bleiben konnte. Das Problem wird jedenfalls erst im Laufe des 18. Jahrhunderts wieder methodisch aufgegriffen.

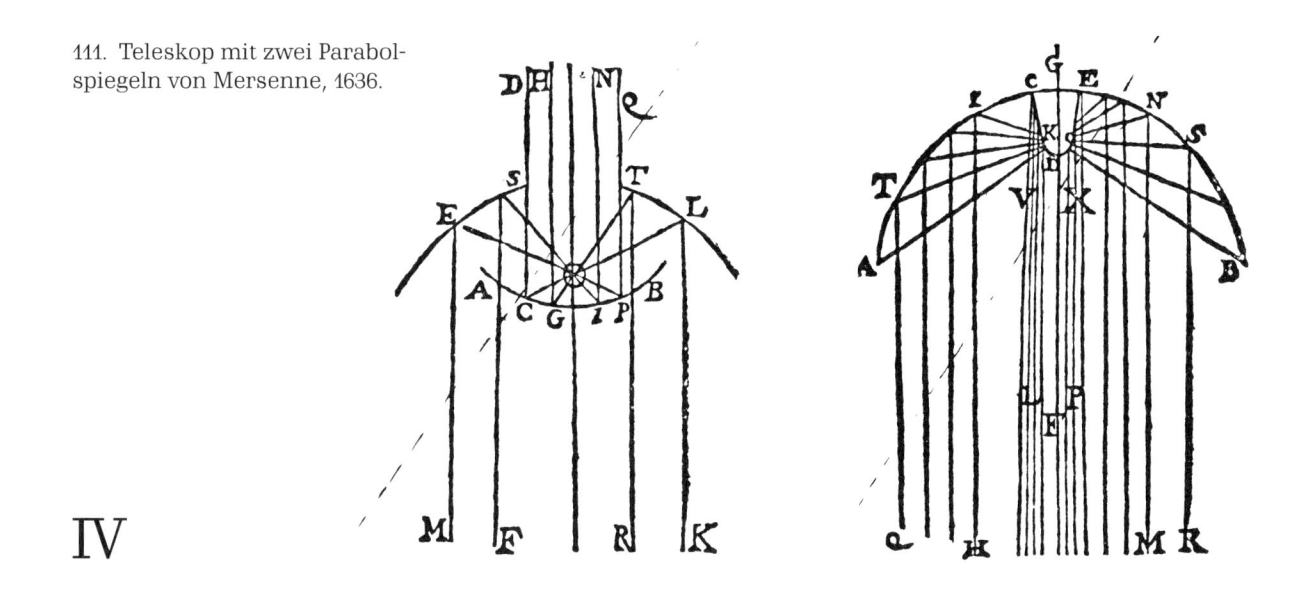

111. Teleskop mit zwei Parabolspiegeln von Mersenne, 1636.

IV

Zweimal, und zwar in den Jahren 1717 und 1721, ist Pharos an der Académie des Inscriptions thematisiert worden, zuerst von M. de Valois,[49] der sich auf Autoren bezieht, die er nicht nennt, bei denen aber »Teleskopgläser von so wunderbarer Reichweite« erwähnt werden, »daß sie feindliche Schiffe auf eine Entfernung von sechzig Meilen entdeckten«. Als nächster geht B. de Montfaucon[50] darauf ein, der zu dem Schluß kommt: »Es entspricht dem Genie der Orientalen, solche unglaublichen und wunderbaren Dinge zu erfinden...«

Danach hat sich Pater Abat (1763)[51] unter vielfältigen Gesichtspunkten mit dieser Frage beschäftigt und schließlich bewiesen, daß Vernunft und Wunder durchaus miteinander zu versöhnen sind. Seine Reaktion richtet sich dabei jedoch weniger gegen Bernard de Montfaucon als gegen Athanasius Kircher, den er anstelle einer Einleitung zitiert.

Die Abhandlung *(Belustigung VI) über einen Spiegel, der von Ptolemäus Euergetes auf den Turm von Alexandria gestellt wurde* besteht aus zwei Teilen: *1. Beweis der Möglichkeit des Faktums. 2. Überlegungen zur Existenz und zu den Eigenschaften des Spiegels von Ptolemäus.*

Der erste Teil ist einer technischen Untersuchung gewidmet. Zunächst wird über persönliche Experimente mit *plan-konkaven* Spiegeln berichtet, mit Spiegeln also, die nur unmerkliche Verzerrungen haben und in denen die Gegenstände deutlicher und größer erscheinen. Dann folgt eine Beschreibung neuerer Teleskope.

Man weiß, daß das Reflexionsmodell, welches auf das Brechungsteleskop folgte, die Glaslinse durch einen konkaven metallischen Spiegel ersetzte, den von Newton (1671), der am Ende einer Röhre von 16 cm befestigt wurde, die eine Öffnung von 37 mm hatte. Ein zweiter Spiegel, flach und oval, der auf 45° geneigt war, warf das 38mal vergrößerte Bild zum Okular zurück, das auf der gegenüberliegenden Seite auf der oberen Wand des Zylinders befestigt war.[52]

Obwohl er dem Professor aus Cambridge großen Respekt entgegenbringt, erinnert Abat doch daran, daß dieser nicht der erste war, der ein solches Instrument entwickelt hat. Teleskope mit Metallspiegeln sind schon früher hergestellt worden, in England von John Gregory (1663),[53] in Frankreich von Mersenne (1636),[54] dem Descartes einige

Überlegungen gewidmet hat, und von Cassegrain, der im Anschluß an die Vorführung des englischen Apparates eine Lösung bekanntmachte, die er schon vorher gefunden hatte (1672).[55]

Die Teleskope von Pater Mersenne, die drei Dispositive mit zwei auf der gleichen Achse liegende Parabolspiegeln mit gemeinsamen Brennpunkt hatten, von denen der kleinere als Okular diente, sind nicht praktisch ausgeführt worden. Ihre Beschreibung findet sich merkwürdigerweise in einem Kapitel, das sich mit der Natur des Klanges beschäftigt, und die Entwürfe werden als »geeignet für die künstliche Herstellung von Echos« bezeichnet, doch werden sie auch von der Bemerkung begleitet: »Es wäre vielleicht angemessener, diese Erfindung zur Herstellung von Gläsern zu verwenden, mit denen man weit sehen kann, denn das Auge, wie weit auch immer entfernt, würde die Gegenstände so deutlich sehen, als wäre es nahe daran...«

Die direkte Verbindung dieser beiden Bereiche geht auf die *Echometrie* von Biancani (1620)[56] zurück, die auf katoptrischen Überlegungen beruht und sich auch auf die Parabolspiegel von Vitellius und Fine bezieht.

Licht, Wärme und Klang werden gleichermaßen von den Flächen reflektiert, auf die sie treffen. Das ferne Bild kommt wie ein Echo innerhalb eines Rasters von Resonanzen zurück.

Das Teleskop von Cassegrain, dessen zweiter konvexer Spiegel vor der Okularöffnung des Hauptreflektors angebracht ist, geht aus einem der Dispositive des Paters Minime hervor. Es begründet einen Gerätetyp, der Nachfolger haben sollte.

Abat, der die Geschichte des astronomischen Instruments nach dem unlängst erschienenen, bei Mersennes und Descartes beginnenden Werk von Montucla (1758)[57] wieder aufnimmt, datiert die Erfindung noch weiter zurück. Zucchi, ein italienischer Jesuit, soll es 1616 entdeckt haben:[58] »Im besagten Jahr 1616, als er über die Theorie von Annäherungsgläsern nachdachte, die gerade erfunden worden waren (Galilei, 1609), kam ihm der Gedanke, statt der Objektive aus Glas konkave Spiegel aus Metall zu verwenden, um dieselbe Wirkung zu erzielen, die man durch die Brechung erreicht.«

Das Experiment konnte sofort gemacht werden: »Da er im Kabinett eines Kuriositätensammlers einen konkaven Metallspiegel aus Bronze entdeckt hatte, den ein geschickter Handwerker sehr genau gearbeitet hatte, brachte Zucchi ein Okular daran an und beobachtete mit diesem Teleskop Himmelskörper und Dinge auf der Erde, und das Experiment bestätigte ihm, was die Theorie ihn gelehrt hatte.«

Das erste Reflexionsteleskop soll mit einem Brennspiegel hergestellt worden sein. Das würde uns zu dem Bericht von Ahmed el Absihi zurückbringen, in dem die Flotte durch das gleiche Instrument gesehen und in Brand gesetzt wurde, allerdings in Unkenntnis der Tatsache, daß in diesem speziellen Fall für jede der beiden Handlungen eine andere Brennweite notwendig gewesen wäre und daß das Gerät auf keinen Fall ausgereicht hätte, um ein Schiff in Brand zu setzen.

Nachdem die Möglichkeit des Faktums nicht mehr zweifelhaft ist, geht Abat zu den historischen Überlegungen über; Porta, Crusius, Aresi, Kircher..., er läßt alle Autoren Revue passieren. Sicher gibt es unterschiedliche Ansichten über den König, der das Monument bauen ließ (einer der Ptolemäer? Alexander?), aber nicht über die Tatsache selbst. Bestimmte Einschätzungen der Reichweite (500 Parasangen, 600 000 Schritte) sind zur Zielscheibe der Kritik geworden. Darüber braucht man sich nicht zu wundern:

»Denn der Spiegel muß zu jener Zeit als großes Wunder gegolten haben, und alle, die seine Wirkungen sahen, waren voller Erstaunen.«

Die katoptrischen Regeln, einschließlich ihrer Vergrößerungsmodelle, die von Seneca in den *Quaestiones naturales*[59] behandelt werden, waren in der Antike durchaus nicht unbekannt. Man könnte die Entdeckung auch durch Zufall gemacht haben. So etwas hat man auch in jüngster Zeit erlebt. Pater Zahn (1685)[60] hat in diesem Zusammenhang eine merkwürdige Episode erzählt: »Als der Domherr von Erfurt eines Tages in seinem Zimmer auf und ab ging, blickte er in einen Spiegel, der dort an der Wand hing, und sah das lebensgroße Abbild eines Kruzifixes. Es schien ihm genau dasselbe zu sein wie ein anderes, das mitten auf einem Altar der Kirche stand, deren Domherr er war. Er war zunächst sehr überrascht, und seine Überraschung wuchs noch, als er sich fortbewegte und das Bild verschwand. Er kehrte zur gleichen Stelle zurück, und sofort erschien auch das Bild wieder.«

Man hätte an ein Wunder glauben können: »Er sah sich überall gründlich um, doch er entdeckte nichts, was die Erscheinung eines so großen Bildes hätte bewirken können, bis er schließlich bemerkte, daß an einem erhöhten Ort ein kleines Bild eines Kruzifixes stand.« Da der Spiegel von gewöhnlicher Art war, wandte sich der verwirrte Domherr an Zahn. Dieser stellte fest, daß die Oberfläche, obwohl sie plan erschien, tatsächlich eine leichte Wölbung hatte, die einem sehr großen Durchmesser entsprach: »Deshalb konnten die Gesichter derjenigen, die sich aus der Nähe darin betrachteten, ohne spürbare Vergrößerung gesehen werden, während sie aus einer beträchtlichen Entfernung vergrößert erscheinen mußten wie in allen konkaven Spiegeln.«

Abat fragt sich beim Bericht dieser Anekdote, ob die Dinge sich in Alexandria nicht genauso hätten abspielen können wie in Erfurt. Mit ihrer Luxusindustrie, mit ihren Spiegeln und Juwelen bot die Stadt der Ptolemäer jederzeit Gelegenheit zu Entdeckungen und Beobachtungen dieser Art: »Es spricht nichts gegen die Wahrscheinlichkeit, daß der Zufall es wollte, daß unter der großen Zahl von Spiegeln, die es in dieser Stadt gab, sich einer fand, der ziemlich gleichmäßig konkav war. Wenn dies so war, ist es nicht ungewöhnlich, sich vorzustellen, daß irgendein Philosoph oder Künstler, ein guter Beobachter, der zufällig (wie der deutsche Domherr) nahe an den Mittelpunkt des Spiegels herangetreten war, der einem entfernten Gegenstand gegenüberstand, dann bemerkte, daß er die Dinge vergrößert sah…«

Die Erkenntnis des Vorgangs hätte experimentell vollzogen werden könne, so daß die eigentliche Ursache der erzielten Wirkungen unbekannt blieb und sie noch geheimnisvoller machte: »Ein solcher Spiegel mußte als Schatz betrachtet werden und als würdiges Geschenk für Ptolemäus, der ein großer Förderer der Künste und Wissenschaften war, und als großer Liebhaber seltener und ungewöhnlicher Dinge konnte er nicht versäumen, diejenigen, die es ihm brachten, großzügig zu belohnen. Es ist ganz natürlich, daß er ihn in diesem herrlichen Bauwerk, dem Turm von Pharos aufstellte, wo er von größerem Nutzen sein konnte als anderswo.«

Diese Erklärung ist so gut wie jede andere. Die Experimente von Zahn und Zucchi bestätigen sie. Die Entdeckung des Teleskops konnte im 3. Jahrhundert v. Chr. auf die gleiche Weise gemacht werden wie im 17. Jahrhundert. Abat schließt aus alledem, daß die Existenz des Spiegels von Pharos, in dem man entfernte Dinge sehen kann, technisch möglich und historisch wahrscheinlich ist. Von Montfaucon angefochten, wird der

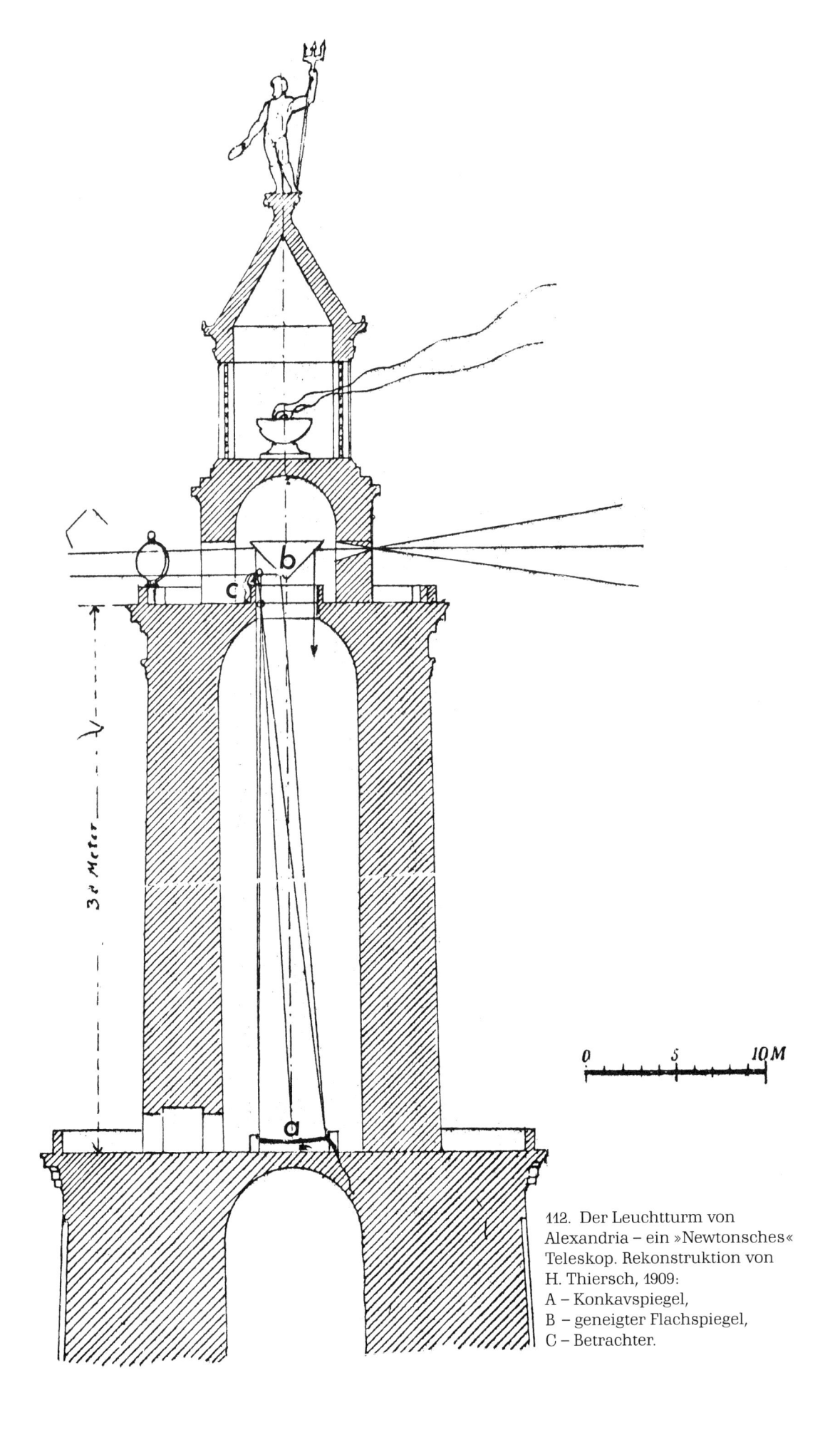

112. Der Leuchtturm von Alexandria – ein »Newtonsches« Teleskop. Rekonstruktion von H. Thiersch, 1909:
A – Konkavspiegel,
B – geneigter Flachspiegel,
C – Betrachter.

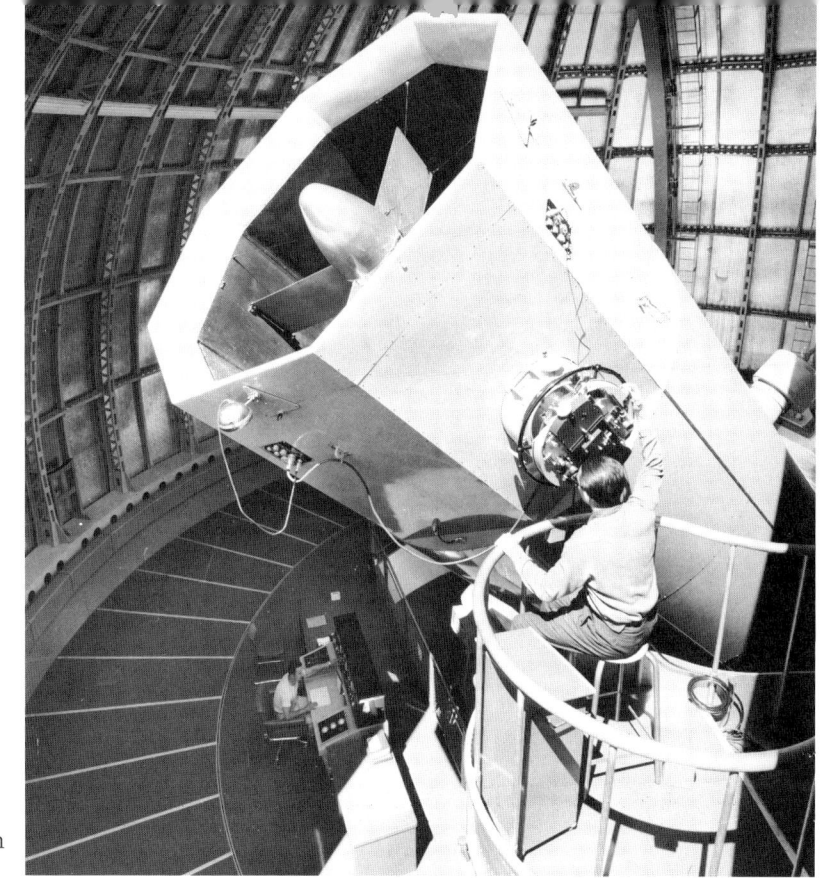

113. Teleskop nach dem Newtonschen Modell auf der obersten Plattform des Observatoriums von Haute-Provence.

Bericht von Benjamin von Tudela-Martin Crusius – das einzige direkte Zeugnis, das das Abendland bis dahin kennt – jetzt unwiderlegbar.

Die Veröffentlichung eines zweiten orientalischen Textes und eine Rekonstruktion des Turmes folgten bald. Der Text war eine lateinische Übersetzung von Abdulfehda (1320), die 1770[61] in Göttingen erschien, und sein Interpret war Buffon (1774),[62] der ihn in einem Anhang zu seinem anticartesianischen Artikel über Archimedes und seine katoptrischen Einrichtungen behandelt.[63] Die Passage des arabischen Geographen, die sich auf das Monument bezieht, wird dort *in extenso* wiedergegeben: »...Oben auf diesem Turm war ein Spiegel aus chinesischem Eisen *(speculum e ferro sinico)*, in dem die griechischen Schiffe sich spiegelten. Daher haben die Christen eine List angewandt und den Spiegel gestohlen. Dieses Ereignis fand im ersten Jahrhundert der Verbreitung des Islam, unter dem Kalifat von el Walid statt.«

Die Analyse beginnt mit allgemeinen Betrachtungen: »Wir haben festgestellt, daß man ein leuchtendes Objekt nachts aus einer zehn-, zwanzig- oder vielleicht hundertmal größeren Entfernung erkennt als am Tag. Seit Aristoteles wissen wir andererseits, daß die Sterne, aus einem tiefen Brunnen heraus betrachtet, am hellen Tag genauso strahlen wie nachts.« Aus diesen Beobachtungen ergibt sich eine praktische Lösung: »Warum also sollte man nicht auch die von der Sonne angestrahlten Schiffe sehen, wenn man sich in der Tiefe eines sehr dunklen Tunnels befindet, der am Meer liegt?«

Das wäre ein horizontaler Brunnenschacht, von dem aus die Schiffe, glitzernd wie Sterne, zu sehen wären. Ohne ein anderes Instrument als unser Auge könnte man sie von so weit her sehen, wie die Erdkrümmung es erlaubt, das heißt etwa zehn Meilen. »Aber ein konkaver Spiegel mit einem ausreichend großen Durchmesser und einem beliebigen Brennpunkt, der am Ende einer langen, geschwärzten Röhre angebracht wird, hat am Tage fast die gleiche Wirkung, die unsere großen Objektive mit gleichem Durchmesser und gleichem Brennpunkt nachts erzielen, und wahrscheinlich hat man im Hafen von Alexandria einen dieser konkaven Spiegel aus poliertem Stahl verwendet.«

Wahrscheinlich war ein zweiter konkaver Spiegel an seinem Brennpunkt angebracht, um das vergrößerte Bild leichter zu empfangen, und darin besteht die wesentliche Neuerung, die einer der Lösungen von Mersenne entspricht. Die zeitgenössischen Teleskope sind tatsächlich nur Miniaturmodelle des antiken Tunnels, ein horizontaler oder schräger Brunnenschacht mit einem chinesischen Spiegel am Ende, in dem man Dinge sehen kann, die für das bloße Auge unsichtbar sind.

»Das schränkt in keiner Weise den Ruhm des großen Newton ein, der als erster diese vollständig in Vergessenheit geratene Neuerung wiederentdeckt hat«, schließt Buffon, der – wie ein Jahrhundert zuvor Burattini – darauf bedacht ist, all diejenigen zu beruhigen, die darin einen Versuch sehen könnten, die Autorität des Gelehrten aus Cambridge anzutasten. Das englische Instrument, das seit seinem Erscheinen in der Welt der Gelehrten mit dem Gerät in Alexandria in Verbindung gebracht wurde, wird immer wieder gemeinsam mit seinem legendären Vorgänger genannt. Newton... Pharos..., der Ruhm beider verbindet sich. Als Sir Isaac ein Reflexionsteleskop aufstellte, hatte er, ohne es zu ahnen, eins der Sieben Weltwunder rekonstruiert.

In den aufeinander folgenden Versionen der Geschichte des Bauwerks behält schließlich der Spiegel Oberhand über alle anderen Elemente. Zum antiken Leuchtturm, einem Gebäude von ungeheurer Größe, das auf vier Krebsen ruhte und auf dessen Spitze ein harziges Holzfeuer flackerte, kommen nun arabische Maschinen – Automaten – hinzu, die die Bewegungen von Himmelskörpern und Schiffen verfolgen – und ein katoptrisches Gerät, das letzten Endes als einziges übrigbleibt. Mit Ausnahme von Vossius (1658) und Montfaucon (1729) vermerkt keiner der abendländischen Gelehrten ein Lichtsignal.

Die auf die englischen Küsten gerichteten Spiegel von Julius Caesar, die noch niemals mit dem ptolemäischen Gerät in Verbindung gebracht worden waren, schließen sich dank der jüngsten Entwicklungen nun an. Hätte Britannien nicht eine Etappe bei dieser Übermittlung in den Westen sein können? Amerlhon zitiert in seiner Studie, die die Frage prüft, *Ob es erwiesen ist, daß die Alten das Teleskop gekannt haben*, die er 1779[64] der Académie des Inscription vorlegt, auch Roger Bacon.

In einem Schreiben von M. Morand, das er 1842[65] an die Académie des Sciences richtet, wird Newton direkt mit dem *doctor admirabile* in Verbindung gebracht. Danach wäre das Teleskop schon im 13. Jahrhundert bekannt gewesen: »Viele Entdeckungen, die man für modern hält, sind nichts als Wiederentdeckungen.« Sie erleben eine Art von zyklischer Wiederkehr.

Die antikisierenden Thesen wurden in der Folge ein weiteres Mal zum Gegenstand heftiger Auseinandersetzungen. In einer Abhandlung *Über optische Instrumente, die fälschlicherweise den Alten zugeschrieben wurden* (1871)[66] greift Th. H. Martin Amerlhon und Morand an und erklärt, mit gründlicher Kenntnis des Materials, wie die ägyptische Fabel über den Spiegel von Alexandria die englische Erzählung über den Spiegel von Caesar hervorgebracht hat. Dieser Vorstoß blieb folgenlos. Bei seiner Rekonstruktion des Monuments bemühte sich Thiersch (1909)[67] mit der Kühnheit eines Technikers des 20. Jahrhunderts um eine endgültige Bestätigung der Legenden.

Das dreistöckige Gebäude – ein großer Unterbau, ein quadratisches Gebäude und ein hoher, achteckiger Turm – ist im Hinblick auf seine katoptrische Einrichtung erbaut worden. Diese soll in zwei Ebenen aufgeteilt gewesen sein: »1. Die Abbilder des Meeres (und Ägyptens) werden zunächst durch vier plane, drehbare Spiegel, die auf der oberen Plattform stehen, ins Innere des Turmes gespiegelt, wo sie auf einen pyramidenförmigen oder konischen Spiegel treffen, der mit der Spitze nach unten in einem Winkel von 45° in einer *camera obscura* hängt, die sich auf dem Turm befindet. 2. Das Bild, das von dem pyramidenförmigen oder konischen Spiegel aufgefangen wird, spiegelt sich dann vertikal über eine beträchtliche Entfernung in einem vier Meter großen Konkavspiegel, der unten, auf dem Boden der zweiten Terrasse, installiert ist.«

Der Beobachter begibt sich auf die oberste Plattform, beugt sich über die Achsenöffnung wie über einen Brunnen und sieht dort das 30mal vergrößerte Bild. Der Leuchtturm von Alexandria soll nichts anderes gewesen sein als ein riesiges Teleskop. Mit einer 30 m langen Röhre – dem achteckigen Turm – wäre er ein sehr früher Vorläufer der beiden wichtigsten Geräte, die man bis dahin gebaut hatte: dem in Slough von Herschel (1798),[68] das mit einem Metallspiegel von 1,22 m und einer Länge von 12,20,m mehr als 1000fach vergrößert, und dem von Lord Rosse in Birr Castle (1842),[69] mit einem Spiegel von 1,82 m, der 3800 kg wiegt und in eine Röhre von 16,60 m Länge eingebaut ist, der an einen Tunnel von Buffon erinnert und auf einem ungeheuren mobilen Gerüst installiert ist.

So beeindruckend sie auch sind, die Notwendigkeit, solche Massen zu manövrieren, hat die Entwicklung dieser beiden Ungeheuer eingeschränkt, während eine unbewegliche Röhre, die vertikal aufgestellt ist, nicht solche Nachteile mit sich bringt. Von ägyptischen Maurern aus Quadersteinen erbaut, erreichte der Turm eine schwindelerregende Höhe. Der deutsche Archäologe hat den Turm von Pharos nicht nur für das größte, sondern auch für das stärkste Teleskop aller Zeiten gehalten. Mit der Neigung des zweiten Reflektors auf 45° entspricht er dem newtonschen Modell. Der einzige Unterschied ist, daß der geneigte Spiegel nicht das vergrößerte Bild empfängt. Er überträgt es als solches auf den vergrößernden Spiegel, wo es von oben direkt von einer Wache gesehen wird, die sich im Inneren der Röhre befindet. In einem Werk von hoher Gelehrsamkeit dargestellt, das mit Hinweisen und Zitaten gespickt ist, erscheint die letzte Beschwörung des Turms von Pharos nur umso eigenartiger.

Der rätselhafte Apparat von Alexandria hat sich während seiner zwei Entwicklungsphasen nicht wesentlich gewandelt. In der orientalischen Legende war er ein Wunder ohne genau bestimmte Form, und das ist er auch im Abendland bis zum 17. Jahrhundert geblieben. Chrysolith, durchsichtige Steinscheiben, eine zusammengesetzte Substanz, Glas, chinesischer Stahl... seine übernatürliche Macht liegt nicht in einer mechanischen Einrichtung, sondern in seinen Materialien und ihren geheimen Kräften. Das Gerät beruht weniger auf Wissenschaft als auf Magie. Selbst die Interpretation von G.-B. della Porta (1589) trägt noch deren Zeichen, und erst nach einer relativ neuen Erfindung, die in keinerlei Beziehung zum antiken oder islamischen Ägypten steht, erkennt man darin ein präzises katoptrisches Modell.

Das Datum des 11. Januar 1672 war in dieser Frage von entscheidender Bedeutung. Durch die Vorführung eines kleinen, spielzeugartigen Gegenstandes in London wurde plötzlich eine doppelte Perspektive eröffnet. Der Reflexionsapparat von Newton bildete

Fig. 1.

114. Das Teleskop von W. Herschel. Slough, 1789.

115. Teleskop auf Hawaii (Modell).

einen Prototyp für alle Teleskope der Vergangenheit und der Zukunft. Von seinem Modell ausgehend sind mit verbesserten Einrichtungen (Cassegrain und andere) die stärksten modernen Observatorien gebaut worden. Das von Mount Palomar in Kalifornien ist mit einem Spiegel von 200 inches (5,08 m) ausgestattet, der 1947 von der Manufaktur Saint-Gobain hergestellt wurde. Er ist erst kürzlich, im Jahr 1976, durch den Apparat von Zelentschuk im Kaukasus (UdSSR) mit einem Reflektor von 6 m übertroffen worden. Neben diesen beiden Riesen, von denen der erste fünf Millionen Golddollar gekostet hat, begnügen sich selbst die perfektesten Teleskope mit geringeren Ausmaßen. Das von Hawaii ist nicht größer als 3,60 m. Der Tubus hat drei Etagen, wie der von Thiersch rekonstruierte Turm von Pharos, und der Astronom – die Wache – steht nicht, sondern sitzt auf der obersten Plattform auf einem Drehstuhl. Es ist natürlich kein gemauerter Turm, sondern ein mobiles Chassis aus Eisen und Beton. Dennoch hat es eine Verbindung zum Leuchtturm von Alexandria – durch die alten islamischen Legenden und ein technisches Wunder aus dem England des 17. Jahrhunderts, das sich damit gleichzeitig in den letzten Neuerungen unserer Zeit und auf einem Monument des 3. Jahrhunderts v. Chr. wiederfindet.

Als Wiege der großen Zivilisationen steht die Antike nicht nur am Ursprung neuer Schöpfungen, deren erste Formen sie gestaltet. Nach Ansicht der zeitgenössischen Gelehrten geht sie ihnen in ihrem Fortschritt voraus. Die ptolemäische Trommel in Ragusa war viel wichtiger als ihr englisches Pendant. Der teleskopische Tunnel von Buffon ist ein Vorläufer der Ungeheuer von Herschel und Rosse. Der vier Meter große metallische Spiegel von Thiersch (1909) ist älter als das Riesenteleskop vom Mount Wilson (1917, Kalifornien) mit seinem Reflektor, der noch nicht einmal größer als 100 inches ist, also 2,50 m. Diese Ausmaße konnten übrigens erst erreicht werden, nachdem die Bronze, die selbst für den besten Optiker nur schwer zu verarbeiten ist, von Léon Foucault (1856) durch das Paraboloid aus versilbertem Glas ersetzt wurde. Die Projektion in die Vergangenheit nimmt die Gegenwart vorweg. Daß das Phänomen mit Verspätung verwirklicht wird, ist noch um 1900 herum spürbar.

Zwischen 875 und 1556 und noch länger bleibt die islamische Erzählung im Orient sich gleich – im Okzident ist das zwischen 1183 und 1584 der Fall. Die unglaubliche Reichweite des Reflektors von Pharos mit ihren durch einen Transkriptionsfehler verzehnfachten Zahlenangaben (statt der 50 Parasangen bei Benjamin von Tudela 500 bei Crusius, die von G.-B. della Porta auf 600000 Schritte und von Montfaucon auf 100 Meilen geschätzt werden) hat dennoch bestimmte Gelehrte in Verlegenheit gebracht, und es bedurfte der Entdeckung des Reflexionsteleskops, um die Legende wieder aufleben zu lassen. Verwundert über den Anblick der in einem Kasten vergrößerten Welten, konnten sie nicht mehr umhin, an die Fabel zu glauben.

Erst von Abel (1763) wird die Fabel zum Gegenstand einer positiven, historischen und technischen Untersuchung gemacht. Die Entfernungen werden plötzlich auf 60 Meilen reduziert, was etwa den 50 Parasangen der ersten Einschätzung entspricht, aber die Entwicklung des Apparates selbst folgte eher einem Hang zum Gigantismus. Die letzten Rekonstruktionen des ursprünglichen Teleskops haben ein Ausmaß erreicht, das dem der größten modernen Teleskope entspricht. Es ist eine verkehrte Welt, in der die Wissenschaft zur Fiktion wird, und zwar nicht in der Antizipation, sondern in der Retrospektive.

116. Blick durch ein Teleskop. Sternbild des »Jagdhundes«. Großer Spiralnebel, NGC 5194, M 51. Observatorium Haute-Provence.

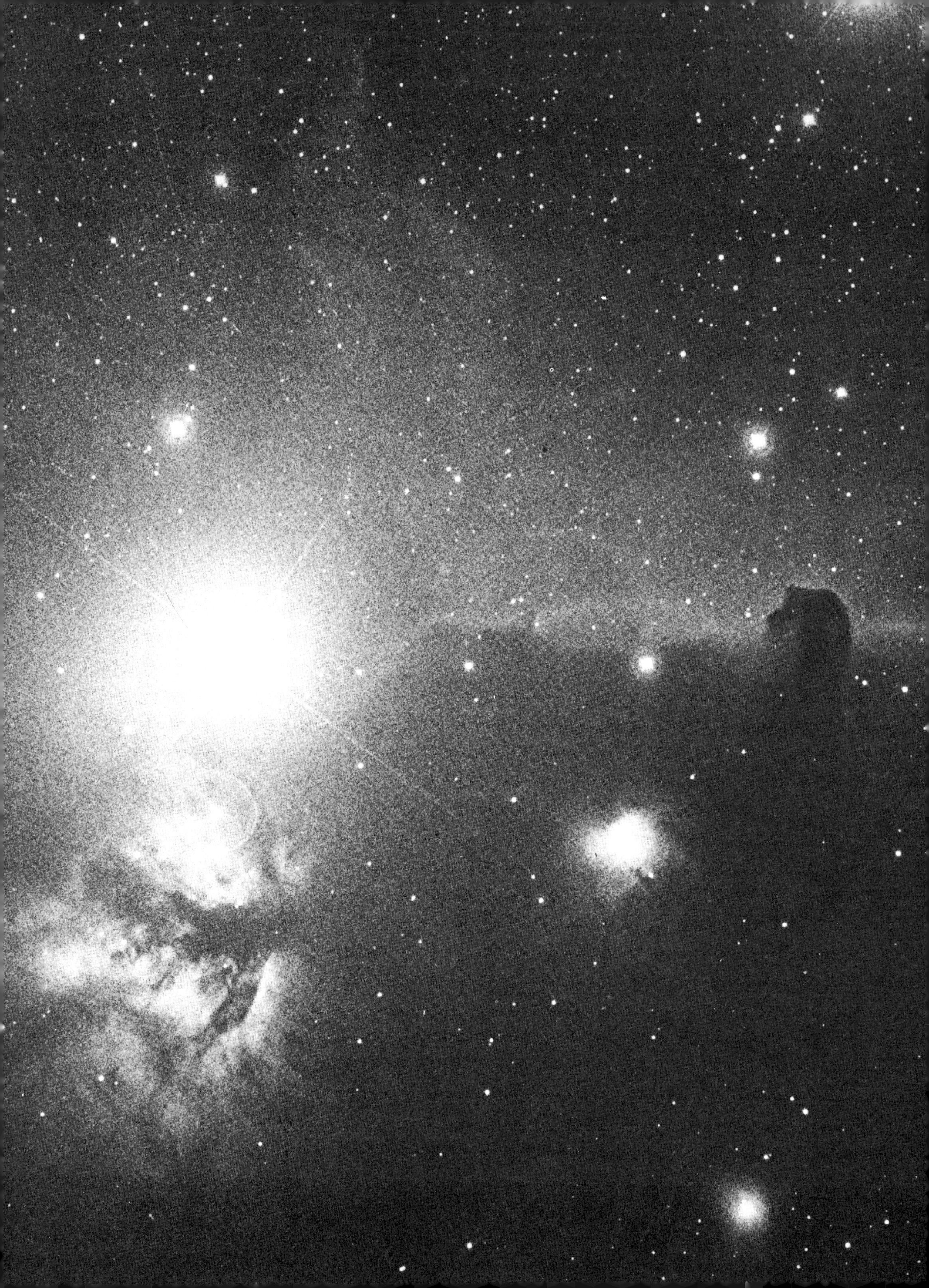

VII Der Spiegel des Pythagoras

Die Spiegel des Pythagoras sind so leuchtend und mit so erlesener Kunstfertigkeit hergestellt, und man kann in ihnen sogar während der Nacht so weit entfernte Dinge entdecken, daß sie Anlaß geben, sich vorzustellen und zu glauben, daß man in der leuchtenden Gestalt des Mondes durch das Mittel der Reflexion Abbilder von Buchstaben oder anderen Dingen sehen kann, die ihre Botschaft an Tausende von Meilen entfernte Freunde hinübersenden.

Raphael Mirami, 1582

117. Sternbild »Orion«, »Pferdekopf« – Nebel, 22.10.1971.

I Die Projektion von Buchstaben auf den Mond
Die Quellen von Kircher (G.-B. della Porta, Agrippa). Die thessalischen Hexen von Aristophanes und seinen Scholiasten. Der Mondspiegel von Lukian.

II Das Wiederaufleben der pythagoreischen
Legende und ihre modernen Verarbeitungen
Nachrichtenübermittlung zwischen Paris und Mailand per Satellit. Technische Vorkehrungen: die Form des Spiegels und die Schrift aus Blut. Von der Mythologie des 16. Jahrhunderts (Conti) zur Dämonologie des 17. Jahrhunderts (Martin del Rio – P. de l'Ancre). Ausweitung des Kommunikationsnetzes: Konstantinopel, Neapel, London, Rom.

III Die Skeptiker und der Triumph des Teufels.
Philologische Streitigkeiten (Meursius, Boulenger, Cesi). Technologische Streitigkeiten (Campanella, Leurechon). Kontroversen über Mathematiker und Zauberer: Zerstörung des Mythos durch die Vernunft (Naudé) und Gegenoffensive der Besessenen (Jacques d'Autun).

118. Pythagoras. Nach A. Thévet, La Vie des Hommes Illustres, Paris 1584.

I

Ist es möglich, Buchstaben auf den Mond zu schreiben? Diese Frage ist von Athanasius Kircher (1646)[1] in einem der *neuen Kryptologie* gewidmeten Kapitel gestellt worden, in dem er zwei Texte aufgreift und *in extenso* wiedergibt, einen von G.-B. della Porta (1589)[2] und den anderen von Cornelius Agrippa (1529):[3]

»Ich habe gesagt und ich habe beobachtet, daß wir dieses künstliche Mittel (einen konisch abgestumpften Konkavspiegel) für viele große und wunderbare Dinge benutzen können, und vor allem, um Buchstaben auf die Mondscheibe zu schreiben, denn was auch immer wir auf diesen Spiegel aufzeichnen, er sendet es, wie ich gesagt habe, in eine unbegrenzte Entfernung, ebenso weit wie der Mond, wobei ihm ganz besonders sein Licht hilft...« schreibt der Verfasser der *Magia naturalis* am Ende seiner Beweisführung über das parabolische Profil, mit dem man Nachrichten aus Feuer über unbegrenzte Entfernungen senden kann.

Der zweite Text, der aus der *Philosophia occulta* stammt und viel älter ist, ist im Hinblick auf die Beschaffenheit des Instruments weniger genau, aber umfassender, was die Legende angeht: »Es gibt ein anderes Wunderwerk, das noch weit erstaunlicher ist, daß nämlich, wenn jemand auf eine bestimmte Weise Bilder gemalt oder einige Wörter geschrieben hat und sie nachts bei klarem Wetter und Vollmond den Strahlen des Mondlichts aussetzt, jeder andere sie sehen oder lesen kann und in der Reichweite und im Umkreis des Mondes über diese Dinge informiert ist, denn ihre Abbildungen sind aufgestiegen und haben sich in der Luft vervielfältigt, was sehr nützlich ist, um Neuigkeiten bekanntzumachen, wenn die Plätze und Städte belagert sind. Es ist ein Geheimnis, das Pythagoras einst verwendet hat und das selbst heute noch einigen Menschen bekannt ist, wie auch ich es kenne.«

Ebenso wie Trithemius soll Agrippa selbst Spiegel dieser Art hergestellt haben, die tatsächlich Projektionsapparate und nicht Teleskope gewesen sein sollen, wie es Mirami im Vorwort zu seinem Buch vermutet.

Kircher und in seiner Nachfolge Schott (1657)[4] halten eine solche Übermittlung von Bildern über unendliche Räume hinweg für möglich, sofern es eine Beteiligung des Satans gegeben hat. Im *Trésor chronologique* von Guillebaud (1642)[5] wird das genaue Datum angegeben, das Jahr 3511 seit Bestehen der Welt, das Jahr der olympischen Spiele, bei denen Pythagoras mit einem Schenkel aus Gold erschienen ist. Im Artikel *Pythagoras* im *Dictionnaire* von Bayle (1697)[6] wird ein geschichtlicher Überblick der Legende mit einer ausführlichen Bibliographie abgedruckt.

Die Legende ist im Umkreis von Aristophanes und seinen Exegeten entstanden. Der Spiegel und der Mond werden in den *Wolken* (423 v. Chr.) direkt miteinander verbunden, wo Strepsiades Sokrates erwidert:

> »Ich kauf mir einfach 'ne thessalische Hexe,
> Die hilft mir nachts den Mond vom Himmel holen.
> Den steck ich in ein rundes Futteral,
> So wie 'nen Spiegel und heb ihn gut auf! ...
> Wenn nirgends mehr der Mond je aufging', gäb es
> Auch keinen Zinsenzahltermin...
> Weil nach Monden man das Geld verleiht.«[7]

Es gibt sicher noch keine Buchstaben, keine Übertragung von Zeichen auf den Himmel und noch nicht einmal einen Spiegel im eigentlichen Sinne. Aber man wußte durch Platon und durch Plinius,[8] daß die thessalischen Hexen berühmt für ihre Kunst waren, das Nachtgestirn herabsteigen zu lassen. Außerdem hat diese Passage einem Scholiasten den Vorwand geliefert, eine Geschichte von Pythagoras[9] zu berichten, die mehr oder weniger in den Zusammenhang dieser Szene gehört. Wir zitieren nach der Übersetzung von Bachet (1625),[10] der eine kritische Untersuchung all dieser Texte vornahm.

»Es gibt ein Spiel, das Pythagoras erfunden hat und das mit einem Spiegel dieser Art gemacht wird. Wenn der Mond voll ist, schreibt jemand mit Blut auf einen Spiegel, was er will, und nachdem er es einem anderen angekündigt hat, stellt er sich dahinter und wendet die auf den Spiegel geschriebenen Buchstaben dem Mond zu, und der andere, der seinen Blick aufmerksam auf die Mondkugel richtet, kann dort alles lesen, was auf dem Spiegel geschrieben ist, als wäre es auf dem Mond geschrieben...«

Diese Anmerkung stammt zweifellos von Didymius, einem leidenschaftlichen Kommentator von Aristophanes, mit dem die alexandrinische Epoche zu Ende geht, und wie die Werke des Dichters ist sie weit verbreitet gewesen.[11] Im 10. Jahrhundert hat Suidas[12] sie von einem mit Anmerkungen versehenen Exemplar der ursprünglichen Fassung abgeschrieben, zusammen mit einigen anderen Unrichtigkeiten.

Das außergewöhnliche Gerät war nicht das einzige seiner Art. Ein weiterer Mondspiegel kommt in einem Bericht vor, dem deutlich anzumerken ist, daß er aus derselben Zeit stammt. Lukian[13] beschreibt eine ähnliche Vorrichtung, als er während seiner Himmelsreise den Mond erreicht, der als große, glänzende, kugelförmige Insel in der Luft schwebt: »Auch sah ich im Palaste des Königs noch ein anderes Wunder, und das ist ein Spiegel von ungeheurer Größe, der auf einem nicht allzu tiefen Brunnen liegt. Wer diesen Brunnen hinabsteigt, hört alles, was auf unsrer Erde gesprochen wird; und wer in den Spiegel schaut, sieht darin alle Städte und Völker der Erde so genau, als ob sie vor ihm stünden. Ich sah bey dieser Gelegenheit meine Familie und mein ganzes Vaterland: ob sie aber auch *mich* gesehen haben, kann ich nicht für gewiß sagen. Wer mir nicht glauben sollte, was ich von der Tugend dieses Spiegels gemeldet habe, wird sich, wenn er einmal selbst hierher kommen wird, mit eigenen Augen überzeugen können, daß ich die Wahrheit sage.«

Die Elemente sind umgekehrt, aber es handelt sich doch um eine interplanetarische Kommunikation mit Hilfe eines Instruments der gleichen Art. Auch wenn keine direkten Beziehungen zwischen ihnen bestehen, gehen beide Legenden aus dem gleichen katoptrischen Stoff hervor, dessen magische Seite seit Euklid und stärker noch seit Hero von Alexandria die Phantasie beflügelt hat.

II

Die antike Legende, die schon 1516 ohne Angabe von Quellen bei Ricchieri (Coelius Rodriginus)[14] erwähnt wurde, ist sehr schnell von verschiedenen Schriftstellern aufgegriffen und ausgeschmückt worden. Die klassische Fassung, die die Grundlage aller Entwicklungen bildet, ist in der Mitte des 16. Jahrhunderts niedergeschrieben worden. Wir verdanken sie Natale Conti (1551),[15] einem Mythenschreiber aus Mailand, dessen Kapitel *Über den Mond* ihre ganze Entstehungsgeschichte und ihre jüngsten Erweiterungen enthält.

Der Gelehrte geht methodisch vor und beschwört zunächst die Töchter Thessaliens herauf, die durch das Aussprechen von mythischen Formeln den Mond zum Herunterfallen bringen. Neben anderen Autoren bestätigt Vergil: »Die magischen Verse holen den Mond vom Himmel…« Das Zitat aus den *Bucolica* bestätigt volkstümliche Anschauungen, die Aristophanes schon vor langer Zeit in seinen *Wolken* heraufbeschworen hatte: »Die Alten haben geschrieben, diese Meinung sei daher gekommen, daß man bestimmte runde Spiegel so verwendete, daß sie den Mond abbildeten, als hätte man ihn vom Himmel heruntergeholt. Und diese Erfindung soll eine Idee von Pythagoras gewesen sein…« Im Anschluß daran gibt er die ganze Anmerkung des Scholiasten wieder.

Der Spiegel des Pythagoras war also kein Hexenmärchen eines archaischen Griechen. Er war im Gegenteil der Ursprung der thessalischen Legenden. Außerdem wurde er von den Modernen wiederhergestellt, die sich seiner tatsächlich bedient haben. Hat Agrippa nicht angedeutet, daß man ihn für die Verständigung zwischen Armeen verwenden konnte? »Dies fand zu der Zeit statt, als der große König Franz I. um das Herzogtum Mailand Krieg gegen Kaiser Karl V. führte. Denn man sagt, daß man, mehr als einmal, abends in Paris erfuhr, was am Tage in Mailand geschehen war.«

Conti, der um 1520 in Mailand geboren wurde, hat sich sicher an eins der Gerüchte erinnert, die während der Belagerung, die er als Kind miterlebt hat, in der Bevölkerung kursierten. Es handelte sich schon damals um eine Übermittlung per Satellit. Zu dieser Zeit erschien der Vorgang allerdings wie ein Wunderwerk des Teufels. Dem Geschichtsschreiber der antiken Götter und den Gelehrten folgen nun also die Dämonologen. Le Loyer (1580),[16] ein Magistratsbeamter aus Angers, der sich auf Hexerei spezialisiert hatte, war der erste von ihnen, der sich mit der Legende beschäftigte. Zunächst verfaßt er eine Aristophanes-Übersetzung in Versen, in der einige neue Details auftauchen:

> Si j'allois achetant une Thessalienne
> Qui attirast la lune estant magicienne
> Et après l'enfermast dans un lieu certain
> Comme dans un miroir ventru luisant.

> Wenn ich mir eine Thessalierin kaufen würde,
> die als Zauberin den Mond herunterholte
> und ihn an einem bestimmten Platz einschlösse,
> der wie ein leuchtender, bauchiger Spiegel ist…

Der Spiegel des Pythagoras war also sphärisch-konvex wie dieses Futteral für die vom Himmel heruntergeholte Mondscheibe. Und dann bliebe noch die Frage des Blutes, mit dem man Buchstaben darauf schrieb: »Und darüber berichtet der Interpret (der Scholiast) das Folgende. Pythagoras, sagt er, dieser sehr gelehrte Philosoph, schrieb mit menschlichem Blut«, so erläutert Le Loyer, »auf den bauchigen Spiegel, den die Griechen *katoptron* nannten.« Das zweite neue Element, das menschliche Blut, stammt sicher aus einem Hexenbuch. Eine andere Hypothese, die in Erwägung gezogen wird, kann die Quelle nur bestätigen:

»Ich erinnere nun an die Pomponatier, und ob dieser Spiegel des Pythagoras und diese mit menschlichem Blut geschriebenen Buchstaben nicht ihrem Ziegenblut ähneln und ihren beiden Spiegeln, die zusammen den Strahlen der Sonne oder des Mondes gegenübergestellt wurden und die beide Teufelswerk waren und nichts anderes.« Über den Ursprung des Verfahrens gibt es keinen Zweifel: »Was Pythagoras angeht, so war er der größte Zauberer seiner Zeit, und er hatte darüber hinaus ein enges Bündnis mit dem Teufel, was die falschen Wunder und Betrügereien beweisen, die man von ihm liest und die eines solchen Mannes würdig sind.«

Wie Cassiodorus und Isidor von Sevilla, die mit den Freien Künsten verbunden waren, so galt Pythagoras noch im Mittelalter als Erfinder der Musik (der universellen Harmonie),[17] während er nun in den Bereich des Satans verbannt wird.

Wir befinden uns mitten in einer Epoche, in der von den Jesuiten in ganz Europa ein Generalangriff gegen Hexen und Zauberer entfesselt wird, der von einem sprunghaften Anstieg von Texten begleitet wird,[18] die eine Rechtfertigungsgrundlage bieten sollen. Eine *Summa daemoniae* als Gegenstück zur *Summa theologiae* sollte dringend in allen Einzelheiten ausgearbeitet werden. Das Ergebnis ist ein Aufblühen von Teufelstraktaten, die die Machenschaften des Satans methodisch definieren und klassifizieren. Es sind umfangreiche Kompilationen, in denen düsterer Aberglaube sich mit aufgeklärtem Wissen verbindet.

Nachdem der pythagoräische Mythos dämonisiert ist, verbreitet er sich mit diesen Dogmen. Die Doktoren der Hexerei, die auch die Aufgabe haben, sie mit Folter und Feuer zu bekämpfen, haben es nicht versäumt, sich seiner für ihre Beweisführungen zu bedienen, darunter auch der berühmteste von ihnen, Martin del Rio (1612),[19] der in Flandern gewütet hat: »Einige neuere Autoren berichten, daß Pythagoras die Gewohnheit hatte, Buchstaben aus Menschenblut auf einen Hohlspiegel zu schreiben und daraus wahrzusagen, indem er den Spiegel dem Mond gegenüberstellte.« Es handelte sich demnach um einen Wahrsagezauber, der mit einem konkaven Spiegel ausgeführt wurde.

Ein spanischer Inquisitor, Torreblanca (1615),[20] greift diese Version des Hohlspiegels auf, der der Katoptromantie gedient haben soll. Für de l'Ancre (1622)[21] war der Spiegel aus Metall: »Pythagoras hatte einen sehr klaren Spiegel aus Stahl, in den er alles hineinschrieb, was er für gut hielt, und er zeigte es später dem Mond, wenn dieser ganz voll war, und indem er seinen Blick fest auf ihn heftete, konnte er alles lesen, was der Spiegel enthielt, als wäre es auf dem Mond geschrieben. Auf diese Weise können wir auch die geheimsten Gedanken unseres Herzens aufschreiben und sie eine Person wissen lassen, die in einem weit von uns entfernten Land ist...« Zur Zeit des französischen Königs Franz I. geschah dies zwischen Mailand und Paris. Die Vorhersage geheimer Dinge und die Übertragung von Gedanken werden durch dasselbe Instrument bewerkstelligt.

Der Jesuitenpater war ein Mann von Geschmack, sein Haus hatte eine Kapelle und war mit Grotten geschmückt, die mit Austernschalen ausgelegt waren. Es befand sich auf dem Gipfel des »Montparnasse der Musen« von Loubens. Er hat die baskischen Hexen verbrannt, wie er auch die thessalischen verbrannt hätte.

Obwohl sie in die Katoptromantie eingebettet ist, bleibt die Legende bis auf einige Details erhalten. Seit Martin del Rio ersetzt der *Hohlspiegel*, wahrscheinlich in der Nachfolge der Paraboloide von Porta, den *bauchigen Spiegel* von Le Loyer. Seit de l'Ancre ist er aus Stahl. Es gab noch eine Kontroverse um das Blut. Menschenblut? Ziegenblut? Weder das eine noch das andere?

Naudé (1625)[22] schlägt eine dritte Lösung vor: eine sehr antike, die er von Moreau (1625)[23] übernommen hat – zermahlene Pferdebohnen, die für eine bestimmte Zeit dem Mondlicht ausgesetzt werden und sich dadurch in eine blutähnliche Flüssigkeit verwandeln: »Man kann sagen, daß an dieser Verwandlung nichts Ungewöhnliches ist, durch die er (Pythagoras) Blut aus Pferdebohnen macht, denn Herr Moreau zeigt sehr deutlich, daß eine solche Sache nach den Regeln der Chymiker gemacht werden kann.«

Wenn Pythagoras also wirklich solche unglaublichen Verfahren angewendet hätte, dann hätte es keinen Grund gegeben, das menschliche Blut einem Pflanzenelixier vorzuziehen, das das gleiche Resultat erzielt.

Parallel dazu hat die Fabel noch eine andere Entwicklung durchlaufen. Eine Nachrichtenübermittlung per Satellit hat es nicht nur zwischen Mailand und Paris gegeben. Wie Risner (1606)[24] berichtet, konnte Lutetia Botschaften aus Konstantinopel erhalten. Schott (1657)[25] zufolge, der als Jesuit das Verfahren für Teufelswerk hält, konnte man in einer klaren Nacht in Konstantinopel lesen, was in London geschrieben wurde. Campanella (1620)[26] berichtet seinerseits, man glaube in Italien, daß Rom auf diese Weise zu vereinbarten Stunden mit Spanien und Neapel kommuniziere.

III

Die Geschichte eines Scholiasten von Aristophanes, die im Laufe des 16. Jahrhunderts in Traktaten über okkulte Philosophie, Mythologie und Dämonologie übernommen wurde, hat sich bis in die zwanziger Jahre des 17. Jahrhunderts hinein uneingeschränkt verbreitet und entwickelt, bis sie schließlich mit einigen kritischen Reaktionen konfrontiert wurde.

Daß die Erfindung selbst Pythagoras zugeschrieben wurde, ist durch die späte Entdeckung eines Textes von Suidas in Zweifel gezogen worden – des byzantinischen Grammatikers aus dem 10. Jahrhundert, dessen Veröffentlichungen, darunter auch die von 1610, eine verfälschte Transkription bestimmter Namen enthielten. In der Anmerkung, die sich auf *Die Wolken* bezieht, kommt tatsächlich ein *Pythas* vor, und nicht *Pythagoras*.

Diese Tatsache hat Meursius (1625)[27] aufgedeckt und daraus geschlossen, daß es sich um ein antikes Spiel mit Spiegeln handelte, das keinerlei Beziehung zu dem berühmten Philosophen habe. Weder Diogenes Laertes noch Porphyrius erwähnen übrigens in der Geschichte seines Lebens eine derartige Erfindung. Bachet (1626)[28] beeilt sich, die Dinge wieder richtigzustellen: »Was Suidas angeht, so scheint es, als schreibe er diese Passage nur Wort für Wort ab, aber in allen gedruckten Büchern dieses Autors gibt es mehrere Fehler, und ich bin erstaunt, daß Meursius an diesem Wort (Pythas), das nichts bedeutet, festhalten kann und glaubt, daß das Spiel, auf den Mond zu schreiben, Pythagus geheißen habe.«

Boulenger (1627)[29] und Cesi (1636)[30] haben die gleiche Richtigstellung vorgenommen, leiten den Namen des Spiels *(Pythagus)* aber dennoch von seinem Erfinder ab.

Das berühmte Gerät selbst wurde auch zum Gegenstand heftiger Angriffe. Zwei technische Gründe machten es völlig unbrauchbar:
1. *Die abnehmende Leuchtkraft der Schriftzeichen, die zum Mond aufsteigen.*
2. *Die zunehmende Ablenkung von Strahlen, die auf eine so große Entfernung projiziert werden.*

Die Argumente sind von Campanella anläßlich der angeblichen nächtlichen Kommunikation von Rom mit Neapel und Spanien vorgebracht worden. Ein Häretiker, der siebenundzwanzig Jahre im Gefängnis verbracht hatte, bekämpfte die scholastischen Traditionen und glaubte nicht an Hexerei.

Kaspar Schott (1657) bringt in derselben Sache eine entgegengesetzte Beweisführung vor. Es konnte sich nicht um einen konvexen, sphärischen Spiegel handeln, der die Formen, die er reflektiert, verkleinert, so daß die Bilder und Zeichen so klein wären, daß man sie nicht erkennen könne.

Ein französischer Mathematiker, Pater Leurechon, war weniger entschieden. In einer Neuauflage seiner *Récréations* (1626)[31] erinnert er an den Spiegel des Pythagoras und vergißt nicht darauf hinzuweisen, daß die Buchstaben, wenn sie auf dem Mond lesbar sein sollen, verkehrt herum geschrieben werden müssen.

Aber Pythagoras und sein ganzes Werk stehen jetzt im Zentrum einer tausend Jahre alten Polemik über Magie und Wissenschaft, die von Gabriel Naudé, Bibliothekar von Richelieu, erneut aufgenommen wird.

Sind Kenntnisse, die über die gewöhnlichen Einsichten des Menschen hinausgehen und von der Kirche nicht ausdrücklich anerkannt werden, verdächtig oder nicht? Im Verlauf dieser Debatte sind besonders die Physik und die Mathematik ins Visier geraten: »Die Mathematiker sind die Ursache für den Ruin unserer christlichen Republik...« ruft Massé (1579)[32] aus, der in einem leidenschaftlichen Werk zahlreiche antike Texte zugunsten seiner Thesen zusammenstellt.

»Verführt und verführend, getäuscht und täuschend...« hat der Heilige Augustinus über einen dieser Gelehrten gesagt und daran erinnert, daß die Mathematiker aus Rom vertrieben worden sind:

»Kaiser Augustus, unter dem unser Herr geboren wurde, hat neben anderen Vorbereitungen, die er für den Himmelskönig und sein Gesetz traf, als ob er ihm damit dienen wollte, aus Rom und ganz Italien nicht nur die Zauberer, sondern auch die Mathematiker vertrieben, unter anderem auch einen großen pythagoräischen Philosophen namens Anaxilas, den Eusebius in seinen *Chroniken* erwähnt.«

Das Gesetz der Zahl widersetzt sich dem Gesetz Christi, und seine Adepten sind Handlanger des Teufels. Martin del Rio,[33] der über den Spiegel von Pythagoras berichtet, bestätigt seinerseits, daß alle der Natur zuwiderlaufenden künstlichen Erfindungen auf einer vom Teufel stammenden Geometrie und Mathematik beruhen.

Naudé[34] bedauert diese trügerischen Verleumdungen. Immer sind es die besten Mathematiker gewesen, die der Magie verdächtigt und von ihren Feinden diffamiert worden sind, weil sie tiefere Erkenntnisse gewonnen hatten. Unterscheidet nicht Peyera (1597),[35] einer der Jesuiten, die sich auf dieses Gebiet spezialisiert haben, zwischen zwei Arten von Magie, der natürlichen Magie und der künstlichen Magie? Zwischen der, die ausschließlich auf der Physik beruht, deren okkulte Kräfte oft wunderbare und merkwürdige Wirkungen erzielen, und der Magie, die nach den Regeln der Mathematik, an denen nichts Schlechtes ist, kunstvolle Dinge und Maschinen baut, die noch erstaunlichere Dinge zeigen, in denen die Natur von der Kunst überboten und beherrscht wird?

Nach Äußerungen von Cicero soll Pythagoras[36] alles aus Zahlen abgeleitet haben, denen große Geheimnisse und sogar die Namen bestimmter Orte beigelegt wurden. Er benutzte sie nach seinen eigenen Behauptungen, um eine unendliche Vielzahl von Wundern zu bewirken, und zu Unrecht ist er von Le Loyer als Magier und Zauberer behandelt worden.

Es scheint, als könnten unter diesen Voraussetzungen der Spiegel, der Mond, die Buchstaben kein Problem darstellen. Aber trotz bestimmter Widersprüche sind gerade dazu gewisse Vorbehalte gemacht worden. Naudé hält es einerseits für möglich, daß Pythagoras anstelle von Blut den Saft der Pferdebohnen verwenden konnte, bezweifelt aber andererseits mit Campanella die Wirksamkeit des Instruments. Und was den Bericht von Natale Conti über Franz I. und Karl V. angeht: »Seine Erzählung ist eine reine Fabel, die von jenen zusammengedichtet wurde, die die Waffen dieser beiden großen Fürsten mit Magie in Zusammenhang bringen wollten, die, wie man sagt, einst Ninus und Zoroaster, Pyrrhus und Craesius, Nektanebus und Phillip von Mazedonien angewandt haben sollen.«

Die wirklichen Gründe für die Zerstörung eines Mythos des Pythagoras durch einen seiner Adepten, der von der übernatürlichen Kraft seiner Mittel überzeugt war, wird man niemals erfahren. Die Scheu eines modernen Mathematikers? Der kompromißlose Gegenangriff auf die jesuitische Dämonologie?

Der Dämon triumphierte schließlich doch. Jacques d'Autun (1670)[37] stellte der *Apologie* von Gabriel Naudé »für alle großen Persönlichkeiten, die fälschlicherweise der Magie beschuldigt wurden, eine (Gegen-) Apologie für die Gelehrten entgegen, die die großen Persönlichkeiten zu Recht der Magie beschuldigt haben«: »War der Spiegel, auf den er Zeichen mit Blut schrieb und den er durch das Rund des Mondes reflektieren ließ, wenn er ganz voll war, nicht wirklich magische Kunst, ein Werk des Satans, der die Augen seiner Anhänger betört, damit sie glauben, daß er einer der Genien ist, die auf dem Mond wohnen, dem Mond, den Pythagoras wie eine Gottheit anbetete.«

»Die gelehrte Ungläubigkeit und die ungelehrte Leichtgläubigkeit« haben das Urteil über die großen Männer und ihre wissenschaftlichen Projekte, bei denen die Mathematik am Anfang aller Verirrungen stand, völlig verfälscht: »Wenn die Wirkungen ihren Ursachen ähnlich sein sollen, wer wird dann überrascht sein zu hören, daß die Mathematik das Prinzip der Magie ist? Daß diese vor Licht strahlende Wissenschaft nur Finsternis hervorbringt? Diese seltenen Dinge, die unsere Augen bezaubern, werden zu Schauspielen des Schreckens, und die Beobachtungen der himmlischen Sphären, die von reinen Geistern in Bewegung gehalten werden, stürzen uns mit dem aufrührerischen Engel hinab, der sie zu seinem Thron machen wollte.«

Noch in einem Werk, das ein Vierteljahrhundert nach Descartes datiert ist, liegt der Makel des Teufels auf den exakten Wissenschaften.

Aber die Legende, die im Verlauf all dieser byzantinisch anmutenden Diskussionen wieder auflebt, hat auch eine eigene Ausstrahlung gehabt. Seit einer gewissen Zeit ist sie eine volkstümliche Erzählung, die vor allem die neueren Elemente, das heißt die Belagerung von Mailand, enthält. Nachdem sie von N. Conti (1551), dem Mythenschreiber und Zeugen der Ereignisse, erzählt und danach von einem Dämonologen (de l'Ancre, 1622) und einem Historiker (Guillebaud, 1642) wieder aufgegriffen wurde, wird die Fabel nun, zusammen mit anderen, in einem Almanach abgedruckt (1680),[38] in dem es für jeden Tag des Jahres eine Geschichte gibt. Sie wird an einem zweiundzwanzigsten Juni als praktisches Rezept vorgestellt:

»WIE MAN OHNE MAGIE VON ABWESENDEN DINGEN ERFÄHRT: Man muß in großen Buchstaben auf einen Spiegel schreiben und ihn zum Mond hinwenden, der sie in einem anderen Spiegel erkennbar werden läßt, in dem man den Mond betrachtet. Als Franz I. Krieg gegen Karl V. um das Herzogtum von Mailand führte, wußte man es auf diese Weise schon am nächsten Abend in Paris.« Sicher haben fest verwurzelte Traditionen und die Namen der beiden großen Monarchen solche unbefangenen Interpretationen eines Geheimnisses ermöglicht. Aber daneben gab es auch die Welt der katoptrischen Maschinen, Kabinette und Laboratorien, in denen nichts unvorstellbar ist, durch die die verschiedenen Fassungen beeinflußt worden sind.

119. Porträt der La Voisin, ca. 1680.

VIII
Magische Spiegel

Egnatio (Danti, 1573) führt das Specularium von Euklid vor, durch das man die Täuschungen der Damen aus der Magierzunft sehen kann…
Der Irrtum bestand schon in der vergangenen Zeit, als der Irrglaube an Götzenbilder blühte und es unter allen Arten von Magie die Katoptromantie gab, deren erste Grundlage die Spiegel und ihre Bilder waren.

Raphael Mirami, 1582

I Zwei Spiegel von Wiegleb
Ein »physiologisch-psychischer« Mechanismus. Ein Taschenspielerkunststück. Eine Quelle von Hoffmann.

II Die modernen Texte – Theater und Roman
Der goldene Topf von Hoffmann. Der *Faust* von Goethe und der *Timander* von Jean Bertau. *Der Mönch* von Lewis. *Macbeth*. Der Spiegel der Katharina von Medici (Goulard).

III Die antiken Erzählungen – Theater und Chroniken
Der Orakelspiegel von Didius Julianus. Der Schild des Lomachos (Aristophanes). Der flüssige Spiegel von Tralles (Apuleius-Varro). Die Spiegel von Pausanias. Die Traumspiegel. Der Spiegel von Hilarion. Die Schale der Themis. Der Brunnen von Bethlehem. Der Kelch Josephs.

IV Die Ars specularis des Mittelalters
Vervielfältigung von reflektierenden Materialien und Gegenständen (Gervais de Tilbury). Das antike Medium. Zaubersprüche. Floraget von Michel Scot. Der Spiegel Salomons. Sein Geist Anaël. Eine platonische Lehre des inneren Sehens (Guillaume d'Auvergne). Die in Spiegel eingeschlossenen Dämonen. Die von Sternen »geprägten« heiligen Spiegel von Paracelsus. Die Macht der Wörter und Vorstellungen. Die beryllistischen Kosmogonien. Das *speculum Mercurii* von Luther. Der betrügerische Spiegel von Zaragossa.

V Die Katoptromantie der Renaissance
Identifikation von Quellen. Die drei Autoren der Fabel (Varro, Pausanias, Spartianus). Die Version von Rabelais. Die Zusammenfassung von Peucer. Teuflische Katoptromantie und Hydromantie, Lekanomantie, Gastromantie, Kristallomantie, Onychomantie. Die theologische *Determination* von 1398 und die Dämonen von Ronsard.

VI Die modernen Fortsetzungen und Wiederholungen
Die Ausbreitung antiker Praktiken (Massé, Bodin, Reginald Scott, Martin del Rio). Der Spiegel von Pythagoras tritt an die Stelle des Spiegels von Salomon (Le Loyer, Torreblanca). Neue Gegenstände für den Roman: das katoptrische Sehgerät (Boissard, l'Ancre, Madame Leprince de Beaumont, Walter Scott). Trugspiegel (Agrippa d'Aubigné, la Voisin).

VII Ein Anhang
Swedenborg und Cagliostro als Nachfolger von Pythagoras und Salomon. Der Spiritismus und die Theosophie im 19. Jahrhundert. Die Spiegel der Zauberer. Theurgische, kabbalistische und galvanische Spiegel von Cahagnet. Vermischung mittelalterlicher Fabeln und neuester technischer Errungenschaften. Der Spiegel von Zarathustra.

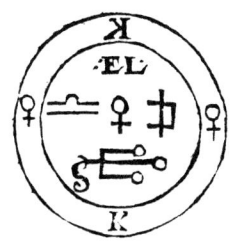

120. »Geprägte« Spiegel von Paracelsus, 1570

I

Unter den optischen Spielen der *Natürlichen Magie* von Wiegleb (1791),[1] einem Handbuch für wissenschaftliche Scherzartikel und Belustigungen, befinden sich zwei Zauberspiegel: ein seherischer Spiegel und ein Spiegel, der jede Person zeigt, die man sehen will; beide werden Eckartshausen zugeschrieben.

Der *Sehenspiegel* (dt. i. O.) ist oval mit konischen Aushöhlungen und muß aus einer Legierung von Kupfer und Blei bestehen. Wenn der Blick aufmerksam auf den Mittelpunkt gerichtet wird, erscheinen nach einer bestimmten Zeit verschiedenartige Bilder. Das Phänomen soll *physiologisch-psychischer* Natur sein und zwei Stadien umfassen: die Zerstörung der realen Umwelt und ihre Ersetzung durch eine andere. Die undeutlichen Reflexe eines dunklen Metalls, die Umkehrung der Figuren in den Höhlungen lassen das Universum zu einem Chaos werden. Es ist wie eine Explosion oder ein Auseinanderfallen in einen Wirbel von Schatten. In eben diesem Hin und Her steigen die Phantome auf, die sich dort nach einem absolut sicheren Mechanismus bilden müssen:

»Im Universum existiert nichts, was nicht eine Ähnlichkeit mit Dingen hat, von denen man gewisse Vorstellungen besitzt. Außerdem führen undeutliche Formen auf dem Wege der Erinnerung zu Konturen und bestimmten Gegenständen. Eine überspannte Phantasie liest aus einem noch so großen Durcheinander klare Bilder heraus, während der ermüdete Blick ihnen schließlich eine wirkliche Existenz zuschreibt.«

Dieser Abschnitt von Wiegleb muß mit Leonardo da Vinci (1492)[2] in Zusammenhang gebracht werden, der ebenfalls eine konzentrierte Betrachtung unregelmäßiger und fleckiger Flächen erwähnt: »Wenn du auf buntgefleckte Mauern (...) blickst, so kannst du dort (...) Bilder von allerlei Landschaften sehen (...) Du kannst dort auch allerlei Schlachten und Gestalten mit lebhaften Gebärden erblicken, ferner seltsame Gesichtszüge und Gewänder und unendlich viele Dinge, die du später in vollkommener und schöner Form wiedergeben kannst.«

Die buntgefleckte Mauer von Leonardo ist wie ein von Vertiefungen durchbrochener magischer Spiegel, der durch das Blei getrübt ist und in dem die Konturen zerfließen, ehe sie sich wieder zu einem neuen Bild zusammenschließen.

Der zweite Apparat von Eckartshausen ist ein Taschenspielergerät, das dazu dienen soll, die Toten zu zeigen, deren Gesichtszüge gleichzeitig beschrieben werden. Es besteht aus einem im Inneren eines rechtwinkligen Kastens befestigten Konkavspiegel, der in der Mitte eine Öffnung und auf dem Deckel ein Kohlebecken hat. Die Operation wird in drei Schritten vollzogen:

War es eine Frau oder ein Mann?
Waren die Haare rot, schwarz, grau oder weiß?
Die Nase – platt, groß, lang, gekrümmt?
Der Mund – klein, groß, fleischig dünn?

fragt man als erstes denjenigen, der eine verstorbene Pererson sehen will. Dann streut man Weihrauch in das Feuer, und in dem dichten Rauch, der daraus aufsteigt, läßt man das Porträt des Verstorbenen erscheinen.

Das Bild besteht aus bemalten Elfenbeinplatten, die vor dem Spiegel in dem Kasten stecken, der sie, wie eine Laterna magica, auf einen Schirm, nach außen projiziert. Das Gesicht ist in acht Partien aufgeteilt (Haare, Stirn, Augen, Nase...), jede mit vier Varianten; insgesamt gibt es zweiunddreißig verschiedene Stücke. Aus diesen Elementen können achthundert verschiedene Männer- oder Frauenköpfe gebildet werden. Man mußte das Sortiment nur nach den genannten Eigenschaften zusammensetzen, um das gewünschte Gesicht zu bekommen, das hinter den bewegten Flammen noch ähnlicher erschien.

In diesem Buch, das den Titel des *Wunderbuchs* (dt. i. O.) von G.-B. della Porta übernimmt, von dem in Nürnberg eine deutsche Ausgabe erschienen war (1690),[3] hat man eine Quelle des Wunderbaren bei Hoffmann[4] gesehen, und zwar speziell seiner magischen Spiegel im *Goldenen Topf* (1812–1814).[5]

II

»Es war ein kleiner runder, hell polierter Metallspiegel«, den Veronika von der Hexe bekam, an die sie sich gewandt hatte, um Anselmus wiederzufinden. »›Das ist ein Geschenk der Alten‹, rief sie lebhaft, und es war, als schössen feurige Strahlen aus dem Spiegel, die in ihr Innerstes drangen und es wohltuend erwärmten. Der Fieberfrost war vorüber, und es durchströmte sie ein unbeschreibliches Gefühl von Behaglichkeit und Wohlsein. – An den Anselmus mußte sie denken, und als sie immer fester und fester den Gedanken auf ihn richtete, da lächelte er ihr freundlich aus dem Spiegel entgegen wie ein lebhaftes Miniaturporträt. Aber bald war es ihr, als sähe sie nicht mehr das Bild – Nein! – sondern den Studenten Anselmus selbst leibhaftig.«

Man hätte dieses Zauberinstrument auch mit dem *Sehenspiegel* von Wiegleb in Beziehung bringen können, wenn es nicht im *Faust* von Goethe eine ebensolche Beschwörung gäbe. Die Szene in der *Hexenküche*,[6] die etwa 1788 in Italien geschrieben wurde, hat keinerlei Beziehung zu dem Verzeichnis der Taschenspielerinstrumente. Wände und Decke des Raumes sind mit seltsamem Hexenhausrat ausgeschmückt. Ein Kessel brodelt, von einer Meerkatze überwacht. Es gibt auch einen Spiegel, den Faust betrachtet, indem er sich ihm bald nähert, bald sich wieder von ihm entfernt.

> *Faust:* Was seh' ich? Welch ein himmlisch Bild
>   Zeigt sich in diesem Zauberspiegel? (…)
>   Das schönste Bild von einem Weibe!
>   Ist's möglich, ist das Weib so schön?«

Man hat an eine Venus von Giorgione oder Tizian gedacht. Das Bild löst sich schließlich im Nebel auf.

Die Szene schließt sich übrigens an eine andere an. Bei Jean Bertaut (1601),[7] dem Bischof von Seez und Schüler von Ronsard, erscheint die Geliebte von Timander ihm in einem Spiegel. Die Hexe – die »Fee«, die »Nymphe« – führt ihn in ihre Höhle, wo sie »sich dem Spiegel nähert und über ihm Worte ausspricht, die dem Zauberreich entstammen, und schließlich, nach vielen Umrundungen und seltsamen Gesten, befiehlt sie den höllischen und himmlischen Dämonen, die Kraft dieses Zauberglases zu unterstützen; sie läßt Timander die Schöne sehen, die er zu sehen begehrte, sie belebt ihr Bild, und das Feuer ihrer Augen leuchtet in diesem Spiegel.«

> S'approche du miroir et sur luy prononcant
> Les mots de qui l'empire est le plus puissant
> Enfin après maints tours et maints estranges gestes
> Commandant aux demons infernaux et celestes
> D'assister au pouvoir de ce verre enchanté
> Elle fait que Timandre apercoit la Beauté
> Qui'l aime tant à voir, animer sa surface
> Et le feu de ses yeux brillent dans cette glace.

Der Ursprung des Themas geht auf den Ursprung der Liebeszauber zurück. Man findet ihn auch bei Jean Froissart (gest. 1404):[8]

> »Et ensi qu'en la cambre estoie
> Cest part vins et ens regarde:
> De mon mireor me prends garde
> Que j'y voi l'impression pure
> De ma dame et de sa figure...«

> »Und wenn ich in dem Zimmer bin, dann gehe ich dorthin und sehe hinein: ich achte sehr auf meinen Spiegel, in dem ich das reine Bild meiner Dame und ihres Gesichtes sehe...«

Der Kavalier kann seine Geliebte, die weit fort ist, wiedersehen, indem er den Spiegel, in dem sie sich drei Jahre lang betrachtet hatte, unter das Kopfkissen legt.

Die Versuchung Fausts bei den Hexen knüpft an eine sehr alte Tradition an, die sich im Mittelalter herausgebildet hatte. Ganz mittelalterlich tritt sie im *Mönch* von Lewis (1796)[9] wieder auf, wo ein Dominikanerpater, von Matilda, einer als Novize verkleideten Zauberin, verführt, sie wegen einer anderen – Antonia – verläßt. nach einer langen Trennung kommt Matilda zurück und sagt, indem sie einen Gegenstand hervorzieht: »›Wie wohl du meine Wege miedest, war über deine ich im Bilde, ja stand gewissermaßen dir zur Seite – kraft dieser einzigartigen Kostbarkeit!‹ Während sie dies sagte, brachte sie aus ihrer Kutte einen Spiegel von poliertem Stahl zum Vorschein, an dessen Rändern allerlei befremdliche, unbekannte Zeichen eingraviert waren. ›Inmitten allen Kummers, aller Trauer ob deiner Kälte bewahrte dieser Talisman mich kraft des Zaubers, der ihm innewohnt, vor der Verzweiflung. Du brauchst die magische Formel nur zu sprechen, und schon erscheint dir der, an den du denkst. So kam es, daß ich dich stets vor Augen hatte, wiewohl du mich nicht sehen konntest.‹ (...) So sprach Matilda denn die Zauberformel. Alsbald drang ein dichter Qualm aus den magischen Zeichen der Umrandung und überzog die blanke Spiegelfläche. Nur nach und nach löste er sich auf und gab den Blick frei auf ein befremdliches Durcheinander von Farben und Formen, das sich schließlich zu einem erkennbaren Bilde ordnete: Ambrosio hatte Antonias liebliche Gestalt vor Augen!«

Fünfzehn Jahre später, im *Goldenen Topf*, sieht auch Veronika Anselmus als »Miniaturporträt« vor sich.

»Sie (Antonia) befand sich in einem engen, an ihr Zimmer grenzenden Verschlag und war eben im Begriffe, sich zum Bade auszukleiden. Schon waren ihre langen Haarflechten gelöst, und der verliebte Mönch hatte nun reiche Gelegenheit, sich an den schwellenden Formen und dem bewundernswerten Ebenmaß solcher Gliederpracht zu weiden. (...) So verharrte sie, den Fuß auf der Wanne Rand gestützt, ganz in der Pose der mediceischen Venus. Allein, in diesem holden Momente flatterte ein zahmer Hänfling auf sie zu, barg das flaumige Köpfchen zwischen der Zaudernden knospenden Brüsten, ja schnäbelte in verliebtem Spiele mit denselben. (...) Damit aber war's um Ambrosio geschehen: seine Begierde schlug um in Raserei! ›So sei es drum – ich kann nicht mehr!‹ Er schrie's und schleuderte den Spiegel zu Boden. ›Matilda, ja, ich folge dir! Mach mit mir, was du willst!‹«

121. Die Hexen zeigen Macbeth Banquos Nachkommen. J. H. Füssli, Zürich 1773.

Die Szene mit dem Spiegel der Hexe, in dem schöne Mätressen, Liebende oder auch eine Venus zu sehen sind, läuft immer nach einem unveränderlichen Schema ab, aber der Schauerroman ist besonders reich an bösen Kräften und Leidenschaften.

Es gab auch Wahrsagespiegel.

Ein Zitat aus Macbeth (»Hinweg! – Aus meinen Augen! – Laß die Erde dich verbergen!«) steht als Motto über dem zweiten Buch von Lewis. Nun gibt es in dem Drama von Shakespeare (1606)[10] ebenfalls einen Zauberspiegel – er zeigt das Schicksal von Königen. All das spielt sich wieder einmal in einer Höhle von Hexen ab, die Macbeth prophe-

122. La Voisin läßt in einem Spiegel für die Marquise den Chevalier erscheinen, ca. 1680.

zeihen, daß er König wird, und Banquo, daß seine Kinder Könige werden. Nachdem Macbeth seinen früheren Gefährten hat umbringen lassen, kehrt er allein zu den Hexen zurück, und er sieht, wie die Geister der Könige von Schottland vorüberziehen. Sieben sind schon vorbeigegangen.

> *Macbeth:* Da kommt der achte noch und hält 'nen Spiegel,
> Der mir viel andre zeigt, und manche seh' ich,
> Die zwei Reichsäpfel und drei Zepter tragen –
> Furchtbarer Anblick! Ja, ich seh', 's ist wahr;
> Denn lächelnd winkt mir Banquo, blutbesudelt,
> Und deutet auf sie hin, als auf die Seinen. –
> *Erste Hexe:* Ja, alles ist so.«

Im Aufbau des Dramas, das eines der bedeutendsten Theaterstücke ist, bildet der Spiegel gewissermaßen ein Scharnier zwischen zwei Flügeln, von denen der eine die Schrecken der Verbrechen und der andere die Grausamkeit der Strafe zeigt. So begegnet man ihm auch in Frankreich und benutzt ihn für denselben Zweck.

Nach einem apokryphen Bericht hat Katharina von Medici, ebenfalls in einem Spiegel, die Zukunft der Bourbonen sehen können, schreibt Goulart in seinem *Trésor des histoires admirables* (1614):[11] »Man hat gehört, der Marschallin de Raiz sei erzählt worden, daß die Königin Katharina (von Medici) begierig war, zu wissen, was aus ihren Kindern und wer ihr Nachfolger werden würde, und daß derjenige, der ihr diese Gewißheit verschaffen wollte, sie ihr in einem Spiegel zeigte, der einen Saal darstellte, in dem jeder so viele Male herumging, wie er Jahre zu regieren hätte, und daß der König Henri III. die seinen herumgegangen war, der Herzog von Guise ihn wie ein Blitz durchquerte – dann erschien der Prinz von Navarra, der fünfundzwanzig Runden ging und plötzlich verschwand...«

Es handelt sich hier durchaus nicht um eine dramatische Inszenierung mit einem schemenhaften Spiegel voller Gespenster, der von einem Phantom gehalten wird. Der *Tag der Barrikaden*, der Raub der Krone durch Henri de Guise und seine Ermordung in Blois (1588), der Mord an Henri III. in Saint-Cloud (1589) und die lange Regierungszeit des guten Königs Henri IV., der ebenfalls ermordet wurde (»plötzlich verschwand«), ziehen wie ein Schattenballett in einem Salon in Chaumont-sur-Loire vorüber. Aber der wunderbare Apparat ist doch der gleiche.

Nicolas Pasquier[12] beschreibt eine ähnliche Vorstellung mit Phantomen, die vor Katharina von Medici so viele Runden abschritten wie sie Regierungsjahre hatten. Der Reigen wurde jedoch nicht in einem Spiegel aufgeführt, sondern in einem Kreis, der mitten im Salon »gezogen« wurde. Die Geschichte dieser Beschwörung wurde berühmt und bot den Biographien der Königin und Werken des 19. und 20. Jahrhunderts[13] über Okkultismus einen Vorwand für Ausschmückungen, in denen meistens Nostradamus selbst mit katoptrischen Vorrichtungen für große Vorführungen auftritt.

Dieser Reigen knüpft an eine tausend Jahre alte Tradition an. Die Orakelspiegel von Frankreich und Schottland hatten einen längst vergangenen Spiegel des Römischen Reiches als Vorläufer.

123. Die künftigen Könige Frankreichs erscheinen vor Katharina von Medici. Kupferstich, Mitte 17. Jahrh.

124. Orakelspruch aus einer Schale. Vase von Vulci, zweite Hälfte des 5. Jahrh. v. Chr., Berlin.

III

Spartianus (4. Jh.) schreibt in seiner *Historia Augusta:* [14] »Didius Julianus suchte auch Rat bei Offenbarungen, die, wie man sagt, aus einem Spiegel kamen, in dem, nach dem allgemeinen Glauben, Kinder, denen man die Augen verzaubert und den Kopf verhext hat, die Dinge sehen können, die kommen werden. Man sagt, daß ein Kind auf diese Weise das Kommen von Severus und den Abgang von Julianus sah.« Der Ausgang der Schlacht, die Tollius Crispinus sich mit den feindlichen Truppen lieferte, die sich Rom näherten, wäre dem Kaiser also vorher bekannt gewesen.

Das Verfahren wurde lange schon in unterschiedlichen Formen angewendet. Aristophanes zeigt es in einem seiner Stücke, den *Acharnern*, das im Jahr 426 v. Chr.[15] aufgeführt wurde, wo Lomachos, bevor er in den Krieg gegen Sparta zieht, einen Spiegel befragt. »Lomachos (zu einem Soldaten): Jetzt bringe her des Schildes Gorgo-wölbig Rund. (…) Derselbe (zu einem Sklaven): Jetzt gieße Öl mir auf den Schild. Im Erze seh' / Ich einen Alten, wegen Feigheit angeklagt.«

Der tapfere Krieger glaubte hier Dicaepolis zu erkennen, den Bürger, der einen persönlichen Waffenstillstand für dreißig Jahre mit dem Feind vereinbart hatte, während er selbst seine Kräfte in einem vergeblichen Kampf vergeudete. Die älteste Erwähnung eines Wahrsagespiegels, auf die wir gestoßen sind, stammt aus dem Theater. Mit seiner Verwendung auf der Bühne geht Aristophanes Shakespeare und Goethe voraus.

Eine andere Form dieser Praktiken wird von Apuleius (2. Jahrh.),[16] ebenfalls im Zusammenhang mit einem militärischen Konflikt, erwähnt: »Ich erinnere mich, bei Varro (116–127), einem Philosophen mit tiefem Wissen und umfassender Gelehrsamkeit, gelesen zu haben, daß in Tralles ein Kind, das man durch magische Mittel über den Ausgang des Krieges von Mithridates (Mithridates VII, 90–93 v. Chr.) befragte, im Wasser ein Bild von Merkur betrachtete und in einer Prophezeihung von einhundertsechzig Versen voraussagte, was geschehen würde.«

Ein flüssiger Spiegel ersetzt den metallischen und übernimmt diese Funktion. Auch Jamblichus (283–337)[17] erwähnt beide in einer Bemerkung über die Illusion: »…aber die Götter und ihr Gefolge enthüllen ihre wirklichen Nachbildungen und zeigen keinerlei Trugbilder ihrer selbst, wie es etwa der Widerschein im Wasser oder in Spiegeln wäre…« Der Spiegel und das Wasser sind in besonderem Maße Orte der Phantasmagorie.

Auf zwei berühmte Spiegel, von denen einer aus Wasser ist, weist auch Pausanias (2. Jahrh.)[18] hin; der eine befindet sich in Patras bei der Quelle des Demetertempels, der andere in Lykien:

»Vor dem Demeterheiligtum befindet sich eine Quelle. Über ihr steht am Tempel eine steinerne Schranke, aber von außen her ist ein Zugang zur Quelle hinunter gemacht. Hier befindet sich ein untrügliches Orakel, aber nicht für jede Angelegenheit, sondern nur für Kranke. Sie binden einen Spiegel an einen dünnen Faden und lassen ihn hinab, wobei sie es so ausmessen, daß sie nicht weiter in die Quelle hineintauchen, als daß sie mit dem Rand des Spiegels das Wasser berühren. Danach beten sie zu der Göttin und räuchern und sehen in den Spiegel; der zeigt ihnen den Kranken noch lebend oder bereits tot. Dieses Wasser ist also insoweit wahrsagend; ganz nahe bei Kyaneai bei Lykien ist aber ein Orakel des Apollon Thyrxeus, und das Wasser bei Kyaneai erlaubt einem, wenn man in die Quelle schaut, gleichermaßen alles, was man will, zu sehen.«

Wie bei Varro war es ein flüssiger Spiegel, in dem die Bilder in einem Becken erschienen. »Sich im Spiegel zu betrachten und darin sein Bild ähnlich zu finden, ist für einen Heiratslustigen, sowohl für einen Mann wie für eine Frau, von guter Vorbedeutung; Das Spiegelbild bedeutet dem Mann eine Frau, der Frau einen Mann (…) Segen bringt es auch von Kummer geplagten Menschen, denn nur wenn man von Kummer frei ist, nimmt man einen Spiegel zur Hand. Kranke dagegen rafft es hinweg…«, liest man auch in einem gelehrten Werk, dem *Traumbuch*. Artemidor von Daldis (2. Jahrh.)[19] läßt magische Spiegel in den Träumen der Menschen erscheinen und erklärt die prophezeienden Inhalte, die sich in klassischer Weise an die Erzählung von Pausanias anschließen: »Die übrigen Menschen veranlaßt es, die Heimat zu verlassen, so daß sie in einem fremden Land sich wiedersehen. (…) Nichts Gutes bringt es, wenn man sich schlechter oder häßlicher im Spiegel schaut; es bedeutet Krankheiten und üble Launen, ebenso wie das Sich-im-Wasser-Bespiegeln dem Träumenden oder einem sehr engen Angehörigen den Tod prophezeit.« Auch die Weissagungen aus dem Wasser finden Platz in der geträumten Katoptromantie.

Hilarion, ein Mönch, der wegen seiner Tugenden und Wunder Ansehen genoß, hat einem Christen aus einer Schale voll Wasser die Ursache seiner Kümmernisse geweissagt. Es war das Zirkusspiel, bei dem er mit seinen Pferden nie Erfolg hatte. Als er die klare Oberfläche betrachtete, sah der Unglückliche voller Staunen seine Mannschaft, die Tiere, die Wagen und die gefesselten Männer darauf erscheinen. Der Zauber wurde durch das Zeichen des Kreuzes gelöst. Die Geschichte wird nach einer griechischen Sammlung von Märtyrergeschichten von Isaac Casaubon (1603),[20] einem Theologen und Hellenisten, wiedergegeben, der von Scaliger in seiner Schrift über Didius Julianus, die auch den Text von Varro enthält, als »Phönix der Gelehrsamkeit« bezeichnet wird.

Ähnliche Utensilien wie das von Hilarion waren schon auf mehreren antiken Gegenständen dargestellt worden. Die Schale aus Vulci mit roten Figuren (Museum Berlin) scheint eines der ältesten Beispiele dafür zu sein. Sie stammt, ebenso wie der Schild von Lomachos, aus dem 5. Jahrhundert v. Chr. Man sieht darauf, wie Ägeus das Orakel der Themis befragt, eine junge Frau, die auf dem delphischen Dreifuß sitzt und sich über eine gewölbte Schale beugt, die sie in der Hand hält. Man hat sich sogar gefragt, ob es sich dabei nicht um einen Bronzespiegel in Form eines Gefäßes handelt. Auf einem Fresko in der Villa der Mysterien in Pompeji, das aus der augustinischen Zeit stammt, hat man eine halbkugelförmige Silberschale identifiziert. Sie wird von einem bärtigen Silen gehalten, der von zwei Satyrn begleitet wird, von denen einer sich darüber beugt, während der andere eine fratzenhafte Maske vor dem geheimnisvollen Gegenstand schwenkt. Es könnte sich um ein dionysisches Orakelritual handeln, bei dem die göttliche Botschaft durch ihre Reflexe in einer leeren oder mit Wasser gefüllten Schale übermittelt wird. Die Botschaft gilt einer jungen Frau, die entsetzt flieht, als sie erfährt, daß es ihr Schicksal ist, Dionysos geweiht zu werden. Die Gesamtkomposition stellt die Stadien ihrer bacchantischen Initiation dar.

Das Wunder des heiligen Mannes, der einem Christen die teuflischen Listen enthüllt, wurde mit einem durch die Heiden erprobten Mittel vollbracht, das auch in einer der schönsten Legenden des Mittelalters vorkommt, die von Gregor von Tours (6. Jahrh.)[22]

125. Dionysisches Orakelritual mit einer Schale (Ausschnitt). Fresko aus der Villa der Mysterien, Pompeji, Augustinische Epoche.

erzählt wird: »In Bethlehem gibt es einen Brunnen, von dem es heißt, daß die glorreiche Maria daraus Wasser geschöpft hat. Dort sieht man oft, wie sich das erstaunliche Wunder vollzieht, daß Menschen mit reinem Herzen darin den Stern sehen können, der den drei Weisen erschienen ist. Die Gläubigen kommen und beugen sich über den Brunnenrand. Man breitet ein Stück Leinwand über ihre Köpfe, und wenn durch irgendwelche Verdienste jemand dieser Gnade würdig ist, dann sieht er den Stern von einer Seite des Brunnens zur anderen über die Wasserfläche hinwegziehen, ebenso wie die Sterne den Himmelskreis durchlaufen.«

Wie bei Varro oder Spartianus, wo die Offenbarungen nur Kindern mit klarem Blick zuteil werden, kann der propehtische Stern nur von unverdorbenen Menschen gesehen werden. »Wenn mehrere in den Brunnen sehen«, fährt der Bischof fort, »sehen nur jene den Stern erscheinen, deren Gedanken rein sind. Unser Diakonus hat kürzlich berichtet, daß er mit fünf Personen in den Brunnen hineingeschaut hat und nur zweien davon der Stern erschienen ist.«

Eine hellenistische Tradition lebt merkwürdigerweise in einer apokryphen Geschichte des *Neuen Testaments* wieder auf. Die Legende wird von Pierre Comestor (1180)[23] und Gervais de Tilbury (1211)[24] wieder aufgenommen. Noch Faber (gest. 1502)[25] erwähnt sie in seiner *Reise ins Heilige Land*.

»Puits de vérité clair et noir,
Où tremble une étoile livide«

»Brunnen der Wahrheit, klar und schwarz, in dem ein fahler Stern bebt«, findet sich, ohne jede Beziehung zu der Evangelienlegende, noch bei Baudelaire.[26]

Man hat auch eine biblische Tradition festgestellt. Johannes von Salisbury (1159)[27] erwähnt die *specularii*, das heißt die Magier seiner Zeit, die »die Wahrsagerei mit polierten und glänzenden Gegenständen betreiben, zum Beispiel mit blanken Schwertern, Schalen, Pokalen und Spiegeln aller Art, die auf die Fragen derer antworten, die sie zu Rate ziehen...« Und er versäumt nicht, bei dieser Gelegenheit auf eine Stelle aus der *Genesis* (XLIV, 5) hinzuweisen: »Auf ähnliche Weise verfuhr Joseph, oder vielmehr gab er es vor, mit seinem Becher, der ihm zum Trinken und zum Wahrsagen diente und den seine Brüder fortnahmen, als sie Ägypten verließen.«

Joseph und Ägeus haben also das gleiche Mittel benutzt. Die rabbinischen Exegesen aus dem 2. Jahrhundert *(Madrach, Machilta)*,[28] die ebenfalls in diese Richtung zielten, stimmten mit den Praktiken in der Welt der zeitgenössischen Antike überein.

Ein derartiges Durcheinander konnte die Kirche nicht zulassen, und sie zögert nicht, die heidnischen Wahrsagepraktiken als dämonische Machenschaften zu bezeichnen. »Numa selbst«, schreibt der heilige Augustinus (354–430)[29] »...hatte es seinerzeit nicht lassen können, Hydromantie zu treiben, um im Wasser die Bilder von Göttern, vielmehr Vorspiegelungen der Dämonen zu sehen... Diese Art der Wahrsagung soll nach Varro von den Persern übernommen sein, und Numa (Pompilius), später auch der Philosoph Pythagoras, haben sich, bemerkt er, ihrer bedient.«

Wenn der Bischof von Chartres die Spiegelgerätschaften mit einem Bibelvers in Verbindung bringt, macht er sich der Häresie schuldig – auch wenn diese Häresie für ihn folgenlos bleibt.

IV

Zwei Texte, der eine von Gervais de Tilbury, der andere von Michel Scot, rücken die Dinge zu Beginn des 13. Jahrhunderts wieder zurecht, indem sie alle Arten von Wahrsagerei mit Hilfe reflektierender Flächen als unerlaubte Handlungen darstellen. Die Entwicklung läßt sich daran verfolgen, daß die Elemente, von einem festen Bestand ausgehend, angereichert und diversifiziert werden. Den Kelchen und Schalen des Johannes von Salisbury fügt Gervais de Tilbury[30] neue Geräte hinzu, wobei er jedoch auf ein klassisches Ritual zurückgreift: »Es gibt Dämonen, die nur von Jungfrauen gesehen werden: das keusche Fleisch hat in der Tat mehr spirituelle Visionen. Deshalb versichern die Nekromanten, daß nur die Augen von Jungfrauen wirklich geeignet für die Versuche mit dem Schwert, dem Spiegel, dem Fingernagel und dem Kreis sind.« Die griechisch-römische Tradition eines unverdorbenen Mediums wird selbst bei unreinen Offenbarungen beibehalten.

Michel Scot,[31] der Versuche mit flüssigem oder gefrorenem Wasser, mit Spiegeln, Kristall oder anderen klaren Edelsteinen beschreibt, denkt ebenfalls an ein kleines Mädchen von fünf oder sieben Jahren. Die Stunde des Jupiter, der Sonne und des Merkur ist besonders für Beschwörungen mit Hilfe einer Schale, eines Kelchs oder einer Phiole geeignet. Folgende Worte müssen dabei ausgesprochen werden:

»Oh Geist Floraget, du, der du ein großer und mächtiger Fürst bist, was tust du? Warum zögerst du? Im Namen des sehr mächtigen Gottes, komm sofort an den Ort, wo sich der durchsichtige Gegenstand befindet, in dem ich dich zu sehen erwarte... Keine Fessel soll dich hindern, zu mir zu kommen und meine Fragen zu beantworten. Komm sogleich in diese Schale oder diesen Edelstein, erscheine mir sichtbar in menschlicher Gestalt.«

Der Name *Floraget*, der in einem flüssigen Spiegel auf den Merkur von Varro folgt, wurde auch mit Metallspiegeln in Verbindung gebracht. Noch im 14. Jahrhundert werden zwei Spiegel *Fiorone* erwähnt,[32] von denen der eine im Haus von Nicolas Rienzi gefunden wurde, einem römischen Tribun, der 1354 während eines Aufstandes getötet wurde, der andere unter dem Kopfkissen des Bischofs von Verona, den Martin della Scala töten ließ: es waren unheilvolle Gegenstände, die ihren Besitzern ein unglückliches Schicksal brachten. Ein *Floreth* findet sich auch in einem Werk von Salomon,[33] das sich mit Geistern der Hölle beschäftigt, die in der Gestalt von Verstorbenen erscheinen und Antworten geben, wenn man sie befragt, so daß man darüber spekulieren kann, ob dieser Geist sich nicht mit einem apokryphen Text des größten Magiers aller Zeiten im Abendland verbreitet hat. Es existierte übrigens noch ein weiteres Buch, das diesem König zugeschrieben wurde.

Nicolas Eymericus, seit 1358[34] Inquisitor von Aragon, erwähnt in einem der Geisterbeschwörung gewidmeten Kapitel einerseits Erscheinungen des Bösen in Amphoren, Spiegeln und Dolchen und andererseits die *Tabula Salomonis*, die er als der Häresie verdächtig ächtet. Die Abhandlung *Claviculum* oder *Grimorium*, von der wir mehrere spätere Ausgaben besitzen,[35] enthält sogar ein Rezept des *Salomonischen Spiegels*:

»Man nehme eine glänzende und gut polierte Platte aus feinem Stahl und schreibe darauf mit dem Blut einer weißen Taube in die vier Ecken die Namen *JEHOVA, ELOBIN,*

METRATON, ADANAY und hülle den besagten Stahl in weiße Leinwand, wenn man den Neumond sieht. Dann spreche man Oh Ewiger König, oh Ewiger König, sende mir Deinen Engel Anaël.

Danach streue man angenehme Duftkräuter auf glühende Kohlen und spreche dazu – oh mein Gott, der Du die Jahrhunderte durch das Feuer richtest, erhöre mich. Dies spreche man dreimal und wenn man dies getan hat, blase man ebenso viele Male auf den Spiegel und sage Anaël komm… komm Anaël im Namen des schrecklichen Jehova, komm Anaël durch die Stärke des unsterblichen Elobin. Komm Anaël durch den Arm des allmächtigen Metraton und sage dem Spiegel Deinen Namen und befiehl Deinen Untertanen, daß sie liebevoll, freundlich und friedlich die Dinge vor meinen Augen erscheinen lassen, die mir verborgen sind. So geschehe es. Amen. Wenn ihr diese Dinge getan habt, wird Anaël in Gestalt eines Kindes erscheinen, euch begrüßen und seinen Gefährten befehlen, euch zu gehorchen.«

Das Kind ist immer da, aber es befindet sich nicht vor, sondern im Spiegel. Der Text muß mit der Beschwörung von Michel Scot in Zusammenhang gebracht werden, in dem es analoge Passagen gibt.

Michel Scot
Im Namen des sehr mächtigen Gottes komm (Geist Floraget) in diese Schale oder in diesen Edelstein, erscheine mir sichtbar in menschlicher Gestalt.

Salomon
Komm Anaël im Namen des schrecklichen Jehova und sage dem Spiegel Deinen Namen (und Anaël erscheint in Gestalt eines Kindes im Spiegel).

Die Übereinstimmung ist nicht zu leugnen, und sie läßt uns am Ursprung einer fest verwurzelten kabbalistischen Tradition einen Archetypus erahnen, der das Siegel des legendären Königs trägt.

Die Lehren und Praktiken, die während des Mittelalters den Zauberern überlassen blieben, leben in diesen Beschwörungen durch Zeichen und durch ein Ritual voller Mysterium und Feierlichkeit wieder auf. Ein Jehova, ein Salomon, Engel und Genien, die Namen mit biblischem und orientalischem Klang tragen, führen zu dieser Verwandlung.

Bestimmte Autoren haben allerdings versucht, das Phänomen dieser Offenbarungen, die durch den Fingernagel eines Kindes, einen Elfenbeingriff, ein zweischneidiges Schwert, ein Ei, einen Spiegel erfolgen, mit natürlichen Ursachen zu erklären: »Für die Philosophen entstehen die neuen Wissenschaften nicht durch Unterrichtung oder Erfahrung in unseren Seelen. Sie sind dort eingeboren, wie verschüttet oder verborgen.«

Das platonische Denken, nach dem wir alles wissen, ohne zu wissen, daß wir es wissen, liefert den Schlüssel zu diesen Erleuchtungen. Das Wissen muß in uns entdeckt werden wie in einem Brunnen. Der Blick wird durch die Betrachtung heller Gegenstände gesteigert.

»Manche Weisen des Altertums haben gedacht, daß die Seele des Betrachtenden durch den Glanz des betrachteten Gegenstandes auf sich selbst zurückgespiegelt wird und daß sich dabei ihre latente Kraft zur Weissagung entfaltet. Die Seele soll in sich umso mehr Dinge umso deutlicher erkennen, je umfassender und tiefer dieser Vorgang ist.«

126. Spiegel in der Hölle (Ausschnitt).

Wir verdanken Guillaume d'Auvergne, dem Bischof von Paris (1228–1249),[36] diese Darstellung einer Theorie, die er widerlegt. Artesius oder Artephius, der mit dem Aufblitzen des Wassers, in das er ein Schwert hielt, alle Visionen heraufbeschwören konnte, war ein Magier. Er war ein Meister der okkulten Wissenschaften, der eintausendundzwanzig Jahre gelebt hat, der Roger Bacon bekannt war und den Pico della Mirandola (1463–1494)[37] mit Apollonius von Tyana identifiziert hat. Das Betrachten von Spiegeln und Fingernägeln durch Kinder und Jungfrauen wird nach Mirandolas Ansicht durch Vermittlung des Teufels bewerkstelligt. Und man dürfe den Lügnern nicht glauben, die behaupten, man könne mit dem Spiegel Apollons jede Offenbarung erhalten, denn Apollon selbst habe weder die Zukunft noch die Vergangenheit noch die Gegenwart gekannt, die man darin sehen können soll. Die Trugbilder der Spiegel seien alle mit einem Zeichen des Teufels versehen.

Der Spiegel wird in der Bildkunst des Mittelalters oft als ein Werkzeug des Teufels dargestellt. Stiche aus Ulm (1438 und 1485) zeigen, wie er Sünderinnen vorgehalten wird, die von den Flammen der Hölle umgeben sind. Und es gab auch verschiedene Illustrationen des alten Sprichworts: »Der Spiegel ist der Hintern des Teufels.« Bei einem Kupferstecher aus Augsburg (1498) sieht eine Frau, die sich darin betrachtet, statt ihres Gesichts den Schwanz und das ganze Hinterteil eines Teufelchens, das sich grimassierend hinter ihrem Rücken krümmt. Das Motiv wird in den volkstümlichen Stichen häufig aufgegriffen. Bei Hieronymus Bosch (*Garten der Lüste*, ca. 1500) bedeckt ein Stahlspiegel das Hinterteil einer monströsen Gestalt, die unter dem Thron Satans entlangkriecht. Eine Frau mit herabhängenden Armen, zwischen deren Brüsten eine Kröte sitzt, wird dort in einem düsteren Bild abgespiegelt. Durch seine Eigenschaft, wirkliche und unsichtbare Dinge zu reflektieren, bleibt der Spiegel ständig mit übernatürlichen und unheilvollen Mächten verbunden.

Die Kirche war ein weiteres Mal über die um sich greifende Vermehrung dieser

127. Der Teufel im Spiegel.
Augsburg 1496.

128. Der Spiegel des Teufels.
Hieronymus Bosch. Madrid, Prado,
ca. 1500. ▶

abergläubischen Vorstellungen beunruhigt: »Sie (die Götzendiener) besitzen Bücher über Magie. Sie verwenden häufig Spiegel und Figuren, die ihren abscheulichen Riten geweiht sind«, schreibt Papst Johannes XXII in einem Brief vom 27. Februar 1318,[38] in dem er die Verfolgung der Schuldigen verlangt, zu denen auch Mitglieder des Klerus von Lyon und sogar der römischen Kurie gehören. »Manchmal schließen sie Dämonen in einen Spiegel ein, um sie zu befragen...«

Eine Bulle desselben Papstes, *Super illius specula*, aus dem Jahr 1326[39] verurteilt alle, die sich solchen Verderbtheiten hingeben, zur Exkommunikation. Noch 1398[40] bezeichnete die Theologische Fakultät von Paris die magischen Künste als sündigen Götzendienst, mit dem Dämonen in Steine, Ringe oder *Spiegel*, die durch das Eingravieren der Bilder unreiner Götzen *geweiht* sind, eingeschlossen werden. Dennoch breitet die Magie sich weiter aus.

Noch im *Buch aller verbotenen Kunst* von Hartlieb, einem bayerischen Gelehrten (1456),[41] werden Stahlspiegel beschrieben, die von rätselhaften Zeichen und Figuren bedeckt sind. »Ich habe Meister gesehen«, fügt der Autor hinzu, »die behauptet haben, sie könnten Spiegel so herrichten, daß jedermann, ganz gleich ob Mann oder Frau, alles darin sehen kann, was er wünscht.«

Für Paracelsus (1493–1541)[42] sind die *geweihten Spiegel* von Sternen »geprägt«. Es handelt sich nicht mehr um Götter oder verfluchte Geister. Die Nekromantie ist eine natürliche Kunst, die von den Sternen ausgeht. Die Sterne prägen das Bild ihres Einflusses dem Kristall oder dem Beryll ein, aus denen man dann die Umrisse der Zukunft oder der Vergangenheit aufsteigen sieht. Sie können durch die Macht des Wortes dorthin gelenkt werden und ihr Werk nach der Vorstellungskraft des Menschen vollbringen, und auf diese Weise entstehen Visionen im Glas, in den Spiegeln, in den Fingernägeln und im Wasser.

Die Astrologie, die immer an dieser Art von Magie beteiligt gewesen ist, wird zum dominierenden Faktor. Diese Kunst nennt sich Beryllistik *(berillistica)*, nach dem farblosen Smaragd, und sie umfaßt alle verschiedenen Arten von katoptrischen Praktiken. Die Edelsteine und die Stahlspiegel, die die Zeichen der Planeten, ihrer Dämonen und ihrer Engel tragen, heißen *gamaheys* (Kameen?)

Manchmal genügen für die Beschwörung von Kristall schon Konzentration des Denkens und intensive Kontemplation, und der Kristall bekommt in diesem hermetischen

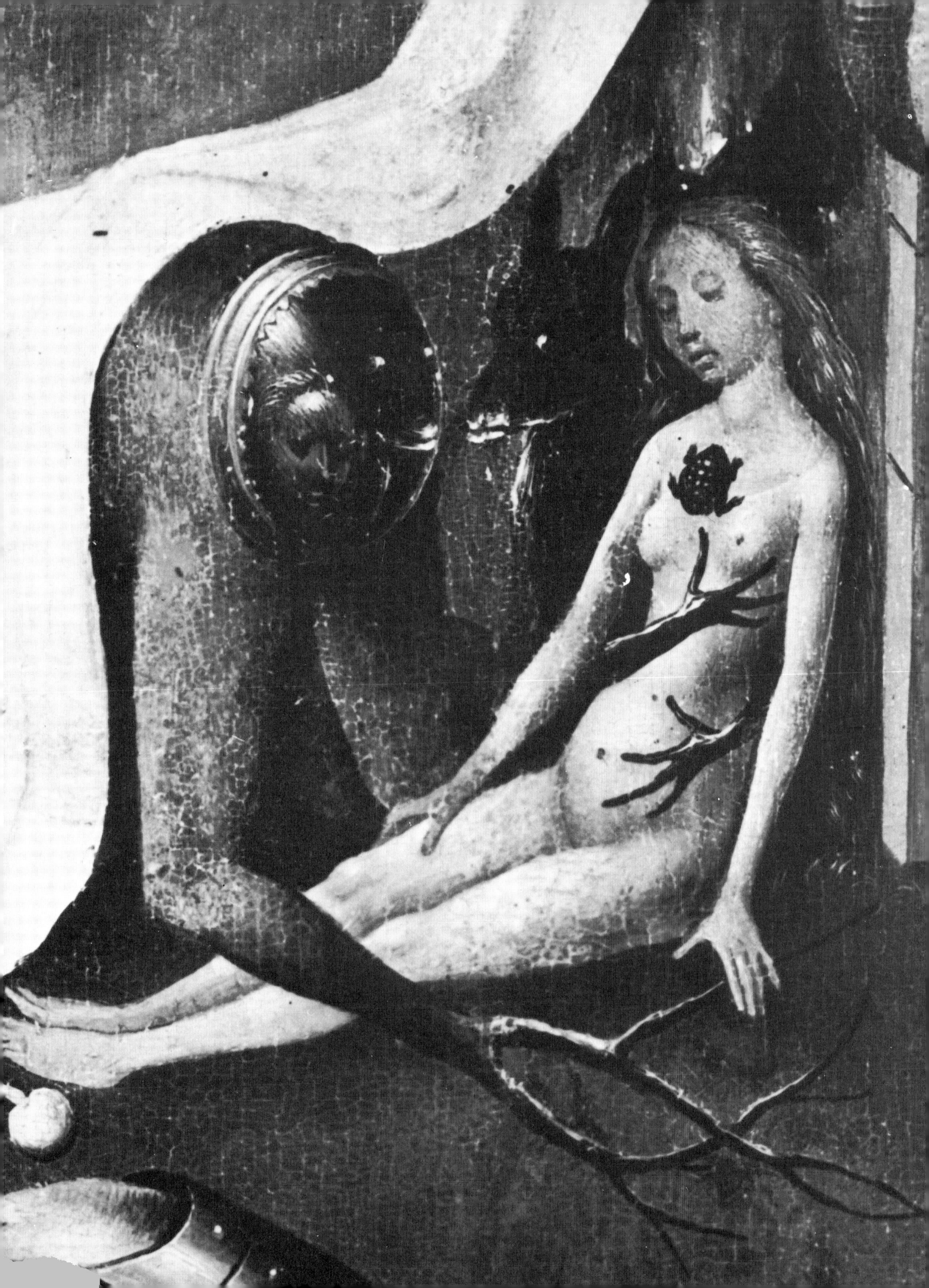

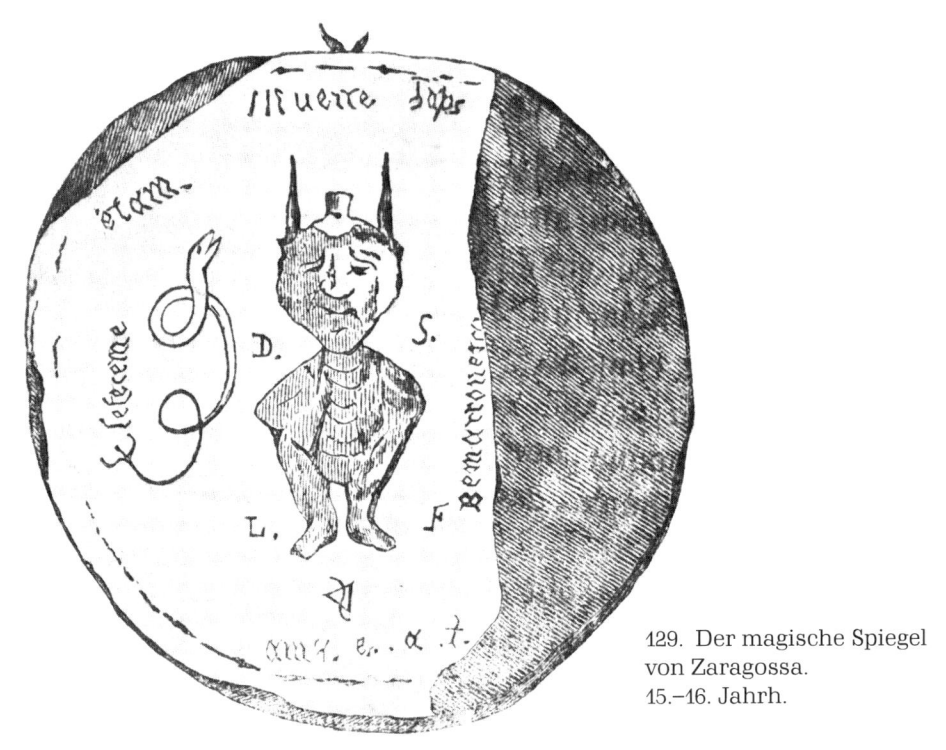

129. Der magische Spiegel von Zaragossa. 15.–16. Jahrh.

Kontext eine universelle Bedeutung. »Der Kristall ist eine Gestalt der Luft: alles, was in der Luft beweglich erscheint, erscheint auch im Spiegel oder im Kristall, wie eine Welle. Denn was die Visionen betrifft, sind Luft, Wasser, Kristall wie ein Ganzes – ein Spiegel, in dem man die umgekehrten Reflexe eines Gegenstandes sieht.«

Der Luftspiegel von Aristoteles, der im *Rosenroman* von Jean de Meung und in der *Philosophia occulta* von Agrippa wieder aufgenommen wurde, wird nun mit einem Smaragd oder einem Edelstein, der unter Sterneneinfluß steht, gleichgesetzt.

Auch Martin Luther hat in seinen *Tischreden*[43] von einem Kristallspiegel gesprochen, der in diesem speziellen Fall ein gläserner Spiegel war. Wie bei Varro war es ein *Speculum Mercurii*, durch den die gleiche Gottheit wirkt und dessen Dämon seine Visionen nur einem Kind zeigt. Da seine Kunst nicht unfehlbar ist, nehmen sie manchmal wirre Formen an: eine Stadt, eine Figur im Nebel oder im Regen.

Jean Lemaire de Belges (ca. 1511)[44] wiederum entdeckt »...in einem künstlichen Spiegel, der durch Magie hergestellt wurde... den Tempel der Minerva, die sich sonst auch Pallas oder Bellona nennt, die Göttin der Wissenschaft, des Studiums, der Tugend, des Friedens...«

Wir kennen auch einen magischen Spiegel des 15. oder 16. Jahrhunderts, der aus Zaragossa stammt und für solche Zwecke hergestellt wurde.[45] Seine eine Seite ist leicht konvex und glatt, die andere »geprägt« mit den Inschriften MUERTE, ETAM... D.S.L.F. und Relieffiguren einer Schlange und eines Teufels. Eine Nachricht aus dem Jahr 1699 erklärt, wie man sich seiner bedient.

Die Anrufung des Geistes muß in einem dunklen Zimmer mit Hilfe eines Lichtstrahls stattfinden. Man projiziert ihn durch die konvexe, erhellte Seite auf einen Kübel voll Wasser. Die Nachricht fügt hinzu, daß man auf diese Weise diejenigen, die man zeigen wollte, vor den Augen eines Kindes erscheinen lassen konnte. Mit der Einführung eines

130. Spiegel in der Hölle. *Der Selen Wurczgart*, Ulm 1483. ▶

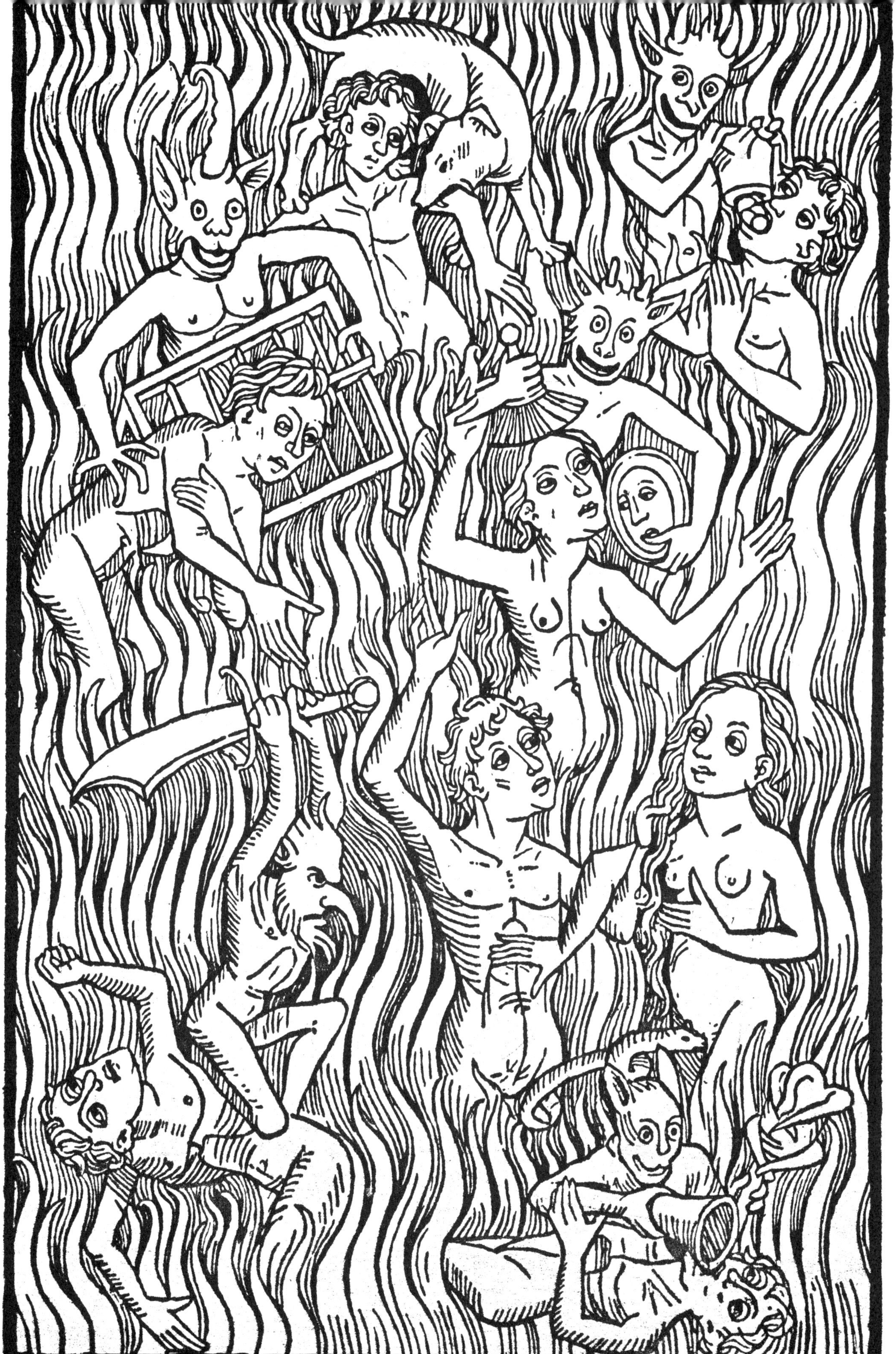

flüssigen Reflektors ist der antike Merkurspiegel hier noch vollständiger wiederhergestellt als bei Luther.

Es handelte sich dabei um einen Trugspiegel, bei dem leichte Vertiefungen der glatten Vorderseite die Figuren der Rückseite wiedergaben. Für das Auge nicht wahrnehmbar, waren sie ausreichend, um ein Bild in einige Entfernung zu projizieren. Das Modell ist mit den magischen Spiegeln aus Japan verglichen worden, die ebenfalls mit Hilfe unmerklicher Modulationen auf der Vorderseite Bilder und Zeichen projizierten, die sich auf der Rückseite befanden.[46]

Magier aller Zeiten haben Kunstgriffe angewendet, die eifersüchtiger gehütet wurden als die Arkana ihrer Lehren, die sie verbreiteten. Jungfräuliche Kinder, die Dinge sehen, welche für andere unsichtbar sind, waren in Wirklichkeit Helfershelfer, was ihre beständige Anwesenheit in gewissem Maße erklärt. Und es gab auch raffinierte Mechanismen, wie die von Wiegleb entwickelten, die Trugbilder zeigten. War nicht sogar die paulinische Vision Gottes durch die Verwendung eines Spiegels, *in aenigmate*, durch eine *tabula scalata* und ein zerschnittenes Christusbild zustande gekommen, das sich in einem geneigten Spiegel wieder zusammenfügte?[47] Aber die Kehrseite des göttlichen Spiegels, die sich im Laufe des Mittelalters verbreitet, ist ausgesprochen dämonisch. Die okkulte Antike, die immer darin enthalten ist, tritt mit dem Niedergang in den Vordergrund.

131. Antikes Orakel. Gargantua und Pantagruel. Gustave Doré.

V

In seiner Sammlung antiker Texte bezieht sich Ricchieri (1516),[48] als er die *specularii* behandelt, auf zwei Fälle: »Spartianus zufolge soll Didius Julianus sich eines Spiegels bedient haben, den, wie es heißt, Kinder mit ihren verzauberten Augen ansahen... In der Nähe von Patra in Achaja gab es ein Orakel, bei dem die Kranken sich in einem Spiegel betrachteten, der an einer Schnur in einen Brunnen gehängt wurde...«

Dieselben Beispiele finden sich auch bei Rabelais wieder: »Willst du die Wahrheit noch deutlicher erfahren«, sagte Herr Trippa, »so will ich's mit der... Katoptromantie (versuchen), vermittels derer der römische Kaiser Didius Julianus alles voraussah, was ihm bevorstand.« Dieser Vorschlag wird Panurg gemacht, der gekommen ist, um den weisen Mann um Rat zu fragen. Der fährt fort: »Da kannst du ohne Brille im Spiegel sehen, was sie gerade anstellt, grad so, als ob ich sie dir im Quell des Minervatempels (sic) bei Paträ zeigte.«

Der Abschnitt aus *Pantagruel* (1546)[49] markiert eine Wende. Auf die vagen Erinnerungen an die Antike, die mit volkstümlichen Geschichten vermischt sind, folgen Zitate und bestimmte Autoren in lateinischer Terminologie und einer griechischen Nomenklatur, die immer reicher wird.

Die Wahrsagekunst kann auch als *Aeromantie* ausgeübt werden, von der Aristophanes in den *Wolken* gesprochen hatte, aber auch als *Onymantie*, bei der der Fingernagel mit Öl eingerieben wird, als Hydromantie oder Lekanomantie: »In einem mit Wasser gefüllten Becken werde ich dir deine Zukünftige zeigen, wie sie sich von ein paar strammen Burschen bearbeiten läßt.«

Es handelt sich nicht um vereinzelte Veränderungen, sondern um eine allgemeine Erneuerung. Die fünf Verfahren mit reflektierenden Körpern bilden nur ein Element eines umfangreichen Komplexes von Orakelpraktiken, bei denen die unterschiedlichsten Zeichen befragt werden. Der Magier zitiert etwa dreißig, von denen die eine bizarrer als die andre ist, zum Beispiel das Harz, das ins Feuer geworfen wird *(Pyromantie)*, den Eselskopf auf glühenden Kohlen *(Kephalomantie)*, die Innereien von Fischen *(Ichthyomantie)*, ins Wasser geträufeltes Wachs *(Keromantie)*, in die Luft gestreute Asche *(Tephramantie)* oder eine Wahrsagung mit Käse *(Tyromantie)*. Es ist eine Modewissenschaft, die Rabelais ins Lächerliche zieht und die sich immer weiter verbreitet.

Jean Fernel (1548),[50] der »französische Galen«, der auch Diane de Poitiers und Katharina von Medici behandelt hat, war bei einer katoptromantischen Vorführung anwesend: »Ich habe gesehen«, schreibt der Arzt, »daß jemand durch die Macht seiner Worte die verschiedensten Gespenster in einem Spiegel heraufbeschworen hat. Sie haben ihm auf alles, was er sie gefragt hat, geantwortet, entweder durch Schrift oder durch Bilder. Man vernahm heilige Worte, die manchmal durch schändliche Worte entweiht wurden, wie zum Beispiel die schrecklichen und fremdartigen Namen von Mächten, die in den Regionen des Orients und Okzidents, des Südens und des Nordens herrschen.«

Und es gab auch Fakten jüngeren Datums. Cardano (1550)[51] berichtet, daß Melanchton zufolge, einem Freund Luthers, in Nürnberg 1530 ein Priester mit Hilfe eines Spiegels einen Schatz fand, und er bezieht sich bei dieser Gelegenheit auf das gleiche historische Ereignis wie Herr Trippa: »Das, was dem Kaiser Didius Julianus widerfahren ist, er-

132. Herr Trippa. Gargantua und Pantagruel. Gustave Doré.

erscheint mir wie ein Wunder, daß ein Kind aus einem Spiegel geweissagt hat, die Feinde kämen und diejenigen, die den Kaiser töten würden.«

Die mittelalterliche Tradition wird fortgesetzt und verbindet sich mit einem Wiedererwachen und einer Rekonstruktion der griechisch-römischen Überlieferungen. Es ist eine Zeit der Neubewertung der antiken Werte, in der die Wiederentdeckung der frühesten Quellen die Phantasie belebt. Natürliche Weissagungen, Theomantie, Orakel, Behexung, Verzauberung, Teratoskopie, Träume, alle prophetischen Methoden leben unter den vielfältigsten Aspekten wieder auf. Kaspar Peucer (1553),[52] Arzt und Mathematiker aus Wittenberg, hat sie in einer epochemachenden Abhandlung zu einer synoptischen Tafel zusammengestellt.

Die technischen Modalitäten wachsen dabei zu einer schwindelerregenden Zahl von »Mantien« an: *Kapnomantie, Stichiomantie, Oknemantie, Libanomantie, Aleuromantie, Botanomantie, Keramantie*… Es ist eine prachtvolle Aufzählung, deren griechische Neologismen das Prestige noch erhöhen. Die Katoptromantie und ihre Nebenformen werden hier zur reinsten, allerschlimmsten Hexerei gezählt:

»Zu den Sorten oder Arten von Magie zählt man auch die folgenden Wahrsagungen, nämlich die *Lekanomantie*, die *Gastromantie*, die *Katoptromantie* und andere ähnliche, sofern sie aus Zeichen oder Figuren gelesen werden, die die Teufel bilden, malen oder ausdrücken, wie sie es in bestimmten Dingen tun, in die sie in sichtbarer Gestalt eingeschlossen sind, oder ohne sich zu zeigen, vor denen die Magier stehenbleiben und sie aus der Nähe betrachten, während sie auf die Beantwortung ihrer Fragen warten. Die Zeichen sind so kunstvoll angeordnet, daß sie nur von denen gesehen und verstanden werden, die der Teufel ausersehen hat: er verzaubert die Sinne der anderen.«

In der Gegenströmung der Renaissance gerade eben wiederentdeckt, wird das heidnische Ritual wieder in die augustinische Dämonologie integriert, die sein Aufblühen im Mittelalter gekennzeichnet hatte. Man erkennt die geweihten und »geprägten« Spiegel wieder, die Teufel, die in glänzende Gegenstände eingeschlossen sind. »Die Katoptromantie weissagt die Dinge mit Hilfe von glänzenden und sehr klaren Spiegeln, in denen die Bilder der gewünschten Dinge erscheinen, die vom Teufel gebildet und dargestellt werden.«

Die beiden Beispiele aus der Antike, die überall zitiert werden, dienen seit einer bestimmten Zeit als unwiderlegbare Beweise: »Der Kaiser Didius Julianus bediente sich häufig dieser Wahrsagekunst, und man sagt, daß er durch die Fingerzeige Satans viele Dinge vorhersah, die sich später ereigneten. Pausanias erwähnt einen Brunnen, der sich in der Stadt Patras in Achaja vor dem Tempel der Ceres befand. Wenn die Kranken, die in Todesgefahr schwebten, einen Spiegel an einer Schnur dort hinabließen, und sich dann in diesem Spiegel betrachteten und ihr Gesicht wie das eines Toten sahen, dann starben sie; wenn das Gesicht lebendig und gesund aussah, dann gewannen sie ihre frühere Gesundheit zurück.« Auch hierbei handelt es sich wohlgemerkt um Offenbarungen des Teufels, die nichts mit der Reflexion einfallender Strahlen zu tun haben.

Das letzte Kapitel der Geschichte der katoptrischen Magie beginnt mit der *Historia Augusta*, wo Satan sich einschleicht, und der *Beschreibung Griechenlands*, in der ein zweites Verfahren geschildert wird: »Es gab in der Nähe von Kyaneai bei Lykien bei dem Tempel ein Orakel des Apollon Thyrxeus. Wer sich ihm näherte, nachdem er ein paar Worte gemurmelt hatte, und dann in das Wasser hineinsah, konnte erkennen, was er wissen wollte.«

Pausanias stellt dem Metallspiegel den flüssigen Spiegel gegenüber, mit dem Peucer zwei weitere Texte in Zusammenhang bringt: »Man sagt auch, daß Numa Pompilius sich stark mit dieser *Hydromantie* beschäftigte und daß er seine Götter in diesem Wasser anrief und um Rat fragte... Varro sagt, daß ein Jüngling ein bestimmtes Bild im Wasser sah und daß er in fünfzig Versen den Ablauf des ganzen mithridatischen Krieges schilderte.«

Augustinus-Varro und Varro-Apuleius werden in einem einzigen Abschnitt unmittelbar miteinander verbunden. Das Werk nimmt alle Texte, die an der Entwicklung der Legende beteiligt waren, wieder auf und weist ihnen ihren Platz zu.

Das Orakelritual der mittelalterlichen Zauberer wird hier erneuert, wobei die Beschreibung es einerseits reduziert, andererseits detaillierter auf die einzelnen Elemente eingeht. Von der langen Liste der Materialien, der Geräte, der reflektierenden Gegenstände, die in den Abhandlungen des 12. und 13. Jahrhunderts aufgezählt werden – Schale, Phiole, Amphore, Schwert, Dolch, Degen, Kristall und andere durchsichtige Edelsteine, Elfenbeingriff, Ei... – bleiben nur das Becken, die Amphore, der Kristall und der Fingernagel übrig:

»Die *Lekanomantie* oder die Weissagung aus Wasserbecken ist von den Assyrern, Chaldäern und Ägyptern praktiziert worden. Man legte Platten von Gold und Silber, die mit bestimmten Zeichen versehen waren, in ein mit Wasser gefülltes Becken.«

Es sind keine glänzenden Schwerter mehr (Guillaume d'Auvergne), sondern »geprägte« Platten, die in das Gefäß gelegt werden, und die Antworten werden nicht mehr von reflektierten Figuren gegcbcn (Rabelais), sondern von der Stimme eines Teufels, die aus einer brodelnden Flüssigkeit aufsteigt. Diese Version stammt aus der byzantinischen *Dämonologie* von Psellos (9. Jahrh.), die nach der Übersetzung von Ficino (1497)[53] wiedergegeben wird.

In der *Gastromantie* (von *gastrum* – bauchiges Gefäß, Amphore) zeichnen sich wieder Figuren im Wasser ab: »Der böse Geist antwortete durch Bilder und Darstellungen, wozu er Glasbehälter von runder Form verwendete, die mit klarem Wasser gefüllt waren und um die herum man brennende Kerzen aufgestellt hatte; nachdem man den Geist durch geheimnisvolle Worte beschworen, nahm man einen unberührten kleinen Jungen oder eine schwangere Frau, die das Glas aufmerksam betrachteten, um Antworten zu erhalten, die der Teufel tatsächlich durch Bilder gab, die sich im Wasser abzeichneten und die sich, durch einen Kunstgriff des Teufels, durch die klaren und glänzenden Gläser hindurch sehen ließen.«

Obwohl die Befragung des Teufels mit Hilfe einer Phiole von der scholastischen Theologie und Lehre verboten worden war, bleibt sie doch mit allen aufwendigen Zurüstungen erhalten: »Die Kristallomantie gibt ihren Magiern Auskunft, als ob sie aus einigen gemalten Zeichen und Figuren weissagte, die die zukünftigen Sachen darstellen, nach denen man fragt, und zwar mit Hilfe von geschnittenen und polierten Kristallen, in die der Teufel sich einschleicht und in ihnen sein Spiel treibt. Denn in einigen ist er in einer kleinen Figur versteckt und eingeschlossen, und manchmal in einer anderen Sache. Die *Onychomantie* wurde mit Hilfe von Öl und Schweiß betrieben, mit denen man den Fingernagel eines kleinen unberührten Knaben einrieb, der sich

133. Die Sibylle von Cuma befragt einen Kelch.

zur Sonne hinwenden mußte. Denn sie dachten, daß die Bilder der gewünschten Dinge durch die Mischung von Öl und Schweiß festgehalten würden.«

Tatsächlich werden sie, wie bei Gervais de Tilbury oder Guillaume d'Auvergne, vom Dämon, dem »geschickten Arbeiter«, hergestellt. Der winzige Spiegel ist nicht weniger blendend als jeder andere spiegelnde Gegenstand. Durch Überbleibsel aus der Antike wird nun das Mittelalter zu neuem Leben erweckt.

Wier (1563),[54] ein Schüler von Agrippa (dem Philosophen, der oft von einem Hund namens *Herr* begleitet wurde, der der Teufel in Person gewesen sein soll), in dem man auch Herrn Trippa (Ag-rippa = T-rippa) aus *Pantagruel* zu erkennen glaubte, hat die Texte von Peucer vollständig abgeschrieben. Sie erscheinen im zweiten Buch der *Dämonologie*, das sich mit den *infamen Magiern* befaßt. In dem Kapitel, das den Strafen für die besagten Magier gewidmet ist, wird auch der *Entschluß* der Theologischen Fakultät Paris *in extenso* wiedergegeben:

»Der Kanzler der Kirche von Paris an alle Anhänger des katholischen Glaubens... wissend, daß diese pestilenzialische Boshaftigkeit und tödliche Greuel der lügnerischen Hirngespinste sich in unserer Zeit mit den Häresien weiter verbreitet hat als je zuvor, und fürchtend, daß dieses Ungeheuer schrecklicher Gottlosigkeit und verderblicher Seuche das Christliche Königreich ansteckt... wollen wir die furchtbaren und frevelhaften Verirrungen und die verfluchten Zeremonien der Wahnsinnigen ausrotten, die den katholischen Glauben und die christliche Religion beleidigen, untergraben und verseuchen... Der vierte Artikel sagt also: Wenn man durch magische Künste die Teufel in Stein, Ringe, Spiegel oder Bilder einschließen will, die ihrem Namen geweiht sind, so ist dies kein Götzendienst. VERIRRUNG. Abgefaßt und beschlossen nach gründlicher und langer Erwägung zwischen uns und unseren Deputierten zu Paris im Jahre eintausend dreihundert achtundneunzig.«

Alle zutiefst mittelalterlichen Traditionen waren im 16. Jahrhundert allgemein bekannt und gültig.

> Ils sont si fatz, et sotz et si badins qu'ilz craignent
> Les charmeurs importuns qui maistres, les contraignent
> De leur faire service et les tiennent fermez
> Ou dedans des mirouers ou anneaux enchantez
> Et n'en ose sortir enchantez d'un murmure
> Ou d'une voix barbare ou de quelque figure.

»Sie sind so dumm und einfältig beschaffen, daß sie sich vor dreisten Zauberern fürchten, die sie beherrschen, sie in ihre Dienste zwingen und sie in Spiegeln oder verzauberten Ringen eingeschlossen halten, aus denen sie sich, durch ein Murmeln oder eine barbarische Stimme oder ein Zeichen gebannt, nicht herauswagen.«

Die *Daimons* von Ronsard (1555)[55] stehen derartigen Definitionen sehr nahe.

VI

Wir befinden uns nicht mehr in der Geschichte, sondern in der Gegenwart. Pierre Massé (1579),[56] der nach Peucer und Wier mit Hinweisen auf Pausanias, Psellos, Varro-Apuleius wieder auf die Beschreibungen der *Hydromantie, Lekanomantie* und *Gastromantie* zurückkommt, erinnert ausdrücklich daran: »Weissagung aus Spiegeln wird zu solchen und ähnlichen Zwecken betrieben. Man sagt, daß dies in Frankreich sehr verbreitet ist und daß man dort in Spiegeln Bilder und Figuren von geheimen und verborgenen Dingen abgebildet sieht, und diese werden der Inquisition unterworfen.«

Alle dämonologischen Werke, die sich nun in ganz Europa verbreiten, berichten ausführlich über derartige Praktiken. Bodin (1580)[57] rekapituliert ebenso wie Massé die Einteilung von Peucer: *Lekanomantie* durch Wasserbecken, *Gastromantie* durch ein rundes Gefäß, *Onymantie* durch einen Fingernagel. Aber für die *Kristallomantie* durch ein Spiegel- oder Kristallglas führt er ein Beispiel aus seiner Zeit an: »Joachim de Cambray hat einen Bürger von Nürnberg gekannt, der einen Kristallring kaufte, mit dessen Hilfe ein kleines Kind sehen konnte, was man verlangte, aber dann merkte der Käufer, daß ihn der Teufel plagte, und er zerbrach den Ring.«

Um Satan in den Kristall einzuschließen, muß man fünf Kreise mit den Namen der fünf Höllengeister des Nordens zeichnen, fünf nach Süden gerichtete Schwerter niederlegen, auf denen dieselben Namen eingraviert sind, das Ganze mit einem großen Kreis umschließen, in dessen Mitte ein Magier mit einem Kristall in der Hand steht. Die Zeremonie wird in einer englischen Abhandlung über Hexerei von Reginald Scott (1548)[58] ausführlich beschrieben.

Martin del Rio (1612),[59] ein nach Flandern entsandter spanischer Inquisitor, erzählt folgende anschauliche Episode: »In Bordeaux hatte ein bestimmter Advokat einen vertrauten Teufel in einer gläsernen Phiole; nachdem er gestorben war, wollten die Erben die Phiole nicht behalten, wagten aber auch nicht, sie zu zerbrechen. Sie trugen sie zu den Jesuitenvätern, aber baten diese, sie nicht vor ihren Augen zu zerschlagen, weil sie sich sehr vor seltsamen Visionen fürchteten. Als sie sich also zurückgezogen hatten, warfen sie (die Jesuiten) die Phiole mit aller Kraft in einen angezündeten Ofen und hörten nichts als ein schwaches Geräusch.«

Die Bulle *Super illius specula* von Johannes XXII. (1326), in der vor den Gegenständen gewarnt wird, die böse Geister aufnehmen können *(vel speculum, vel phialam ad daemones inibi alligandos)*, bezog sich auf Geräte dieser Art.

Der magische Spiegel von Didius Julianus und der Spiegel aus Patras bleiben weiterhin mit der *Katoptromantie* im eigentlichen Sinne verbunden, doch es kommt eine neue Figur dazu: »Ich übergehe andere Arten von Theurgie«, schreibt Le Loyer (1586),[60] »die man in der Vergangenheit beobachtet hat, wie die des Spiegelns oder der Katoptromantie, die Didius Julianus benutzte, als er über seinen Tod und seinen Nachfolger im Reiche Bescheid wissen wollte, worüber Spartianus berichtet. Und diese Katoptromantie ist nicht weit entfernt von der Theurgie des Pythagoras, der auf einen gewölbten Spiegel mit Blut schrieb, was er wollte, und ihn dem Mond entgegenhielt.«[61]

Dieser Vergleich geht auf den heiligen Augustinus zurück, der der Meinung war, der Philosoph habe sich eines Weissagungsverfahrens bedient, das aus der Methode von

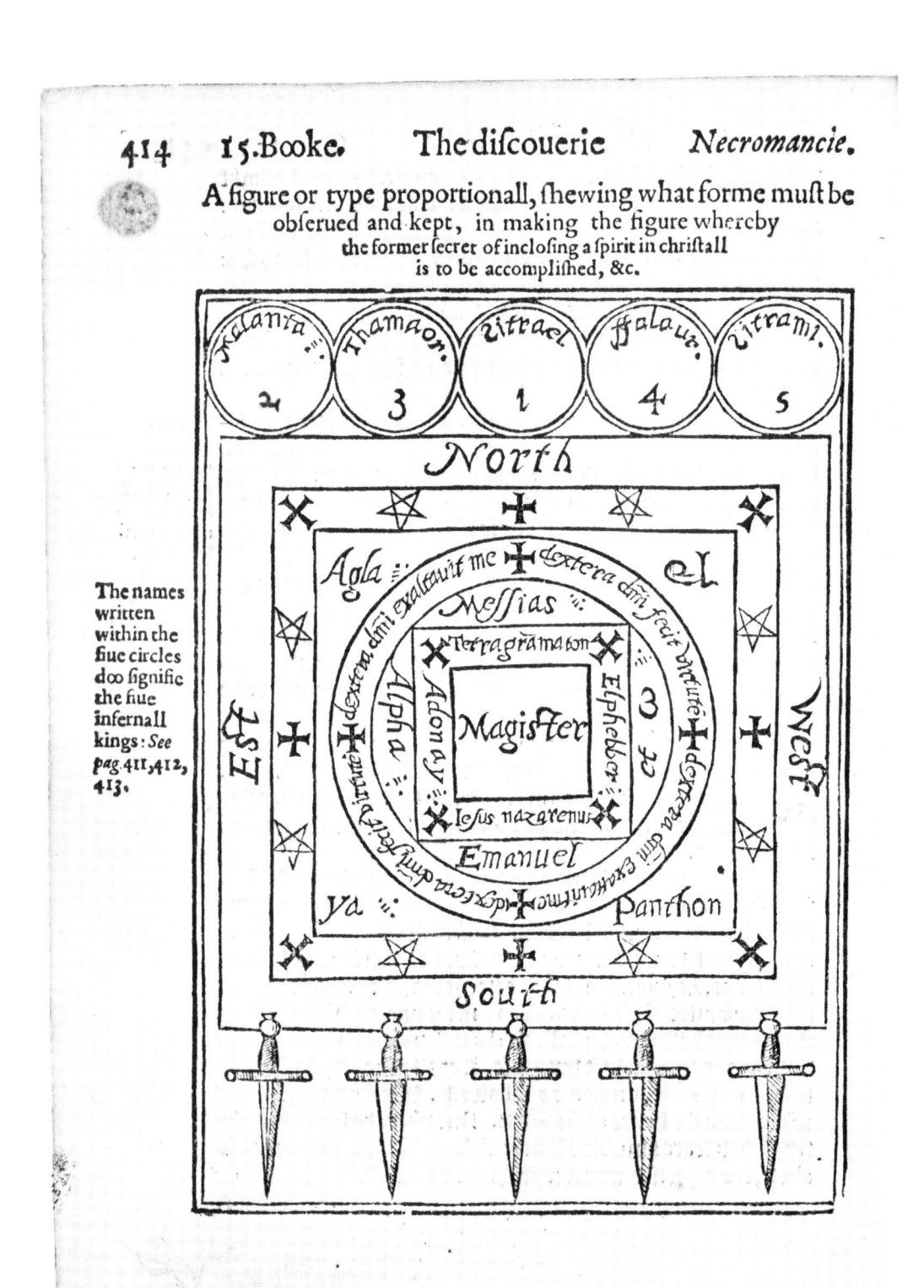

134. Rituelle Anlage, um den Teufel in den Kristall einzuschließen.
Reginald Scott, 1584.

Pomponius Mela, kombiniert mit der von Didius, bestanden habe. Diese These fand viele Anhänger. Martin del Rio zufolge soll der Spiegel, den der berühmte Gelehrte »gewöhnlich zum Wahrsagen benutzte«, indem er ihn zum Planeten hin wendete, derselbe gewesen sein, den der römische Kaiser vor einer entscheidenden Schlacht befragte.

Für Torreblanca (1615),[62] einen weiteren spanischen Inquisitor, war der Spiegel des Pythagoras als ältestes Instrument der Ursprung der Katoptromantie, und Spartianus und Pausanias sollen nur einige spätere Beispiele angeführt haben. Die Namen von Salomon und anderen Magiern aus dem Orient werden jetzt durch den eines antiken Magiers ersetzt.

Die Entwicklung wird mit einer Zunahme von modernen Geschichten fortgesetzt. Der Text von Peucer, von dem es mittlerweile eine deutsche Übersetzung (1592)[63] gab, und auf den sich auch Boissard (1615)[64] berufen hatte, wird durch zwei neue Anekdoten illustriert; ihre französische Fassung findet sich bei de l'Ancre (1622).[65]

Die erste handelt von einem Mann, der gezwungen ist, aus seinem Land zu fliehen, wo er eine sehr schöne Frau zurückläßt, für die er einen Mord begangen hat. Voll Sehnsucht versucht er, zu erfahren, was aus ihr geworden sei. Er wendet sich an einen Zauberer, der sich einer klassischen Methode bedient:

»Der Magier rief ein junges Mädchen von acht Jahren, und nachdem er ihre Haare aufgelöst und mit Weihwasser besprengt hatte, machte er, nach bestimmten Anrufungen, einen Zauberkreis, und als er ihn mit Zauberzeichen umgeben hatte, stellte er das Mädchen in die Mitte und befahl ihm, fest in den Spiegel hineinzusehen. Als der Magier es dann aufforderte, zu sagen was es sehe, zuckte und wand sich der Körper des Mädchens, sein Gesicht wurde unruhig, und mit zornig glänzenden Augen und einer zitternden und stockenden Stimme sagte es dreimal: Ich sehe, ich sehe, ich sehe.«

Zunächst sah es nur einen großen leeren Saal, doch dann rief es plötzlich: »Da ist eine sehr schöne Frau mit einer Seidenhaube, um die ein schwerer Haarkranz herumgelegt ist, und sie trägt ein spitzenbesetztes Kleid. Sie hält etwas Schwarzes in ihrer Hand, und ich sehe einen jungen Mann mit blonden Haaren neben dem Kamin, dessen Hosen bis zum Knie heruntergelassen sind.« Tatsächlich aber war der blonde junge Mann der Bruder der zurückgelassenen Gattin, die ein Geschwür an seinem Oberschenkel pflegte.

Ein Reisender aus Bordeaux, ein Edelmann und berühmter Poet, der sich in Paris aufhielt und wissen wollte, was seine Frau in diesem Moment tat, wurde das Opfer einer ähnlichen Täuschung: »Der Teufel zeigte sie ihm (in seinem Spiegel) im Bett, den schönen, zarten Arm zurückgebeugt, denn sie war eine sehr schöne Frau mit anmutiger Gestalt, und neben ihr einen Mönch, der gerade auf ihr Bett stieg.«

In Wirklichkeit ging es wieder um Medizinisches. Ein Karmeliter, der für seine Kenntnisse und seine Frömmigkeit bekannt war, behandelte in Gegenwart der Familie den gebrochenen Arm der Gattin: »Zu solchem Ende führen uns diese Weissagungen und die verderbliche Neugier, sie zu erfahren«, schließt der Jesuitenpater. Es sind Fallen, in denen man den Teufel sucht und schließlich findet.

Ein Auszug aus der *Historia Augusta* und die zeitgenössischen Berichte werden auf der gleichen Ebene, wie zwei Teile desselben Kapitels dargestellt. Die *Abhandlung über Weissagungen und magischen Zauber* ergänzt jetzt die technischen und historischen Darstellungen durch Elemente, denen man im Roman und im Theater wiederbegegnet. Erfährt die von einem Tier im verzauberten Schloß gefangengehaltene Schöne (Madame Leprince de Beaumont, 1754) nicht auf dieselbe Weise wie der Gutsherr aus Bordeaux, was bei ihr zu Hause geschieht?

»Wie groß war ihr Erstaunen, als ihr Blick auf einen großen Spiegel fiel, dort ihr

135. u. 136. Erscheinungen im Spiegel. Die Schöne und das Tier, 1751.

Haus zu sehen, bei dem gerade ihr Vater mit äußerst trauriger Miene anlangte. Einen Augenblick danach verschwand alles...«, und nach einiger Zeit »hatte sie im Spiegel gesehen, daß ihr Vater aus Kummer darüber, sie verloren zu haben, krank geworden war, und sie wünschte, ihn wiederzusehen...«

Bei Walter Scott gibt es ein ähnliches Gerät. In *Der letzte Minstrel* (1805)[66] wird dem Grafen Surrey die Dame seiner Träume, die sich jenseits eines weiten Ozeans befindet, von Cornelius Agrippa persönlich gezeigt:

»Ein schauderhaft Gewölbe so schwarz wie die Nacht
Wohin vom Zauberer der Ritter ward gebracht
Von einem Spiegel nur, der war gewaltig groß
Geweihete Wachsfackel ein schimmernd Licht ergoß
Auf Kreuz und Zauberzug, Almagest und Altar
Und auf den Talisman, doch schien es nicht sehr klar;
Wohl passend war der Schein so bleich und dunkellicht
So wie beim Sterbelager das stille Totenlicht.
Doch aus dem Spiegel her, der so gewaltig groß
Ein ihm selbst eignes Licht sich alsobald ergoß;
Gestalten sah der Graf auf seinem hellen Raum
Wolkig und unbestimmt gleich einem Fiebertraum.
Es ziehen sich zusammen die Bilder allgemach,
Von Silberlicht erleuchtet ein hohes Prunkgemach...«

(Die Versuchung des *Mönchs* von Lewis fand unter den gleichen Bedingungen statt.)

»Von Agras Seidenzeug ein Lager stattlich schwillt,
Hier scheint bleich Mondenlicht, dort ist's in Nacht gehüllt.
Wohl hoch und herrlich war es, doch alles kam nicht gleich
Der Holden, die da lag, auf Ind'schem Lager weich!«

Die Beschreibung aus einem *Handbuch der Hexerei* lebt im Kontext einer Ritterromanze wieder auf und erhält in der entsprechenden Umgebung eine Fülle von Details und Farben:

»Rollt langsam das Gewölk fort über die holde Gestalt,
Strich weg das Nachtgesicht so traut und lieb alsbald –
So rollte düstern Sturm des bösen Königs Neid
Über meines geliebten Herrn Tage voll Glanz und Freud.«

Bei diesem Spiegel handelt es sich natürlich um ein katoptrisches Sehgerät, das auch zur Ausrüstung gehört, die für die Tricks der Scharlatane und Zauberkünstler aller Zeiten erforderlich ist.

Agrippa d'Aubigné, ein Poet und Historiker, der am Hof von Henri IV. die Rolle eines Amateurzauberers spielte, hat sich seiner für galante Zerstreuungen bedient: »Einer anderen Dame«, so berichtet er selbst in einem Brief,[67] »zeigte ich in einem gewöhnlichen Spiegel den vollkommensten der drei Liebhaber, die sie hatte, mit Hilfe der Reflexion eines anderen Spiegels, der das lebende Bild in einem anderen Garten auffing. Ich könnte Dutzende solcher Streiche erzählen.«

Der doppelte Spiegel, der eine Sache statt einer anderen zeigt, konnte nützlich sein, wenn es kein Medium gab, das eine eingeübte Lektion wiederholte.

La Voisin, eine berühmte Hexe, die 1680 verbrannt wurde, soll bei Vorführungen der Lekanomantie einen ähnlichen Trick angewendet haben, indem sie das Bild, das sie im Wasserbecken zeigte, an der Decke aufhängte. Ein Stich, der *Die Wahrsagerin oder die falschen Zaubereien* darstellte, zeigt dies. Unter einem Porträt, das auf rundem Untergrund abgebildet ist und wie ein Kronleuchter an Trägern hängt, steht auf einem Tisch eine Schüssel. La Voisin beugt den Mann mit einer energischen Geste über das Gefäß und hindert ihn daran, seine Blicke abzuwenden.

»Monsieur Jobin, sehen Sie in das Becken und wenden Sie den Blick nicht ab, das Bild dessen, der Ihre Pistolen genommen hat, wird nur einen Augenblick sichtbar sein. La Giraudière, ah, ich sehe, es ist Valcreux, einer meiner engen Freunde; ich habe ihm vor einiger Zeit einen Degen versteckt. Jetzt wollte er, daß ich meine Pistolen suche.«

Die Szene und ihre erklärende Bildunterschrift gehören zu einem Ring kreisförmiger Bilder, in denen weitere Geschichten über Hexerei zu sehen sind, darunter die Beschwörung »der Person, die man sehen möchte«, in einem Spiegel.

Die Inquisition hat grauenhaft gewütet. Im Laufe des 16. und 17. Jahrhunderts[68] folgt ein Prozeß wegen Katoptromantie auf den anderen. Der *Mercure français* aus dem Jahr 1609 berichtet, daß »in diesem Jahr der Herr von S. Germain aus der Normandie, ein Arzt und eine alte Magierin auf dem Place de Grève hingerichtet wurden, weil sie Spiegel und andere Zaubermittel verwendet haben«. Macbeth wurde 1606 geschrieben. Zu Beginn des *Jahrhunderts der finsteren Aufklärung* (Michélet) zählte man in Frankreich mehr als dreihunderttausend Hexen.

Die Geschichte des Zauberspiegels hört nicht mit diesem Rückblick auf erloschene Doktrinen noch mit deren Fortsetzung in der phantastischen Literatur auf. Noch mitten im 19. Jahrhundert gibt es im Spiritismus und in der Theosophie ein letztes Aufflammen.

137. Von La Voisin verwendete Trickeinrichtung für Lekanomantie, ca. 1680.

VII

»Davis, ein englischer Gelehrter der Kabbala, besaß einen Spiegel aus makellos polierter Steinkohle, in dem er die Geister sehen und mit ihnen sprechen konnte«, erklärt Cahagnet statt einer Einleitung zum Kapitel über die Katoptromantie in seinem *Traité pratique et historique de la magie* (1854).[69] Er erwähnt auch den Spiegel, in dem Cagliostro Visionen aufsteigen ließ, die alle verwunderten, die es miterlebten.[70] Er selbst hat direkt eine ganz besondere Offenbarung gehabt: »Die Kunst, einen magischen Spiegel herzustellen, ist mir vom Geist Emanuel Swedenborgs erklärt worden, mit dem Adel seit mehreren Jahren in Beziehung steht.«[71] Auf Salomon und Pythagoras folgen die Magier und Erleuchteten des 18. Jahrhunderts.

Unter den aufgezählten Spiegeln befinden sich außerdem der *Spiegel der Zauberer* und die *theurgischen*, *kabbalistischen* und *galvanischen Spiegel*.

Der *Spiegel der Zauberer*, den man auf dem Lande seit unvordenklichen Zeiten kennt, ist ein gewöhnlicher Spiegel oder ein Wassereimer, der so aufgestellt wird, daß die Person, die ihn befragt, sich nicht darin sehen kann. Nach barbarischen Anrufungen erscheinen dort die Schatten von Lebenden und Toten ebenso wie Allegorien. Es ist ein noch unentwickeltes Mittel, in dem die Katoptromantie, die Hydromantie und die Lekanomantie noch miteinander vermischt sind und das man mit seinen alten Ritualen in den Volksbräuchen verschiedener Länder antrifft. So wird erzählt, daß man in Oldenburg vor noch nicht allzu langer Zeit seine Zukunft sehen konnte, indem man sich um Mitternacht mit zwei Kerzen vor einen Spiegel setzte und dreimal seinen eigenen Namen aussprach.[72]

Der *theurgische Spiegel*, den Le Loyer mit der Katoptromantie des Pythagoras in Zusammenhang brachte, ist eine kugelförmige Karaffe, die, mit klarem Wasser gefüllt, auf ein weißes Tuch gestellt und von drei Kerzen umrahmt wird. Die gesamte Anordnung wurde der Gastromantie von Peucer entlehnt. Aber es ist nicht der Teufel, sondern der Erzengel Gabriel, der Abgesandte Gottes, der einem knienden Kind darin zeigt, »was Gott auf die gestellte Frage als Antwort zu geben gefällt«. Das Licht dieser Botschaften ist nicht irdisch. Es ist klarer, aber zugleich auch flüchtiger. Es ist das Licht der Magier und Propheten, das Licht des Moses und der Heiligen Therese, das Licht der geistigen Erleuchtungen.

Sieben Kugeln aus sieben Metallen bilden den *kabbalistischen Spiegel*. Es sind die Metalle, die man schon von den hermetischen Philosophen kennt: Gold, Silber, Eisen, Merkur (in einem kugelförmigen Behälter), Zinn, Kupfer und Blei, die jeweils einem Planeten (Sonne, Mond, Mars, Merkur, Jupiter, Venus, Saturn) und außerdem noch jeweils einem Tag der Woche entsprechen.

Die astrologische Lehre von Paracelsus lebt in einem alchimistischen Kontext wieder auf: die Kräfte der planetarischen Geister, die in die reinen Metalle eingeschlossen sind, können daraus nur mit Mitteln herausgeholt werden, die für den gewöhnlichen Menschen von Geheimnissen umgeben sind. Die sieben Kugeln sind die Globen des Universums, die alles repräsentieren, woraus das Leben besteht.

Das Ganze wird, mit dem runden Spiegel in der Mitte, auf einem hölzernern Ständer aufgebaut. Es bildet ein Kabinett *spiritueller Optik*, in dem der Seher, der es ergründet, die geeignete Substanz auswählt. Der Vorgang umfaßt drei Phasen:
1. Fünf Minuten Fixierung durch Gedanken und Sprache.
2. Erscheinung eines Nebels, der zunächst über dem Spiegel schwebt, sich dann auflöst und einem blauen Punkt weicht.
3. Anwachsen des blauen Punktes, gefolgt von der Erscheinung eines weiteren blauen Punktes in der Mitte, der sich seinerseits vergrößert und Figuren und Formen, geschriebene Worte oder allegorische Bilder, Propheten, Engel und Genien erscheinen läßt.

Abends muß diese Beschwörung beim Licht einer Lampe stattfinden, in der Weingeist verbrannt wird. Der Ablauf dieser kabbalistischen Offenbarungen erinnert durch den Nebel, der am Anfang alles bedeckt, bevor er sich über der Erscheinung erhebt, an den Zauber von Mathilde, der in *Der Mönch* von Lewis beschrieben wird, und es ist nicht ausgeschlossen, daß Cahagnet sich von dem Roman anregen ließ.

In dieser Gruppe, in der die klassischen Traditionen mehr oder weniger fortgesetzt werden, taucht auch das extravaganteste dieser Geräte auf, das auf Physik und avantgardistischer Physiologie basiert.

Der *galvanische Spiegel*, aus einer Scheibe bestehend, deren eine Seite aus Kupfer, die andere Seite aus Zink ist, setzt den Sehnerv der Einwirkung der Metalle aus. So unsichtbar das Licht, das sie ausstrahlen, auch ist, es ist doch das schönste unter den bekannten materiellen Lichtern. M. Lecoq, ein Uhrmacher der Marine, stellte ein solches Instrument her, »dessen konkave Seite (aus Kupfer) einen strahlenden Glanz hatte und magnetische Strahlen auf ihre Quellen zurückwarf, die für die Augen nicht wahrnehmbar waren, weil sie sich im Brennpunkt brachen und aufleuchteten, wobei sie sehr schöne Formen und Bilder erscheinen ließen.«

Die Kraft des Spiegels kann beträchtlich verstärkt werden, wenn man seine konvexe Rückseite mit gleicher Sorgfalt poliert und wenn man ihn verdoppelt. Durch die galvanoelektrische Flüssigkeit verbunden, erreicht das magnetische Fluidum bei zwei Scheiben eine Konzentration, die so stark wie ein Brennspiegel wirkt: »Auf diese Weise konnte Archimedes, wie man sagt, mit Hilfe ähnlicher Spiegel aus einer großen Entfernung eine Flotte in Brand setzen... Diese Projektion«, fährt Cahagnet fort, »wird uns in unseren Tagen öffentlich durch schöne Beleuchtungsexperimente mit dem elektrischen Licht vorgeführt, das wir abends auf unseren Boulevards sehen.« *(sic)*

Die Entdeckungen von Galvani (1786) und Volta (1800) werden jetzt in die Magie einbezogen – Entdeckungen, die sich einerseits mit der Wirkung der Metalle auf das Nervensystem befassen (die Zuckungen des toten und verstümmelten Frosches, die durch die Berührung seiner Nerven mit Kupfer und Eisen hervorgerufen wurden) und andererseits mit der Entstehung elektrischer Ströme durch das Zusammenbringen verschiedener Metalle (die Batterie, die aus Kupfer- und Zinkplatten hergestellt wurde); dazu kamen jüngere Arbeiten über den tierischen Magnetismus (Potet, 1830), den schon Paracelsus und Kircher kannten.

Die Wunder der modernen Zeiten, ihre jüngsten technischen Entdeckungen, haben das visionäre Denken fasziniert, das sie in seine eigene Sphäre aufgenommen hat. Und wieder ist es eine griechisch-römische Geschichte, die um die Mitte des 19. Jahrhunderts im Dunstkreis von Swedenborgs Gedanken, die sich mit technischen Träumen mischen, noch einmal erzählt wird. Mit dem *Kind im Spiegel* von Nietzsche (1883)[73] gab es eine weitere flüchtige Erinnerung daran:

»Was erschrak ich doch so in meinem Traume, daß ich aufwachte?« fragt Zarathustra zu Beginn des zweiten Teils seines Buches. »Trat nicht ein Kind zu mir, das einen Spiegel trug?« Und er fährt fort: »›O Zarathustra‹ – sprach das Kind zu mir – ›schaue dich an im Spiegel!‹ Aber als ich in den Spiegel schaute, da schrie ich auf, und mein Herz war erschüttert: denn nicht mich sah ich darin, sondern eines Teufels Fratze und Hohnlachen.«

Die Vision gibt ihm zu verstehen, daß seine Lehre in Gefahr ist und daß das Unkraut Weizen heißen will. Es ist ein Kind aus der Antike, das am Vorabend des 20. Jahrhunderts mit einem verhexten Spiegel aus dem Mittelalter die Warnung überbringt. Die Geschichte des magischen Spiegels endet mit der Restitution einer seiner elementaren Figuren und mit einer Furcht, die er im Denken schon immer verbreitet hatte.

Varro (116–127), Pausanias (2. Jahrh.), Spartianus (Beginn des 4. Jahrh.) ... zweifellos reichen die Ursprünge des magischen Spiegels, für den es Zeugnisse gibt, die aus dem 5.–4. Jahrh. v. Chr. stammen (Aristophanes, eine Schale in Berlin), bis in die Nacht der Zeiten zurück, aber die ersten Verse der geschriebenen Legende, die dann in der Folgezeit übernommen worden ist, trugen nur Namen, die in den Wirren des Mittelalters schnell verlorengegangen sind.

Dort wurden das divinatorische Metall und das Wasser aus der Antike in tausend glänzende Gegenstände verwandelt. Die mythologischen Götter werden zu Teufeln. Von überall her erscheinen legendäre Genien, die im Namen Gottes, Jehovas, des Ewigen Königs und des allmächtigen Metraton angerufen werden. Anaël, Floraget, Florone, Floret, Artesius, die Engel und die planetarischen Dämonen drängen sich um all diese Geräte und dringen in sie ein. Der Glanz eines nekromantischen Spiegels ist der eines Dämons, der darin wie in einem Gefäß eingeschlossen ist. Die Materialien dieser Gegenstände, die unheilvolle Kräfte und trügerische Botschaften aufnehmen, werden immer vielfältiger: Kristall, Smaragde, durchsichtige oder durchscheinende Edelsteine, so daß die *ars specularis* schließlich zur beryllistischen Magie wird, in der die Metalle durch ihre Reflexe mit kostbaren Steinen identifiziert werden.

Die klassische Antike wird von diesen Gärungen überschwemmt. Das *Speculum Apollinis* ist nur ein symbolischer Hinweis. Nur das Thema »Das Kind und der Spiegel« (Varro, Spartianus) setzt seinen Weg unbeirrbar fort, sowohl als praktische Gepflogenheit wie auch als ständige Erinnerung an eine vergessene Quelle.

Diese Quelle ist im Abendland erst im 16. Jahrhundert mit Spartianus, Varro, Pausanias erkannt worden. Außer einem apokryphen Text aus einer griechischen Märtyrergeschichte hat kein anderer antiker Text die Fabel der drei Autoren ergänzt. Aber die Legende wird nun auf einer umfangreichen Grundlage von antikisierenden Wahrsagerlehren ergänzt, die in allen möglichen Formen wiederentstehen. Der Prozeß vollzieht sich im allgemeinen Rahmen der Wiederauferstehung dieser erweiterten Orakelwissenschaften. Man erlebt eine Verdrängung der Spiegelkunst durch die Katoptromantie und eine zumindest die Namen betreffende Hellenisierung. Auf ein neues Gebiet verpflanzt, leben die mittelalterlichen Traditionen unter dem Zeichen griechischer Neologismen wieder auf.

Die Neueinteilung wird von den wesentlichen Materialien ausgehend vorgenommen: Metall, Kristall und Wasser. Der in Stücke aufgeteilte Spiegel – Schwerter, Schalen, Waffen, Behälter, leuchtende Gegenstände – wird nach und nach wieder zu seiner ursprünglichen Einheit zusammengesetzt. Die Weisen und Könige des Orients verschwinden, und seit 1580 ist es Pythagoras, dem man diese Erfindung zuschreibt. Aber die Wiederkehr der Antike steht nach wie vor unter der Schirmherrschaft des Dämonen, desselben, der sie in den vorhergehenden Jahrhunderten durchsetzt hatte. Aus diesen Strömungen taucht schließlich die Gestalt von Didius Julianus auf, so daß selbst die anekdotischen modernen Geschichtsschreiber eine direkte Verlängerung der *Historia Augusta* herstellen. Der Kreis schließt sich mit einem Schauerroman von Lewis, einer Erzählung von Hoffmann, einem Taschenspielerkunststück von Wiegleb und einer Ballade von Walter Scott. Keine Dämonen oder heidnischen Götter mehr. Die Nekromanten des 19. Jahrhunderts haben einen Swedenborg, einen Cagliostro als Gesprächspartner. Die großen Erleuchteten, Moses und die Heilige Therese, überstrahlen die trügerischen Geister. Die Hexerei wird zur Theurgie, die divinatorischen Geräte werden zwar nach den alten Schemata aufgebaut, aber das Geflecht des spirituellen Lichtes, das sie projizieren, wird jetzt von galvanischen und elektrischen Strömen begleitet. Die Dinge spielen sich im Absoluten und jenseits der Zeit ab. Die Batterie von Volta hätte mit dem Spiegel von Archimedes identifiziert werden können. Der Ingenieur aus Syrakus ist ein Nachfolger von Pythagoras als Erfinder der raffiniertesten Geräte der Mantik. Die Lehrgebäude werden erneuert, jedoch aufgrund des gleichen alten und volkstümlichen Glaubens an die übernatürlichen Eigenschaften reflektierender Körper, der von der Rastlosigkeit der Menschen genährt wird, das Unbekannte zu erfahren.

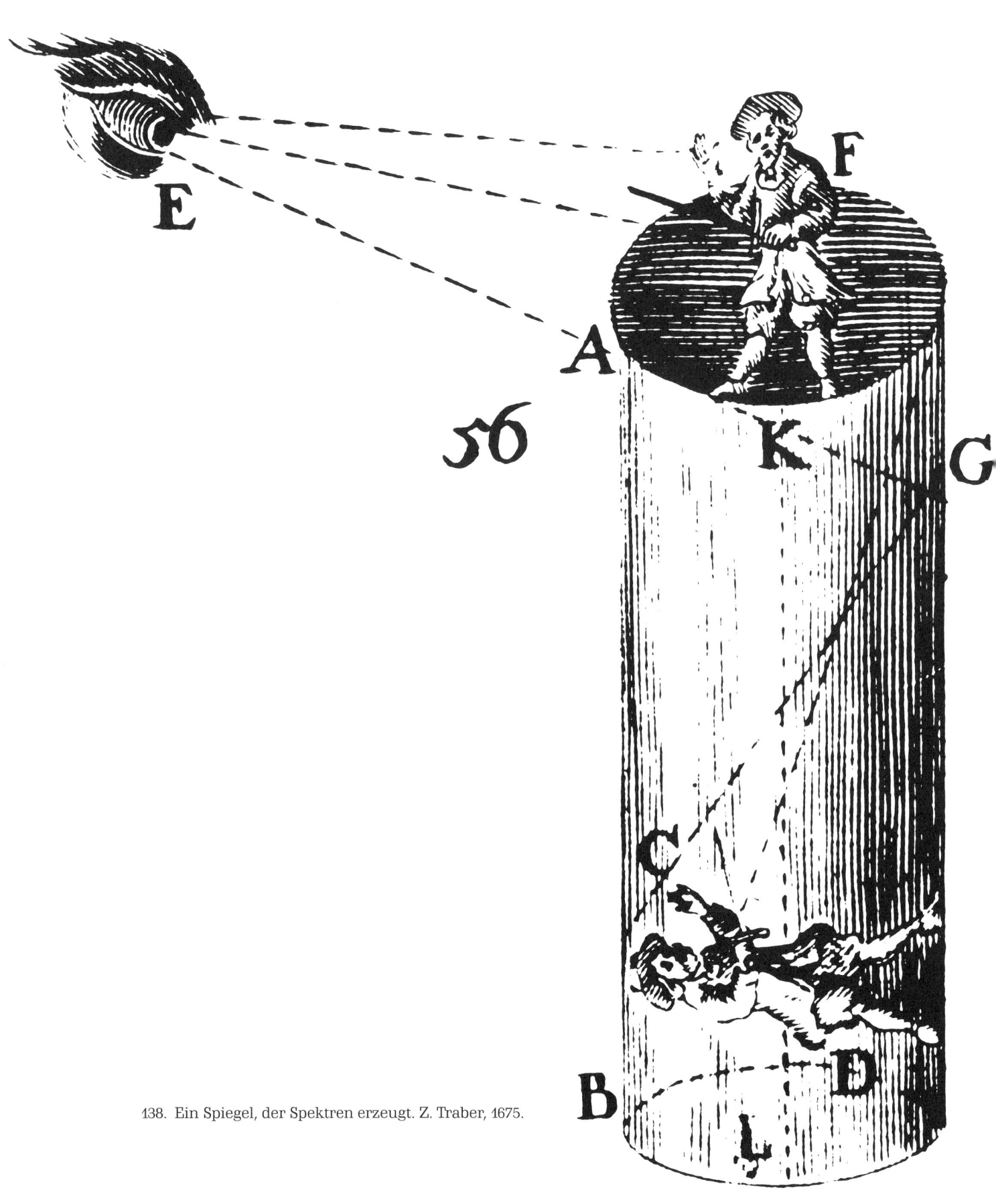

138. Ein Spiegel, der Spektren erzeugt. Z. Traber, 1675.

IX
Künstliche Spektren

Es gibt Spiegel, die Bilder zeigen,
die in der Luft schweben.
Raphael Mirami, 1582

I Die Spiegel und die Phantome

Cornelius Agrippa, Raphael Mirami, Jean Pena. Die Phantome in der profanen und heiligen Geschichte. Die Manen des Pausanias. Das Phantom der Erichto. Der Schatten von Trophonios. Die Manen von Samuel. Spiegelgeräte.

II Die flachen Spiegel

Die Anlagen des Hero von Alexandria: Formel I. Von Vitellius zum Pseudo-Ptolemäus. Der fliegende Mensch von Cardano. Der Ikarus von Schott. Beschwörung von Göttern in ihrem Tempel (Hero, Formel II). Der Apis des arabischen *Wunderbuches*. Die *tabula depicta* von Vitellius. Das Schloß Chaumont-sur-Loire von Robertson. *Das Schloß in den Karpathen* von Jules Verne. Das Hologramm.

III Der sphärisch-konkave Spiegel

Die *Propositio XVIII* von Euklid. Ihre arabische Entwicklung (Alhazen). Ihre Entwicklung im Mittelalter (Vitellius, J. de Meung). Die Erneuerung des 16. Jahrhunderts (Cardano, G.-B. della Porta). Abweichende Formeln und Themen. Das Bild flieht den Gegenstand. Die Begegnung von Betrachtern und Spektren. Rückkehr zu den Quellen (Magini). Die französischen Phantome (von Leurechon zu den Enzyklopädisten, Mydorge, Descartes, Mersenne). Der *focus imaginarius* von Kant. Ludwig XIV. vor dem Spektrum. William Wilson von Edgar Allan Poe. Das Spektrum auf einem Sockel.

IV Der zylindrische Spiegel

Der zylindrisch-konvexe Spiegel (Vitellius, Cardano). Beschwörung von Manen (Pena). Die Segmente des Hohlzylinders (G.-B. della Porta). Der konkave Zylinder (Kircher) und seine Phantome. Eine Rückkehr zur Magie.

I

In der Höhle der Hexen sah Macbeth vor seinen Augen die Schatten der Könige von Schottland vorüberziehen, von denen einer einen Phantomspiegel hatte, der Gespenster zeigte. Aber mit katoptrischen Geräten kann man die Phantome selbst heraufbeschwören. Cornelius Agrippa (1529)[4] schrieb zu dieser Frage: »Mit Hilfe bestimmter Spiegel kann man jede Art von Darstellung, so weit entfernt wie man will, in der Luft herstellen, die die Unwissenden, wenn sie sie sehen, für die Gestalten von Dämonen oder Geistern halten, obwohl es nur Darstellungen sind, die ihnen nahe sind und die kein Leben haben.«

Eine zweite Passage der *Philosophia occulta* gibt genauere Hinweise: »So macht man verschiedene Spiegel, die einen konkav, die anderen säulenförmig, die aus sich heraus Dinge in der Luft darstellen und sie wie weit entfernte Schatten erscheinen lassen, wie Apollonius und Vitellius es in ihren Büchern über die *Perspektive* und über die *Spiegel* lehren… Und man macht bestimmte Spiegel, die die ganze Luft der Umgebung mit wunderbaren Phantomen erfüllen«.

»Welches Vergnügen bereiten diese Spiegel, in denen man das Bild dessen, der sich darin spiegelt, so verschieden von der Natur sieht, wie man es sich nur denken kann. Und jene, in denen man den Menschen von der Erde losgelöst und sich nach Art der Engel in der Luft bewegen sieht.« Als Raphael Mirami (1582)[2] etwa fünfzig Jahre später diese Zeilen schreibt, drückt er die gleiche Bewunderung aus. Inzwischen hatte Jean Pena (1557)[3] in seinem *De usu optices*, das er statt einer Einleitung in der lateinischen Ausgabe der Hauptwerke von Euklid veröffentlichte, eine ganze Lehre über den Ursprung der Gespenster formuliert: alle Erscheinungen, welcher Art auch immer, sollen nur Spiegeleffekte sein.

Lehrt die Optik nicht mehr über die Wahrheit der Natur als Halluzinationen? Und ist es wirklich wahr, wie man behauptet, daß die Beschwörung von Geistern physisch vollzogen wird? Plutarch (ca. 45 bis ca. 125)[4] soll es in den beiden Fällen, die er in seinem Werk *Große Griechen und Römer* anführt, geglaubt haben: die einer Furie gleichende Frau, die Dion am Ende einer Galerie erschien, und ebenso das Phantom, das sich Brutus zweimal zeigte, einmal während des Übergangs seiner Armee von Asien nach Europa, das andere Mal am Vorabend der zweiten Schlacht von Philippi, die er verlieren sollte.

Psellos (11. Jahrh.)[5] versichert seinerseits, daß alle Dämonen, so leicht sie auch sind, gewiß einen Körper haben, dessen Gefühle des Hasses oder der Leidenschaft sie sichtbar machen.

Aber die religiöse und profane Geschichte ist voll von diesen Visionen von Larven und Geistern ohne jede materielle Substanz. Der Professor des Collège Royal de France nennt mehrere Beispiele dafür:
- Die Manen von Pausanias, des spartanischen Generals, der eingemauert im Tempel der Minerva starb, in dem er einen unantastbaren Zufluchtsort gefunden zu haben glaubte, und der durch Psychogenese das Orakel von Lakedämon erscheinen ließ.
- Das Phantom, das, Lukanus[6] zufolge, die thessalische Wahrsagerin Erichto erscheinen ließ, um Pompejus seine Niederlage bei Pharsala anzukündigen.

- Der Schatten von Trophonios, der in einer Höhle in Lebadeia in Boeotien Orakel gibt, wenn man ihm Opfer gebracht hat, wie Pausanias,[7] der Geograph berichtet.
- Die Manen von Samuel, die eine Wahrsagerin vor Saul heraufbeschwor, wie eine Hexe aus Lakedämon oder Thessalien.

In diesem Punkt ist der Text des *Alten Testamentes*[8] sehr deutlich: »Saul befahl seinen Leuten: ›Sucht mir eine Frau, die Verstorbene herbeirufen kann!‹ – ›In Endor gibt es eine‹, sagten sie ihm. Saul zog fremde Kleider an, machte sein Gesicht unkenntlich und ging mit zwei Begleitern dorthin. Es war Nacht, als sie ankamen. Saul bat die Frau: ›Sag mir die Zukunft voraus! Du kannst doch Verstorbene aus der Totenwelt heraufholen.‹ (...) ›Wen soll ich denn heraufrufen?‹ fragte die Frau. Saul antwortete: ›Rufe Samuel!‹ Als die Frau Samuel erblickte, schrie sie auf. (...) ›Du brauchst nichts zu fürchten‹, sagte der König, ›sag, was du siehst!‹ – ›Ich sehe einen Geist aus der Erde heraufsteigen‹, berichtete sie. ›Wie sieht er aus?‹ fragte Saul. ›Es ist ein alter Mann‹, sagte sie, ›er trägt einen Prophetenmantel.‹ Daran erkannte Saul, daß es Samuel war. Voll Ehrerbietung warf er sich auf die Erde.« Das ist wie eine antike nekromantische Szene mit einem Medium, und man kann sich sogar einen Spiegel vorstellen.

Daran denkt der Mathematiker tatsächlich. Die Skeptiker, die die Tatsachen, ohne sie zu leugnen, durch Sehstörungen erklären, sind zahlreich. Man hat auch an magische Spiegel gedacht, die, durch Gebete gereinigt, die Seelen der Verstorbenen anziehen können. In Wirklichkeit war der Mechanismus ganz anders. Es handelte sich um Spiegel, die so beschaffen waren, daß sie das Bild der Gegenstände nicht wiedergaben, sondern es in den umliegenden Raum projizierten.

Vitellius beschreibt eine Reihe von diesen Einrichtungen, darunter eine zylindrische, die die Menschen glauben läßt, daß sie Geister sehen, während es sich um Statuen oder Kinder handelt, die anderswo versteckt sind. Konkave Spiegel können zu ähnlichen Zwecken verwendet werden. Man kann auch flache Spiegel aufstellen, in denen derjenige, der sich betrachtet, sein Bild davonfliegen sieht.

Die Erscheinungen von Spektren, schließt Pena, haben niemals materielle Ursachen gehabt, ebensowenig wie sie durch den Zauber thessalischer Frauen entstanden. Die Optik ist die Grundlage von allem. Ohne Kenntnis dieser Gesetze werden Dinge, die keine physikalische Basis haben, für solche gehalten. Ohne die Optik wird das Falsche mit dem Richtigen verwechselt. Ohne ihren Glanz wären Astronomie und Physik wie Gott ohne sein Licht.

Aus all diesen Analysen geht hervor, daß die Phantome von Dion, Brutus, Pompejus, die Schatten von Pausanias, Trophonios und sogar Samuel durch Spiegelgeräte erzeugt worden sind. *De usu optices prefatio* wird von Friedrich Risner (1606)[9] vollständig wiedergegeben und in der Folge in zahlreichen Schriften des 17. Jahrhunderts behandelt.

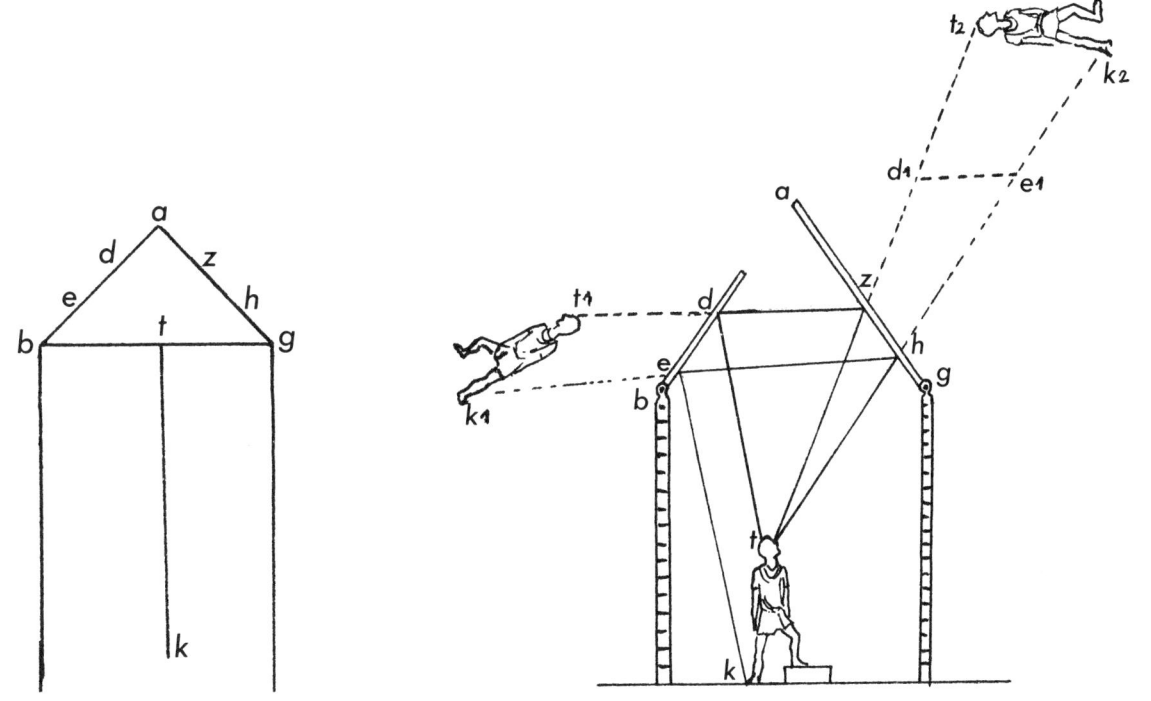

139. Konstruktion mit Flachspiegeln, die fliegende Menschen zeigt. Hero von Alexandria (2. Jahrh. v. Chr.), *Propositio XV*, Zeichnung von Nix und Schmidt.

II

»Es ist ein gleichseitiges Dreieck *abg*, und es wird auf der Basis *bg* durch *t* in zwei gleiche Teile geteilt. Ein flacher Spiegel *zh* wird auf *ag* befestigt, ein weiterer flacher Spiegel *ed* auf *ab*. Das Auge des Zuschauers, der auf *t* steht, sieht in einen der beiden Spiegel. Derjenige, in den er hineinsieht, bleibt unbeweglich, während der andere, der sich hinter ihm befindet, angehoben oder gesenkt wird, bis seine Reflexionsstrahlen die Absätze des Zuschauers erreichen *(k)*. Dieser wird nun glauben, er fliege.«

So lautet der Text der *Propositio XV* von Hero von Alexandria (2. Jahrh. v. Chr.).[10] Zu der Anordnung gehört ein Chassis in Form eines Daches mit doppelter Schräge und zwei Spiegeln, von denen der eine sich verschieben läßt und über einem Mann angebracht ist, der durch eine doppelte Reflexion horizontal in der Luft zu schweben scheint.

Die alexandrinische Abhandlung ist mit Hilfe von zwei lateinischen Manuskripten

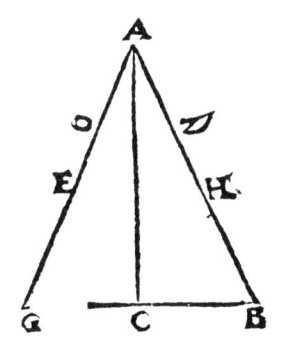

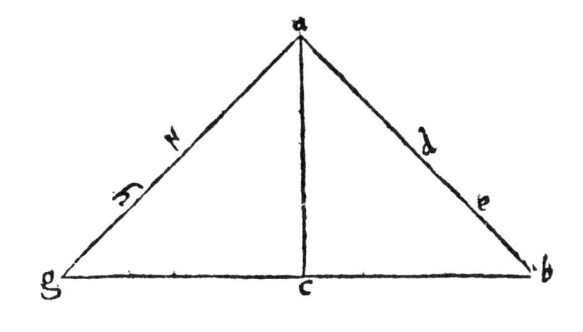

140. Konstruktion mit Flachspiegeln, um fliegende Menschen zu zeigen. Vitellius V, *Propositio 59* (ca. 1270). Ausg. von 1535 und 1572.

aus dem 13. und 14. Jahrhundert und der venezianischen Ausgabe von 1518, die den Text Ptolemäus zuschreibt, wiederhergestellt worden.[11] Bei Vitellius (ca. 1270)[12] wird dieselbe Anregung wiederholt: »Es ist möglich, aus einer Zusammenstellung von flachen Spiegeln einen Spiegel zu konstruieren, in dem man sein schwebendes Bild sieht.« Sicher wurde sie direkt aus einem der zeitgenössischen Manuskripte des Buches abgeschrieben, das im Mittelalter gut bekannt war.

Cardano (1550)[13] übernimmt den Mechanismus seinerseits nach dem Pseudo-Ptolemäus und arrangiert ihn nach seiner Art und Weise: »Wenn es dir aber gefällt, in einem Spiegel Menschen fliegen zu sehen, dann sind vier Dinge notwendig, die Menschen müssen sich bewegen, und sie müssen die Arme bewegen: der Mensch, den du fliegen sehen willst, wird diese beiden Dinge tun... die dritte Sache ist, daß ein Spiegel hoch oben aufgehängt wird, so daß er nicht den Boden zu berühren scheint. Die vierte Sache, daß die Füße, wie bei den fliegenden Vögeln, die gleiche Entfernung vom Boden haben wie der Kopf und die Arme. Dieses wird der Spiegel zeigen. Zwei gleich lange Sparren werden also in einem rechten Winkel miteinander verbunden, wobei der rechte Winkel oben ist... Innen befestigst du neben dem Winkel zwei flache Spiegel von gleicher Größe... Wenn du dich von den Spiegeln so weit entfernst, daß du in einem von ihnen deinen Absatz siehst, dann wird es dir, durch die Bewegung entlang der geraden Linie und das Schwenken der Arme, so erscheinen, als sähest du einen fliegenden Menschen.« Das Verfahren von Hero wird Punkt für Punkt erläutert. Die fliegenden Gestalten, die für Agrippa Dämonen und für Mirami Engel waren, werden zu Vögeln.

Die Kombination sollte sich vor allem in dieser letzten Version verbreiten. Man trifft sie bei Wecker (1587)[14] in seinem Buch *De secretis* wieder an. Menschen, die vom Boden abgehoben sind und, ihre Arme bewegend, waagerecht fliegen und die man mit Federn bedecken könnte, erscheinen dort als Wunder. Rhodius (1611)[15] beschreibt diese Wunderwerke der Luft in seinem Kapitel *Von den Täuschungen der Spiegel*, während Schott (1657),[16] der sich auf die ersten Quellen (Vitellius und Ptolemäus) bezieht, eine eigene Lösung vorschlägt, indem er die Elemente umkehrt, so daß eine Seite des Dreiecks parallel und die andere vertikal zum Boden steht. Man sieht dann das Bild eines Menschen, der wie Ikarus durch die Luft fliegt.

Auch mit einer anderen Zusammenstellung zweier großer flacher Spiegel kann man phantomatische Anblicke herstellen. Hero von Alexandria zeigt dies in seiner *Propositio XVIII*:[17] »An einer bestimmten Stelle einen Spiegel konstruieren, in dem jedermann weder sich selbst noch jemand anderen sieht, sondern einzig und allein das Bild, das vorher von jemand anderem ausgesucht wurde. Man muß eine Mauer *ab* errichten, an der man einen Spiegel *bg* befestigt, der in einem Winkel von 30° geneigt ist. Eine Linie, die mit *ab* einen rechten Winkel bildet, wird von *b* zu *d* gezogen, wo sich das Auge befindet. Der aus dem Auge kommende Strahl, der oben auf den Spiegel *g* fällt, wird in *h* reflektiert. Die Gerade *hn* wird nun im rechten Winkel zu *bd* gezogen. Ein weiterer Spiegel *lm*, der dem Spiegel *bg* gleicht und parallel zu ihm steht, wird gegen die Vertikale *hn* gestellt. Er empfängt alle Strahlen, die durch den anderen flachen Spiegel reflektiert werden. Es ist daher evident, daß das Auge *d* nichts anderes sieht als das, was sich in *hn* befindet, wo man das Bild sieht, das man sehen will. Die Personen, die hereinkommen, werden nicht sich selbst, sondern nur das Bild sehen, das zwischen die beiden parallelen Spiegel gestellt wurde.«

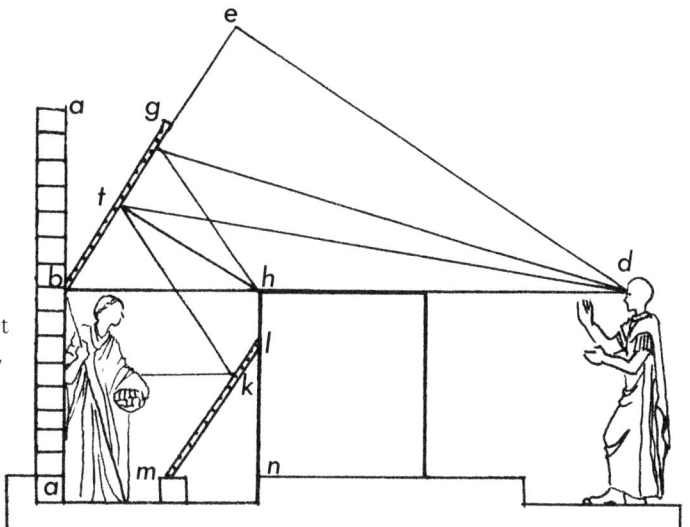

141. Installation mit flachen Elementen, die das verborgene Bild zeigen. Nach Hero von Alexandria, Rekonstruktion von Nix und Schmidt.

Die geometrische Formel wird durch praktische Empfehlungen ergänzt: »Ein Kasten ohne Deckel, dessen Seiten mannshoch sind, muß vor die Mauer ab und unter den Spiegel bg gestellt werden. Der zweite Spiegel lm befindet sich darin, ebenso wie die Figur, die man zeigen will. Eine Absperrung, die am Punkt d errichtet wird, hindert den Betrachter daran, zu weit nach vorn (jenseits des Blickpunkts) zu kommen. Die Spiegel können in einem hölzernen Tempel aufgestellt werden. Sie sollen jedoch nicht den ganzen Raum einnehmen, sondern nur eine besonders hergerichtete und geschmückte Stelle. Das Bild muß verdeckt sein, damit man es von nahegelegenen Stellen aus nicht sehen kann. Der Spiegel empfängt kein besonderes Licht, das Bild dagegen muß durch ein Seitenfenster beleuchtet werden, weil es sonst unsichtbar bleiben würde wie alle anderen Dinge, die im Dunkeln liegen.«

Die Figur, die in einem geheiligten Dunkel auftaucht und wieder verschwindet, kann nur eine Gottheit sein. Es ist eine mathematische Formel zur Beschwörung einer höheren Macht, die der alexandrische Gelehrte in all ihrer Nüchternheit entwickelt hat. Ein Text aus Damaskus (ca. 500), von einem der letzten Schüler Plotins, scheint einen Zusammenhang mit einer derartigen Einrichtung zu haben. Es geht darin um königliche Magier, »die sich in ihrem Zauberpalast einschlossen und für lange Zeit verschwanden, um eines Tages in einem strahlenden Licht oben auf dem Tempel zu erscheinen und ihre letzten Worte zu sprechen«. Man hat angenommen, daß es dabei um eine Kombination von geneigten Spiegeln ging.[18] Die arabische *Zusammenfassung des Wunderbuches*, in der pharaonische und antike Traditionen überliefert werden, enthält eine Beschreibung, die dem noch genauer entspricht:

»In einer Offenbarung, die man nicht erklären kann, erscheint auf der Wand des Tempels eine Fülle von Licht, das zunächst sehr weit entfernt zu sein scheint; es verwandelt sich in ein Gesicht, das offenbar göttlich und übernatürlich ist und einen strengen, mit Milde gemischten Ausdruck hat und sehr schön anzusehen ist. Den Anweisungen einer mysteriösen Priesterin folgend, verehrten die Alexandrier es als Apis oder Adonis.«

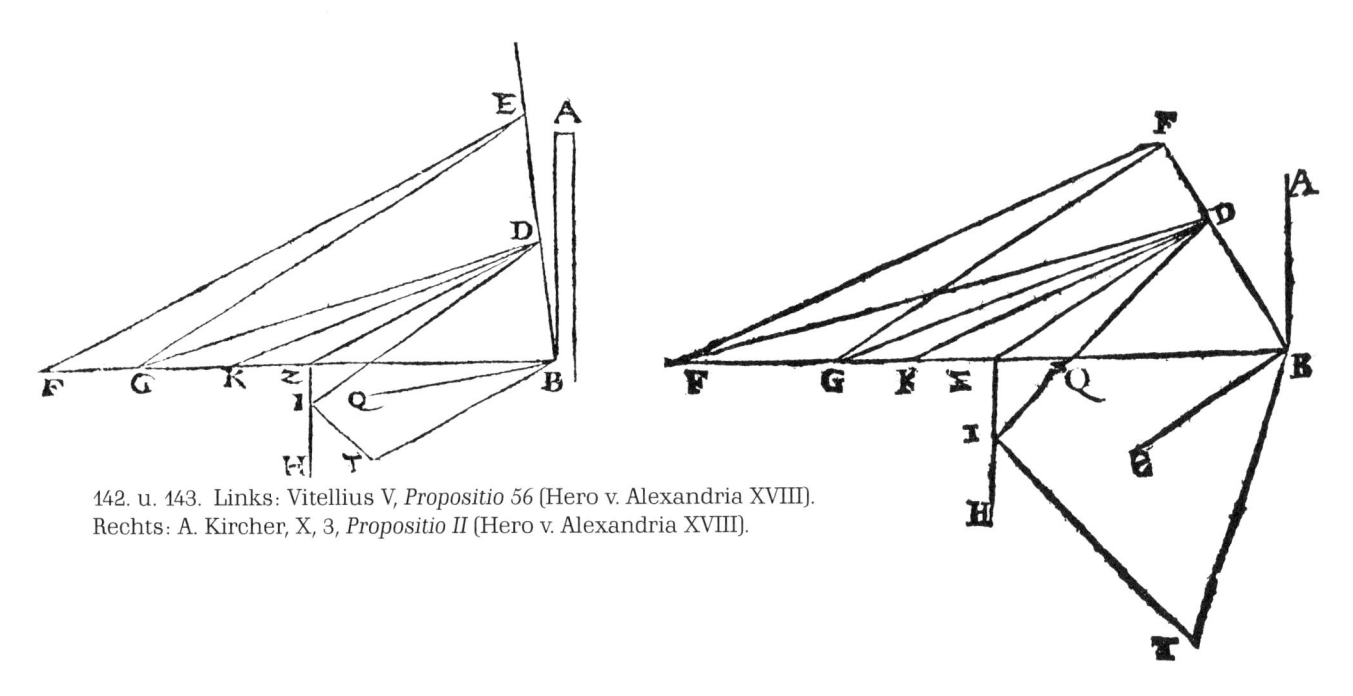

142. u. 143. Links: Vitellius V, *Propositio 56* (Hero v. Alexandria XVIII).
Rechts: A. Kircher, X, 3, *Propositio II* (Hero v. Alexandria XVIII).

In dieser Darstellung der Fakten lassen sich die Mauer des Heiligtums (mit einem Spiegel), die Dunkelheit und die Projektion eines leuchtenden Bildes aus der *Propositio XVIII* erkennen. Als Berthelot wieder auf die Texte zurückkam, hat er einen Vergleich angestellt, aus dem hervorging, daß die Vorrichtung des Hero von Alexandria tatsächlich in einem Tempel seiner Stadt aufgestellt war.

Die Beschreibung wird zu Beginn des *De speculis* eines Pseudo-Euklid wiedergegeben: »*Theorem I*. Herstellung des Spiegels, in dem man ein anderes Gesicht und nicht das deinige sieht.« Die Zusammenstellung verschiedener antiker Autoren (Hero, Euklid…) in fünfzehn Abschnitten ist durch die lateinische Fassung eines Manuskripts aus dem 13. Jahrhundert bekanntgeworden, das Gerhard von Cremona (gest. 1187)[19] zugeschrieben wurde. Die kleine Abhandlung, die im Mittelalter sehr verbreitet war, soll von Vincent de Beauvais, Albertus Magnus und Roger Bacon benutzt worden sein. Vitellius jedenfalls hat einem Manuskript aus Heros Zeiten die *Sektion 56* des *Buches V* seiner *Optik* entnommen. Das Illustrationsschema ist mit der Randzeichnung des Exemplars der Vatikanischen Bibliothek identisch,[20] und der Text selbst ist nahezu unverändert. Der einzige Unterschied besteht darin, daß die »imago«, die mit dem zweiten Spiegel hinter einer Verkleidung in Augenhöhe angebracht ist und eine Statue sein sollte, zu einer »tabula depicta« wird, »forma imaginis depictae in tabula«. Es ist ein Gemälde in kräftigen Farben, in Blau, Rot und dem gotischen Gold, das jetzt von einer Aureole umgeben auf dem dunklen Grund erscheint. Und es ist keine Rede mehr von einem Tempel.

Das System verändert sich mit den Menschen und den Epochen. Bei Athanasius Kircher (1646) wird es auf seine abstrakte Darstellung reduziert, dieselbe wie in einem Manuskript aus dem 13. Jahrhundert, während Schott (1657)[21] die Installationen vereinfacht und nur einen offenen Kasten oder einen Paravent übrigläßt, in dem der Gegenstand verborgen wird, der sich ohne Einschaltung eines parallelen Spiegels in dem angewinkelten Spiegel reflektiert.

Agrippa d'Aubigné, der den Damen am Hofe des Königs Henri IV. ihre bevorzugten Liebhaber zeigte, hat sich dabei sicher einer dieser Vorrichtungen bedient.

144. Nostradamus und Katharina von Medici. Robertson, 1831.

Noch im 19. Jahrhundert trifft man auf die Maschine von Hero von Alexandria. Robertson (1831)[22] zufolge soll Nostradamus sie benutzt haben, als er Katharina von Medici die Zukunft der Bourbonen enthüllte. Der Thaumaturg soll einen doppelten Spiegel benutzt haben, von denen der eine in einem Baldachin verborgen war und der andere von einer Amorstatue gehalten wurde; in ihm sah man den Thron, der in einem benachbarten Salon stand. Wir befinden uns nicht mehr in einem alten Holztempel oder einem gotischen Gebäude, sondern in einem Schloß an der Loire.

Und auch bei Jules Verne (1892)[23] ist es dieselbe Konstruktion, durch die einem Liebenden seine tote Geliebte in einem Schloß in den Karpathen gezeigt wird:

»Er sah sie so vor sich, wie er sie lebend gesehen hatte. Das war ein einfacher optischer Kniff. Man erinnert sich gewiß noch, daß Baron von Gortz ein ausgezeichnetes Porträt der Sängerin erworben hatte. Dieses Porträt stellte sie in Lebensgröße in dem weißen Gewand der Angelica in ›Orlando‹ mit ihrem herrlichen aufgelösten Haar dar. Aber *mittels Spiegeln, die sich in einem von Orfanik berechneten Winkel neigten*, erschien die Stilla, sobald dieses Porträt vor einen Spiegel gestellt und stark beleuchtet wurde, so wirklich, als lebe sie, und in dem ganzen Glanz ihrer Schönheit.«

In dem Bericht über eine ungewöhnliche Reise, die ein moderner Science-Fiction-Autor verfaßt hat, kann man die *Propositio XVIII* von Hero von Alexandria erkennen, die nacheinander die Beschwörung alexandrischer Gottheiten in einem archaischen Holztempel, Magierkönige in einem Zauberschloß, Apis oder Adonis in seinem Heiligtum und mittelalterliche Gespenster in einem Schloß oder einer Höhle von Zauberern zeigte.

Wären Orfanik, Agrippa d'Aubigné und der Nostradamus von Robertson Magier unserer Zeit, dann hätten sie sicher ein Hologramm hergestellt, ein Verfahren, das seit 1948 vervollkommnet worden ist und das mit einem Satz von Spiegeln und einem speziellen Licht ein vollständiges dreidimensionales Bild zeigt.

Ein Laserstrahl, der durch einen Schirm in einen sogenannten Objektstrahl und in einen sogenannten Referenzstrahl aufgeteilt wird, ihre Projektion des Objekts von der einen und der anderen Seite, ihre Reflexion in zwei sich kreuzenden Strahlenbündeln und ihre Interferenz, die die Formen und die räumliche Tiefe oder, wenn man so will, das vollständige Bild des Gegenstandes aufzeichnet... Das System der ultramodernen

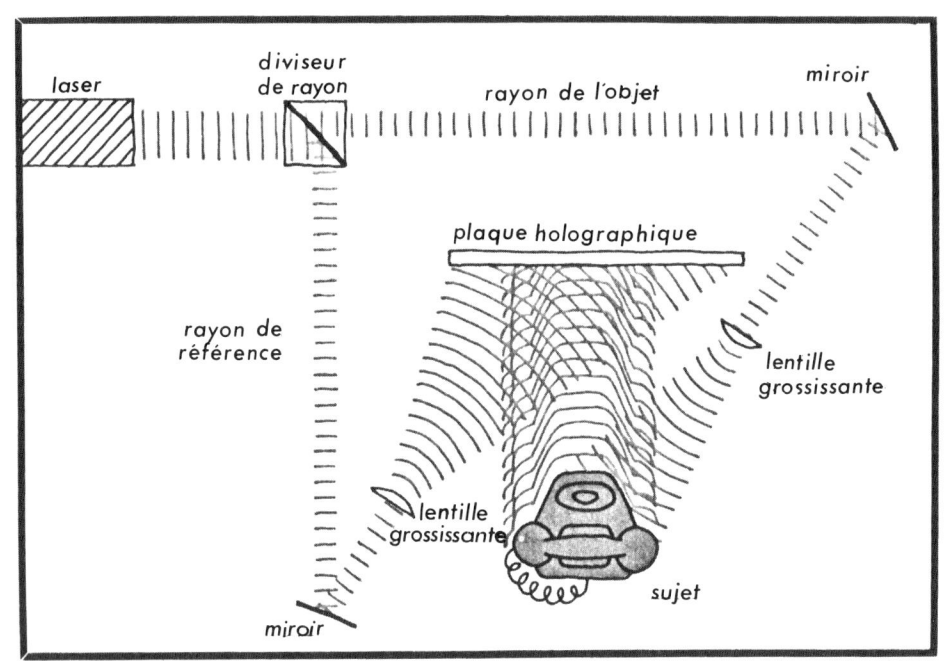

145. Mechanismus eines Hologramms, nach Holoco.

Technologie mit den beiden unterschiedlichen Brennpunkten der Strahlen beruht auf dem Prinzip eines Stereoskops mit zwei Blickwinkeln.

Das unsichtbare Bild wird auf einer besonders vorbehandelten holographisch-photographischen Platte festgehalten, die weiß bleibt, wenn sie entwickelt ist, aber die Figur in den Raum projiziert, und zwar in den Bereich der Interferenz mit dem Objektstrahl, sobald sie von dem Laser mit dem Winkel des Referenzstrahls getroffen wird. Das Trugbild, das in der Luft schwebt, ist eine vollständige Reproduktion des Gegenstandes, den man von verschiedenen Seiten sehen kann. Selbst heute noch sind diese halluzinierenden Visionen, die an die Legenden und Wunder der Alten denken lassen, verwirrend.

Die Installation einer doppelten Reflexion mit geneigten Spiegeln schließt, obwohl sie auf der Basis neuer Gegebenheiten konstruiert wurde, an eine alexandrische Vorrichtung an, die das Mittelalter und die Renaissance überdauert hat. Auch die Antike hat übrigens die Projektion von Lufterscheinungen gekannt. Sie benutzte dazu allerdings konkave Spiegel.

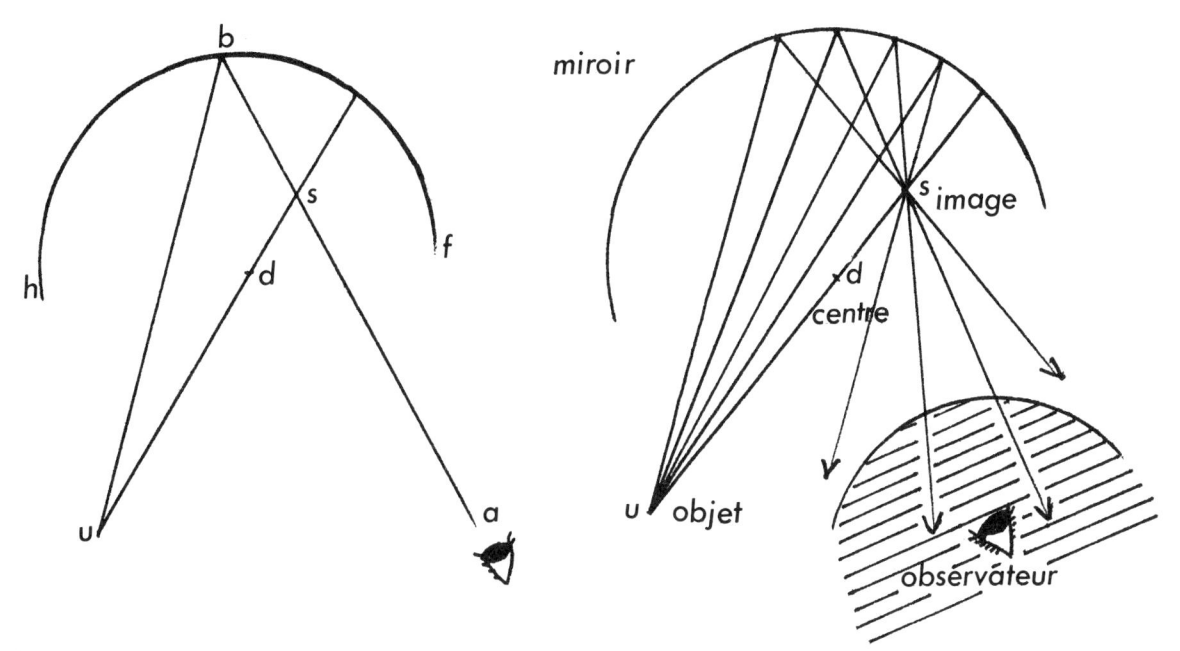

146. u. 147. Konkaver Spiegel, der Bilder außerhalb des Spiegels zeigt. Euklid (3. Jahrh. v. Chr.), *Propositio XVIII*.

    hbf – Spiegel   ub – Einfallstrahl
      d – Mittelpunkt   ba – reflektierter (sichtbarer Strahl)
      u – Gegenstand   uds – Gerade, die den Mittelpunkt schneidet (Kathete)
      a – Auge   s – Bild des Gegenstandes
      b – Einfallpunkt

Die schraffierte Zone entspricht dem Raum, in dem der Betrachter das Bild *s* des Gegenstandes *u* sehen soll. Er erstreckt sich nicht bis zu *s*, weil das Auge zur Einstellung des Blicks einen gewissen Abstand braucht.

III

Bei Vorrichtungen mit flachen Spiegeln sind die Phantome und die Räume, in denen sie erscheinen, auf dieselben Kunstgriffe zurückzuführen. Bei den gewölbten Spiegeln ist es der sie umgebende reale Raum selbst, der die Gespenster hervorbringt. Die *Propositio XVIII* der *Katoptrik* von Euklid (3. Jahrh. v. Chr.)[24] benennt den genauen Ort, an dem die Trugbilder erscheinen: »In den konkaven Spiegeln werden alle gespiegelten Gegenstände auf der Geraden gesehen, die vom betrachteten Gegenstand in den Mittelpunkt des Spiegels führt.«

Auf der Zeichnung hat der Spiegel *hbf* den Mittelpunkt *d*; *u* bezeichnet den Standort des Gegenstandes, *a* den des Auges. Der einfallende Strahl geht von *u* nach *b*. Der reflektierte Strahl, also der sichtbare Strahl geht von *b* nach *a*. Die Gerade, von der die Rede war, geht von *u* durch den Mittelpunkt *d* und trifft in *s* auf den sichtbaren Strahl. Dort, an einem Punkt, der von der Oberfläche des Spiegels entfernt ist, sieht man das Abbild des Gegenstandes *u*, das heißt, seine Reflexion außerhalb des Spiegels. Herr J.-C. Chastang, Ingenieur und Optiker, hat dieses Problem für uns nachgerechnet, und seine Zeichnung bestätigt, daß die Strahlen, die von *u* ausgehen, nach ihrer Reflexion in *s* zusammentreffen. Wenn man also *u* durch einen Gegenstand mit einem gewissen Umfang ersetzt, wird ein Beobachter, dessen Auge sich innerhalb eines bestimmten

Raumes befindet und auf *s* gerichtet ist, dort das umgekehrte und verkleinerte Bild des Gegenstandes sehen.

Solche Reflexionen sollen einigen Theorien zufolge die Ursache des Regenbogens sein. Dieser wäre nichts anderes als ein Trugbild der Sonne, das von einem nebelhaften Spiegel zurückgeworfen wird. Wie man sich erinnert, hat Seneca diesen Vorgang nach Artemidor von Parium und Poseidonius beschrieben:[25] »Macht aus einem Teil einer halbierten Glaskugel einen konkaven Spiegel und stellt euch außerhalb des Mittelpunktes auf: alle Personen, die neben euch stehen, erscheinen umgekehrt und euch näher als der Spiegel.«

Man erkennt die euklidische *Propositio* mit einer ergänzenden Präzisierung wieder: die Umkehrung und Verkleinerung der Figur außerhalb des Spiegels. Der Regenbogen, der sich vor einer tiefliegenden Wolke abzeichnet, entsteht auf die gleiche Weise wie

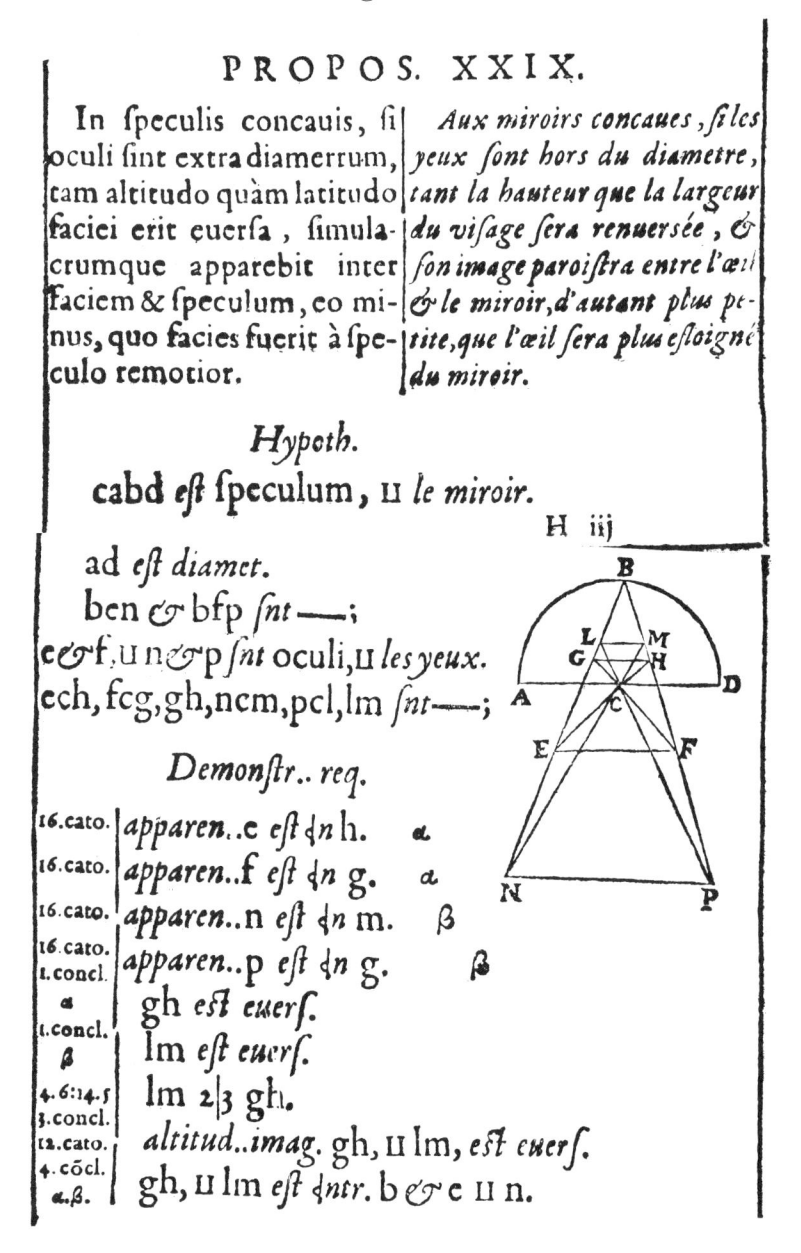

148: Konkaver Spiegel, der das Gesicht zwischen seiner Oberfläche und dem Auge umgekehrt erscheinen läßt. Euklid, *Proposition XXVIII*, Nach P. Hérigone, 1637.

N und P : Die Augen
C : Mittelpunkt des Spiegels
NB : Einfallender Strahl
BP : Reflektierter Strahl (und umgekehrt)
NM : Gerade, die den Mittelpunkt schneidet (Kathete)
PL : Gerade, die den Mittelpunkt schneidet (Kathete)

Das Auge N erscheint in M
Das Auge P erscheint in L

ein katoptrisches Phantom. »Das kann nur mit Hilfe der Geometrie demonstriert werden...«

Die Frage wird von Euklid in einem Teil der *Propositio XXVIII* erneut aufgeworfen, der von Jean Pena (1557) und in seiner Nachfolge von Hérigone (1637)[26] in einem gesonderten Abschnitt hervorgehoben wird (XXIX): »Wenn die Augen sich außerhalb des Durchmessers befinden, erscheint die Länge und die Breite des Gesichts umgekehrt, und sein Bild erscheint zwischen dem Auge und dem Spiegel, und zwar umso kleiner, je weiter das Auge vom Spiegel entfernt ist.«

Das Theorem behandelt das Beispiel eines Menschen, der sich aus der Nähe in einem kleinen Spiegel betrachtet, wobei jedes Auge (*N* und *P*) eine Position einnimmt, in der es Blickpunkt und reflektierter Gegenstand zugleich ist. Der Beweis wird durch eine Verdoppelung der bisherigen Schemata geführt *(Propositio XVIII)*. Da der Abstand zwischen den Augen nur etwa sieben Zentimeter beträgt, geht es um Größenordnungen von Millimetern. Die geometrisch korrekte *Propositio* ist in Bezug auf die Funktionsweise des Auges verkehrt.

Von diesen Propositionen ausgehend, entwickelt sich eine bestimmte Anzahl von Schemata, die eine Programmatik des Sehens enthalten. Ibn al Haitham, genannt Al Hazen – Alhazen (965–1038),[27] ein Mathematiker aus Basra, erweiterte das Feld, indem er das Bild bis unmittelbar vor das Auge des Beobachters kommen ließ (V. 60): »In einem sphärisch-konkaven Spiegel sieht man das Bild (des Gegenstandes) in einem Reflexionspunkt, der sich bald im Blickpunkt, bald dahinter, bald vor dem Spiegel, bald zwischen dem Blickpunkt und dem Spiegel befindet.«

Das Diagramm ist überladen und schwer zu lesen. Der Blickpunkt *a* ist dem Spiegel gegenüber festgelegt, während der Gegenstand sich längs der Diagonale *hdf* verschiebt, die senkrecht zur Achse steht. Wenn der Gegenstand bei *u* steht, geht sein einfallender Strahl zu *k* und wird von dort auf *s* umgelenkt, den Schnittpunkt des reflektierten Strahls und der Geraden (der »Senkrechten«, der »Kathete«), die vom Gegenstand ausgehend den Mittelpunkt des Kreises durchschneidet. Das Bild erscheint also in einer Entfernung vom Spiegel, die der des Gegenstands entspricht, zu dem es sich symmetrisch verhält. Das Bild und der Gegenstand befinden sich nebeneinander auf der gleichen Ebene.

149: Konkaver Spiegel, der Bilder außerhalb des Spiegels erscheinen läßt. Alhazen V, *Propositio 60* und Vitellius VIII, *Propositio 11*, in drei Versionen:

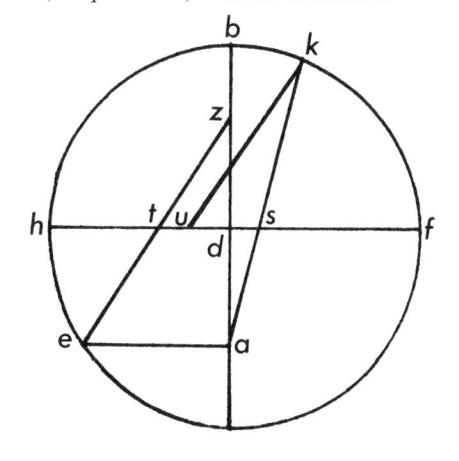

1. hbf – Spiegel
   d – Mittelpunkt
   u – Gegenstand
   a – Auge
   k – Einfallpunkt
   uk – Einfallstrahl
   ka – Reflektierter Strahl
   uds – Kathete
   s – Bild des Gegenstandes

2. hbf – Spiegel
   d – Mittelpunkt
   a – Auge
   t – Gegenstand
   e – Einfallpunkt
   te – Einfallstrahl
   ea – Reflektierter Strahl
       = Senkrechte (Kathete)
   a – Bild des Gegenstandes
       im Auge

3. hbf – Spiegel
   d – Mittelpunkt
   z – Gegenstand
   a – Auge
   e – Einfallpunkt
   ze – Einfallstrahl
   zda – Kathete
   a – Bild des Gegenstandes
       im Auge

Wenn derselbe Gegenstand bei *t* oder *z* steht, ist sein einfallender Strahl *te* (oder *ze*), und der reflektierte Strahl ist *ea*. Da die Kathete *bda* ist, erscheint das Bild direkt im Auge (das auf *e* gerichtet ist). Die ganze Sache ist optisch und physisch unmöglich. Die arabische geometrische Beweisführung geht, ohne Furcht vor dem Paradox, sehr weit.

Vitellius (1270)[28] übernimmt die Formel in eigener Verantwortung. Jean de Meung (1265–1280)[29] erwähnt sie im *Rosenroman* in dem Kapitel, das dem *Buch der Blicke von Alhazen* gewidmet ist, auf seine Weise:

»Si font fantosmes aparanz
A cuis qui regardent par enz,
Font les neis dehors pareir
Tous vis seit par eve ou par air
E les peut l'en voeir joer
Entre l'oeil e li miroer
Par les diversitez des angles
Seit li meiens compoz sengles
D'une nature ou de diverses...«

»Denen, die sie ansehen, lassen sie auch Phantome erscheinen, und sogar außerhalb, ganz lebendig, sowohl im Wasser wie in der Luft, und man kann es zwischen dem Auge und dem Spiegel sehen, je nach der Verschiedenheit der Winkel, und ob es einfach oder zusammengesetzt ist, von einheitlicher oder verschiedener Natur...«

Wir haben keine Abstraktion mehr vor uns, bei der Punkte sich in Punkten spiegeln, sondern wir befinden uns in einer Welt von Spektren, die durch das Vermögen von geraden Linien und Winkeln zwischen dem Spiegel und dem Menschen entstehen. Diese schemenhafte Seite wird die Entwicklung derartiger Spekulationen beherrschen.

»Das Ding wird außerhalb des Spiegels in der Luft gesehen, und es ist eine wunderbare Sache, die dennoch mit der Erfahrung übereinstimmt«, erklärt Cardano (1550),[30] indem er eine Formel aufgreift, die mehr oder weniger mit der mittelalterlichen Version (Alhazen-Vitellius) in Zusammenhang steht. In seinem Werk über die *Erscheinungen* stellt Le Loyer (1586)[31] die Frage: »Ob die Abbilder unserer Körper in sie (die Spiegel) hineingesendet werden, während sie von unseren Körpern getrennt sind, oder ob nicht vielmehr eine Spiegelung unserer Körper auf uns selbst reflektiert wird.« Der Autor bezieht sich auf den Mediziner aus Mailand und erinnert sich auch an eine Passage bei Seneca, in der es um eine Person geht, »die aus dem Glas des Spiegels hervorzutreten scheint. Man kann auch ein solches Kunststück vollbringen, bei dem man Abbilder in der Luft fliegen zu sehen glaubt. Und dies zählt Cardano zu seinen Erfahrungen, wenn er von *künstlichen Spektren* spricht.«

Der Begriff, der das Phänomen genau beschreibt, ist im 16. Jahrhundert eingeführt worden. Zusammen mit der Erneuerung der katoptrischen Lehre werden auch die wesentlichen Punkte dieser Erscheinungen festgelegt. Giovanni-Battista della Porta (1561 und 1589),[32] ein Schüler von Cardano, war der erste, der die verschiedenen Aspekte dieser Begegnungen von Mensch und Spektrum hervorgehoben hat.

Das Bildnis löst sich aus dem Spiegel, entweicht in die Luft, nähert sich seinen Augen. Die Begegnungen von Körpern und Schatten erregen Entsetzen und Erstaunen. Theoretisch erscheint das Bild des Gegenstandes immer am Schnittpunkt der Kathete mit dem reflektierten Strahl, aber die praktischen Hinweise, die in der *Magia naturalis* gegeben werden, sind summarischer, ohne sich auf eine Zeichnung zu stützen: »Das reflektierte Ding wird weit entfernt vom Spiegel gesehen. Je mehr man sich dem Mittelpunkt nähert, desto größer wird es. Wenn der Spiegel groß ist, wird man nicht überrascht sein, wenn man einen Mann auf sich losgehen sieht, der sein Schwert schwingt, und wenn dann ein anderer daraus hervorkommt, der sich ihm entgegenstellt.«

Im Zusammentreffen mit dem Blickpunkt (dem Auge) entfernt das Bild sich vom Mittelpunkt, wenn man den Gegenstand in Bezug auf den Spiegel nach rechts oder links verschiebt, wo die Kathete in größerer Entfernung auf den reflektierten Strahl trifft. So entstehen merkwürdige Wunderdinge: »Wenn jemand eine Kerze an der Stelle vor den Spiegel stellt, an die man den Gegenstand stellen soll, der in der Luft sichtbar wird, nähert sich die Kerze dem Auge und verletzt es sowohl durch das Licht wie durch die Hitze. Wenn man dort kalten Schnee hinlegt, wird auch die Kälte zurückgestrahlt. Aber was noch wunderbarer ist, dies geschieht nicht nur mit Hitze und Kälte, sondern auch mit Tönen.«

Das Phantom eines Menschen, der in dem Raum projiziert wird, bewahrt seine Körpertemperatur und sogar die Stimme: »Ich habe gesagt«, fährt Porta fort, »daß ein Bild mit Hilfe des konkaven Spiegels aus dem Spiegel heraus projiziert werden kann, und es wird nur von denen gesehen, die sich gegenüber befinden. Befestige einen Spiegel auf deiner Brust und setze einen Dolch in seinen Mittelpunkt und stelle weiter entfernt einen flachen Spiegel auf, und wenn du hineinsiehst, wirst du das Bild des konkaven Spiegels in der Luft schweben sehen, und zwar ganz genau. Wenn ein geschickter Mann hineinsieht, kann auch er wunderbarerweise ein Bild sehen, das in der Luft schwebt, das von dem flachen Spiegel aufgefangen und ohne Hilfe des konkaven Spiegels projiziert wird, und einen Anblick, der nur vermittels des flachen Spiegels sichtbar wird.«

Das Phantom gewinnt eine solche Realität, daß es sich in einem gewöhnlichen Spiegel reflektiert, in dem es nicht mehr den eingeschränkten Blickwinkeln unterworfen ist. *Die wunderbaren Wirkungen von konkaven sphärischen Spiegeln* bilden den Gegenstand der Sonderausgabe eines kleinen Werkes von Magini (1611),[33] dem Astronomen aus Padua und Freund von Kepler. Die Studie beginnt mit der *Propositio XVIII* von Euklid, die mittlerweile auch von Mirami (1582) aufgenommen worden war. Es ist eine Rückkehr zur Quelle. Der Autor selbst weist darauf hin, daß Vitellius und Alhazen durch sie zu maßlosen Gedankengebäuden angeregt wurden. Und er sucht seinerseits nach einer Möglichkeit der Erweiterung zu den Bereichen außerhalb des Spiegels hin, wobei er dennoch von der Ausdehnung des ursprünglichen Schemas bis hin zum Auge des Betrachters ausgeht. Demnach soll es genügen, den Gegenstand auf dem einfallenden Strahl *(ub)* von u nach t und von t nach z zu verschieben, damit das Bild sich mit dem Umschwenken der Kathete von s nach p und von p nach a bewegt, dem Blickpunkt des reflektierten Strahls.

Die Berechnung ist jeweils völlig verkehrt, weil ein Konkavspiegel nur einen begrenzten Schärfebereich hat und die Projektionen innerhalb eines bestimmten Perimeters die Richtung wechseln. Daher wird das Bild eines Gegenstandes, der sich zwischen dem Spiegel und dem Brennpunkt befindet, nicht vor, sondern hinter dem Spiegel

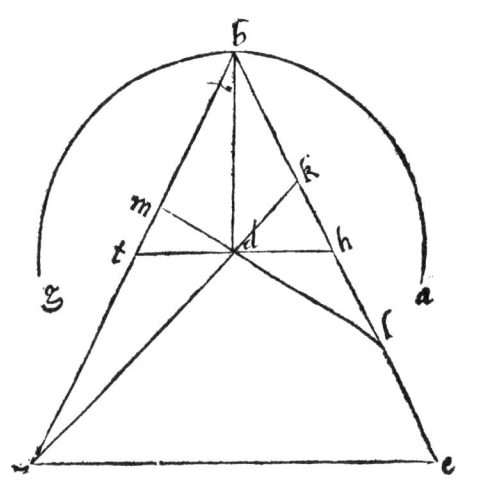

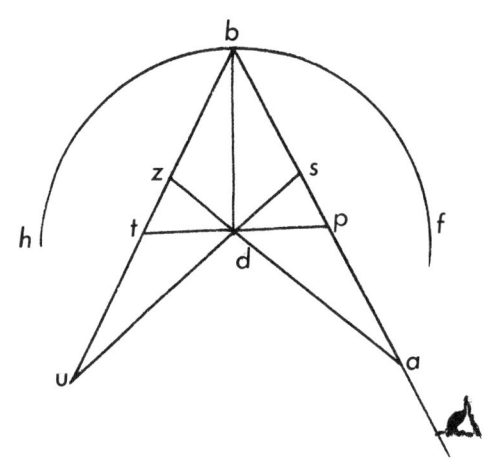

150. Konkaver Spiegel, der Bilder außerhalb des Spiegels zeigt. Vitellius (ca. 1270), Magini (1611).

  hbf – Spiegel
  d – Mittelpunkt
  a – Auge
  b – Einfallpunkt
  ub – Einfallstrahl
  ba – Reflektierter Strahl

  Kathete: uds, tdp, zda
  Gegenstand: u. t. z
  Bild des Gegenstandes: s, p, a.

reflektiert, und es ist dort richtig (und nicht verkehrt herum), vergrößert (und nicht verkleinert) und virtuell.[34]

Unabhängig von den arabisierenden Systemen ist die Formel von Vitellius (VIII, 45) entwickelt worden, aber von Magini, der sie seinerseits wieder aufgenommen hat, geht ihre Verbreitung aus.

Die Anlage wird weitgehend beibehalten, und er stimmt vollkommen mit der Beschreibung von Porta überein, von dem er auch den bildlichen Vergleich übernimmt: »Man freut sich also über diese wunderbare Erscheinung, bei der ein Krieger (oder irgendeine andere Sache) aus dem Spiegel herauszukommen scheint, der auf denjenigen einschlagen zu wollen scheint, der ihn betrachtet. Je mehr dieser sich dem Spiegel nähert, desto entfernter davon scheint das Bild zu sein.« Die Umkehrung des Bildes bei einem solchen Vorgang, die die Alten erwähnten, wurde von den Modernen noch nicht bemerkt.

Durch die Rekapitulation, Richtigstellung und Erneuerung der Elemente der Lehre leitet das Werk eine dritte Entwicklungsphase ein. Leurechon (1625)[35] war der erste, der dies deutlich herausgestellt hat: »In einer kleinen Abhandlung, die Maginus über diese Spiegel geschrieben hat, bestätigt er selbst, daß er für mehrere adlige Herren in Italien und Deutschland solche anfertigen ließ, die Teil einer Kugel waren und deren Durchmesser von 2 bis zu 3 und 4 Fuß (1,20 m) ging. Ich würde Ihnen einen solchen zum Experimentieren wünschen.«

Der italienische Gelehrte war in ganz Europa nicht nur als Theoretiker, sondern ebenso als Handwerker bekannt. Da konkave Spiegel kostspielig und selten waren, konnten sie im Notfall durch Schalen, Schüsseln oder Löffel ersetzt werden. Es ist immer dieselbe Geometrie *(das Zusammentreffen des reflektierten Strahls mit der Senkrechten oder dem Einfalldiameter)*, von der man ausgeht und die immer dieselbe Szene beherrscht: »Es ist eine unterhaltsame Sache, daß auf diese Weise das Bild manchmal direkt bis vor das Auge kommt. Diejenigen, die das Geheimnis nicht kennen, greifen zum Degen, weil sie sich verraten glauben, wenn sie solcherart einen Dolch aus dem

Spiegel ragen sehen, den jemand hinter ihnen hält: man hat Spiegel gesehen, die einen ganzen Degen außerhalb und völlig getrennt vom Spiegel zeigten, als schwebte er in der Luft.«

Das Bild sticht auf das Gesicht ein wie ein Dolch. Vollständige Gestalten springen aus den Hohlspiegeln, die man auf verschiedene Weise anbringen kann: »Aus dem gleichen Grund schließt man, daß, wenn man besagten Spiegel so an der Decke eines Raumes anbringt, daß seine konkave Seite senkrecht zum Horizont steht, man unten einen Mann sieht, der an den Füßen aufgehängt zu sein scheint. Und wenn man unter dem durchbrochenen Gewölbe eines Hauses mehrere große Spiegel befestigt hätte, würde man diesen Ort nicht ohne große Furcht betreten, denn man würde mehrere Männer in der Luft sehen, als wären sie an den Füßen aufgehängt.« Mit konkaven Spiegeln ausgekleidet, ist der Raum von Phantomen erfüllt.

Von den *Récréations mathématiques* von Leurechon hat es zahlreiche Ausgaben gegeben: 1626, 1627, 1628... Der *Thaumaturgus mathematicus* von Kaspar Ens (1636)[36] ist eine lateinische Übersetzung dieses Textes. Aber in der Zwischenzeit hatte Mydorge (1630),[37] Freund und Lehrer von Descartes, eine kritische Untersuchung des Buches veröffentlicht, dessen Argumente er Punkt für Punkt durchgeht: »Hohlspiegel, die die Abbilder der Gegenstände anderswo erscheinen lassen? Diese ganze Argumentation ist so voll von Ungereimtheiten, daß wir sie nicht durchgehen lassen können, ohne dabei zu verweilen, um das, was die Lehrmeinung nicht nur in diesem Buch, sondern fast überall an Falschem gefördert hat, auf die Wahrheit zurückzuführen.«

Da das System allgemein anerkannt war, geht der »erste Mathematiker Frankreichs« mit großer Vorsicht zu Werke. Zunächst macht er eine Unterscheidung zwischen dem »Ort des Bildes« und seiner »falschen Erscheinung«, die allen Illusionen den Weg bahnt. Und er bestreitet eine ganze Reihe von vorgeschlagenen Berechnungen: »Der Ort, den man den Bildern außerhalb des Spiegels zuweist, ist meistens verschieden von dem, den der Schein selbst ihnen gibt.«

In diesem Punkt ist Mydorge bemerkenswert präzise: »Es gibt Fälle, in denen der Schein sie, wenn auch fälschlicherweise, zum Schnittpunkt des reflektierten Strahls mit der Senkrechten des einfallenden Strahls zurückwirft (Euklid...): sowohl der Natur der Sache nach wie auch dem Schein selbst entsprechend kommt es daher zu der falschen Aussage, daß das Bild sich manchmal an der gleichen Stelle wie das Auge befindet (Alhazen, das Mittelalter, die modernen Zeiten), eine völlig unerhörte und unmögliche Sache.«

Es ist die Definition einer historischen und zugleich auch poetischen Entwicklung, bei der aus glaubhaften Merkwürdigkeiten Unsinn entsteht: »Zu solchen Hirngespinsten also hat die Unkenntnis der Wahrheit die Phantasie geführt, die, auf immer dieselbe Weise in der Reflexionslinie das Bild eines gleichen Gegenstandes suchend, das von der Senkrechten des einfallenden Strahls dorthin projiziert und immer weiter, bis zum Auge selbst vorgerückt worden sein soll, sich schließlich bis zu diesem Übermaß an Absurdität verstiegen hat. So sehen die Ungereimtheiten aus, von denen die Katoptrik der Alten voll ist und die von Zeit zu Zeit von Alhazen, Vitellius, Magini und anderen bedeutenden Persönlichkeiten wiederholt wurden, die sich zu sehr von der Autorität der Älteren haben beeindrucken lassen und die Kenntnis der Sache nicht in der Sache selbst gesucht haben.«

Magini, der »alle unmöglichen geometrischen Albernheiten« übernommen hat, wird besonders auf Korn genommen. Die kurz zuvor (1630)[38] veröffentlichte Übersetzung seines Textes übt einen unheilvollen Einfluß aus.

Obwohl der Autor die »irreführenden Lehren« heftig angreift, verteidigt er leidenschaftlich ihre positive Seite, die am Beginn all dieser Verirrungen stand. Er geht darin sogar sehr weit: »Wenn ein Mann seine Hand danach ausstreckt, dann scheint das Bild seiner Hand sich ihm auch zu nähern, und er hat, zusammen mit allen Anwesenden, das Vergnügen zu sehen, daß der Gegenstand gleichsam mit seinem Bild kämpft: aber zu glauben, daß sie einander fürchten, ist unsinnig.«

Ein Experiment mit einem Affen, der keinen Unterschied zwischen Wahrheit und Erscheinung machte, führte zu ähnlichen Reaktionen, »so daß der Affe mit Vorbedacht sich mit seinen Armen und Händen des Bildes bemächtigen wollte und wütend wurde, als er der Nutzlosigkeit seiner Bemühungen gewahr wurde; manchmal, wie um dieses Bild zu zähmen, gab er vor, zu spielen. Und wir haben auch noch etwas Besonderes an seinem Verhalten bemerkt: manchmal zog der Affe seine Pfote zurück, um sich die Augen zu reiben.« (sic) Aber all das ist ebenfalls nur Unsinn, weil schon der grundlegende Vorgang, die Loslösung des Bildes vom Gegenstand und seine Umkehrung, von vornherein jede Fecht- oder Kampfszene zwischen den beiden Parteien ausschließt.

Auch Descartes hat diese Fragen berührt. In einem Brief an Mersenne vom 26. Februar 1630[39] bezieht er sich direkt darauf: »Sie wissen natürlich, daß ein konkaver Spiegel das Bild in der Luft erscheinen läßt, und selbst dann, wenn er an einem dunklen Ort ist, wo man ihn nicht sehen kann, wird er es dennoch zeigen, vorausgesetzt, der Gegenstand befindet sich an einem beleuchteten Ort...«

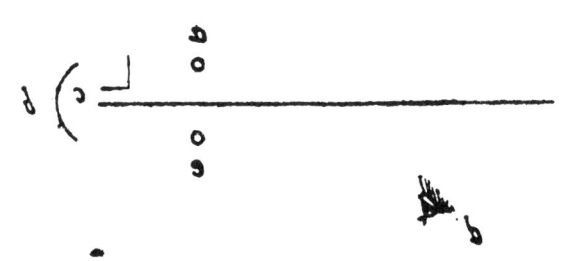

151. Konkaver Spiegel, der Bilder außerhalb des Spiegels zeigt. Descartes, 1630.

Die beigefügte Zeichnung zeigt eine Vorrichtung mit einem konkaven Spiegel *(b)*, der das Bild eines beleuchteten Gegenstandes *(a)*, das durch ein kleines Loch in c aufgenommen wird, an einen dunklen Ort *(e)* zurückstrahlt. Der Philosoph selbst ist nicht sicher, wie wirkungsvoll diese Maßnahme ist: »Was die Form des Spiegels betrifft, davon gibt es unendlich viele Arten, je nach dem Ort, an dem man ihn benutzen will, aber ich selbst habe noch nie einen endgültig berechnet...«, und er hütet sich davor, sich in dieser Richtung zu engagieren: »Im übrigen mache ich daraus kein Geheimnis, aber dennoch wäre es mir aus bestimmten Gründen nicht angenehm, wenn es gedruckt würde, und in meiner Abhandlung werde ich es keinesfalls erwähnen.«

Diese letzte Bemerkung ist etwas rätselhaft: ist es die Furcht, als Scharlatan, Thaumaturg oder Geisterbeschwörer behandelt zu werden? Mit ihren theatralischen Beleuchtungseffekten könnte die erwähnte Konstruktion zu einer solchen Vorführung benutzt werden.

Mersenne, der seinerseits durchaus keinen Komplex hatte, spricht in seiner *Katoptrik* (1651)[40] ohne Scheu von jenen Fällen, in denen das Bild des Gegenstandes zwischen dem konkaven Spiegel und dem Auge erscheint, ohne daß er dabei über die euklidische Formel hinausgeht: »Wir sagen, daß ein Spiegel das äußere Bild eines Gegenstandes außerhalb erscheinen läßt, wenn der Erscheinungspunkt des Bildes zwischen dem Spiegel und dem Auge liegt, das es sieht... Das äußere Bild, das zwischen dem Spiegel und dem Betrachter in der Luft erscheint, wird von fast allen, die es erleben, als ungewöhnlicher Vorfall bewundert, dessen Ursache sie nicht kennen. Um diese Erscheinung hervorzurufen, braucht man im allgemeinen einen Spiegel, der vom selben Punkt des Gegenstandes aus mehrere einfallende Strahlen aufnimmt und diese Strahlen durch Reflexion zu einem gleichen Punkt zwischen dem Spiegel und dem Betrachter sendet.« Der Entwurf von J.C. Chastang könnte eine Illustration zu dieser Passage des Paulanerpaters sein.

Das metaphysische Denken hat sich natürlich mit diesen Illusionen schaffenden Plänen beschäftigt. Als Immanuel Kant die *Träume eines Geistersehers* (1766)[41] untersucht, benutzt er sie, um das Verhalten von wachenden Träumern zu beschreiben, die, im Gegensatz zu den Geistersehern, das Blendwerk ihrer Einbildung nach außen verlegen. Der *Sammlungspunkt* der Direktionslinien, nach welchen die Empfindung eingedrückt wird *(focus imaginarius)*, entspricht nicht nur einer Realität, sondern ebenso Schimären und Einbildungen. Seine Position kann geometrisch ermittelt werden: »So bestimmt man selbst durch ein einziges Auge einem sichtbaren Objekte den Ort, wie unter andern geschieht, wenn das Spektrum eines Körpers vermittelst eines Hohlspiegels in der Luft gesehen wird, gerade da, wo die Strahlen, welche aus einem Punkte des Objektes ausfließen, sich schneiden, ehe sie ins Auge fallen.«

»Gerade da, wo die Strahlen sich schneiden« – dieser Punkt kann nichts anderes sein als der Schnittpunkt der reflektierten Strahlen mit der »Kathete«. Man kann hier eine vollständige Aufbereitung der *Proposito XVIII* von Euklid wiedererkennen. Das visionäre Programm, das sich daraus ergibt, hat eine eigene Entwicklung genommen.

Auf diesem Gebiet hat Leurechon in Frankreich Schule gemacht. Ozanam (1694)[42] gibt den Text über den Degen und den Dolch, der ins Auge sticht, vollständig wieder. Noch in der *Enzyklopädie* von Diderot und d'Alembert (1765)[43] wird die Fechtszene beschrieben, und ebenso in einem Bericht, der Robertson zukam (1831),[44] dem zufolge selbst Ludwig XIV. ein solches Erlebnis gehabt haben soll: »...als er sich, den Degen in der Hand, vor diesem Spiegel (den Villette hergestellt hat) in einigen Schritten Entfernung aufgestellt hatte, um den Effekt gut sehen zu können, war der König überrascht darüber, daß er sich einem Arm gegenübersah, der einen Degen gegen ihn führte. Man sagte ihm, er solle plötzlich vorwärtsspringen: sofort schien sein Gegner sich ihm entgegenzuwerfen; Ludwig XIV. machte eine erschreckte Bewegung und war darüber so beschämt, daß er den Spiegel fortschaffen ließ.«

Der Text stammt aus dem Brief von Monsieur Panthot, einem Mediziner, der am Collège de Lyon lehrte; der Brief betraf *Die wunderbaren Wirkungen eines Brennspiegels, hergestellt von Monsieur Villette* und wurde im Jahr 1679 im *Journal des Sçavans* veröffentlicht. Es geht dabei um vier Spiegel, die der Spiegelmacher, der zweifellos ebenfalls aus Lyon stammte, angefertigt hatte, von denen Tavernier einen dem König von Persien schenkte; der andere wurde vom König von Dänemark gekauft, der dritte dem König von Frankreich vorgeführt, jedoch dem vierten, der mit seinen 43 Zoll Durchmesser der stärkste war, schrieb man erstaunliche Wirkungen zu: »Er spiegelt die Gestalten und die Bilder in 15 Fuß Entfernung und mehr wieder, so daß ein Mann, der mit einem Stock oder einem Degen in der Hand in diesen Spiegel hineinsieht, so weit außerhalb des Spiegels erscheint, daß es so aussieht, als würde ein Hieb dorthin gezielt, wo sich das Gesicht derjenigen befindet, die hineinsehen, und man muß darüber gleichzeitig erstaunt und erschrocken sein.« Es war natürlich verlockend, sich eine derartige Szene mit dem König vorzustellen, der sich für solche Dinge interessiert hat.

Das Duell eines Mannes mit seinem Spektrum hat einige Jahre später Poe zu seiner Geschichte *William Wilson* angeregt (1839).[45] William Wilson, der in Oxford studiert hat und der geistig zerrüttet ist, wird von seinem Doppelgänger quer durch Europa verfolgt; schließlich faßt er den finsteren Entschluß, sich seiner zu entledigen: »Es war in Rom«, berichtet der Unglückliche, »zur Zeit des Carnevals von 18..., im Palazzo des neapolitanischen Herzogs Di Broglio... Er war, wie ich schon erwartet hatte, mit einem Kostüm angetan, das das meinige hätte sein können; eine spanische capa also, aus blauem Samt, um die Taille zusammengehalten von einem carminenen Gurt, darin ein Stoßdegen... ich befahl ihm, zu ziehen! Er zauderte 1 Augenblick nur; dann, mit einem kaum vernehmbaren Seufzen, zog er schweigend und setzte sich in Verteidigungsstellung. Unser Kampf war jedoch nur kurz... Binnen weniger Sekunden hatte ich ihn... an die getäfelte Wand getrieben; und rannte ihm, dem mir dergestalt auf Gnade & Ungnade Preisgegebenen, den Degen mit brutaler Wildheit in die Brust, und mehrfach durch & durch... Aber welche von Menschen gesprochenen Sprache kann *das* Erstaunen, *das* Entsetzen annähernd wiedergeben, das bei dem Schauspiel, das sich meinem Auge itzt darbot, Besitz von mir ergriff?... Ein hoher Spiegel – so schien es mir zuerst in meiner Verwirrung – stand nunmehr dort, wo vorher keiner sichtbar gewesen war; und als ich, in einem Übermaß von Grausen, darauf zutrat, kam mir mein eignes Bild entgegen, aber ganz bleich im Gesicht & blutbespritzt, auch schwächlichen, wankenden Ganges.« Das Gespenst sprach: »Du hast gesiegt, und ich trete ab. Doch von nun an bist auch Du tot – tot für die Welt, für Himmel & Hoffen. In mir warst Du am Leben – nun, in meinem Tode, schau in diesem Bild, es ist dein eigenes, wie gänzlich Du Dich selbst gemordet hast.«

Das Spektrum ist vor dem zweifellos konkaven Spiegel ermordet worden, genau an der Stelle, an der es entstanden ist und von der es ausging, um seinen Körper zu verfolgen. Da der Gegenstand und sein Abbild unauflöslich miteinander verbunden sind, verschwindet das eine beim Verschwinden des anderen, selbst wenn es dabei eine Umkehrung gibt: das verschwundene Abbild vernichtet den Gegenstand, und der Selbstmord geht aus einem Mord hervor. Die Entwicklung des Themas, das von G.-B. della Porta eingeführt wurde, wird durch einen tiefsinnigen Gedankengang abgeschlossen.

Gleichwohl hat Italien den merkwürdigsten Beitrag zu diesen maßlosen Spekulationen geliefert. Kaspar Schott (1657)[46] beschreibt eine erstaunliche Vorrichtung, die er in Rom gesehen hat:

»Athanasius Kircher hat vor dem größten von Magini angefertigten Spiegel eine Statue des nackten Christkindes aus weißem Wachs aufgestellt, aber umgekehrt, mit dem Kopf nach unten (endlich eine Richtigstellung). Verschiedene hydraulische Maschinen,

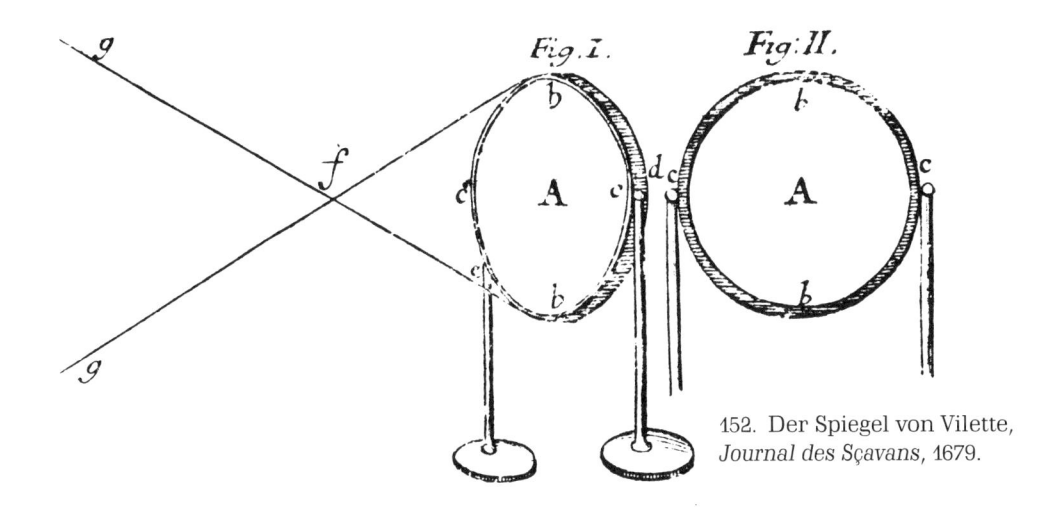

152. Der Spiegel von Vilette, *Journal des Sçavans*, 1679.

die im Museum um sie herum aufgestellt waren, bewirkten, daß der Besucher weder den Spiegel noch die Statue sah, sondern einzig und allein das Bild der Statue dem Spiegel gegenüber. Vor dem Spiegel war auch eine Marmorsäule aufgestellt. Sie wurde von einer Marmorplatte überragt. Sie bildete auch eine Art von Sockel, über dem die Wachsfigur in der Luft erschien. Das Bild, das von dem Spiegel in einen bestimmten Raum reflektiert wurde, war über der Säule ständig sichtbar. Alle, die nähertraten und sie mit den Händen berühren wollten, waren verblüfft, weil all ihre Bemühungen vergebens waren. Das Erstaunen wurde noch größer, wenn sie erfuhren, daß es sich um ein katoptrisches Spektrum handelte, denn niemand konnte die Statue sehen, noch den Ort ausfindig machen, an dem sie versteckt war. Die Vorführung solcher Trugbilder ist umso besser, je größer der Teil der Spiegelkugel ist. Von Gegenständen, die auf verschiedene Weise verborgen werden, erscheint allein das Bild.«

Die Reaktion eines Besuchers des Jesuitenkollegs in Rom unterscheidet sich nicht von der des Affen von Mydorge, der ebenfalls das Phantom zu fassen versuchte. Durch den Bau eines Sockels für ein Spektrum wird die Entwicklung gekrönt.

IV

Zu den Vorrichtungen mit flachen und sphärischen Spiegeln, die aus der Antike stammen, kommt ein typisch mittelalterliches Instrument hinzu, das in der *Propositio 60* des *Buches VII* von Vitellius[47] beschrieben wird: »Es ist möglich, einen säulenförmigen, konvexen Spiegel so aufzustellen, daß man die Bilder der Dinge außerhalb des Spiegels in der Luft sieht, und nicht anders.«

Es ist ein Zylinder, der in einem Raum einer speziell dafür geschaffenen Öffnung gegenüber aufgestellt wird. Die Stellung, die rechteckige, längliche Form und die Ausschrägung der Öffnung sind so berechnet, daß sie genau den Dimensionen des Spiegels entsprechen, der sie reflektiert. Es mußte eine *tabula depicta* angebracht werden. Im 13. Jahrhundert in einem Fenster verwendet, konnte es sich dabei nur um ein bemaltes Kirchenfenster handeln. Eben dieser Begriff wurde übrigens von demselben Gelehrten im selben Sinn benutzt, als es um eine Einrichtung mit geneigten Spiegeln ging (V, 54). Das reflektierte Bild erscheint zwischen den beiden vertikalen Flächen in der Luft. Derartige Behauptungen werden nicht durch ein einziges Schema des katoptrischen Mechanismus bestätigt. Dennoch steht gerade diese Formel im Mittelpunkt des Interesses.

Cardano[48] vergleicht sie mit dem sphärisch-konkaven Spiegel: »Aber wir sehen diese Dinge viel besser, wenn sie mit großen Spiegeln gemacht werden, so daß die Sache einem Wunder gleicht. Auch wird es mit anderen Arten von Spiegeln gemacht, wie mit konvexen oder buckligen, runden oder säulenförmigen. Zum Wunder kommt ein noch größeres Wunder hinzu, wenn eine Sache, die nicht ist, in der Luft zu sehen ist, wie Vitellius es lehrt, und ich werde die Ursache dafür anschließend erläutern, wenn ich die Klarheit des Lichts behandele.« Das Wunder der Wunder? »Die erlesensten (von allen Spiegeln) sind die runden und langen konvexen. Eine Fensteröffnung muß neben einem gemalten Bild angebracht werden, so daß du durch diese Öffnung von irgendeiner Stelle deines Raumes aus sichtbar bist, und an dieser Stelle muß ein runder und langer und konvexer Spiegel auf einem Dreifuß aufgestellt werden, so daß du vom Spiegel aus das Bild sehen kannst, das du hinten aufgestellt hast: und du wirst dann das Bild sehen, als ob es zwischen dem Spiegel und der Fensteröffnung in der Luft schwebe.«

Pena, der in seinen Überlegungen zum Ursprung der historischen Gespenster den Spiegel von Vitellius erwähnt, geht von diesem Text aus, wobei er jedoch das gemalte Bild durch ein Kind oder eine Statue ersetzt (die *imago* von Hero). Durch die Reflexionen verformt, erscheinen die Bilder der Toten, die sich dabei abzeichnen, schrecklich.

Aber die Vorrichtung wird allmählich verändert: »Nehmt einen Teil eines Spiegels von zylindrischer Form, den ihr in der Mitte des Hauses auf einen Tisch oder einen Dreifuß oder ein Gerüst stellt, so daß er senkrecht die Decke berührt«, liest man in der *Magia naturalis* von G.-B. della Porta (1561).[49] »Man stellt ein Porträt oder Bild dorthin, wo es vom Auge nicht gesehen werden kann, und durch den Widerschein des Spiegels erscheint das Porträt außerhalb, und es sieht so aus, als hänge es in der Luft. Was man nicht ohne große Bewunderung sehen kann.«

Es handelt sich nicht mehr um einen zylindrischen konvexen Spiegel, sondern um ein konkaves Segment des Zylinders, der das Gegenstück zu dem konkaven sphärischen

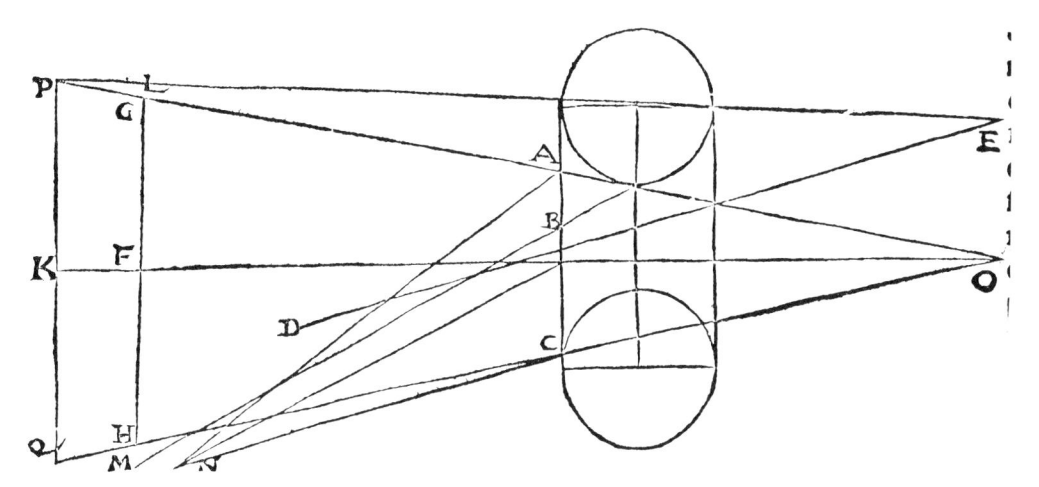

153. Zylindrischer Spiegel, der Spektren erzeugt. Vitellius, VII, *Proposition 60*, publ. 1535.

Spiegel darstellt, dessen Kombinationen sich in der zweiten Ausgabe desselben Werkes in zwanzig Bänden vervielfältigt haben (1589),[50] wo man erfährt, daß es möglich ist, das Spektrum einer Gestalt mit unsichtbaren Spiegeln heraufzubeschwören. Das Ganze muß in einem Raum mit geschlossenen Fenstern und verstopften Mauerrissen stattfinden, so daß kein Sonnen- oder Mondstrahl hineindringen kann. Komplizierte Rückstrahlungen eines Halbzylinders und einer horizontalen Zinnplatte bewirken überraschende Effekte. Die Ungenauigkeit all dieser Beschreibungen, die niemand genau verstanden hat, wurden mit der Notwendigkeit begründet, ein »außergewöhnliches Wunder« geheimzuhalten.

Kircher (1646)[51] findet schließlich die Lösung für diese säulenförmigen Apparate, die bis dahin alle falsch waren. Der Fehler von Vitellius? Konvexe Oberflächen zerstreuen die reflektierten Strahlen und verhindern die Entstehung eines außerhalb befindlichen Bildes. Der Fehler von Porta? Die Experimente mit zylindrisch-konkaven Fragmenten haben keine befriedigenden Ergebnisse erbracht. Der Fehler von Pena, nach Risner zitiert? Die Manen, Larven und katoptrischen Erscheinungen sind keine Wunder der Natur, sondern vielmehr Paradoxa. Wenn man es leugnet, daß die göttliche Kraft Geister erscheinen lassen kann, und sie stattdessen auf menschlichen Trug zurückführt, zeugt das von gottloser Verworfenheit. Das Ganze ist nichts als eine einfache Projektion von Schatten, und die Operation läßt sich ohne weiteres verwirklichen. War Roger Bacon nicht dadurch berühmt geworden, daß er sich in einer Galerie seines Schlosses zeigte und doch gleichzeitig im Turm blieb? Das kann man tatsächlich bewerkstelligen, und sogar mit einem zylindrischen Spiegel, vorausgesetzt, daß dieser konkav und vollständig ist. Der Mechanismus wird in einen direkten Zusammenhang mit dem sphärisch-konkaven Spiegel gebracht, der Bilder von Schwertern in die Luft projizierte.

Die Anordnung der Elemente wird umgekehrt. Die Figur befindet sich nicht mehr außen in einem Fenster. Sie wird merkwürdigerweise flach ins Innere der Säule gelegt, und ihr Trugbild entweicht nach oben, als ob es aus einem Brunnen heraufstiege: »Mit diesem Kunstgriff«, schreibt der römische Jesuit, »habe ich *ad vivum* eine Darstellung der *Himmelfahrt Christi* zeigen können, der allen in der Luft schwebend erschien. Unzählbar sind die Wunder, die man auf diese Weise vollbringen kann. Wenn ein Bild, das auf dem Boden eines Spiegels liegt, in Bewegung gesetzt werden kann, dann ist der Anblick, der sich bietet, noch weit ungewöhnlicher. Die Bewegungen der Figuren in der Luft kann man nicht sehen, ohne zu staunen. Wenn der Spiegel einen Durchmesser von drei Schritten erreicht, könnten Menschen dort hineingehen und sich auf den Boden legen und eine Szene spielen, und all diese Menschen würden sich auf wunderbare Weise in der Luft wandelnd zeigen.«

Kaspar Schott (1657)[52] versichert, daß er in Palermo einen ähnlichen Spiegel gesehen hat, der mit einer Selenitschicht versehen war und bei Kerzenlicht funktionierte. Das Äußere des Zylinders kann schwarz angestrichen sein, ein Zeichen für Mysterium und Magie, durch das er weniger sichtbar ist und das seine Effekte noch überraschender macht: »Auf diese Weise«, berichtet ein Nachfolger Kirchers, »kann man sehen, wie ein Finger ins Feuer gehalten wird, ohne daß er eine Verbrennung erleidet. Wenn man eine Kerze oder eine Lampe in den besagten zylindrischen Spiegel stellt, dann steigt ihre Flamme nach oben in die Luft außerhalb des Spiegels. Und da diese Flamme nicht wirklich ist, sondern ein Abbild *(idolum)* der Flamme, verbrennt sie nicht. Die Freunde, die einen solchen Anblick der Hand miterleben, die lange ins Feuer gehalten wird, werden entsetzt sein, weil sie an die Verdammten denken werden, die auf ewig in wirklichen Flammen brennen müssen.«

Von der These Portas über vollständige Projektionen von Gestalt, Temperatur und Ton ist nichts mehr übriggeblieben. Aber das Wunder des kalten Feuers ist nicht weniger bemerkenswert.

Der in jeder Hinsicht absurde Apparat wird noch von Traber (1675)[53] wiedergegeben, der damit plötzlich eine klassische Inszenierung wieder zum Leben erweckt, die zwar schon oft beschrieben, aber noch nie durch eine Zeichnung illustriert worden war. Die

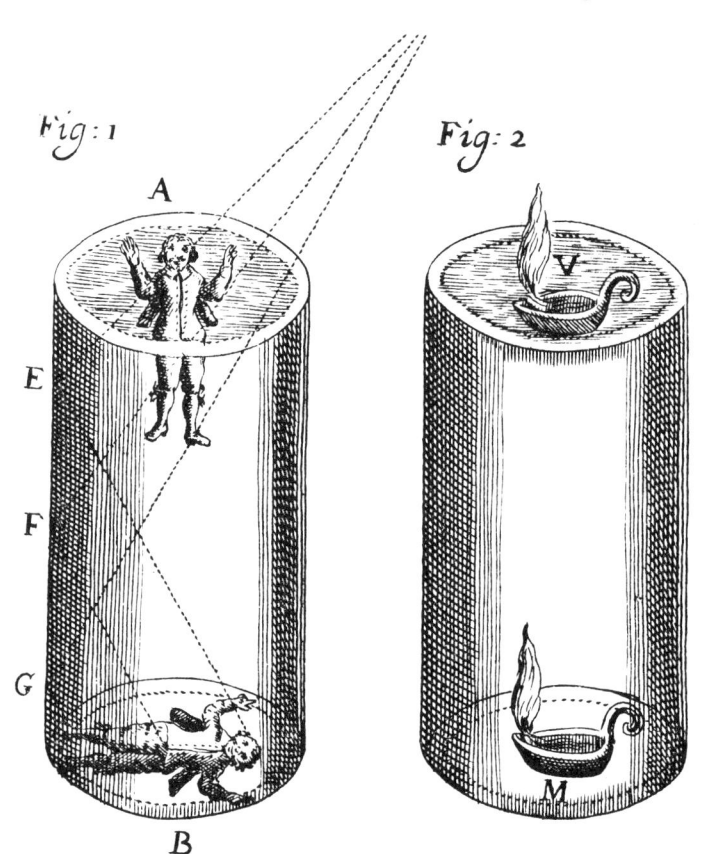

154. Zylindrischer Spiegel, der Spektren erzeugt. Kircher, 1646. (vgl. den Spiegel von Traber, S. 246)

Figur, die sich im Inneren der Röhre befindet, ist mit einem Degen bewaffnet. Außen schwenkt ihr Phantom die Waffe, indem es auf das Auge des Betrachters zielt.

Die Wunder der magischen Spiegel werden von übernatürlichen Kräften, von Gottheiten, Dämonen oder Geistern vollbracht. Die Wunder der Spiegel, die Spektren erzeugen, beruhen auf der Mathematik. Sie sind Gegenstand katoptrischer Theoreme und ihrer Fortsetzungen. Beide entstehen auf einer antiken Grundlage, wobei die eine von der Mythologie und der Legende ausgeht, während die andere von den exakten Wissenschaften präzisiert wird, die schließlich ihrerseits zu einer Legende werden.

Die *Propositionen XV* und *XVIII* von Hero von Alexandria beschreiben die Vorrichtungen zweier Maschinen mit flachen Spiegeln, die fliegende Menschen, Dämonen, Vögel oder Engel zeigen sowie Gottheiten, die im Dunkel eines Heiligtums aus Holz erscheinen. Sie finden sich unverändert in den Abhandlungen des Mittelalters und der Renaissance. Noch Jules Verne hat sie verwendet.

Die *Propositio XVIII* von Euklid, die sich auf sphärisch-konkave Spiegel bezieht, ist ebenfalls gültig, doch sie bildet die Grundlage verschiedener Entwicklungen, die weit über ihren Rahmen hinausgehen. Alhazen (965–1038) und in seiner Nachfolge Vitellius (ca. 1270) konstruieren auf der Basis dieser Regeln komplexe Diagramme mit frei erfundenen Fortsetzungen. Magini geht auf gleiche Weise direkt von der ursprünglichen Formel aus. Auch hier entsteht eine Vielzahl von figurativen Plänen, die sich im Umkreis dieser Schemata entwickeln.

Das umgekehrte kleine Bild, das bei einer bestimmten Entfernung der Seitenwände im Innern einer Halbkugel erscheint, wird nach vorn projiziert. Bild und Gegenstand können sich auf derselben Ebene befinden. Beide können in demselben Blickfeld zusammen gesehen werden. Es ist eine Verdoppelung, bei der das Bild den Vorrang vor dem Gegenstand hat. Wenn es bis zum Auge gelangt, wird der Körper von seinem Bild verdeckt.

Auf den Regenbogen von Artemidor von Parium folgen die wunderbaren Phantome, Resultate der Geometrie, im *Rosenroman* (ca. 1280). Ein Dolch, ein Säbel, die vollständige Gestalt eines bewaffneten Mannes springen, demselben Netz von Reflexionen und Katheten entsprechend, aus dem Spiegel. Von G.-B. della Porta (1561–1589) bis zu den französischen Enzyklopädisten (1765) kreuzt der Betrachter den Degen mit seinem Schatten. Die Merkwürdigkeit der optischen Kunstgriffe in ihrem eigentlichen Ursprung regt zu Übertreibungen an und rechtfertigt sie.

Der zylindrische Spiegel der *Propositio 60* des *Buches V* von Vitellius, bei dem alles reine Einbildung ist, wurde als Folge solcher Abschweifungen ins Unmögliche konzipiert. Wenn er konvex ist, streut er Trugbilder um sich her; ist er konkav, läßt er sie wie Rauch emporsteigen. Pena zufolge (1557) wurden mit ihm die Verstorbenen gezeigt. Die Manen, die Larven, die Erscheinungen von Erichto, Trophonios und Samuel, alle Phantome der profanen und heiligen Geschichte sollen mit dem gleichen Gerät gezeigt worden sein. Durch die Natur seiner Operationen, die keinerlei Beziehung zu einem bestimmten katoptrischen Mechanismus haben, stimmt es mit dem magischen Spiegel überein, dessen Wirken ebenfalls auf einem Mysterium beruht. Kircher (1646) und Schott (1657) betrachten die Flamme der Hölle, die das Fleisch nicht verzehrt, und ein Bild der *Himmelfahrt*. Aber am Ursprung dieser Szenographie von Spektren steht doch jeweils die *Propositio* von Euklid, bei der das Bild den Spiegel verläßt.

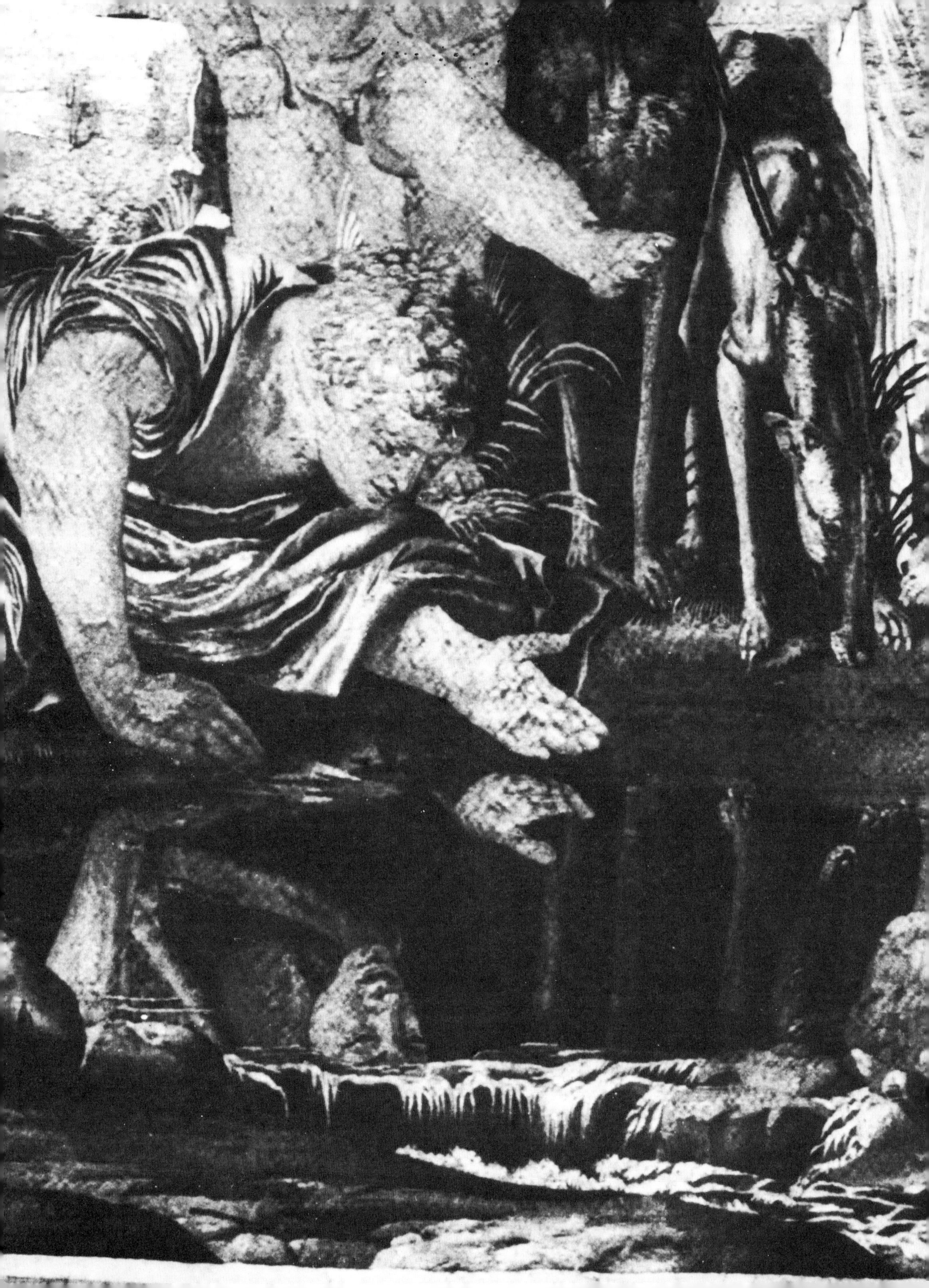

X
Mißbrauch, Irrtümer, Täuschungen

... Andere halten die Spiegel
für das Symbol der Falschheit...
            Raphael Mirami, 1582

155. Spiegelung: Narziß. Gobelin, 17. Jahrh.

I Mißbräuchliche Verwendungen des Spiegels (B. Cesi)

Die Hieroglyphe der Venus. Die in einen Spiegel eingeschlossene Göttin (Statius). Der tödliche Spiegel des Narziß (Ovid). Der tödliche Spiegel des Basilisken (mittelalterliche *Bestiarien*). Der schändliche Spiegel des Hostius (Seneca).

II Die Texte der Schriftsteller

Vom unverdorbenen Spiegel der Bukolica zu den verzerrenden Spiegeln verdorbener Zivilisationen (Seneca). Die Katoptrik, Wissenschaft der Illusion (Aulus Gellius). Die Lügen des Spiegels: Seitenverkehrungen und Umkehrungen (Platon), Vervielfältigungen (Lukrez). Die monströsen Spiegel von Smyrna (Plinius). Der Fragenkatalog von Apuleius.

III Irrtümer und Täuschungen des sphärisch konvexen Spiegels

Einführung des Begriffs (Alhazen, Risner). Verkleinerungen. Katoptrische Propositionen (Euklid, Peckham). Die Erzählung von der getäuschten Tigerin (Der heilige Ambrosius, mittelalterliche Bestiarien, Caussin). Die Mikrokosmen (Leurechon, Jan van Eyck, Petrus Christus, Quentin Matsys). Das Selbstporträt mit verkleinertem Kopf (Parmigiano). Die Milchstraße im Quecksilber (Helmont). Die Sonne in einem optischen und in einem mystischen Becken (Majoli und Meister Eckehart).

IV Irrtümer und Täuschungen des sphärisch konkaven Spiegels

Vergrößerungen (zwischen dem Spiegel und dem Mittelpunkt der Halbkugel). Das Auge des Zyklopen (Euklid, Risner). Der Kopf von Bacchus, ein armgroßer Finger, antike Lasterhaftigkeit (Porta, Le Loyer). Die Superlative von Leurechon. Vervielfältigung (nahe am Mittelpunkt der Halbkugel). Verdoppelte, verdreifachte und vervierfachte Gegenstände (Alhazen, Porta). Die wunderbaren Effekte konkaver Spiegel (Schott). Der Spiegel von Monsieur Vilette.

V Irrtümer und Täuschungen des zusammengesetzten flachen Spiegels

Euklid und der Theaterspiegel von Hero von Alexandria. Chöre (Vitellius) und Ballette (Risner). Das Oktogon von Leonardo. Die Modelle von Porta. Die katoptrischen Theater (Settala, Du Breuil, Kircher, Schott). Der zerbrochene Spiegel: optische Effekte (Vitellius), mystische Allegorie (Thomas von Aquin, Luther), Spektakel (Risner, Rhodius, Rokokodekorationen).

VI Irrtümer und Täuschungen des zusammengesetzten gewölbten Spiegels

Der S-förmige Spiegel von Euklid. Der *mokgon* von Hero von Alexandria. Mißgestaltete und auf dem Kopf stehende Figuren, Menschen, Pferde. Die Antipoden, mittelalterliche Version. Das Wunder des Proteus (Kircher). Meditation über die Unbeständigkeit der Dinge (Terzago). Hero von Alexandria im Musée Grévin. Der *Spiegel der Muse* (Goethe, Schopenhauer).

156. Zeichen der Venus.

I

Die Abhandlung von Bernard Cesi (1636)[1] über *Die mißbräuchlichen Verwendungen von Spiegeln* beginnt mit Venus. In seiner *Cosmographie*, in der es auch um den Mondspiegel geht, hat Biancani (1620)[2] ihn als Attribut der unkeuschen Göttin identifiziert, die ihn mit dem Griff nach oben in der Hand hält; er soll in den ägyptischen Hieroglyphen festgehalten worden sein. Es handelte sich in der Tat um das Henkelkreuz, das oft als Phallus[3] interpretiert worden ist und das auch als Zeichen für den Mond gilt.

Auf diesen Sachverhalt beziehen sich zahlreiche Texte. Hat nicht Ausonius[4] gesagt, daß Laïs, die berühmte Kurtisane aus Korinth und Jüngerin der Venus, ihrer Herrin den Spiegel weihte, als sie alt, faltig und hinfällig geworden war.

Bei Plautus[5] wird Venus von Kappadotius, der die Soldaten mit Frauen verkuppelt, in einer Anspielung zynisch erwähnt: »Und ich werde von meiner Haarzange, meinem Kamm und meinem Spiegel beschützt...«, während Statius[6] Venus selbst in ihr Attribut einschließt wie in einen Schrein: »Ein Kind aus der Gruppe (von Putten), das den prächtigen, mit Gold und Edelsteinen besetzten Spiegel in seinen emporgehobenen Händen gehalten hatte, sagt nun, indem es sich an seine Mutter wandte: ›Laß uns auch dieses Geschenk darbringen. Keine andere Gabe könnte im Tempel deines Reiches willkommener sein. Er wird mehr gelten als selbst das Gold. Geruhe nur, hineinzusehen, und lasse den Abdruck deiner Züge auf ewig darin zurück.‹ So sprach es und verwahrte den Spiegel mit dem darin eingeschlossenen Bild.«

Der Spiegel empfängt die vollendete Schönheit, doch er führt auch zu Verderbnis, Illusionen und Täuschungen. Das berühmteste Beispiel dafür ist Narziß: »Oh, wie küßt' er so oft – vergeblich! – die *trügende Quelle*, / Tauchte die Arme so oft in das Wasser, den Hals zu umschlingen, / den er schaut, und kann sich doch selbst im Gewässer nicht fassen. / Was er ersieht, nicht weiß er's; er sieht's und es setzt ihn in Flammen, / Und *seine Augen betrügt der nämliche Irrtum*. / Gläubiger Knabe, du haschst vergeblich nach *flüchtigen Bildern!* / Nirgends ist, was du ersehnst; was du liebst, du wirst es vernichten, / Wenn du dich wendest; du siehst nur ein *nichtiges Spiegelgebilde;* / eigenes Wesen gebricht ihm: mit dir erscheint es und dauert / Mit dir geht es hinweg – wofern du zu gehen vermöchtest! / ...er schaut, im beschatteten Grase gelagert, / Hin nach der *Lügengestalt* mit niemals gesättigtem Blicke, / Ganz durch die eigenen Augen vernichtet.«

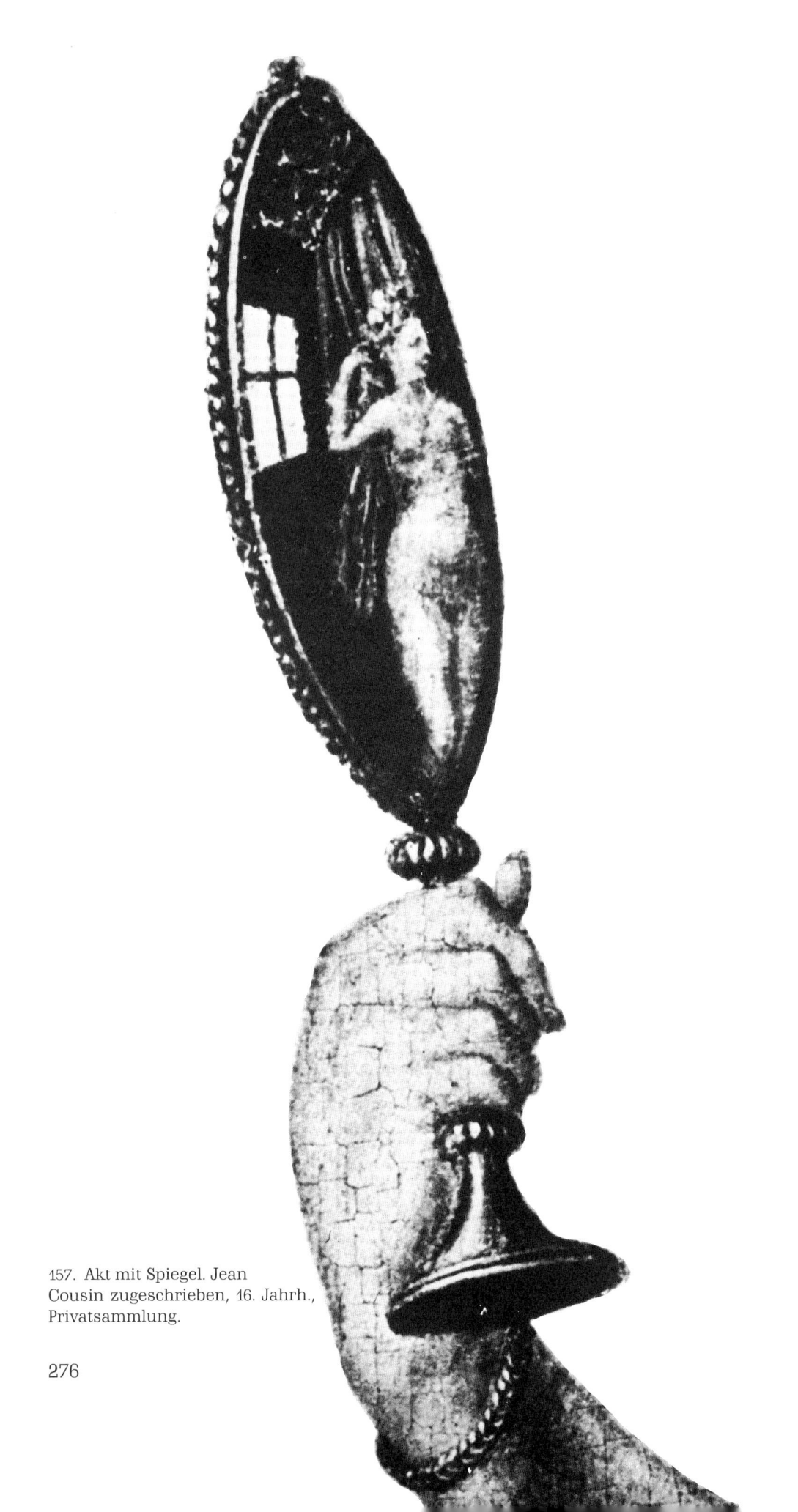

157. Akt mit Spiegel. Jean Cousin zugeschrieben, 16. Jahrh., Privatsammlung.

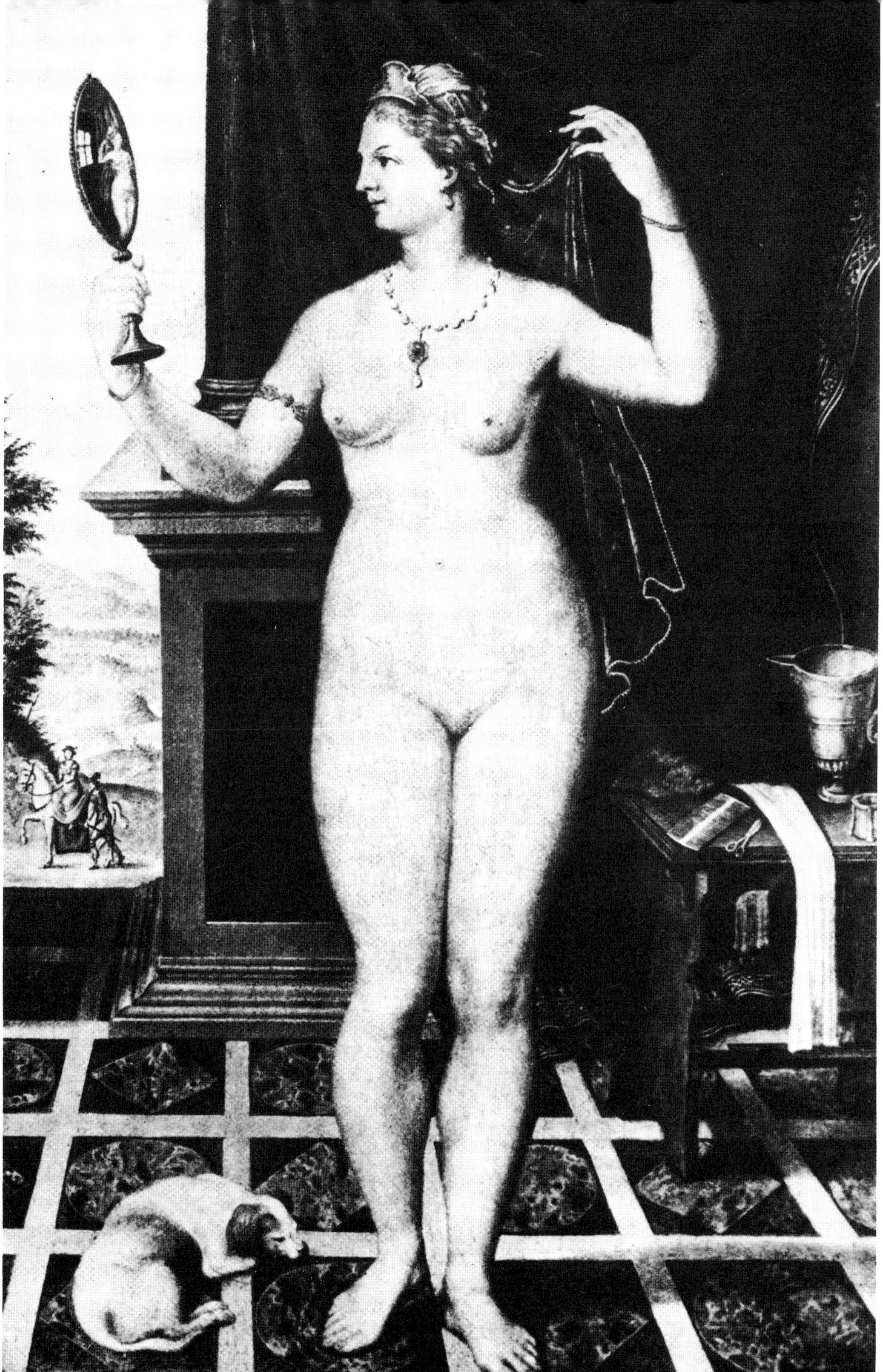

Lüge, Irrtum, Betrug und Täuschung, ungreifbar, flüchtig… Der poetische Zusammenhang und eine Metaphysik des Spiegels und seiner doppeldeutigen Welten werden in den *Metamorphosen* von Ovid in wenigen Worten dargestellt.[7]

Die Flammen der Venus verzehren den jungen Mann, der sich in der silbernen Quelle betrachtet. Cesi[8] vergleicht den Spiegel des Narziß mit dem des Basilisken, der ebenfalls tödlich war. Das Tier, das bei Plinius (23–79)[9] alles verwüstet und durch seinen Atem und sein Gift Steine zertrümmert, tötet im *Bestiarium* von Pierre le Picard (1210)[10] sich selbst vor einem Stück Kristall, das sein eigenes Gift zu ihm zurücklenkt.

Der Kristall wird in einer Anmerkung von Vivès (1520)[11] zum *Gottesstaat* von Augustinus zu einem Spiegel. Die Basilisken-Echse wird durch den Reflex ihres eigenen Blickes zerschmettert. Auf ähnliche Weise tötet Bellerophon das Ungeheuer, indem er ihm sein eigenes Bild zeigt. Majoli (1607)[12] macht nähere Angaben darüber, mit welchem Mittel das Untier zu töten ist: »Man nimmt dazu einen großen Spiegel, hinter dem man sich völlig verbirgt, und so nähert man sich diesem giftigen Tier, das sich, wenn es sich im Spiegel sieht, durch die Reflexion der Strahlen, die aus seinen eigenen Augen kommen, selbst tötet.«

Der *Ägyptischen Symbolik* von Caussin (1634)[13] zufolge bedeutet das durch seinen eigenen Blick sterbende Tier den Neid und die Verleumdung der Menschen, die sich gegen sie selbst kehrt.

So verschieden sie auch sind, der Basilisk und Narziß zerstören sich selbst, der eine durch das Gift, der andere durch die Leidenschaft, sich selbst im Spiegel zu betrachten.

Zu Narziß gab es eine Art von Pendant, einen Mann, der sich auch gern im Spiegel betrachtete, aber aus lasterhaften Gründen. Die Geschichte dieses Mannes namens Hostius, dessen Verworfenheit sprichwörtlich war, wird von Seneca (2–65)[14] erzählt: »Die Ruchlosigkeit des Hostius Quatra begnügte sich nicht mit einem einzigen Geschlecht; seine Begierden richteten sich auf Männer wie auf Frauen. Er ließ sich besondere Spiegel anfertigen. Die Bilder waren darin in der Länge und in der Breite stark vergrößert. Ein Finger war darin größer als ein Arm. Die Spiegel waren auf eine solche Weise angebracht, daß er, wenn er sich einem Mann hingab, alle Bewegungen des Gefährten sehen konnte, den er hinter sich hatte, und er erfreute sich der trügerischen Größe des Gliedes, als ob sie wirklich gewesen wäre. Nicht ohne Abscheu kann man an das erinnern, was dieses Ungeheuer sagte und tat… Man brachte überall um ihn herum Spiegel an, damit er Zeuge seiner Lasterhaftigkeit sein konnte… Man hätte ihn vor seinem Spiegel hinmorden müssen…« ruft der Philosoph aus, dessen Lehre von den trügerischen Spiegeln mit diesem einzigartigen Beispiel begründet wird, das sich dennoch in der Biographie eines berühmten Mannes wiederfindet, nämlich in der von Horaz:

»Man behauptet, daß seine Sitten«, schreibt Sueton (ca. 69 bis ca. 160) in seiner *Vita Horatii*, »nicht sehr rein waren. Er hatte, so sagt man, sein Kabinett *(cubiculum)* mit Spiegeln und obszönen Abbildungen ausgestattet, damit er überall die Ausübung des Lasters vor Augen hatte.«

Horatius-Hostius… Es handelt sich offensichtlich um eine Namensverwechslung. Der Text von Sueton überschneidet sich mit dem von Seneca. Lessing (1754) hat es nicht versäumt, in seinem Aufsatz über den Dichter auf diesen Irrtum des lateinischen Historikers hinzuweisen.

158. Basilisk, Psalter des Herzogs von England. Rutland, 1260, Belvour Castle.

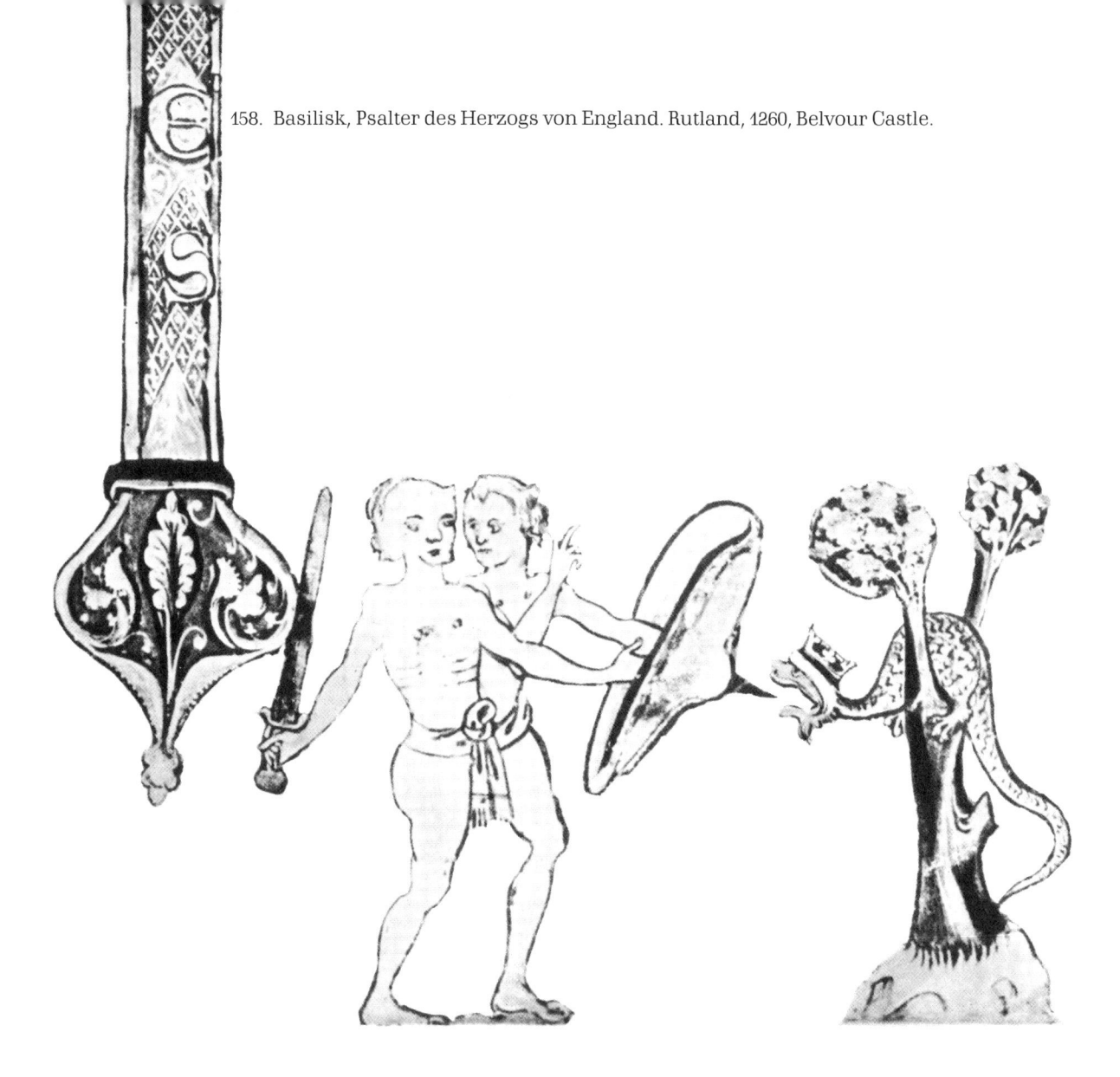

II

Der Präzeptor Neros formuliert das Problem der katoptrischen Verformungen in allgemeinen Begriffen: »Was kann es anderes bedeuten, als daß es Trugbilder sind, eine eitle Nachahmung wirklicher Körper, und daß diese Trugbilder verzerrt und häßlich gemacht werden, wenn sie in einem Spiegel reflektiert werden, der in entsprechender Weise gebaut ist?«

Danach werden die Dinge in ihre historische Perspektive eingeordnet. Zu Anbeginn der Zeiten war die Welt einfach und klar. Die Spiegel sind erfunden worden, damit man sich erkennen konnte, und ihre ersten Bilder wurden in einer pastoralen Zeit gesehen, in der der Mensch in einer Natur lebte, die keine Kunstgriffe kannte: »Eine klare Quelle, ein glänzender Stein spiegelten jedem sein eigenes Bild wider: ›Neulich am Ufer habe ich mich gesehen, als die Winde schwiegen und das Meer ruhig war.‹«

159. Narziß an der Quelle, Mogetto, 16. Jahrh., Paris, Musée Jacquemart-André.

Cesi erwähnt dieselbe Passage von Vergil, in der Corydon, ein Hirte, der von seiner Leidenschaft für den schönen Alexis, einen anderen Hirten, verzehrt wird, sich in den ruhigen Wassern spiegelt und dabei hofft, daß das Bild, das sie reflektieren, nicht trügt. Schon am Beginn einer Entwicklung, die sich in drei Etappen vollziehen soll, stand eine Perversion.

1. »Die Menschen dieser Zeit (der *Bukolica*) verwandelten das, was zu ihrem Guten war, noch nicht in ein Werkzeug des Lasters, und sie benutzten die Erfindungen der Natur auch nicht zur Ausschweifung und Lasterhaftigkeit... Der Zufall zeigte jedem sein Gesicht. Da die Liebe, die die Menschen natürlicherweise für sich selbst empfinden, sie Freude daran finden ließ, ihre Gesichtszüge zu betrachten, wandten sie ihre Augen dann häufiger den Dingen zu, in denen sie ihr Bild gesehen hatten.«

Die Spiegel entstehen in einer friedvollen Natur, die sich aber bald verschlechtert:

2. »Als eine verderbtere Rasse ins Innere der Erde eindrang, um herauszuholen, was darin verborgen sein sollte, wurde das Eisen das erste gebräuchliche Metall... Später suchten die Menschen andere Plagen der Erde, deren glänzende Oberfläche ihnen ihre Gesichter zeigte, während sie an etwas ganz anderes dachten... Der eine sah sich in einer Schale, der andere in einem Erz, das er sich für irgendeinen Zweck verschafft hatte.«

Durch einen zufälligen Reflex entdeckt, wird der Zerrspiegel nun als Gegenstand hergestellt, der seine eigene Bestimmung hat.

3. »Bald richtete man eigens für diesen Gebrauch einen kreisförmigen Gegenstand her, zu dem man jedoch kein poliertes Silber nahm, sondern ein zerbrechliches und wertloses Metall... Später, als der Prunk zum Herrn der Welt geworden war, haben die Laster ein ungeheures Ausmaß angenommen... Und es gibt kein Laster mehr, für das der Spiegel nicht ein unentbehrlicher Gegenstand geworden ist...«

Ursprünglich eine Oberfläche von glattem Wasser oder Stein, die die Formen, die sie reflektiert, genau wiedergibt, ist der Spiegel, der Entfaltung des menschlichen Handwerksfleißes entsprechend, verfälscht worden. Die entstellten Züge, die sich in der Krümmung einer Vase oder eines Schildes zeigten, kennzeichneten die Fortsetzung

160. Sirene mit konvexem Spiegel. Koptische Webarbeit, 4. Jahrh., Dumbarton Oaks, USA.

einer Entwicklung, die von der Entdeckung der Metalle durch eine entartete Generation ausgelöst wird. Die Welt verwandelt sich durch Sittenlosigkeit und Prunk. Der Spiegel wird schließlich zum verderblichen Gegenstand par excellence. Die Alten haben seine lügnerische und trügerische Seite seit jeher genau gekannt.

»Diese Wissenschaft (die Katoptrik) legt über die Täuschungen des Sehens Rechenschaft ab«, schließt Aulus Gellius (2. Jahrh.),[16] nachdem er zuvor eine bestimmte Anzahl dieser Fälle aufgezählt hat:

» – ein einzelner Spiegel kann mehrere Bilder desselben Gegenstandes wiedergeben...
 – unter bestimmten Bedingungen aufgestellt, kann er kein einziges reflektieren...
 – wenn seine Stellung verändert wird, kann er wieder Bilder hervorbringen: Stellt euch unter einen Spiegel, der über eurem Kopf hängt, und ihr werdet euch darin mit dem Kopf nach unten und mit den Füßen nach oben sehen.«

Der Text der *Attischen Nächte* ist wie die Propositionen einer katoptrischen Abhandlung abgefaßt.

Bei der Darlegung seiner Theorien über die Eigenschaften von Spiegeln hat Platon (429–347)[17] nur vermerkt, welche Veränderungen stattfinden: »Nun ist es auch nicht schwer, alles das zu begreifen, was auf die Bildererzeugung in den Spiegeln und allem

Glatten und Glänzenden sich bezieht; denn aus der gegenseitigen Vereinigung des inneren und äußeren Feuers und indem ferner beides stets an der glatten Fläche zu *einem* und vielfach gebrochen wird, erfolgen notwendig diese Erscheinungen, da das vom Gegenstande ausgehende Feuer mit dem des Sehstrahls an der Fläche des Glänzenden und Glatten sich vermischt.«

Bei flachen Spiegeln ergeben sich daraus Seitenverkehrungen: »Es erscheint aber das links befindliche rechts, weil, im Widerspruch mit der gewöhnlichen Art des Zusammentreffens, entgegengesetzte Teile des Sehstrahls mit ihnen entgegengesetzten sich berühren.«

Die Verschiedenheit des Gleichen, wie sie im »gemeinen Leben« erscheint, wird von Kant (1783) durch diese seitenverkehrten Spiegelungen der gleichen Form illustriert: »Was kann wohl meiner Hand oder meinem Ohr ähnlicher, und in allen Stücken gleicher sein, als ihr Bild im Spiegel? Und dennoch kann ich eine solche Hand, als im Spiegel gesehen wird, nicht an die Stelle ihres Urbildes setzen; denn wenn dies eine rechte Hand war, so ist jene im Spiegel eine linke... Wir können daher den Unterschied ähnlicher und gleicher, aber doch inkongruenter Dinge (z.B. widersinnig gewundener Schnecken) durch keinen einzigen Begriff verständlich machen, sondern nur durch das Verhältnis zur rechten und linken Hand, welches unmittelbar auf Anschuung geht.«

Es ist vermutet worden, daß die Philosophie von Louis Pasteur von der *räumlichen Verschiedenheit des Gleichen* durch diese Überlegung erhellt würde.[18] Der moderne Text schließt unzweifelhaft an Platon an, der die technischen Entwicklungen in ihrem eigenen Bereich verfolgt. Während in flachen Spiegeln die rechte Seite links und die linke rechts zu sehen ist, erscheint in konkaven Spiegeln die linke Seite links und die rechte rechts: »Dagegen erscheint das Rechte zur Rechten und das Linke zur Linken, wenn das sich mischende Licht mit dem seine Stelle wechselt, mit welchem es sich vermischt; das geschieht aber, wenn die glatte Spiegelfläche, indem sie hier und dort sich erhebt, die rechte Seite des Sehstrahls nach der Linken, die andere aber nach der andern Seite zurückwirft.« Seit dem 4. Jahrhundert vor unserer Zeitrechnung sind die grundlegenden optischen Phänomene durchaus bekannt gewesen.

Lukrez (98–55)[19] ergänzt die Seitenverkehrungen durch Vervielfältigungen: »Manchmal erscheint uns das Bild, das von Spiegel zu Spiegel ausgestrahlt wird, in fünf oder sechs Erscheinungen. In diesem Fall werden die Gegenstände, die in Vertiefungen hinter euch angebracht sind, trotz ihrer schrägen Lage und ihrer beträchtlichen Entfernung mit Hilfe dieser wiederholten Spiegelungen aus ihrer Zurückgezogenheit hervorgeholt, und die Vielfalt der Spiegel scheint sie in euer Haus zu bringen. So übermitteln die Spiegel sich gegenseitig die Bilder...«

Die Antike hatte ihre Spiegelsäle, und sie hatte auch ihr Kabinett, ihre *Wunderkammer* (dt.i.O.): »Man hat sich monströse Spiegel ausgedacht«, liest man bei Plinius,[20] »wie zum Beispiel jene, die im Tempel zu Smyrna aufbewahrt werden. Ihre Wunderlichkeit kommt von ihrer Form her. Es sind gewölbte Spiegel, sei es, daß die Wölbung die Form einer Schale oder eines thrakischen Schildes annimmt, sei es, daß die mittleren Teile erhöht oder vertieft sind. Diese Umstände bewirken es, daß die Schatten einer Unzahl von Krümmungen und Veränderungen ausgesetzt sind, denn das Bild ist nichts anderes als die Reflexion, die von dem glatten und glänzenden Körper erzeugt wird, der den Schatten oder das Trugbild empfängt.«

161. Dienerin, die ihrer Herrin einen Konvexspiegel hält (Ausschnitt). Griechischer Chalzedon, ca. 440 v. Chr., Cambridge.

Ebenso wie sein Zeitgenosse Seneca erwähnt der Autor der *Historia naturalis* die Rolle der Gebrauchsgegenstände, ein Gefäß oder einen Schild (dessen sich schon Aristophanes bedient hat), bei der Entstehung dieser Geräte: »Man sieht sogar spiegelnde Schalen, das heißt, ihre Wölbung ist von zahlreichen Facetten übersät, so daß sie aus einer einzigen Person eine Menschenmenge machen.«

Es muß jedenfalls ein gewöhnlicher Spiegel gewesen sein, der nach längerem Gebrauch leicht konkav verformt war, durch den die Menschen, indem er ihnen ihre vergrößerten Bilder zeigte, die Kräfte und Eigenschaften der Reflexionsmechanismen kennengelernt haben.

Apuleius (2. Jahrh.),[24] der die wichtigsten Lehren des Sehens Revue passieren läßt (die epikuräische, die platonische, die stoische), erwähnt unter anderem das Gesetz des Reflexionswinkels, der gleich dem Einfallwinkel ist, und stellt sich Fragen: »Warum erscheinen die Bilder in flachen Spiegeln fast ebenso wie unmittelbar wahrgenommene

Gegenstände? Warum werden sie in konvexen und sphärischen Spiegeln verkleinert? (Eine koptische Webarbeit aus dem 4. Jahrhundert zeigt einen solchen Spiegel, den eine Sirene in der Hand hält.) Warum werden sie im Gegensatz dazu von konkaven Spiegeln vergrößert? Und warum auch ist in diesen letzteren das, was links war, rechts, und umgekehrt? Unter welchen Bedingungen zieht ein Bild sich in das Innere des Spiegels zurück oder wann wird es von diesem Spiegel aus nach außen projiziert? Woher kommt es, daß man manchmal in den Wolken Bögen von verschiedener Farbe sieht und eine falsche Sonne, die dem Anschein nach mit der wirklichen Sonne wetteifert?«

Der Autor der *Apologie*, der ebenso wie Aulus Gellius die Elemente einer sehr fortschrittlichen Wissenschaft formuliert, scheint Euklid und Hero von Alexandria nicht zu kennen, auch wenn er zum Abschluß einen illustren Namen erwähnt: »Es existieren noch andere Phänomene dieser Art, die Archimedes von Syracus in einem großen Werk behandelt, ein Philosoph, der unter allen anderen seiner Weisheit wegen zu bewundern ist, die er in allen Bereichen der Geometrie beweist, dessen wichtigster Anspruch auf Ruhm aber darin besteht, die Spiegel häufig und mit Aufmerksamkeit befragt zu haben.«

Die besagte Abhandlung, die in den antiken und modernen Werken über die Optik niemals zitiert wird, ist bereits zur Legende geworden. Darüber hinaus werden die Philosophen ein weiteres Mal aufgefordert, sich in diese Fakten zu vertiefen und sie »in einer kontemplativen Einsamkeit« zu studieren. Von Platon bis zu Lukrez, von Lukrez bis zu Seneca, von Seneca bis zu Apuleius sind es weniger die Wahrheiten als vielmehr die Lügen des Spiegels, die zum Gegenstand ihrer Überlegungen wurden.

III

Die Männer der Wissenschaft haben die Dinge nicht anders gesehen. Irrtümer und Täuschungen lauten die Worte, die sie benutzt haben, um das Phänomen zu definieren:

DE ERRORIBUS QUI ACCIDUNT IN SPECULIS.

Der gesamte zweite Teil der *Katoptrik* von Alhazen (965–1039)[22] behandelt das Thema in neun Kapiteln und fünfzig Propositionen:

IRRTÜMER, DIE BEI FLACHEN SPIEGELN AUFTRETEN
IRRTÜMER, DIE BEI SPHÄRISCHEN SPIEGELN AUFTRETEN
IRRTÜMER, DIE BEI ZYLINDRISCHEN SPIEGELN AUFTRETEN
IRRTÜMER, DIE BEI PYRAMIDALEN SPIEGELN AUFTRETEN.

Das sind die wichtigsten Spiegelarten, die Reisch (1504)[23] zufolge in einem glänzenden Löffel enthalten sind, wobei der Griff den pyramidalen (Ansatz) und den flachen (Ende) mit dem zylindrischen – dem eigentlichen Löffel – und dem sphärischen Spiegel verbindet.

Der Gelehrte aus Basra hat eine sehr sorgfältige Untersuchung all dieser flachen, konkaven und konvexen Formen vorgenommen.

Der Begriff »Irrtum« ist lange erhalten geblieben. Maurolico (1555),[24] ein italienischer Mathematiker griechischer Herkunft, benutzt ihn noch im letzten, zusammenfassenden Kapitel seines Werkes über das Einfallen von Strahlen. Aber das Vokabular wird bald erneuert. In den *Hieroglyphica* von Valeriano (1561),[25] *speculum est symbolum falsitatem*: »Jene scheinen mir die Sache am weisesten betrachtet zu haben, die der Meinung sind, der Spiegel bedeute das Falsche, denn wenn er auch eine Art von Gleichartigkeit oder Ähnlichkeit zu zeigen scheint, ist dies dennoch falsch, denn was links ist, erscheint im Spiegel rechts, und was rechts ist, ist links zu sehen, und so wird die Wahrheit verfälscht.«

Die Wahrheit, die verfälscht wird, die Ähnlichkeiten, die unmerklich verändert werden, das sind Feinheiten, die einem tiefgreifenden Denken entsprechen. Die Falschheit *(falsità)* und der Betrug *(inganno)*, von denen Mirami (1582)[26] spricht, gehen von dieser *Hieroglyphik* aus, während Cesare Ripa (1593) den Text von Valeriano in seiner *Ikonologie* Wort für Wort wiederholt. Da die Verkehrungen der reflektierten Figur feststehen, *lo specchio e vero simbolo di falsità*, wird er auch zum Attribut der *Falschheit der Liebe*, die durch eine prächtig gekleidete Frau dargestellt wird, in den Händen eine Sirene, die sich im Spiegel betrachtet.

Im Lauf des 17. Jahrhunderts wird der »Irrtum« von Alhazen zu einer »Täuschung«. Bei Risner (1606) und in seiner Nachfolge bei Rhodius (1611)[27] wird DE ERRORIBUS SPECULORUM durch DE FALLACIA SPECULI ersetzt.

Alle Beweisführungen bedienen sich, von den großen klassischen Abhandlungen ausgehend, der Geometrie. Die Seitenverkehrungen und Umkehrungen, die elementaren Täuschungen, die Platon und Apuleius beschäftigt haben, werden jetzt mit Verweis

162. Tigerjagd. Englisches Bestiarium, 12. Jahrh., New York, P. Morgan.

auf die Theoreme VII, VIII, IX, X, XI, XIII, XIV und XX von Euklid, sowie 40, 49, 52, 53 des *Buches V* und 42, 43, 56 des *Buches VI* von Vitellius beschrieben. Die gesamte Katoptrik ist sowohl für die Mathematiker wie auch für die Philosophen und Poeten nichts anderes als eine Wissenschaft der Illusion und Lüge. Die Basis dieser figurativen Programme sind sphärisch konvexe und konkave Spiegel sowie aus flachen und zylindrischen Elementen zusammengesetzte Spiegel.

Der sphärisch-konvexe Spiegel, dessen erster »Irrtum« in der Verkleinerung des reflektierten Gegenstandes besteht, regt im Lauf der Geschichte dieser Veränderungen zu der Erzählung von der Tigerin an. Von Alhazen (VI, 5) nach Euklid (XXI) wiedergegeben, wird sie von Vitellius (VI, 40) und Peckham (XXXIV),[28] dem Erzbischof von Canterbury, gerade zum Zeitpunkt ihrer Verbreitung im Abendland wieder aufgegriffen.

Der Ursprung der Fabel geht auf einen Bericht von Plinius (VIII, 25)[29] zurück, der das Einfangen der Jungen des Raubtiers beschreibt: »Der Jäger, der auf der Lauer gelegen hat, nimmt den Wurf des Tieres auf einem der schnellsten Pferde mit und gibt ihn nach und nach auf frische Pferde weiter. Aber wenn die Mutter das Lager findet, stürzt sie sich auf den Räuber, dessen Fährte sie verfolgt. Wenn ihr Gebrüll näherkommt, wirft dieser eins der Jungen auf die Erde. Die Tigerin nimmt es ins Maul und eilt, durch ihre Bürde noch beschleunigt, zu ihrem Lager zurück.«

Ebenso wie beim Basilisken spielt der Spiegel in der *Historia naturalis* noch keine Rolle, aber von der zweiten Hälfte des 4. Jahrhunderts an wird er sehr bald erscheinen. Dem Heiligen Ambrosius (340–397)[30] zufolge wirft der Räuber der Tigerin keines ihrer Jungen zu, sondern eine kleine, gläserne Halbkugel, in der das Raubtier, durch sein eigenes, verkleinertes Bild getäuscht, sein Junges zu erkennen glaubt. So behält der Jäger den ganzen Wurf.

Die meisten mittelalterlichen *Bestiarien* übernehmen die Version des Erzbischofs von Mailand. Hugo von Saint-Victor (ca. 1130)[31] beschreibt genauer, daß die gläserne Kugel ein gewölbter Spiegel ist, der in den Miniaturen des 12. und 13. Jahrhunderts zu einem kreisförmigen Spiegelglas wird.[32] Bei Pierre le Picard (ca. 1210)[33] ist überhaupt nicht mehr von sphärischen, sondern nur noch von Spiegeln im allgemeinen die Rede: »Die

163. Tigerjagd. Anglo-normannisches Bestiarium, ca. 1260, Douai.

Hetzjäger nehmen Spiegel und haben sie bei sich, wenn sie die Jungen des Tigers fangen wollen.« Wenn der Wurf gefangen ist, »nehmen die Jäger ihre Spiegel und legen sie auf den Weg, wenn sie fortgehen. Und die Tigerin ist so geartet, daß sie, wenn sie noch nicht lange gelaufen ist und den Spiegel sieht, stehenbleiben muß. Und die Spiegel sind so gemacht, daß sie dieses darin sieht: sie sieht ihr Bild in großer Vielzahl, und glaubt sicher, ihre Jungen gefunden zu haben.«

Es handelt sich nicht mehr um einen einzelnen Spiegel, sondern um eine Reihe von Spiegeln. Die Tigerin, die sich darin sieht, glaubt, ihren ganzen Wurf wiedergefunden zu haben, und gibt die Verfolgung auf.

Die Moral:

Wir sollen nicht wie die Tiger sein. Jeder von uns muß sein »Junges«, das heißt seine

Seele bewahren. Der Jäger belauert uns mit dem Spiegel, um uns die Seele zu rauben und uns zu täuschen. Die Spiegel sind die großen Begierden und die großen Enttäuschungen der Welt. Der Jäger, der uns die Spiegel hinwirft, überläßt uns unseren Illusionen, während er sich unseres »Jungen« bemächtigt.

Barthélemy l'Anglais (1220),[34] der die Geschichte in seinem Werk *De proprietatibus rerum* aufnahm, von dem es eine französische Übersetzung gab, führt einige neue Elemente ein: »Aber der Jäger, der dazu geschickt ist, hat große und breite Spiegel, die er auf den Weg legt, und wenn die Mutter sie sieht und ihre Gestalt darin sieht, glaubt sie, daß es ihre Kleinen sind. Dann dreht und wendet sie sie herum. Dann zerbricht sie sie und belustigt dadurch den Jäger, der mit den kleinen Tigern im Verborgenen zu Pferde sitzt.«

Es sind große und breite Spiegel, die die Tigerin wütend zerschlägt, wenn sie den Betrug erkennt. Vincent de Beauvais (ca. 1240)[35] erzählt die Geschichte unter dem Titel: *Die Täuschung des Tigers durch Spiegel*, Spiegel, die gläserne Kugeln sind. Brunetto Latini (ca. 1260)[36] und Albertus Magnus (1270)[37] stimmen mit diesen Texten überein.

Bei Caussin[38] gibt es auch eine symbolische Interpretation des Tieres, das seinen Abkömmling in einer *sphaera vitrea*, mit der es spielt, eingeschlossen zu sehen glaubt. Die Tiger werden mit Menschen gleichgesetzt, deren Wahrnehmung und deren Geist durch widernatürliche Kunstgriffe verwirrt wurden, denen man Schatten hinwirft, die sie für wirkliche Dinge halten.

Die gewölbten Spiegel, die durch einen Ausschnitt aus einer Kugel gewonnen werden, waren im Mittelalter sehr verbreitet. Sowohl in der Malerei wie auch auf Wandteppichen gibt es mehrere Darstellungen davon. Dazu gehört *Die Dame mit dem Einhorn* (Musée de Cluny, 15. Jahrh.),[39] auf dem das Tier sich, wie die Tigerin, verkleinert in einem Spiegel sieht. Es scheint von dieser Verwandlung fasziniert zu sein. Es ist der erste Teppich der allegorischen Darstellung der *Fünf Sinne*, und er zeigt den *Blick* in heraldischem Stil.

Kaspar Schott (1657),[40] der das trügerische Gerät, mit dem man Tiger fängt, nach dem Heiligen Ambrosius und Albertus Magnus beschreibt, sagt ihm auch die Fähigkeit nach, globale Ansichten von Welten, die dem Blick nur teilweise zugänglich sind, sowie den Anblick einer verkleinerten Sonne zu zeigen.

Wenn man den konvexen Spiegel in einer Bibliothek oder in einer Werkstatt aufhängt, dann erscheint der ganze Raum mit allen Gegenständen und Büchern, die er enthält, innerhalb der Wölbung. In einem Garten zeigt er alle Bäume und alle Blumen. Man kann prachtvolle Paläste und unendliche Räume in die Kristallkugel einschließen. Die Dinge sind riesengroß und klein zugleich, und die Riesenhaftigkeit wird durch Winzigkeit dargestellt. Leurechon (1624)[41] spricht davon mit Verwunderung:

»Aber was den Geist durch die Augen entzückt und die Perspektiven der Maler beschämt, ist die schöne Verkürzung, die in einem so kleinen Rund erscheint. Man stelle diesen Spiegel ans Ende einer großen Allee oder Galerie, *an die Ecke einer langen Straße oder eines schönen Platzes, ans Ende einer großen Kirche…* Alle Belvederes Italiens, die Tuilerien und die Galerien des Louvre, San Lorenzo del Escorial, der ganze Petersdom in Rom… alle kleinsten und größten Bauwerke erscheinen mit einer solchen Lebhaftigkeit der Farbe und einer Klarheit auch der kleinsten Einzelheiten verkürzt im Kreis dieses Spiegels, daß ich auf der Welt nichts Angenehmeres zu betrachten wüßte.«

164. »Die Dame mit dem Einhorn«, 15. Jahrh., Paris, Musée de Cluny.

165. Gewölbter Spiegel. Tuileries und Arc de Triomphe du Carrousel, Paris, 1978.

Der Text beschreibt deutlich die Wirkungsweise eines katoptrischen Gerätes, das zu allen Zeiten verwendet wurde. Der konvexe Spiegel *an der Ecke einer langen Straße?* Die Rückspiegel, die heute an den Autos angebracht sind, sind leicht gewölbt, damit man soviel wie möglich von der Strecke sehen kann, die hinter einem liegt. Der konvexe Spiegel *am Ende einer großen Kirche?* Man hat vermutet, daß Künstler sich eines solchen »Rückspiegels« bedient haben, um die gewaltigen Kirchenschiffe zu malen, die sie darin vollständig und in ihrer Gesamtheit sehen konnten. Die Darstellung eines gotischen Chors – der Kathedrale von Basel? – auf dem Gemälde eines unbekannten Meisters (Museum von Neapel, 1440–1445),[42] mit den Ausbuchtungen an beiden Seiten scheint die Verwendung dieser Mittel zu bestätigen, durch die die Sicht der Maler verbessert wurde.

Auch bei Roger de Pils (1708)[43] findet sich noch eine Erwähnung: »Ich will an dieser Stelle auch von dem Experiment mit dem konvexen Spiegel berichten, der, was die Einheitlichkeit der Gegenstände für den Blick betrifft, über die Natur hinausgeht. Alle Gegenstände, die man darin sieht, bilden einen einzigen Anblick und ein angenehmeres Ganzes, als dieselben Gegenstände in einem gewöhnlichen Spiegel und, wie ich zu behaupten wage, in der Natur selbst.«

Die Engländer nannten eine bestimmte Art dieser Geräte »Spiegel von Claude«. Es waren konvexe Spiegel von ungefähr vier Zoll Durchmesser mit einem schwarzen

166. Der Spiegel von Sankt Eligius. Petrus Christus, 1449, New York.

167. Der Spiegel eines Geldwechslers (Ausschnitt). Quentin Matsys, 1514. Paris, Louvre.

168. Gewölbter Spiegel, Foto 1970.

Grund, die in einem Etui in der Art einer Brieftasche aufbewahrt wurden. William Mason (1775) zufolge gab es sie bei jedem beliebigen Optiker. Der Spiegel war dazu gedacht, weite, natürliche Landschaften wie gemalte Bilder in einem kleinen Rahmen zu zeigen. Es gab bestimmte Gegenden, die sich besonders dafür eigneten.

»Der Landschaftsspiegel bereitet in den Bergen viel Vergnügen, weil dort die Ausblicke großartig und nah sind«, erklärt der *Führer durch den Lake-District* von Thomas West (1778). »Er rückt sie in eine angenehme Entfernung und zeigt sie in den sanften Farben der Natur und gibt ihnen die ebenmäßigste Perspektive, die das Auge wahrnehmen, die Kunst lehren und die Wissenschaft beweisen kann.«

Der Spiegel von Claude Lorrain erschafft nicht nur die Perspektive, sondern auch die Farbtöne und das Licht eines Malers, der den englischen Geschmack zu dieser Zeit stark beeinflußt hat. Die gewölbten Spiegel, die die Dinge in einem verkleinerten Raum zeigen, kommen auch in den Bildern der alten Meister vor.

Der gewölbte Spiegel von Jan van Eyck *(Das Brautpaar Arnolfini)*,[44] der Gegenstand zahlreicher Kommentare war, ist einer dieser Rückspiegel, die das ganze Zimmer und die Gestalten von zwei Zeugen zeigen, von denen eine sicher der Künstler ist: *Johannes de Eyck fuit hic*, bestätigt die Inschrift, die mit dem Datum 1434 auf die Mauer geschrieben ist. Die Szene der Vermählung wird mit ihrer vollständigen Verdoppelung, die die unsichtbare Seite enthüllt, wiedergegeben. Alle Symbole und alle Andeutungen, mit denen das Bild befrachtet ist, werden hier auf kleinstem Raum, in einem *speculum sine macula* vereinigt, der seinerseits auch symbolisch ist. Von einem Bilderkranz umgeben, in den sich das Leben und Sterben Christi wie auf einer Planisphäre aufrollt, bildet er einen Mikrokosmos.

Zwei Jahre später (*Die Heilige Jungfrau des Kanonikus van der Paele*, Louvre 1436) läßt derselbe Künstler die Figur in den Reflexen des Schildes von Sankt Georg erscheinen; der Schild dient dabei als konvexer Spiegel, wie die Schilde in Thrakien, von denen Plinius berichtet.[45]

Konvexe Spiegel finden sich auch bei dem Meister von Flemalle (1438), bei Memling (1408) und bei dem Meister des Aachener Altars (1515). Es ist eine Liste von Spiegeldarstellungen im 15. und 16. Jahrhundert zusammengestellt worden. Petrus Christus zeigt einen solchen Spiegel in der Werkstatt von Sankt Eligius (1449, New York) am Rande seines Arbeitstisches. In einem überladenen Raum entdeckt man darin den *schönen Platz* mit einem Paar, das vorübergeht. Ein Haus und ein Baum, die hinter dem Fenster erscheinen, werden von einem ähnlichen Spiegel reflektiert, der im *Geldwechsler* von Quentin Matsys (1514, Louvre)[46] an der gleichen Stelle steht. Der Gegenstand, der zur Ausstattung eines Goldschmiedes und eines Geldwechslers gehört, ist als Allegorie der *Vanitas* (?) und als Talisman gegen den Diebstahl interpretiert worden. Es handelte sich auch um einen Reflektor, mit dem man, wie in den Juweliergeschäften und Banken unserer Zeit, die Besucher und Kunden überwachen konnte. Mit ihrem kristallischen Glanz und ihren überraschenden Verkleinerungen scheinen diese seitenverkehrten Eindrücke außerhalb der Bildwelt zu existieren.

Der konvexe Spiegel wurde auch für Selbstporträts benutzt. Parmigiano (ca. 1530, Wien)[47] hat ihn einfallsreich verwendet, indem er sich darin auf zwei verschiedenen Ebenen zeigt, wobei die linke Hand – die zur rechten wird – bis zum Rand ausgestreckt ist, während der Kopf etwa 25 Zentimeter zurückgenommen ist. Daraus ergibt sich eine überraschende Disproportion zwischen dem Gesicht und einer übergroßen Hand. Während das Gesicht mit den weichlichen Zügen keine Anomalie zeigt, erscheint die Hand monströs vergrößert. Tatsächlich hat sie, wenn auch leicht geschwollen, eine normale Größe, und es ist der Kopf, dessen Proportion und Größe sich verändert. Er ist um die Hälfte verkleinert und erscheint in einem irrealen und unbestimmten Raum. Auf eine gewölbte Leinwand gemalt, ist das Bild wie ein *Trompe-l'oeil* und wie die Nachahmung eines Spiegels gearbeitet.

Was auch immer in den Spiegeln abgebildet wird – Landschaften, Städte, Kirchen, Paläste, Häuser, menschliche Gestalten –, die Verwandlung der Dinge durch Verkleine-

169. Konvexspiegel. Selbstporträt von Parmigiano, ca. 1530, Wien.

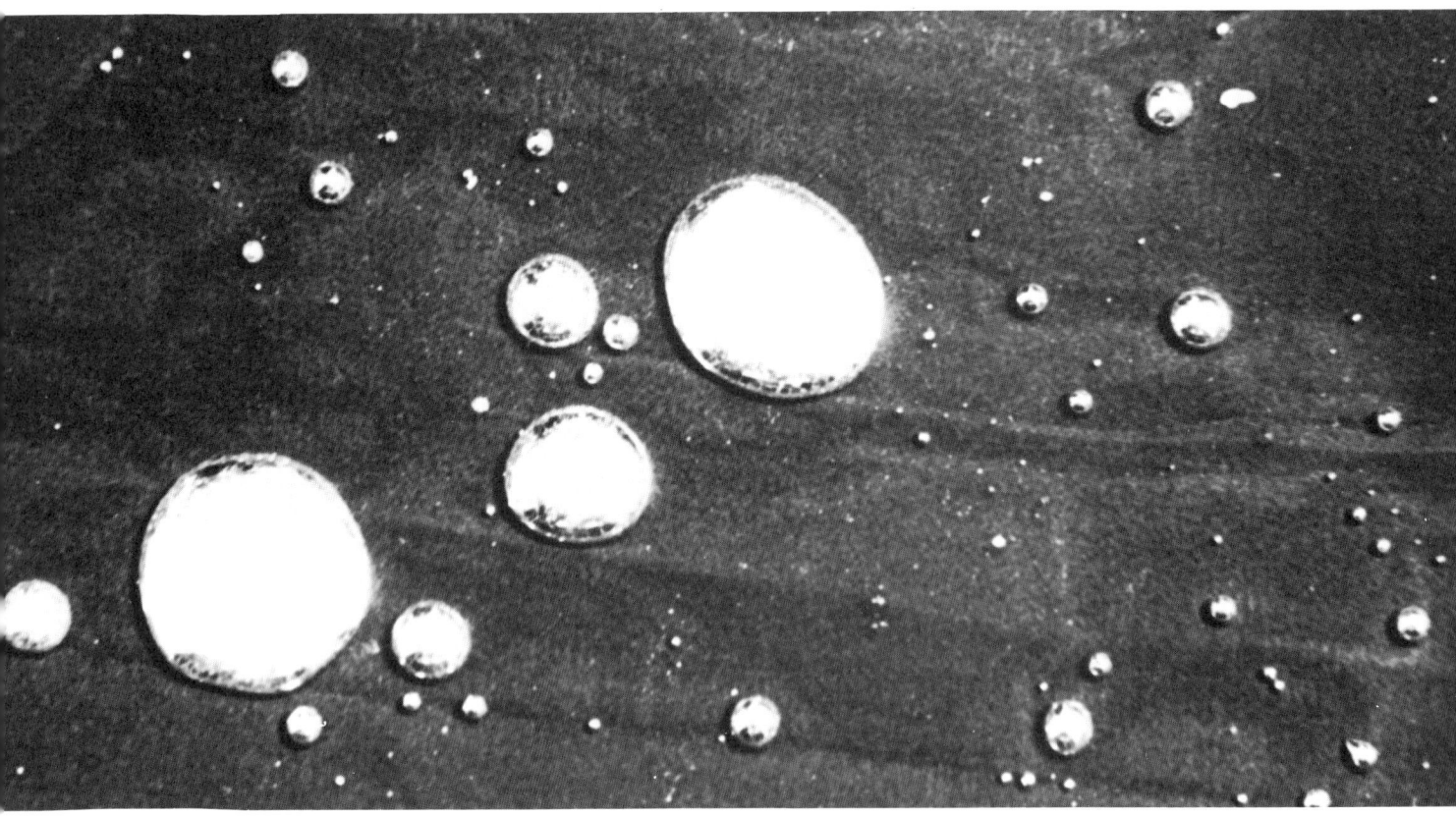

170. Quecksilbertropfen

rung hat immer etwas von Magie und ist mit dem metaphysischen Denken verbunden. Mercurius van Helmont, ein Kabbalist und Freund von Leibniz, hat sich bei seinen Untersuchungen über den Kosmos, den Makrokosmos und den Mikrokosmos (1691)[48] ähnlicher Spiegel bedient und dabei Milchstraßen entdeckt. Diese erscheinen allerdings nicht in einem von Menschenhand hergestellten Gerät, sondern in einem Material, das die Natur selbst bietet. Es ist ein flüssiges Metall, das durch sein Gewicht und seine Dichte von selbst, wie ein Wassertropfen, die Gestalt eines konvexen Reflektors annimmt:

»Es ist in der That also / und mag klärlich genug durch ein Exempel vom Quecksilber erwiesen werden / welches wie ein Spiegel ist / als da ein rundes oder Kugelformiges Metallisches Wasser ist. So wir von diesem Mercurio einen guten Theil nehmen / und es an einem Ort unter den freyen Himmel hinlegen / so können wir den gantzen Horizont mit allen seinen Theilen und Objectis sehr deutlich in demselben fürgestellt sehen.«

Das Experiment ist damit nicht beendet: »Und wenn auß diesem Mercurio ein sublimat gemacht / und vermittelst der Sublimation in unzehlich viele kleine Kügelein oder Kugelrunde Leiberlein zertheilet wird (welche wegen ihrer Kleinheit durch ein Vergrößerungs Glas müssen unterschiedlich erkennet werden) so werden wir befinden / daß der gantze Horizont vorbesagter maßen in einem jedweden derselben zugleich auff gleiche Weise wird zu sehen seyn / wie in der größern Menge des Quecksilbers zu sehen gewesen.«

Selbst wenn sie für das bloße Auge unsichtbar ist, enthält die Quecksilberkugel, wie die Monade von Leibniz, ein vollständiges Universum.

Diese aufschlußreichen Verkleinerungen der Sonne konnten mit Hilfe eines besonderen Gerätes hergestellt werden, nämlich mit einem Spiegel, der in ein Wasserbecken gelegt wurde. »Auch in einem Spiegel, der im Wasser den Sonnenstrahlen ausgesetzt wird, sieht man ein Gestirn, das kein wirkliches Gestirn ist, sondern ein zweites Licht und eine Darstellung der Sonne, der Verschiedenheit der Oberflächen des Spiegels und des Wassers entsprechend«, schreibt Simon Majoli (1607),[49] der Bischof von Valtourie, der sich in seinem Werk mit dem Titel *Die Hundstage* auf Reisch[50] bezieht. Von Kaspar Schott wird in diesem Zusammenhang ebenfalls Canicula (Sirius) erwähnt. Der Stern aus dem Sternbild des Großen Bären, der hellste am Himmel, der vom 22. Juli bis zum 22. August mit der Sonne auf- und untergeht, den man tagsüber mit dieser Methode zu sehen glaubte, ist die verkleinerte Sonnenscheibe. Bei Nacht kann man denselben Effekt mit dem Mond erzielen. Es würde sich also um eine doppelte Verkleinerung handeln, da der Mond, selbst ein gewölbter Spiegel, für Aguillon (1613)[51] ein verkleinertes Bild der Sonne ist.

Das Mittelalter war durchaus nicht in Unkenntnis dieser astronomischen Beobachtungen, die sicher antiker Herkunft sind, und es hat sie zur Illustration seines mystischen Denkens verwendet: »Got smacket ime selber in allen dingen«, heißt es in einer Predigt von Meister Eckehart (14. Jahrh.)[52] »Diu sunne wirfet ûs iren lichten schîn uf alle crêatûren, unde dâ diu sunne iren schîn ûf wirfet, das ziuhet si in sich unde verliuret doch niht ihre schînlichkeit. – Ich nime ein bekkin mit wazzer unde lege dar in einen spiegel unde setze ez under daz rat der sunnen, sô wirfet diu sunne ûz iren liehten schîn ûzer dem rade unde ûzer dem boden der sunnen unde vergêt doch niht. Daz widerspilen des spiegels in der sunnen daz ist in der sunnen. Sunne und er ist doch daz er ist. Alsô ist es umbe got. Got ist in der sêle mit sîner nâtûre, mit sîme wesenne unde mit sîner gotheit. Daz widerspilen der sêle daz ist in gote. Got der wirt dâ alle crêatûren.«

Es ist festgestellt worden, daß das Experiment mit einem Spiegel, den man ins Wasser legt, beweist, daß das Bild der Sonne nach einer doppelten Brechung in dem Spiegel wie eine kleine, unendlich ferne, leuchtende Scheibe erscheint, in die das Auge, ohne geblendet zu werden, hineinsehen kann. Der Text von Meister Eckehart wurde auch mit den Worten des Apostels Paulus von der indirekten Erkenntnis Gottes *per speculum in enigmate*[53] verglichen. Subtile Beweisführungen und Allegorien gruppieren sich um einen Mechanismus, der auf den Gesetzen der Lichtstrahlung beruht.

IV

Der sphärisch-konvexe Spiegel konzentriert und verkleinert das Bild des Gegenstandes. Der sphärisch-konkave Spiegel vergrößert es und weitet es aus, zumindest in ganz bestimmten Stellungen: »Wenn man das Auge an den Mittelpunkt (des sphärisch-konkaven Spiegels) bringt, sieht es sich ganz allein, und du siehst dich als Zyklopen.«

Das *Theorem LX* von Risner geht auf Euklid (XXIV) zurück: »Wenn man das Auge im konkaven Spiegel an den Mittelpunkt bringt, wird ganz allein das Auge selbst erscheinen.« Die Proposition ist physiologisch falsch, denn ohne einen Abstand zwischen dem Auge und dem Bild kann man keinen Gebrauch von seinem Sehvermögen machen.[54] Vitellius (IV, 8) und Peckham (XLII) geben dieses Theorem unverändert wieder, und erst jetzt, im Jahre 1606, sieht man hinter dem riesigen einzelnen Auge den legendären Riesen.

Von G.-B. della Porta (1561)[55] wird eine weitere mythologische Gestalt eingeführt, die wir zu Beginn dieser Arbeit im Zusammenhang mit einer anderen Vorrichtung gesehen haben: »Aber wenn die Halbkugel nicht ganz und nicht vollkommen ist, so daß es nur einen Teil oder ein Bruchstück von ihr gibt, dann könnt ihr das Hauptstück davon nehmen, und ihr werdet darin das große Gesicht von Bacchus sehen, der einen armgroßen Finger zeigt.«

Dieser letzte Vergleich (Finger und Arm) stammt von Seneca, dessen schlüpfrige Geschichte des Hostius im Anschluß vollständig wiedergegeben wird: »Einst hat Hostius Spiegel gemacht, die die Gestalt viel größer abbildeten, als sie wirklich war. Und dies zeigte diesen sehr lasterhaften Menschen, der die Spiegel so anbrachte, daß er, wenn er sich an der Betrachtung seiner Glieder erfreuen wollte, sie so groß sah, auch dann wenn er die schreckliche Missetat der verabscheuungswürdigen Sodomie beging, und so erfreute sich dieser Unselige an der falschen Größe seiner Glieder.«

Auch Le Loyer (1586)[56] benutzt noch dieses Beispiel, um Spiegel zu beschreiben, die Gestalten »jenseits des Natürlichen« zeigen: »Wie Seneca sagt, besaß Hostius Spiegel, die die Gestalt viel größer abbildeten, als sie sie aufnahmen; und jener war so lasterhaft, daß er solche Spiegel in seinem Zimmer anbrachte, um sich an der verfälschten Größe seiner Schamteile zu ergötzen, eine Sache, die man nicht ohne Abscheu niederschreiben kann…«

In seinen *Recréations mathématiques* hat Leurechon (1624)[57] das Phänomen auf andere Weise illustriert:

» – Wenn das Auge sich zwischen dem Mittelpunkt und der Oberfläche des Spiegels befindet, erscheint das Bild sehr groß und sehr mißgestaltet:
– Jene, die erst kindlichen Flaum am Kinn haben, können sich mit dem Anblick eines großen, dichten Bartes trösten, der dort erscheint.
– Jene, die sich für schön halten, werfen den Spiegel vor Verdruß fort.
– Jene, die ihre Hand nahe vor den Spiegel halten, glauben die Hand eines Riesen zu sehen.
– Jene, die denselben Spiegel mit einer Fingerspitze berühren, sehen eine mächtige Fleischpyramide, die gegen ihren Finger lehnt.«

Wir haben es nun mit einem Superlativ zu tun: der Finger gleicht nicht mehr einem Arm, er ist zu einem architektonischen Monument und einem regelmäßigen Körper geworden.

Die Effekte von konkaven Spiegeln bleiben im übrigen nicht auf diese Vergrößerungen beschränkt, die bei geringem Abstand auftreten. Durch Veränderungen der Position können Umkehrungen und Vervielfältigungen erzielt werden: »Wenn man nun das Hauptstück nach und nach weiter fortrückt, wird das Gesicht immer größer«, fährt Porta fort, »und wenn er nahe am Mittelpunkt ist, wird er zwei Gesichter und vier Augen sehen... Wenn das Auge auf den Mittelpunkt gerichtet wird, sieht es nur sich selbst (den Zyklopen), und wenn das geschehen ist, seht ihr verdoppelte Gesichter, so daß zwei umgekehrte Köpfe erscheinen, was dadurch bewirkt wird, daß die Linie, die den Mittelpunkt durchkreuzt, auf den Abstand zwischen den Augen trifft. Alle Dinge scheinen sich gleichwohl zu bewegen und auf mehrere Arten zu verdoppeln.«

Die allgemeine Regel ist einfach: »Wenn ihr also eine Person sehen wollt, die in dem Hauptstück verkehrt herum gezeigt wird, dann haltet den Kopf außerhalb vom Mittelpunkt des Spiegels, und plötzlich werdet ihr den Kopf nach unten und die Füße aufwärts sehen.«

Es ist ein ständiger Wechsel, bei dem die Bilder, je nach der Bewegung der Gestalt, plötzlich und ohne Übergang vom einen zum anderen wechseln. Der Text muß mit dem *Rosenroman* (1265–1280)[58] in Zusammenhang gebracht werden: »Autres (miroirs) font diverses images / Apareir en diverses estages, / Dreites billonges et inverses / Par compositions diverses / E d'une en font ils plusieurs naistres / Cil qui des miroirs sont maistres / E font quatre eaux en une teste / S'il ont a ce la fourme preste.« – Andere Spiegel lassen verschiedene Bilder in verschiedenen Situationen erscheinen, gerade, länglich, umgekehrt, durch verschiedene Anordnungen, und jene, die Meister auf diesem Gebiet sind, lassen aus einem Bild mehrere entstehen; sie machen vier Augen in einem Kopf, wenn sie eine passende Form haben.«

Die Passage über die *Irrtümer der konkaven Spiegel* von Alhazen (VI, 38)[59] ist mit diesem Text fast identisch: »Je nach der Verschiedenheit der Stellungen erscheinen die Dinge in der Wahrnehmung und im Spiegel verschieden. Es kommt auch vor, daß man eine Sache doppelt und dreifach und vierfach sieht...«

Das Buch der Blicke des arabischen Mathematikers, das von Jean de Meung zitiert wird, war der Ausgangspunkt seiner Versdichtung. Vom 9. bis zum 17. Jahrhundert sind es immer die gleichen Theoreme, die mit ihren Schlußfolgerungen auf die gleiche Weise zusammengestellt werden. Kaspar Schott (1657),[60] der sich erneut mit diesem Problemzusammenhang beschäftigt, rekapituliert seine Quellen:

»Für die Vergrößerungen – Euklid XXVIII; Alhazen VI, 38; Vitellius VIII, 40; Peckham LI.

Für die Umkehrungen – Euklid IX, XII; Vitellius VIII, 52; Peckham L.

Für die Vervielfältigungen – Alhazen VI, 38; Vitellius VIII, 25, 26, 40, 44; Peckham XLI, XLII, XLIII.«

Das Kapitel trägt den Titel: *Von den wunderbaren Eigenschaften, Phänomenen wie auch Effekten von sphärisch konkaven Spiegeln.*

Man findet dort Bacchus mit dem armgroßen Finger wieder, und auch die umgekehrten Menschen, wenn man sich von dem Punkt entfernt, in dem die Strahlen sich überschneiden. Wenn der Spiegel vertikal vor einem Buch angebracht wird, das auf einem Tisch liegt, dann erscheinen winzige Buchstaben groß. Man liest sie mit Hilfe eines gegenüber aufgestellten flachen Spiegels. Wenn der konkave Spiegel horizontal vor die Augen gestellt wird, sieht man, je nach der Haltung, ein doppeltes, ein vierfaches oder ein halbes Gesicht mit einem Auge. Aus einem Kerzenhalter, den man auf die andere Seite stellt, wird ein Kandelaber mit zwei, drei oder vier Armen.

Der sphärisch konkave Spiegel ist nicht nur ein Gerät, das Feuer entzündet oder Spektren erzeugt, er hat auch vervielfältigende Kräfte. Von allen elementaren Spiegeln ist er wegen der Vielseitigkeit seiner Verwendung und seiner Effekte der vollkommenste und ungewöhnlichste. Er gehört auch zu den Dingen, die im Jahre 1609 in Venedig gekauft und im Museum von Olaus Worm, dem Mediziner aus Kopenhagen, aufbewahrt wurden. Dessen Inventar aus dem Jahr 1655 bietet eine ausgezeichnete Definition, die wir eingangs des ersten Kapitels als ein Beispiel ausgewählt haben, das die Katoptrik gleich zu Anfang in die Welt einer *Wunderkammer* (dt. i. O.) stellt. Das *Journal des Sçavans* aus dem Jahr 1679 beschreibt einen weiteren Spiegel, den von Vilette, der nicht weniger bemerkenswert ist:

»Das Licht ist darin so leuchtend, daß die Augen es ebensowenig wie das Sonnenlicht ertragen können. Wenn man den Spiegel auf seine horizontale Seite stellt, sehen die Menschen, insbesondere die Köpfe derer, die sich darin betrachten, so schrecklich aus, daß sie Furcht erregen, obwohl sie nicht größer als in vier oder fünf Fuß Länge oder Breite erscheinen. Wenn man nachts einen brennenden Leuchter genau vor den (Brenn-) Punkt dieses Spiegels stellt, scheint die ganze Fläche des Spiegels gleichzeitig entflammt zu sein, wie der Mond, wenn er voll ist und gerade aufgeht, und er strahlt dabei ein so helles Licht aus, daß man in der dunkelsten Nacht auf mehr als fünfhundert Schritte Entfernung lesen kann.«

Robertson (1831),[61] der übrigens einen archimedischen Brennspiegel entworfen hat, führt plötzlich denselben Spiegel aus Lyon ein, nachdem er zuvor berichtet hat, er sei in seiner Heimatstadt Lüttich Ludwig XIV. vorgeführt worden; er verbindet mit diesem Spiegel eine ziemlich unglaubhafte Lokalgeschichte. Verblüfft über die Merkwürdigkeit dieses Gegenstandes, soll die Bevölkerung ihm unheilvolle Kräfte zugeschrieben haben. Er, der Spiegel von Vilette, soll der einzige Grund für das schlechte Wetter und den hohen Brotpreis gewesen sein, die zu einer bestimmten Zeit verzeichnet worden sind.

»Diese Vorstellung hielt sich bei den Leuten so hartnäckig, daß sich bald ein Auflauf bildete, aus dem alle möglichen Verwünschungen gegen den Spiegel und seinen Erfinder zu hören waren und der vor das Haus von Monsieur Vilette ziehen wollte, um seinen Spiegel zu zerschlagen und ihm selbst übel mitzuspielen.«

Die Kirche mußte einschreiten. Der Erzbischof von Lüttich versichert in seinem Brief vom 22. August 1713, wenn die Stadt vom Unglück verfolgt werde, dann deshalb, weil dort die Sünde verbreitet sei, und daß die Strafe Gottes nicht einem Spiegel zugeschrieben werden könne: »Deshalb erklären wir, daß der Spiegel nur ausschließlich natürliche und sehr sehenswerte Effekte hervorbringen kann, und es ist ein tadelnswerter Aberglaube, anzunehmen, daß er Regen herbeiholen oder hervorbringen könnte, und ihm damit die Macht zuzuschreiben, den Himmel zu öffnen oder zu verschließen.«

171. Pentagonaler Theaterspiegel.
Euklid, 3. Jahrh.
v. Chr., *Propositio XIV*,
nach Hérigone, 1637.

172: Hexagonaler Theaterspiegel,
Rhosius, 166, *Propositio XII*.

V

Euklid (XIII und XIV) hat sich mit Reflexionen desselben Gegenstandes in mehreren flachen Spiegeln beschäftigt, drei bei einem Rechteck und jede beliebige Anzahl bei einem regelmäßigen Vieleck. Hero von Alexandria (2. Jahrh. v. Chr.),[62] der Pseudo-Ptolemäus (1518),[63] wiederholt die gleiche Konstruktion mit einem Fünfeck (XVII), doch er schlägt auch ein neues Gerät vor (XIV): *Wie man einen sogenannten Theaterspiegel konstruiert.*

Zunächst muß man einen Halbkreis ziehen, den man durch die Radien in fünf gleiche Teile aufteilt. Fünf Bronzespiegel *(specula erea suspensa)* müssen nun im Inneren des so entstandenen Fünfecks aufgehängt werden. Sie sollen rechteckig, flach und so angebracht sein, daß ihre Seiten sich berühren und eine durchgehende Fläche bilden. Das Auge des Zuschauers soll sich im Mittelpunkt befinden: »Es ist möglich, einen Spiegel zu konstruieren, der sich aus mehreren flachen Spiegeln zusammensetzt, in dem man, nach Art eines Chores, mehrere Bilder eines einzelnen Beobachters sieht.«

Seneca (2–60),[64] der im Lauf seiner Untersuchung über die Entstehung des Regenbogens einen Spiegel erwähnt, »der aus einer großen Anzahl von Spiegeln besteht, in denen, wenn man nur einen einzelnen Menschen davorstellt, ein ganzes Volk sichtbar wird...«, hat sicher an einen dieser Theaterspiegel gedacht.

Vitellius (ca. 1270)[65] macht als erster nähere Angaben über die Natur dieses Phänomens. Mehrere Bilder erscheinen der Anzahl und Anordnung der Elemente entsprechend. Sie werden immer kreisförmig aufgestellt. Das Repertoire kann durch methodische Experimente bereichert werden.

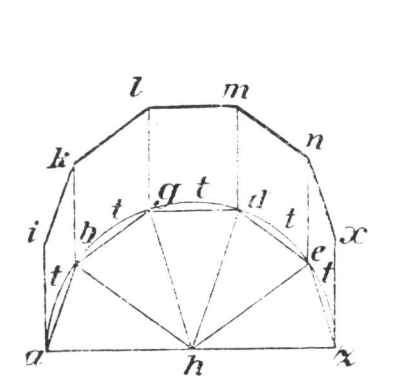

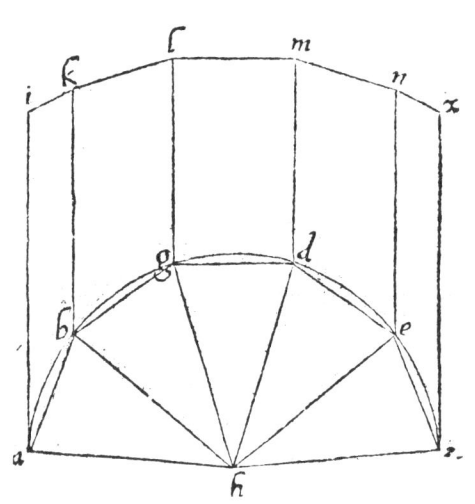

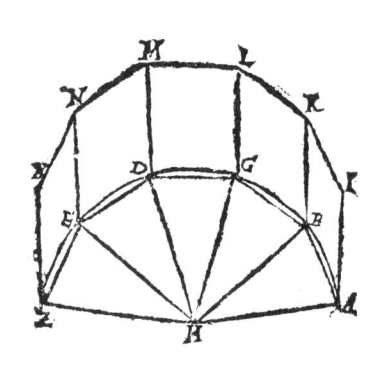

173, 174 u. 175, von links nach rechts: Theaterspiegel. Hero von Alexandria, 2. Jahrh. v. Chr., *Propositio XIV.* – Vitellius, ca. 1270, *V, Propositio 58*, Ausgabe von Risner, 1572. – Rhodius, 1611, *Propositio XIV.*

176. Theaterspiegel (und andere katoptrische Geräte). Hero von Alexandria, *Propositio XIV*, Manuskript aus der vatikanischen Bibliothek, 13. Jahrh.

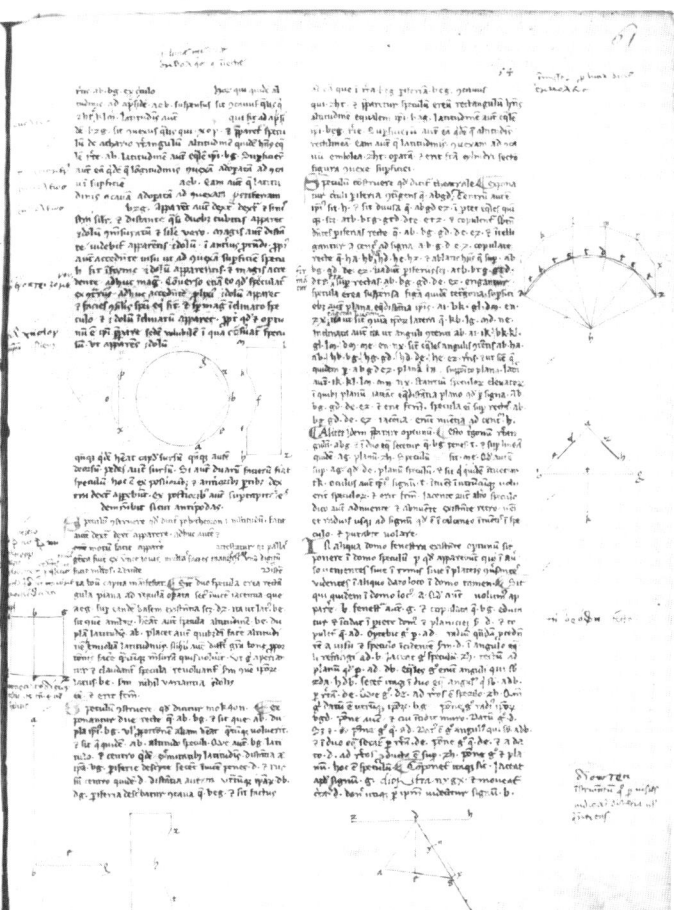

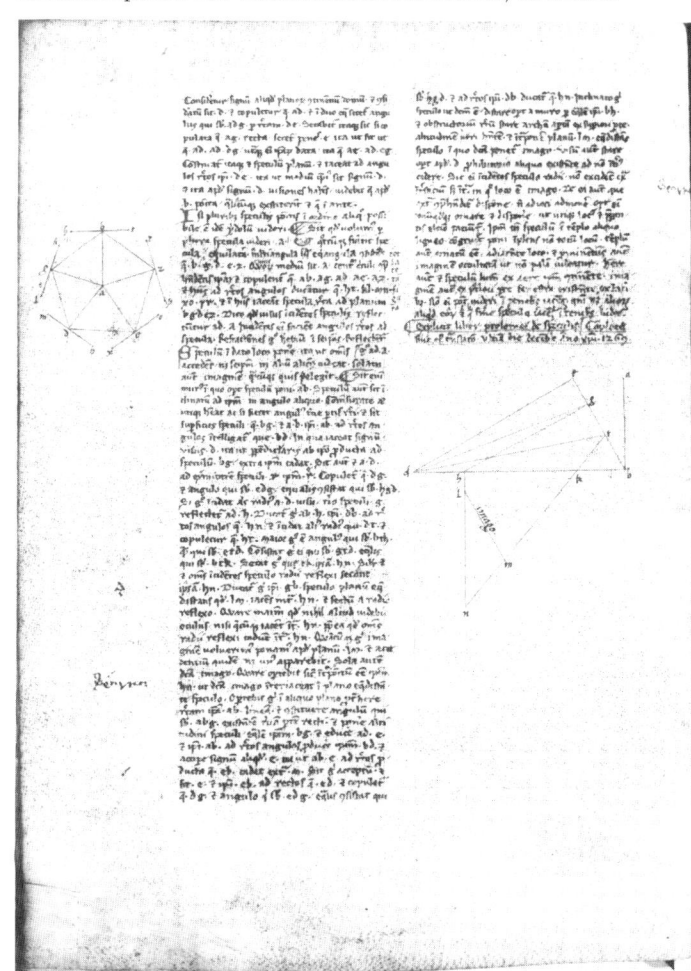

177. Pentagonaler Theaterspiegel (und andere katoptrische Geräte). Hero von Alexandria, *Propositio XIV*, Manuskript aus der vatikanischen Bibliothek, 13. Jahrh.

Die illustrierende Zeichnung ist mit der Randzeichnung des zeitgenössischen Manuskripts von Hero aus der Vatikanischen Bibliothek[66] identisch. Auch bei Rhodius (XIX) ist sie noch die gleiche, der sich wie Risner (XXXXL) auf Vitellius stützt, wobei er allerdings hinzufügt, daß der erwähnte Chor aus Tänzern besteht. Inzwischen aber war man auf die euklidische Konstruktion (Euklid XIV; Hero XVII) des gleichseitigen und gleichwinkligen Polygons zurückgekommen, das rundum geschlossen ist. Ein Manuskript Leonardo da Vincis (Institut de France, 1488), der übrigens alle antiken Autoren gut kannte,[67] enthält eine Skizze, die ein kleines achteckiges Häuschen zeigt, in dem ein Mensch steht. Die Notiz, die wie das gesamte Manuskript verkehrt herum geschrieben ist, so daß es nicht ohne Spiegel gelesen werden kann, erklärt dazu: »Wenn du 8 flache Spiegel machst, und jeder soll 2 Faden breit und drei hoch sein, und wenn du sie dann im Kreis aufstellst, so daß sie ein Achteck bilden, dessen Umfang 16 Faden und dessen Durchmesser 5 beträgt, kann ein Mann, der im Mittelpunkt steht, sich in allen Richtungen eine unzählige Anzahl von Malen sehen. Wenn es nur vier Spiegel sind, die im Quadrat aufgestellt werden, ist es auch noch möglich.«

Eine Fläche von etwa 3,20 m x 4,80 m ... Die Ausmaße erscheinen für diese Zeit undenkbar. Die Spiegel, die von der Manufaktur von Saint-Gobain für das Rathaus von Paris angefertigt wurden – 2,43 m x 5,73 m – sind nicht wesentlich größer. Die angegebenen Zahlen entsprechen übrigens nicht der Zeichnung, auf der die Wände den Kopf des Menschen, den sie umgeben, kaum überragen.

Leonardo ist seiner Zeit voraus gewesen. Porta wiederholt in der ersten Ausgabe seiner *Magia naturalis* in vier Büchern (1561)[68] noch »den halbrunden Kreis von Ptolemäus«. »Die gelehrte Antike hat einen Spiegel erfunden, der aus mehreren flachen Spiegeln zusammengesetzt war..., in dem das Auge des Betrachters, der sich im Mittelpunkt befand, sein Gesicht oder jedes seiner Gesichter abgebildet und in Form eines Ringes oder eines Halbkreises angeordnet sah, wie man es oft bei Tänzen oder Reigen sieht oder in einem Theaterspektakel, bei dem das Volk ringsum aufgestellt wird.«

Daß der »Chor« durch das »Volk« ersetzt wird, geht zweifellos auf Seneca zurück, den Porta übrigens herangezogen hat, besonders im Zusammenhang mit den konkaven Spiegeln.

In der zweiten Ausgabe desselben Werkes in zwanzig Büchern (1589)[69] ist das Amphitheater von Vitellius-Hero durch das Gebäude von Leonardo ersetzt worden. Die Konstruktion kann jede beliebige Größe, jede beliebige Anzahl von Seiten haben. Auf der Zeichnung des Buches ist sie ebenso achteckig wie im Manuskript des Institut de France:

»Wenn man eine Kerze hineinstellt, dann wird sie durch all die Reflexionen so viele Male vervielfältigt, wie es Sterne am Himmel gibt. Und man kann über die Ordnung, die Symmetrie und die Perspektiven eines solchen Anblicks nicht genug staunen.«

Das Thema der Architektur drängte sich auf. Auch Porta selbst ging zu Versuchen über: »Ich habe das Theater auf verschiedene Arten zusammengestellt und konstruiert«, fährt der neapolitanische Magier fort, »um verschiedene Effekte zu demonstrieren, unter anderem für die Säulen. Die einen wurden an den Seiten, die anderen mitten vor die miteinander verbundenen Spiegel gestellt, dreizehn insgesamt... Unser Auge kann nichts Angenehmeres und Bewundernswerteres sehen als diese architektonischen Säulenordnungen, die korinthischen und dorischen Säulenordnungen, die mit

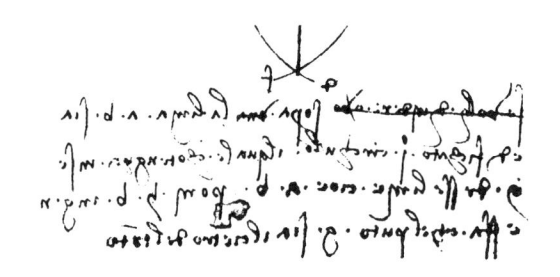

178. Achteckiger Theaterspiegel, Leonardo da Vinci, 1488, Institut de France.
Unten: Die Zeichnung, in einem Spiegel gesehen.

Gold und Silber, mit kostbaren Edelsteinen sowie mit Gemälden und Statuen geschmückt sind, die sich dabei mit Pracht entfalten.«

Es handelt sich jedoch nicht um ein Spiegelkabinett oder um ein Theater in Menschengröße, sondern um ein verkleinertes Modell, das einen Durchmesser von zwei Fuß, das heißt etwa 60 cm, hatte. Am Ende des 16. Jahrhunderts wird ein Traum von monumentaler antiker Architektur im verkleinerten Modell verwirklicht.

Rhodius erinnert in diesem Zusammenhang an die Passage von Lukrez, die sich auf die wiederholten Spiegelungen in einem Wohnraum bezieht. Le Loyer,[70] der sich auf Plinius (XXXVI, 22) bezieht, beschwört ganze Gebäude herauf, die aus leuchtenden Materialien erbaut sind: »Nero, der der Göttin Fortuna einen Tempel errichten ließ, hat das Mauerwerk aus diesem spiegelnden Gestein machen lassen, das um den Tempel herum so sehr erstrahlte, als sei die Helligkeit in den Tempelmauern eingeschlossen, ohne daß diese jedoch eine Öffnung nach außen hatten.« Der römische Naturforscher ist in diesem Punkt besonders genau gewesen: die Mauern waren nicht *vitri modo* durchscheinend, sondern *speculorum modo*. Die Spiegel aus glänzenden Selenitschichten wurden in den verschiedensten Epochen verwendet.

Wenn man diese Texte erneut liest, kann man nicht umhin, an ein Projekt zu denken, in dem, als ein »herausragendes Beispiel« der Pariser Architektur, der Sitz des Verteidigungsministeriums geplant wird, zwei Gebäude von 60 m Höhe, deren Fassaden mit Spiegeln verkleidet werden sollen. Ihre dunklen und silbrigen Reflexe, die sich mit der Tageszeit und dem Wetter ständig verändern, sollen, dem Urheber des Entwurfs zufolge, ein doppeltes Bild der Stadt zeigen, »genau und verkehrt, dunkel und hell, kostbar und gigantisch zugleich«.[71] Das ist die spontane Rückkehr zu einem optischen Plan von Nero. Das kleine Theater von Porta mit seinen Spiegelwänden konnte beides zugleich

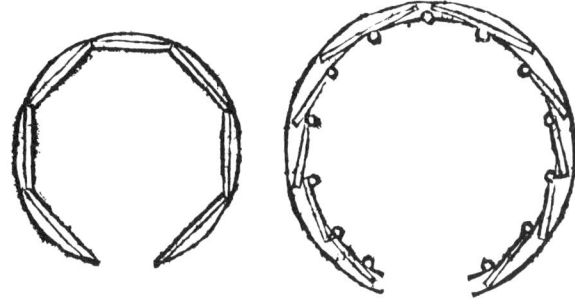

179. Theaterspiegel von G.-B. della Porta, 1589.

darstellen. Einige Wolkenkratzer von heute mit ihren riesigen Wänden aus getöntem Glas lassen in der ganzen Stadt Spiegelbilder erscheinen. Das immatrielle und ungewisse Ebenbild des Eiffelturms zeichnet sich auf einem gegenüberliegenden Gebäude ab.

Bei den facettenartigen Geräten muß man natürlich an ein drittes Thema denken: »Auf dieselbe Weise ist ein Schmuckkasten gebaut, der aus zahlreichen Spiegeln besteht. Er wird *Schatztruhe* genannt. Man legt Schmuck, Perlen und Geldstücke hinein. Indem sie in den Spiegeln reflektiert werden, vervielfältigen sie sich darin in solchem Maße, daß sie einen der kostbarsten Schätze der Welt darstellen.«

Es sind kleine Konstruktionen, die als Gegenstände geplant sind, die man auf einen Tisch stellen kann; sie wurden von G.-B. della Porta zwischen 1561 und 1589 hergestellt und waren der Ausgangspunkt einer bedeutenden Reihe von katoptrischen Geräten. Die mit flachen Spiegeln ausgestatteten Schrankkoffer und Kästen von Kircher, Settala, Du Breuil und Schott[72] gehen unmittelbar aus diesen Spielereien hervor, in denen sich eine griechisch-römische Tradition fortsetzt. Sie bewahren deren ursprüngliche Themen – Licht, Architektur, Juwelen – und sogar ein semantisches Merkmal. Das *theatrum catoptricum, amphitheatrum catoptricum, theatrum polydicticum* haben den *speculum quod dicitur theatrale* der *Propositio XIV* von Hero von Alexandria als Vorläufer. Der Ursprung der Bezeichnung *Theater*, die diese verkleinerten Modelle erhalten, geht auf eine alexandrinische Abhandlung aus dem 2. Jahrhundert vor unserer Zeitrechnung zurück. Wenn Athanasius Kircher aus ihm eigenen Gründen die Prototypen nicht gezeigt hat, so werden die Dinge bei Kaspar Schott[73] mit dem Amphitheater von Vitellius-Hero-Ptolemäus und dem Theater von Porta an der Spitze wieder zurechtgerückt.

Das *Theatrum Protei*, das Spiegelhäuschen, das sich zu dieser Zeit in einem römischen Palast befand, stammt in gerader Linie von der Spiegelkabine Leonardos ab.

Auf diese kleinen Spiegelapparaturen folgen aufwendige Anlagen, die phantastische Perspektiven in die Galerien und Kabinette projizieren.

Eine moderne Rekonstruktion läßt uns die Magie dieser jahrtausendalten Schauspiele wiedererleben. Der Palast der Spiegelungen im Musée Grévin, der 1882 geschaffen wurde, ist ein sechseckiger Saal, in dem sich grenzenlose Räume auftun. Der Tempel des Brahma, der Zauberwald, ein Fest in der Alhambra erscheinen hier abwechselnd mit ihren Schatten und ihren Lichtern. Die alte Zauberwelt wird durch den Aufwand moderner Kunstfertigkeit wiedergeboren. Das letzte *theatrum catoptricum* der Linie Euklid-Hero befindet sich gegenwärtig am Boulevard Montmartre in Paris.

Wälder und Lüster erscheinen noch bei Rilke (1922)[74] in den Reflexen der Spiegel, die im Halbdunkel wie riesige Wälder wirken, mit einem Lüster, der ihre unzugänglichen Weiten (hinter oder in den Spiegeln) wie das sechzehnendige Geweih eines Hirsches durchquert: »Ihr (Spiegel) noch des leeren Saales Verschwender –, / wenn es dämmert, wie Wälder weit... / Und der Lüster geht wie ein Sechzehn-Ender / durch eure Unbetretbarkeit.«

Vervielfältigungen in einem flachen Spiegel können nicht nur bei einer regelmäßigen Zusammensetzung, sondern auch bei einer zufälligen Aufteilung erzielt werden. Vitellius (V, 39) bestätigt ausdrücklich: »Die Oberfläche eines Spiegels, ganz gleich, wie sie aufgeteilt ist, zeigt dem gleichen Blickpunkt eine Anzahl von Bildern des Gegenstandes, die der Anzahl ihrer Teile entspricht.«

Eine überraschende Wendung des Denkens verbindet diese optische Beweisführung mit einem der größten Mysterien der Kirche: »In der Tat ist es offenbar«, schreibt Thomas von Aquin,[75] »daß der ganze Christus in allen Teilen des Brotes ist, selbst wenn die Hostie ungeteilt bleibt, und nicht nur, wenn sie zerbrochen ist, wie manche sagen, die als Beispiel«, und hier kommt der überraschendste Vergleich, »das Bild nehmen, das in einem vollständigen Spiegel erscheint, und das ebenso in jedem Stück erscheint, wenn der Spiegel zerbrochen wird. Aber diese Ähnlichkeit ist nicht vollkommen, denn die Vervielfältigung solcher Bilder entsteht, wenn der Spiegel zerbrochen wird, wegen der Reflexion in den verschiedenen Stücken des Spiegels, während es hier (in der

180. Drei Personen in einem Theaterspiegel. Zeichnung von Poyet.

181. Fensterscheibe, in der sich der Eiffelturm spiegelt. ▶

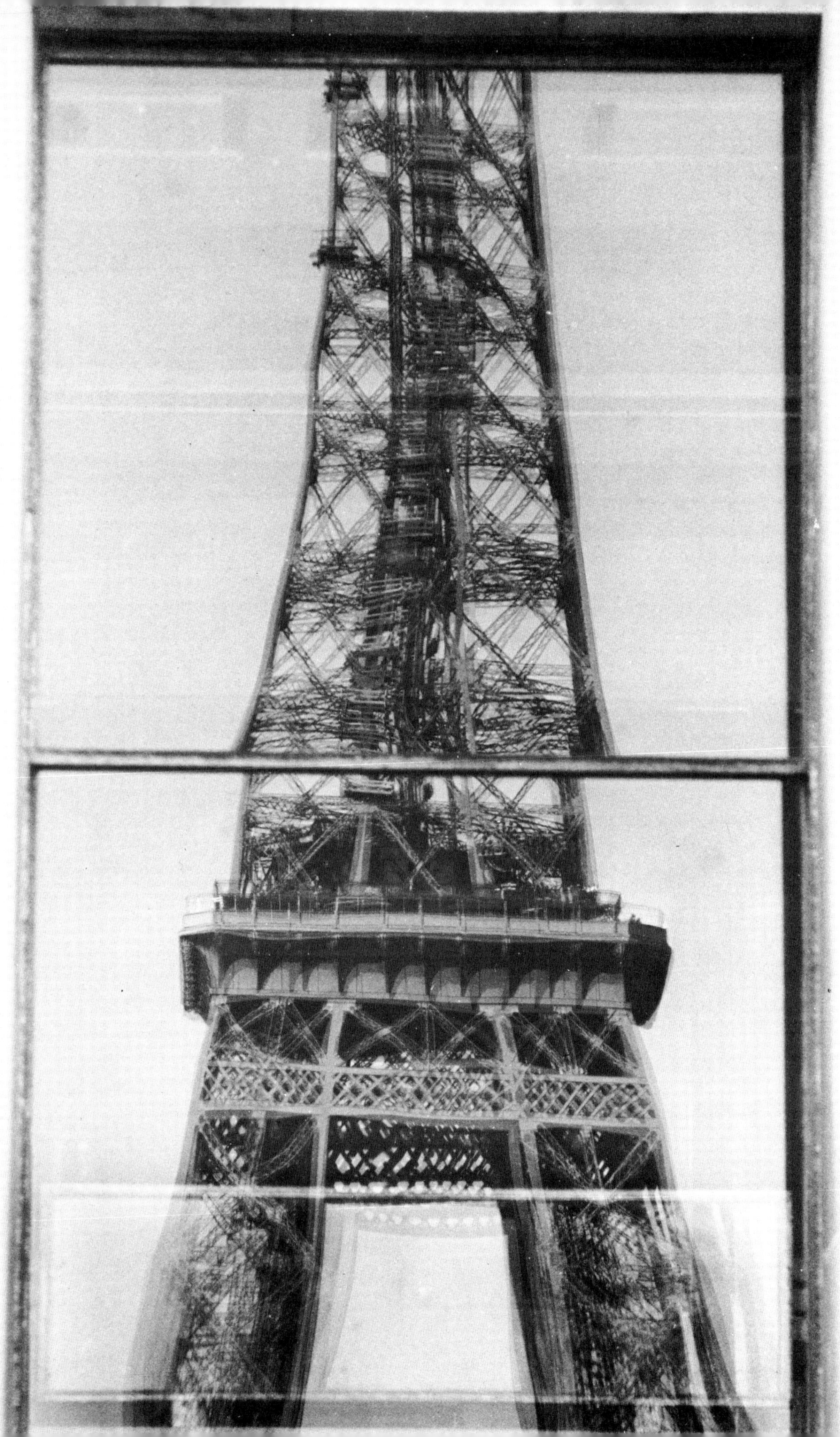

182. Kerze vor zwei Spiegeln.

Eucharistie) nur die Wandlung ist, durch die der Körper Christi sich im Sakrament befindet.«

Obwohl die *Summa Theologiae* einige Richtigstellungen vornimmt, gibt sie eine These aus ihrer Zeit wieder, die allgemein bekannt gewesen zu sein scheint. Noch Luther (1511)[76] spricht von ihr wie von einer gültigen katholischen Doktrin: »Also hat man auch unter dem Papsttum gelehrt: Wenn ein Spiegel in tausend Stücke gebrochen wurde, dennoch bliebe in einem jeglichen Stücke dasselbe ganze Bild, das zuvor im ganzen Spiegel alleine erscheint. Hier ist ein einziges Antlitz, das davor stehet und ist doch in allen Stücken gleich dasselbige Antlitz ganz und völlig in einem Augenblicke:

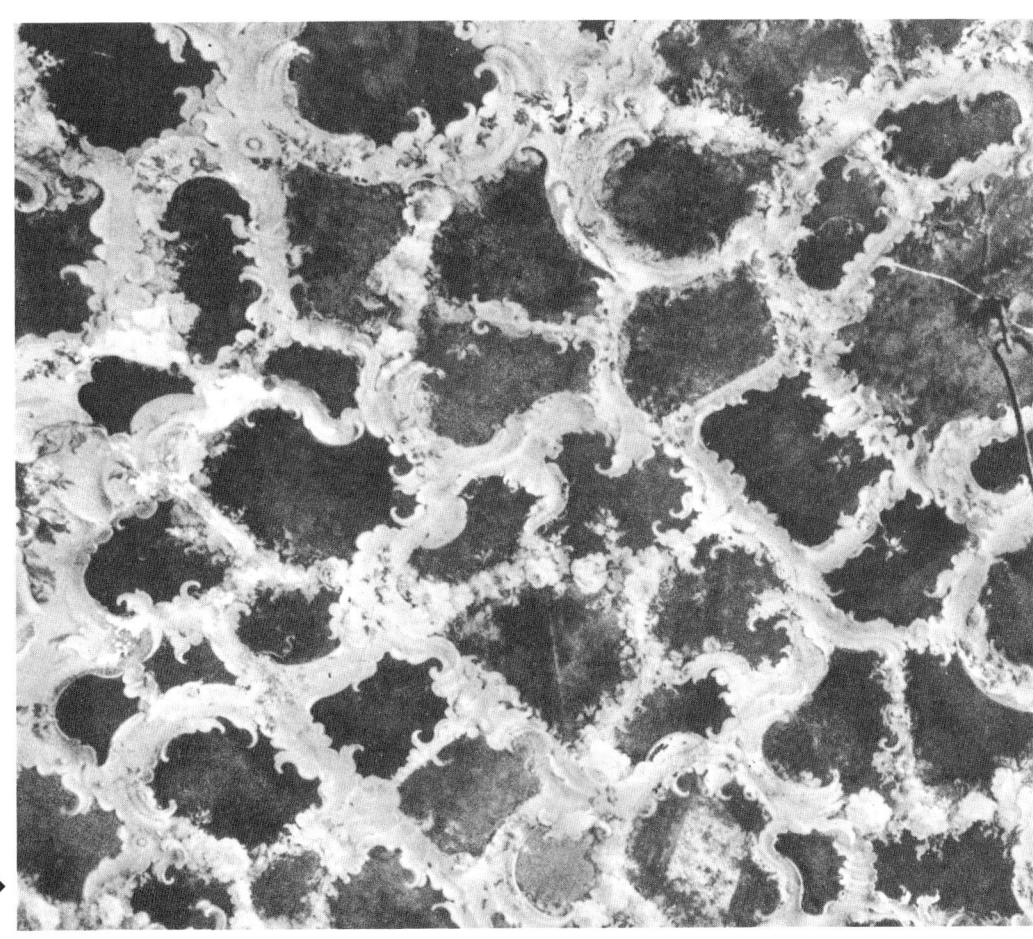

183. Zerbrochener Spiegel von Javara, 1725. Gewölbe von Stupingl.

184. Spiegelstücke. Bayreuth, Schloß Einsiedel, Mitte des 18. Jahrh. ▶

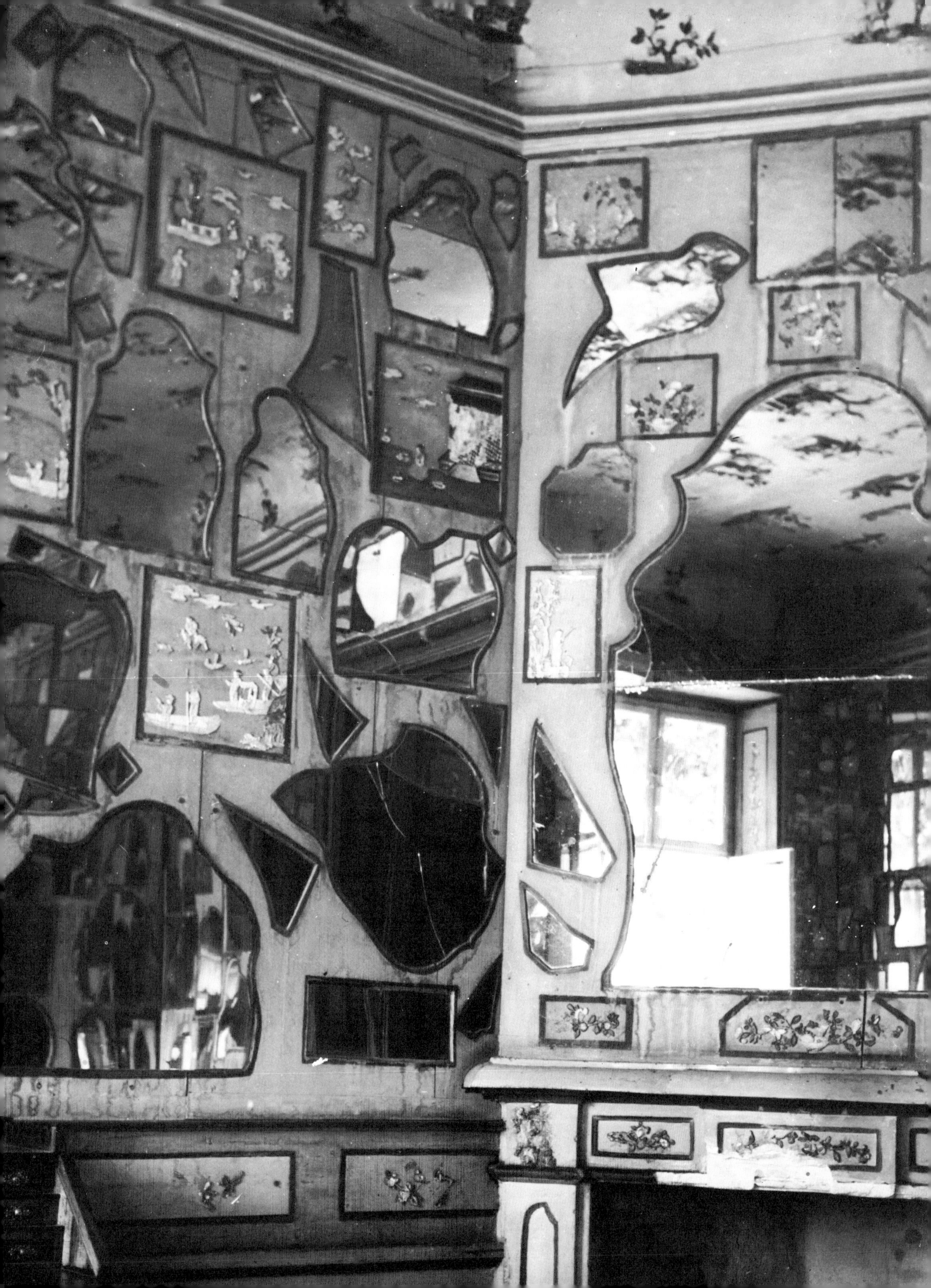

185. Zusammengesetzter gewölbter Spiegel. Vitellius, ca. 1270, IX, *Propositio 35*, nach Hero von Alexandria, IX und XIII. Ausg. Risner 1572.

PROPOS. XXX.

Speculum eiufmodi conftrui poteft, vt in eo plures facies appareant, quædam maiores, quædam minores: quædam propiores, quædam remotiores: & earum dextræ partes à dextris, & finiftræ a finiftris appareant.

On peut faire vn miroir, dans lequel on verra plufieurs vifages, les vns plus grands, les autres plus petits: les vns plus proches, les autres plus efloignez: & que les parties droictes d'iceux paroiffent à droict, & les gauches à gauche.

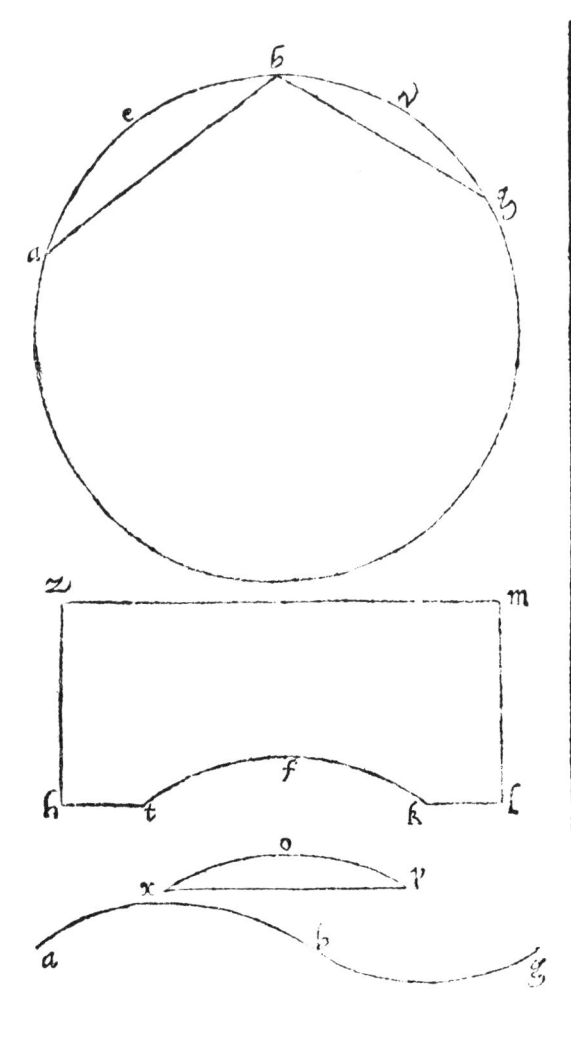

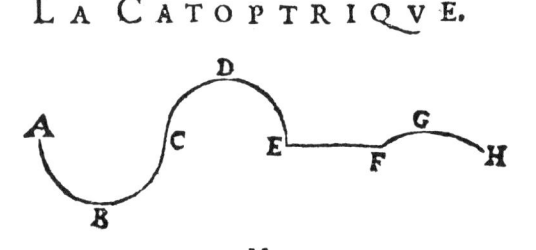

LA CATOPTRIQVE.

Hypoth.

abc eft fpeculum, ll *miroir conuex.*
cde eft fpeculum, ll *miroir concau.*
ef eft fpeculum, ll *miroir plan.*
fgh eft fpeculum, ll *miroir concau..fphær. majr.*

Igitur, fi facies intuentis fit in M, per 19 propof. catoptr. in fpeculo plano E F, eius imago ipfi faciei æqualis, & æqualiter à fpeculo diftans apparebit.

In conuexo A B C per 20. & 21. catoptr. imago apparebit minor, minufque diftans à fpeculo.

In concauo C D E minoris fphæræ, per 29. catoptr. apparebit citra fpeculum, minor, & euerfa.

In concauo F G H maioris fphæræ, per 12. catoptr. non erit euerfa, nec citra fpeculum, maiorque apparebit.

Partant, fi le vifage de celuy qui regarde eft en M, par la 19. propof. de la catoptr. dans le miroir plat E F. l'image paroiftra égale à fon objet, & autant efloignée du miroir qu'iceluy objet.

Dans le conuexe A B C, par les 20. & 21. de la catoptr. elle paroiftra plus petite & moins efloignée du miroir.

Dans le concaue C D E d'vne moindre fphere, par la 29. de la catoptrique, elle paroiftra au deçà du miroir, plus petite, & renuerfée.

Dans le concaue F G H d'vne plus grande fphere, par la 12. de la catoptr. elle ne paroiftra pas renuerfée, ny au deçà du miroir, & femblera plus grande.

H iiij

186. Zusammengesetzter gewölbter Spiegel. Euklid. *Propositio XX (XXIX)*, Ed. P. Hérigone, 1637.

Wie wenn Christus auch also wäre in Brot und allenthalben? Denn kann Gott solches nicht mit dem Antlitz und Spiegel tun, daß ein Antlitz augenblicklich in tausend Stücken oder Spiegeln ist, warum sollte er nicht auch Christus einigen Leib also machen, daß nicht allein sein Bild, sondern er selbst an vielen Örtern zugleich wäre, ob er gleich im Himmel an einem Ort sei, weil sein Leib viel leichter ist zu fahren ins Brot und Wein denn ein Antlitz in den Spiegel, als der auch durch Stein und Eisen fähret.«

Die optischen und spirituellen Reflexionsspiele mit Brot und Spiegeln, die zerbrochen werden, überleben das Mittelalter nicht. Als Risner (XXXIX) und Rhodius (XVIII) das Theorem von Vitellius über die in Fragmente zerlegten Spiegelflächen erneut behandeln, begnügen sie sich mit einem technischen Kommentar, der durch ein Beispiel illustriert wird, das bar jeder mystischen Substanz ist: »Wenn die Stücke eines zerbrochenen Spiegels aneinandergrenzen, kann ein Betrachter eine Volksmenge sehen.«

Das Bild ist von Plinius (XXX, 46) entliehen, der es in der Nachfolge von Seneca bei Schalen mit Facetten anwendet. Statt eines Chores, der sich wie ein Ballett im katoptrischen Theater des Hero von Alexandria hin- und herbewegt, zeigt der zerstückelte Spiegel dem Betrachter plötzlich die ungeordnete Menge seiner Spektren. Majoli (1607)[77] gibt in Form eines Dialoges die seit Vitellius vollständigste Beschreibung dieses Kaleidoskops:

> *Der Edelmann:* Für eine weitere Sache wüßte ich gern die Erklärung, warum nämlich von einem einzigen Spiegel, wenn er zerbrochen war und man die Stücke an ihrem Platz wieder zusammenfügt, jedes einzelne sein Bild abgibt.
> *Philosoph:* Wenn die Stücke des zerbrochenen Spiegels wieder durchgehend miteinander verbunden werden, bilden sie eine Einheit, denn, wie wir gesagt haben, ist es die Eigenschaft des Spiegels, daß er einheitlich, ganz und zusammenhängend ist: wenn er aber so in Stücke zerbrochen ist, daß die Einheitlichkeit unterbrochen wird, dann gibt es soviele Spiegel, wie es Stücke gibt, und ebensoviele Bilder werden sich darin zeigen.«

Offenbar sind Spiegel, die Vitellius erwähnt, die *specula vitrea plombata*, zum Gegenstand dieser theologischen und optischen Überlegungen geworden. Obwohl die Regel der unterschiedlichen Neigungswinkel der reflektierenden Flächen beibehalten wird, konstruiert man das *theatrum polydicticum* hier nicht durch eine sachkundige Zusammenstellung der Elemente. Es ist das Ergebnis eines Stoßes, einer Erschütterung, einer Zerstörung. In den Laboratorien wurden Experimente angestellt. Dort sah man Zerstörungen, bei denen Universen im Zuge ihrer Vernichtung vervielfältigt wurden, und es gab auch die Entdeckung von zufällig in Stücke geschlagenen oder zersprungenen Formen. Die Entwicklung endet mit unterhaltsamen Belustigungen. Der Aspekt des Unregelmäßigen und Flimmernden hat im 18. Jahrhundert das Thema des zerbrochenen Spiegels für bestimmte Innenarchitekten interessant gemacht. Javara hat das Gewölbe eines Saales der königlichen Villa von Stupinigi (1725)[78] vollständig mit Spiegelscherben verkleidet. In ein Felsengeflecht aus Stuck eingelassen, verleihen sie ihm eine aus Überraschung und Veränderlichkeit bestehende Pracht und Lebendigkeit. Die Polygone, die Spiegelscherben, alle Kombinationen, die bis in eine Epoche der Innendekoration von Prunkgebäuden aufeinander gefolgt sind, nehmen in den großen katoptrischen Abhandlungen und ihren Lehren, die bis ins 13. Jahrhundert zurückreichen, in den Kapiteln über die Täuschungen der Spiegel einen besonderen Platz ein.

VI

Euklid-Hero, Vitellius, Porta... Dieselben Namen begleiten die Entwicklung des zusammengesetzten gewölbten Spiegels, der zugleich mit dem zusammengesetzten flachen Spiegel entworfen und verbreitet wird: »Es ist möglich, einen Spiegel so zu konstruieren, daß darin mehrere Gestalten (Hérigone übersetzt ›Gesichter‹) erscheinen: die einen größer, die anderen kleiner, die einen näher, die anderen entfernter, die einen, bei denen die rechten Hälften rechts und die linken links erscheinen, die anderen, bei denen die linken Hälften rechts und die rechten links erscheinen.«

Das Gerät von Euklid (XXIX), das aus zwei miteinander verbundenen Halbzylindern besteht, die ein S bilden, überträgt auf langgestreckte Strukturen alle Eigenschaften der konvexen (XX, XXI) und konkaven (XXIV, XXVIII) Spiegel, die er vorher in seinem Buch behandelt hatte. Die illustrierende Zeichnung zeigt zwei Kombinationen mit unterschiedlichen Kreisbögen von 180° und 160°, die symmetrisch auf jeweils einer Seite eines flachen Spiegels angebracht sind.

Euklid bleibt wie immer bei der Abstraktion stehen, und wiederum ist es Hero von Alexandria (XI und XIII),[79] der alle praktischen Anleitungen für die Herstellung sowie eine Beschreibung der wesentlichen Effekte eines solchen Instrumentes liefert.

Man muß zunächst einen Kreis ziehen und dann zwei Stränge einzeichnen, von denen der eine der Seite eines eingezeichneten Fünfecks, der andere der eines Sechsecks entspricht. Auf diesen Segmenten von 72° und 60° (weit entfernt von den 180° von Euklid) werden der konvexe und der konkave Spiegel errichtet. Genau wie die Spiegel des Theaterpolygons sollen sie aus achäischer Bronze sein. Die beiden Teile werden zunächst getrennt vorgestellt.

Bei dem konkaven Teil erscheint die rechte Seite rechts, und umgekehrt, so daß man Buchstaben darin direkt lesen kann – ohne den Gegenreflektor des Spiegels von Schott. Auf eine Entfernung von zwei Ellen, ungefähr einem Meter, soll das Bild dieselben Ausmaße wie der Gegenstand haben. Bei einer weiter entfernten Gestalt wird es so aussehen, als würde sie sich nach vorn vergrößern. In dem konvexen Teil sieht sich der Betrachter nacheinander unförmig, umgekehrt, übermäßig lang und mit einem Gesicht, das in einen Pferdekopf verwandelt ist. Je mehr man den Spiegel neigt, desto mehr ist auch sein Bild geneigt. Es empfiehlt sich also, ihn auf einem drehbaren Untergestell zu befestigen. Die Person wird sich darin bald mit dem Kopf nach oben, bald mit dem Kopf nach unten und den Füßen in der Luft zeigen.

Wenn die beiden Teile, der konkave und der konvexe, zu einem Spiegel miteinander verbunden werden, dann sieht man darin in der einen Hälfte die rechte Seite rechts (eine Seitenverkehrung), in der anderen Menschen, die auf dem Kopf stehen, wie eine Darstellung der Antipoden (eine Umkehrung). Eine Variante dieses Gerätes, länger als breit, trägt in einem unvollständigen Kommentar (XIII) den merkwürdigen Namen *Mokgon, Moron* in der Version des Pseudo-Ptolemäus. Das Gerät scheint speziell für die Illustration einer Passage des *Timaios* entworfen worden zu sein.

Im Pseudo-Euklid des Manuskripts von Gerhard von Cremona (gest. 1187)[80] und bei Vitellius (IX, 35)[81] besteht der doppelte Spiegel aus einem einzigen Stück, aus einer

187. s. Abb. 186.

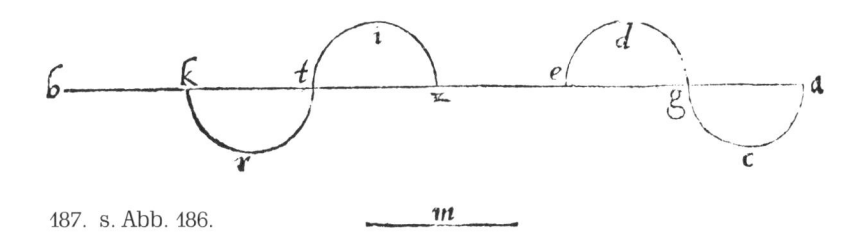

rechteckigen Eisenplatte, die mit Hilfe einer sorgfältig geglätteten, zylindrischen Form in die eine und die andere Richtung gebogen wurde.

Seitenverkehrte und umgekehrte Gestalten (die Antipoden), Gestalten, die sich selbst ähnlich sind, unförmige Gestalten, langgezogene Gestalten mit Pferdeköpfen, alle Veränderungen, die sich aus der Verschiebung des Spiegels und des Objekts ergeben, werden sorgfältig aufgezählt. Aber das euklidische Schema mit den halbzylindrischen Spiegeln wird in der Abhandlung des 13. Jahrhunderts mit der Formel von Hero von Alexandria wiedergegeben.

Scaliger (1557)[82] hat eins dieser S-förmigen Geräte besessen. Aber es ist vor allem G.-B. della Porta (1561 und 1589),[83] der auch hier mit seinen detaillierten Beschreibungen den Beginn einer neuen Mode markiert.

Um diesen Gegenstand herzustellen, nimmt man zunächst einen Abdruck aus Gips oder Blei von einem hölzernen Zylinder, wobei der konkave Teil dem Fünfeck, der konvexe Teil dem Sechseck entspricht. Mit dieser Form wird der Spiegel aus Stahl oder aus einer Legierung von Metallen hergestellt. Es erscheinen nacheinander verschiedene Bilder darin: »Wenn man sich der konkaven und konvexen Oberfläche nähert, wird die Gestalt häßlich: je näher man herankommt, desto unförmiger wird sie, so daß sie einen Pferdekopf zu haben scheint.«

Das Bild des Vierfüßlers hat sich seit Hero von Alexandria in dieses Kaleidoskop eingefügt: »Wenn man die Spiegel stärker senkt, sieht man verschiedene Variationen: nun sind die Köpfe unten und die Füße oben. Man kann hier auch verschiedene Münder, bald größer, bald kleiner, sehen, die einen näher, die anderen entfernter... Wenn die Länge (eines zylindrischen, horizontalen Spiegels) vor dem Gesicht ist, zeigt sie das Gesicht verkürzt und platt wie das einer Kröte (eines Frosches), so daß man kaum

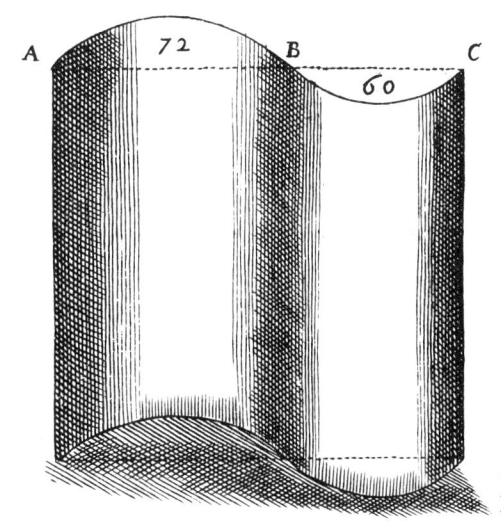

188. s-förmiger Spiegel von Kircher, 1646.

189. Monumentale Granitschale mit s-förmigem Profil in einem Vergnügungspark. J. H. Hummel, vor 1852, Berlin.

etwas von den Zähnen sieht, als ob man sich in der Klinge eines Degens spiegelte... Wenn man in den hinteren oder konkaven Teil hineinsieht, erscheinen einem mehrere Abbilder derselben Sache...«

Es erscheint schwierig, noch mehr Merkwürdigkeiten in den Spiegel hineinzulegen. Zum Abschluß schlägt Porta vor, die beiden zusammengesetzten Spiegel von Hero von Alexandria, seinen »Mokgon« und sein »Theater«, miteinander zu kombinieren: »Man wird in dem konkaven Spiegel mehrere Münder sehen, besonders wenn man diese Wölbung mit mehreren Stücken von flachen Spiegeln verbindet, denn derjenige, der sich darin sieht, erblickt ebensoviele Bilder, wie es Spiegel gibt, und alle mit den gleichen Veränderungen, und wenn der Spiegel so gemacht ist, daß er nicht überall glatt ist, sieht man eine andere Sache des Trugbildes.«

Die Antike ist immer beteiligt. Rhodius (1611)[84] zitiert in seinem Theorem, das sich auf die polygonalen Spiegel bezieht, den Text von Lukrez. Und im Zusammenhang mit dem S-förmigen Spiegel beschwört Kircher (1646),[85] wie schon anläßlich der katoptrischen Kabine, das Wunder des Proteus herauf. Bei Kaspar Schott (1657)[86] werden die Monstrositäten dieses Spiegels mit den Göttern des Tempels in Smyrna verglichen, die Plinius beschrieben hat und die ihrerseits in Rundungen, Höhlungen und Wölbungen (Schalen… Schwerter) von metallischen Oberflächen erscheinen. Kircher und Schott ordnen das Gerät natürlich als die VIII. in die Reihe ihrer *Metamorphosen* ein, wobei sie seine erste Form wiederherstellen.

Als Terzago (1664)[87] die doppelseitig gewölbte Stahlplatte des Settala-Museums in Mailand beschreibt, gibt er sich tiefsinnigen Meditationen hin. Legen die Bilder, die sich darin verzerren, verkehren und in einer verwirrenden Vielfalt aufs Neue bilden, nicht den Gedanken an die Unbeständigkeit der Welt und des Schicksals nahe?

Demokrit sah in diesem Spiegel nicht weniger einen Anlaß zu lachen und zu weinen, sagte Ovid:[88] »Es ist nichts auf der Welt, das Bestand hat! / Alles ist fließend und flüchtig ist jede gestaltete Bildung.«

Das Gerät ist im Musée Grévin nachgebaut worden. Mit je einer leicht konvexen und konkaven Wölbung, horizontal angebracht, erweckt es jahrtausendealte Phantasmagorien zu neuem Leben, die verdoppelten Menschen, aufrecht stehend und umgekehrt – die Antipoden von Vitellius-Hero –, alle Verwandlungen, die durch die geringste Bewegung desjenigen entstehen, der sich darin betrachtet. Im Vorzimmer zum Wachsfigurenkabinett erscheinen Trugbilder, die den Blick und den Geist verwirren.

Schopenhauer,[89] der an einen poetischen Text von Goethe erinnert, hat ebenfalls über die Wechselfälle und die beständigen Elemente des Lebens nachgedacht. *Der Spiegel der Muse* mit seinen gebogenen und glatten Flächen findet sich in der Natur. Mit seiner flüssigen Substanz – dem Wasser – bildet er ein Gegenstück zum Spiegel von Narziß: »Die Muse, die sich schmücken wollte, folgte eines Morgens dem Lauf eines Baches; sie suchte die ruhigste Stelle. Aber plätschernd und sprudelnd veräderte die fließende Oberfläche ständig das bewegliche Bild. Die Göttin wandte sich verärgert ab. Der Bach rief ihr in spöttischem Tone nach: ›Du willst wohl die Wahrheit nicht sehen, die mein Spiegel in seiner Reinheit dir zeigt.‹ Aber sie war schon weit fort an einem Winkel des Sees, erfreute sich ihrer Schönheit und ordnete ihre Haarkrone.«

Der kleine Text aus den *Propyläen* bringt den Philosophen zu folgender Überlegung: »Wollte Goethe damit nicht auf den Unterschied zwischen Kunst und Wissenschaft hinweisen, zwischen dem Wissen des selbstgefälligen Verstandes und dem Wissen der Idee? War der Fluß nicht die Welt der isolierten Dinge, die sich der Realität und der Wahrheit rühmt, während der ruhige See dagegen die Kunst ist, die allein die Wahrheit im eigentlichen Sinne zeigt, das heißt, die platonische Idee?«

190. Vanitas. Werkstatt von Memling. Straßburg, Musée des Beaux-Arts.

Zusammenfassung und Schlußfolgerungen

I

Welche Form und welche Aufgabe er auch haben mag, der Spiegel ist immer ein Wunderwerk gewesen, bei dem Realität und Illusion sich berührten und miteinander vermischten. Als erstes hat er dem Menschen sein eigenes Bild enthüllt. Als physische und moralische Enthüllung faszinierte er die Philosophen. Sokrates und Seneca priesen ihn als Mittel zur Selbsterkenntnis. Der Spiegel ist das Attribut der *Klugheit* und er verkörpert die *Weisheit*. Die *Reflexionen* im Denken und im Spiegel werden mit demselben Wort bezeichnet.

Als Darstellung der Gestalt, als vom Körper losgelöstes Trugbild, das auf einem Bildschirm sichtbar gemacht wird, als *alter ego*, Phantom und Double des Subjektes, das sein Schicksal teilt, sind der Reflex und sein Gegenstand durch mystische Bande untrennbar miteinander verbunden gewesen. Ihre absolute Identität schien immer auf einem Wunder zu beruhen, das kein Künstler jemals nachahmen konnte.

Das philosophische Werkzeug verbreitete sich in erster Linie im Zeichen der Eitelkeit, und zwar in dem Maße, wie sich die Sitten verfeinerten. In ihm spiegelten sich die Sirenen, die *Sinnlichkeit* und die *Eitelkeit*. Die zahllosen Darstellungen von Frauen mit Spiegeln, mit ihrem *Ratgeber in Sachen Schönheit*, die Kurtisanen, die Damen der großen Welt, Kammerjungfern, nackte Modelle und auch Venus und Psyche erweitern den allegorischen Themenkreis und sorgen dafür, daß er sich selber in demselben Rahmen überdauert, in dem das materielle Dasein sich in unzugänglichen Bereichen und im selben Zauberreich verdoppelt. »Der Spiegelschrank«, schreibt noch Barbey d'Aurevilly, »ist so etwas wie ein großer See, auf dem ich meine Gedanken mit meinem Bild umherschwimmen sehe...«

In einem Spiegel, einem Geschenk von Lord Henry, sieht Dorian Gray den Glanz seiner Schönheit und Jugend, während sein Porträt immer älter wird.

Als Hieroglyphe der Wahrheit ist der Spiegel auch eine Hieroglyphe des Falschen. Mehrteilig, unterschiedlich aufgebaut oder auf unterschiedliche Weise gekrümmt, verändert er das Erscheinungsbild des Lebens, das er in einer völligen Auflösung seiner Proportionen und seines Gleichgewichtes zerlegt und wieder neu zusammensetzt. Seine phantastischen Transpositionen in inexistente Räume werden dabei von katoptrischen Geheimlehren bestimmt. Mit Hilfe von speziellen Apparaturen wurde ihr Universum systematisch erforscht. Das Kircher-Museum in Rom besaß eine der schönsten Sammlungen dieser Geräte. Dabei handelte es sich um geschickt gebaute, optische Instrumente, die eine wahrhafte Maschinerie zur Produktion von unglaublichen und zauberhaften Schauspielen bildeten.

Zunächst gab es mehrere Anlagen aus flachen Spiegeln, die seit der Antike als *Theater* bezeichnet wurden: ein Grundmodell mit zwei Spiegelklappen, das Gottheiten und Monster mit vier, fünf oder sieben Köpfen zeigte und eine Kirche mit mehreren Trugbildern einer einzigen Kerze erleuchtete, sowie ein *theatrum polydicticum*, seine Weiterentwicklung, mit sechzig Spiegeln, die im Inneren eines Möbelstückes – eines Kabinettes – an den Türklappen und am Deckel angebracht waren. Um einen blühenden Zweig, ein Miniaturbauwerk oder eine Handvoll Edelsteine herum wurden dort irdische Paradiese, Städte oder märchenhafte Schätze sichtbar.

Wer in eine katoptrische Kabine, in ein vollständig mit Spiegeln ausgekleidetes kleines Haus eintrat, das in einem römischen Palast aufgebaut worden war, befand sich plötzlich in einer auf dem Kopf stehenden Welt. Er sah sich in tausendfacher Gestalt, in Abgründen und in der Luft, Bergspitzen erklimmend, mit dem Kopf nach unten hängend, mit mehreren Köpfen, mit einem Kopf ohne Augen und Ohren oder nur mit einem Auge. Es handelte sich dabei nicht mehr um ein kleines Modell oder um ein Möbel, sondern um ein *theatrum Protei*, das in Menschengröße konstruiert war und ein umfangreiches architektonisches Programm in sich vereinigte, bei dem die Oberflächen der Wände allmählich durch barocke Kunstgriffe in Bewegung gerieten.

Das Möbelstück-*Kabinett* wurde zum Spiegelsaal oder zur Spiegelgalerie. Die 119 venezianischen Spiegel der Maria von Medici (ca. 1660) und die 50 venezianischen Spiegel in einem Festsaal des Erzbischofs von Sens (1651) zeigen dieselben theatralischen Schauspiele. In Maisons-Laffitte (Spiegel-Kabinett, 1650) und in Versailles (Spiegelgalerie, 1678–1686, und Saal des Krieges, 1680) verlieren sich die reflektierten Stücke in ihren Reflexen. Die in die architektonische Ordnung einbezogenen, phantomatischen Boudoirs und Salons erweitern deren Rahmen bis ins Unendliche. Grotten, die durch eine Spiegelkonstruktion vertieft (Versailles, Grotte der Thetis, 1674) oder in einer Spiegelgalerie vervielfacht (Decker, 1711) werden, kennzeichnen die Ausdehnung dieser Phantasmen in die Natur. Daneben gibt es die Geschichte von einem Zaubertal mit einem Spiegel von sechs Meilen Höhe und 60000 Frauen, die sich in ihm betrachten. Die Geschichte *L'Oiseau Bleu* der Gräfin von Aulnoy (ca. 1690) wurde direkt von einer dieser katoptrischen Installationen inspiriert, die auch in von allen Seiten verschlossene Kassetten eingebaut wurden, in welche man durch ein Loch hineinschaute.

Weite Räume, Meere, Ebenen und Wälder, unendlich große Städte sowie ganze Armeen und Bibliotheken konnten auf ganz kleinem Raum entdeckt werden. Die in einer Schachtel enthaltene Weite des Universums hat immer wieder Erstaunen hervorgerufen. Durch ein Weiterdrehen der sich auf verschiedenen Oberflächen befindlichen Öffnungen folgt ein Schauspiel auf das andere. Es war ein zweiter Grund zur Verwunderung, eine einzige Schachtel gleichzeitig mit mehreren verschiedenen Welten angefüllt zu sehen. In einem achteckigen Kasten, der die Form eines Vogelkäfigs hatte, war ein Triton-Automat eingebaut; in ihm zählte man 1600 Vögel.

Diese *Theater*, bei denen vor allem mit einer Vervielfachung von Spiegeln gearbeitet wurde, wurden durch die *Metamorphosen* der menschlichen Gestalt ergänzt, die von Athanasius Kircher und Kaspar Schott durchnumeriert wurden. Dabei handelte es sich um Spiegel, in denen man sich mit dem Kopf eines Tieres oder einer anderen Person erblickte. Die Lehre des Trithemius über die Metempsychose wurde katoptrisch demonstriert. Der Vorgang konnte durch die Substitution der menschlichen Züge durch ein gemaltes oder skulpturiertes Abbild in den Reflexen eines Spiegels nachvollzogen werden (*Metamorphosen I, II* und *IV*). Die Köpfe von Tieren – Esel, Rhinozeros, Ziege, Kranich – wurden auch direkt in Zerrspiegeln mit einem elliptischen Abschnitt (*Metamorphose V*) oder mit Ausbauchungen (*Metamorphose VI*) gebildet. Der S-förmige Spiegel (*Metamorphose VIII*) verwandelte das menschliche Gesicht in einen Pferdekopf. Dieser Spiegel, der seit der Antike (Hero von Alexandria) verwendet wurde, bildet den Archetyp aller Metamorphosen-Apparate, die parallel zu den theatralischen Konstruktionen entwickelt wurden, welche ihrerseits auch auf dieselbe Quelle zurückgehen.

Realität und Halluzination, die von diesen Präzisionsinstrumenten geschaffenen Welten enthüllen die Reversibilität der Dinge: die Gewißheit des Scheinhaften und die Ungewißheit des Vorhandenen. Die Experimente werden im Laboratorium, in einem optischen Kabinett durchgeführt, und zwar in Form von Belustigungen theatralischer Art oder in Form von zauberkünstlerischen Darbietungen. Mit Hilfe dieser Museen dringt man durch eine bessere Kenntnis der Elemente in das Labyrinth der reflektierten Illusionen ein.

Der Mond, Regentropfen, Wolken und selbst die Luft sind die katoptrischen Installationen des Himmels.

Ist der Mond eine Bronzekugel, die den Kugeln auf Glockentürmen vergleichbar ist? Ist er ein sphärischer Spiegel, der das verkleinerte Bild der Sonne reflektiert? Ist er ein gläserner Spiegel mit einer dunklen und undurchsichtigen Rückseite? War er ursprünglich eine ungeschliffene Masse, die im Laufe der Zeit durch kosmischen Staub poliert wurde? Die Behauptungen über das spiegelartige Wesen des Satelliten (Aguillon, 1613; Biancani, 1630; Cesi, 1638) unterscheiden sich nur durch Einzelheiten. Bereits Plutarch (45–125) stellte sich folgende Frage: sind die Mondspiegel konkav und Brennspiegeln ähnlich oder sind sie flach und aus Wasser gebildet? Und ist der Mond nicht der vollkommenste und schönste aller Spiegel? Und wo kommen die weiblichen Gesichtszüge her, die er reflektiert? Handelt es sich um die Konfiguration des *Äußeren Meeres*, das sich um die Kontinente und das Bild der Seele (wobei die Erde der Körper ist) erstreckt, die wie eine himmlische Erscheinung sichtbar wird? Stammen die Mondflecken nicht auch von einfallenden Strahlen und Reflexionen gekrümmter oder biegsamer Spiegel (Plutarch)? Von der Reproduktion dunkler Stellen der Erde (Aguillon) oder sogar von der Fleckigkeit der Sonne (Scheiner, 1613)?

Die Fragen und Antworten variieren, aber es handelt sich immer um einen Spiegel, der unsere Nacht erhellt.

Ein Regentropfen, so klein er auch sein mag, kann mit einem Spiegel verglichen werden, der, wenn er vom Himmel herabfällt, die Sonne reflektiert. Da jeder Tropfen sein eigenes Abbild der Sonne trägt, bringt ein Regenschauer ebensoviele Sonnen wie Regentropfen mit sich. Da diese winzigen Spiegel nur die Farbe und nicht die Form wiedergeben, erklärt Aristoteles (4. Jahrh. v. Chr.) durch ihr beständiges Niederfallen die Bildung des Regenbogens.

Seneca (2–65), der sich bereits auf ein katoptrisches Theater bezieht, wendet dagegen ein, daß ein Spiegel, der aus einer Vielzahl von Spiegeln besteht, anstelle eines einzigen Individuums ein ganzes Volk zeigt. Der Regenbogen ist zwar ein Simulakrum der Sonne, aber reflektiert in einer Wolke und nicht in Regentropfen. Der Beweis kann mit einer Glaskugel erbracht werden, die in zwei Hälften geschnitten wird. Wenn der konvexe Mondspiegel eine verkleinerte Sonne reproduziert, so zeigt der konkave Wolkenspiegel sie in gigantisch vergrößerter und deformierter Form.

Die Sonne vervielfältigt sich in flachen Wolken. Je nach den Launen der Winde entsteht ein ganzes *theatrum polydicticum*. Sonnenringe sowie doppelte oder dreifache Sonnen werden oft in den Annalen der Wunder und der Weissagungen erwähnt (Obsequens, 4.Jahrh.; Lycostenes, 1551). Für Boastuau (1561) sind die reflektierenden Wolken geglättet und poliert wie Stahl. In ihnen erscheinen auch Schiffe, Pferde, Soldatentrupps und Schlösser. Aristophanes läßt in seinen *Wolken* (427 v. Chr.) in Tiere verwandelte

Menschen wie in einem metaphorischen Spiegel erscheinen, Roger Bacon (ca. 1280) ganze Armeen und Shakespeare (*Hamlet*, 1606) Kamele und Wale.

Wenn die Luft glatt wie Wasser oder Dampf ist, bildet auch sie einen reflektierenden Körper. Dieses Phänomen, das sich aus der Kondensation der Luft ergibt, wurde von Monge erklärt, den die Luftspiegelungen verblüfft hatten, welche er während des Ägyptenfeldzuges beobachtet hatte. Für Aristoteles konnte ein Mensch unter bestimmten Bedingungen sein eigenes Abbild vor sich sehen. Diese Anschauung wird getreulich im *Rosenroman* (1265–1280) und von Cornelius Agrippa (1529) wiederaufgegriffen. Psellos (11. Jahrh.) und in seiner Folge Ronsard (1557) haben dieses Phänomen, bei dem alles auf Mathematik und Optik beruht, als Teufelswerk verurteilt. Pomponazzi (1452–1534) hat es in seinen *Enchantements* aufgegriffen, wo er die physikalischen Ursachen von Wundern beschreibt. Nicht nur die Luft, auch das Bild, das sich vom Körper trennt, hat eine Dichte, und das Abbild resultiert aus dem Zusammenstoß von zwei materiellen Substanzen. Aristoteles wird hier durch die Epikuräer und durch die Atomisten ergänzt. Nicht nur von Körpern, sondern auch vom Geist geht nach diesen Vorstellungen ein Fluidum aus. Ein konzentrierter Gedanke läßt Gestalten entstehen, die sich in der Luft reflektieren können. Die Erscheinungen des Heiligen Patrizius und des Heiligen Cölestin vor den verzückten Gläubigen sind auf diese Weise zustandegekommen. Die von der Imagination projizierten Gestalten erscheinen in der Atmosphäre wie der Regenbogen oder die vielfachen Sonnen in den Wolken.

Schreckliche Voraussagen, ein Bild der Erde, der Seele, ein kosmischer Ozean, die Träume und Obsessionen der Menschen… die himmlische Spiegelgalerie zeigt ihr Schauspiel. Hier treffen die geistigen und die physischen Welten aufeinander. Und auch die erste Erscheinung Gottes vor einem Auserwählten vollzog sich mit Hilfe eines Spiegels.

Moses stieg vom Sinai herab und sein Gesicht war durch einen unerträglichen Glanz verklärt. Seine Haut war zu einem Metall geworden, das die ganze Herrlichkeit Jehovahs reflektierte. Die Kinder Israels hatten nur eine indirekte Vision Gottes, und der Prophet selber hat ihn nur in einem Spiegel gesehen. Zweifellos war die Identität des hebräischen Wortes RE-A-I (Vision) und RE-I (Spiegel) der Anlaß für diese Version des außerordentlichen Ereignisses. Die rabbinischen Exegesen (ca. 150) haben sogar die Form des Reflexionsapparates rekonstruiert: ein konvexer sphärischer Schild bildete den Deckel des Reliquienschreins, in dem verkleinert die Bilder der Welt erschienen. Sein Gegenstück bildete ein Bronzebecken, ein vergrößernder Konkavspiegel, der aus den Spiegeln der Frauen Israels gegossen worden war und sich vor dem Tabernakel befand. Die Opfernden betrachteten sich in ihm, um festzustellen, ob sie wirklich ohne Sünde waren.

Die in einem Bibelvers erwähnte Vision Gottes in einem Spiegel kommt auch in hellenischen Texten vor. Porphyrios (2. Jahrh.) macht in einem Spiegel das Unsichtbare sichtbar. Nach Plutarch (45–125) ist die Sonne, welche niemand direkt anzuschauen wagt, ein Reflektor Gottes, den er selber an den Himmel gehängt hat. Philolaos (4. Jahrh. v. Chr.) glaubte, daß die Sonne eine Glasscheibe wäre. Die himmlische Spiegelgalerie wird durch das erste der Gestirne vervollständigt.

Der Spiegel aus Elektrum, einer Legierung von Gold und Silber, der sich Zosimos (3.–4. Jahrh.) zufolge über dem sichtbaren Universum erhob, geht auf eine komplexere

Theogonie zurück. Er symbolisiert gleichzeitig Sonne und Mond und auch die beiden Intelligenzen: das mit dem Heiligen Geist verbundene Wort bildet mit dem Spiegel die Dreifaltigkeit. Er wurde auch mit dem *Auge* der Ägypter in Verbindung gebracht. Die Alchimie der spirituellen und metallischen Elemente vermischt die orientalischen Paganismen mit den christlichen Kommentaren. Der Gott des *Evangeliums* zeigte sich übrigens ebenso wie Jehovah und die hellenischen kosmogonen Mächte in den *Korintherbriefen* des Heiligen Paulus: »in Rätselform«. Eine Metapher für eine indirekte und unvollkommene Vision? Eine Anspielung auf die Katoptromantie, die das Unbekannte in trüben Spiegelbildern sichtbar machte? Der selber rätselhafte Text erfuhr diverse Interpretationen. Man hat sogar gedacht, das paulinische *enigma* sei eine Chiffre, ein Emblem, das eine Sache durch eine andere bezeichnet. Und die Substitution eines Bildes durch ein anderes geschähe mit Hilfe eines metaphorischen Spiegels. Insbesondere während des 17. Jahrhunderts hat man auch an verschiedene technische Kunstwerke gedacht.

Für Guillebaud (1642) wurde bei den Spiegeln eines Tempels in Arkadien, in denen man anstelle seines Konterfeis den Thron des Jupiter und die Götter des Olymp sah, ebenso wie bei den Zerrspiegeln von Smyrna, die von Plinius (in einem fragmentarischen Text) beschrieben werden, derselbe Trick angewandt wie bei den geheimen Porträts von Fürsten, von denen das von Cosimus I. von Medici das berühmteste war. Auch Bettini (1642), ein Jesuit aus Bologna, zeigte den wiederauferstandenen Christus mit einer *Tabula scalata (Metamorphosis IV) per speculum in aenigmate*. Die sibyllinischen Worte des Apostels werden mit einem relativ modernen Apparat illustriert. Das Schauspiel läuft wie ein theatralisches Mysterienspiel ab.

Zehn Jahre später (1652) entstand Rembrandts Kupferstich des Faust. Auch hier gab es eine göttliche Erscheinung in Form einer Feuerscheibe, die mit Zeichen bedeckt war. Faust betrachtet sie allerdings nicht direkt, sondern in einem sphärischen Spiegel, der für ihn von einem Schattenwesen gehalten wird. Man erkennt die rabbinische Exegese des *Exodus* wieder, mit einem Moses, der durch eine seiner fernsten Reinkarnationen ersetzt wird. Somit findet sich in der scharfen Gegenüberstellung von Helle und Dunkelheit auf dem Bild immer noch die jüdische *Bibel* wieder.

Der Spiegel ist ein Symbol der Weisheit, des Ewigen Wortes, der Heiligen Schrift, der prophetischen Vision und der Gott entdeckenden Vernunft. In einem mystischen Rausch hat Bernard Cesi (1638), der sich auf zahllose Quellen bezieht, die Artikulationen des Gedankens, der als Grundlage all dieser allegorischen Zauberwerke gedient hat, vervielfacht.

Der Spiegel ist auch mit dem Schöpfer verglichen worden, und zwar nicht nur als Reflex des Allmächtigen, sondern auch aufgrund seiner Fähigkeit, die von Gott geschaffenen Dinge zu vervollkommnen. Das Bild des Spiegels ist eine ebensolche Schöpfung wie das Bild der Erinnerung. Um das Instrument, dessen Eigenschaften allen Ansprüchen des Geistes genügen, wuchern Spekulationen über die Materie, welche die Idee reflektiert, über das sinnlich Wahrnehmbare und über das Intelligible. Auch die mystischen deutschen Dichter (Brockes, 1739; Herder, 1772) haben dieses Thema unter dem Zeichen des Neoplatonismus wiederaufgegriffen. Man findet es ebenso bei Goethe (1788) wie bei Novalis (1798), die beide tief von Plotin geprägt wurden. Die verschleierte Spiegel-Göttin von Sais ist direkt mit einer mosaischen Tradition verbunden. Gérard de Nerval (ca. 1850) ließ sich das Bild der Isis vom Meer widerspiegeln.

Die ältesten uns überlieferten Beschreibungen eines Brennspiegels stammen von Euklid (3. Jahrh. v. Chr.), wobei es sich um einen sphärischen Konkavspiegel handelt, und von Plutarch (Anfang 2. Jahrh.), bei dem auch die Rede von einem konkaven, allerdings pyramidenförmigen Spiegel ist. Sie konnten nur Werg oder andere trockene und leichte Materialien in Brand setzen. Galenos (131–210) hat dennoch gefolgert, daß die Armada von Marcellus, die an der Belagerung von Syrakus (212 v. Chr.) teilnahm, mit diesem Hilfsmittel vernichtet worden sein muß. Die Geschichte vom Spiegel des Archimedes basiert, so wie sie den Historikern übermittelt worden ist, auf einer beiläufigen Bemerkung des Arztes und ist byzantinischer Herkunft. Die katoptrische Waffe wurde den wunderbaren Maschinen hinzugefügt, die von den Alten (Polybios, 210–125; Plutarch) und von Zonaras (ca. 1120), dem Historiographen von Alexis I. Comnemnos, beschrieben worden sind, dem zufolge die gleiche Verteidigungsanlage auch von Proklus in Konstantinopel (511) aufgebaut wurde.

Und es war Tzetzes (gest. 1189), der eine der ersten technischen Rekonstruktionen davon anfertigte. Es handelte sich um einen hexagonalen Aufbau, der aus Flachspiegeln bestand, welche eine Reichweite von einem Bogenschuß (150–200 Schritte) erzielen konnten. Dieses System beruhte auf den *Mechanischen Paradoxien* des Anthemius von Tralles, einem der beiden Architekten der Hagia Sophia. Die Spuren dieser verlorengegangenen Abhandlung finden sich noch im Mittelalter wieder, aber als solche wurden sie erst am Ende des 18. Jahrhunderts erkannt.

Sie wird von Vitellius (ca. 1270) zitiert, der aus ihr noch zwei weitere Bauweisen bezog: eine mit vierundzwanzig Spiegeln und die andere mit einer Halbkugel, die mit flachen, dreieckigen Spiegeln ausgekleidet war. Byzanz wird mit dem Okzident verbunden, der unbeirrbar das ganze wissenschaftliche und legendäre Unterfangen fortsetzte, das sich um diese Probleme rankte, welche die Gelehrten aller Zeiten leidenschaftlich interessierten. Nach Roger Bacon (ca. 1264) würden zwölf Brennspiegel genügen, um die Sarazenen und Tartaren in die Flucht zu schlagen.

Die großen, mittelalterlichen Abhandlungen greifen auch auf die euklidische Formel des Konkavspiegels zurück, der entweder durch Multiplikation oder durch parabolische Teilstücke vervollkommnet wird. Die letzte Variante beherrschte die erste Phase der neuen Entwicklung, während die Konstruktionen aus Flachspiegeln erst später aufkamen.

Der Parabolspiegel, der nach Vitellius, dessen Werk 1535 in Nürnberg veröffentlicht worden war, von Oronce Fine (1551) aufgegriffen wurde und der die stärkste Konzentration von reflektierten, parallelen Strahlen bewirkte, wurde kontinuierlich während eines ganzen Jahrhunderts diskutiert. Cardano (1550–1556) schlägt vor, den sechzigsten Bruchteil eines sphärischen Spiegels von 2000 Schritten Durchmesser zu benutzen, um eine Flotte in 1000 Schritten Entfernung in Brand zu setzen. Porta (1589) beschreibt einen Kegelstumpf mit einer parabolischen Höhlung, der eine *linea ustoria*, eine brennende Linie, auf eine unbegrenzte Entfernung projizieren soll. »Brennende Stäbe« wurden von Maschinen mit zwei konisch-konkaven und konvexen Parabolspiegeln ausgesandt, die praktisch in jede Richtung und auf jedes Ziel gelenkt werden konnten (Cavalieri, 1632). Bettini (1642) installiert auf einer Festung eine wahrhafte katoptrische Batterie, die das »mathematische« Feuer gleichzeitig nach vorne, auf einen Hügel, und nach hinten, in die Ebene, lenkt. Diese immer komplexeren Konstruktionen lösten sich schließlich in einer barocken Überfülle auf.

Descartes (1633) und Mersenne (1654) zogen nicht nur die seit Cardano gerühmten technischen Anlagen in Zweifel, sondern auch die Legende selber, der zufolge die römische Flotte in Syrakus mit Hilfe eines Brennspiegels vernichtet wurde. Da die Sonnenstrahlen nicht parallel einfallen, würde der parabolische Reflektor, so groß er auch sein mag, nur einen verschwindend geringen Teil von ihnen einfangen. Die Berechnungen des Archimedes seien also von Grund auf falsch, und diejenigen, die sich auf sie beziehen, seien nur »Halb-Wissende«.

Kircher (1646) hat sich seinerseits verbissen mit denselben Problemen befaßt und verfiel auf eine Ersatzlösung: die Multiplikation der Flachspiegel. Eine Pyramide wie bei Plutarch mit tausend Facetten steigert in gleichem Maße die Konzentrationskraft der Sonnenenergie. Der Jesuit hat selber in Rom ein Experiment mit fünf Spiegeln durchgeführt, die fünf Bilder der Sonne auf dieselbe Stelle warfen, was zu beweiskräftigen Ergebnissen führte. Anstelle von einem festen Brennpunkt handelt es sich nun um einen Schnittpunkt, den man dahin verlegen kann, wo man will.

In der *Ars magna* findet sich auch eine lateinische Übersetzung des Tzetzes. Sein Spiegel, der von Forest-Duchesne (1647) rekonstruiert wurde, aus sieben flachen Spiegelklappen, die sich in den Grenzen einer Halbkugel aufspannen ließen, hat nur einen Durchmesser von sechs Fuß, also von ungefähr zwei Metern. Die Rückkehr zu flachen Formen, die auf die bizarren Konstruktionen folgte, welche seit dem Mittelalter in Blüte waren, entspricht einer Wiedererweckung der klassischen Antike.

Dieses System wurde ganz plötzlich wieder aufgegriffen. Man findet es bei einem Spiegelhändler in Wien (1675) und im Observatorium von Amsterdam (1726) wieder. Buffon (1747) hat man jedenfalls die Konstruktion und experimentelle Erprobung eines revolutionären Apparates in Paris, im Jardin du Roi (Jardin des Plantes), zu verdanken: 168 Spiegel (0,13 mal 0,20 m) mit veränderlichem Neigungswinkel, die auf einem rechteckigen Untergestell aus Holz angeordnet waren, ersetzen die unhandlichen sphärischen Konstruktionen und die parabolischen Maschinen, die niemals realisiert wurden und praktisch auch nicht realisiert werden können. Es handelt sich nicht mehr um 5, sondern um 168 Bilder der Sonne, die auf ein einziges Ziel projiziert werden. Bei den im Freien durchgeführten Experimenten wurde ein Brett in 50 m Entfernung in Brand gesetzt und Silber (1044°) auf 15 m geschmolzen. Der von dem Naturforscher rekonstruierte Spiegel des Archimedes bestand aus 360 kleinen Spiegeln. Mehrere tausend Spiegel wären nötig, um eine unendliche »brennende Linie« auflodern zu lassen. Der Apparat konnte auch zur Verdampfung von Salzwasser und zur Fruchtbarmachung des Bodens verwendet werden, indem man Steine kalzinierte.

Parallel dazu begann eine anti-cartesianische Offensive: Descartes verleumdet Archimedes? Er, Descartes, ist ein Unwissender, erklärt Buffon in seinem Bericht an die Académie des Sciences (1774), in dem er auch Texte, die von der Antike bis zu Kircher (einem dilettantischen Kircher) reichen, kritisch überprüft. Die Argumentation ist genau umgekehrt. Früher war es eine antike und byzantinische Geschichte, die am Ursprung der irrigen Berechnungen stand. Jetzt sind es zutreffende Lösungen, die die Legende wiederaufleben lassen und die, nachdem sie von der Phantasie aufgegriffen worden sind, ihrerseits in die Fabel integriert werden.

Buffon ist nicht nur ein französischer Plinius, sondern auch ein französischer Archimedes, der aufgrund seiner eigenen Fähigkeiten die größten Entdeckungen aller Zeiten wiedergefunden hat, erklären Montucla (1758) und Abat (1768). Der Text von Anthemius-Vitellius, der lange Zeit in Vergessenheit geraten war, wird bei dieser Gelegenheit wieder heraufbeschworen, indem man sich auf der Grundlage von mehreren griechischen Manuskripten aus dem 16. Jahrhundert an eine Restitution eines seiner Fragmente macht.

Daraus ergibt sich, daß es sich schon damals um einen Mythos handelte und daß die Rekonstruktionen des byzantinischen *Polymachinos* nur ein Hirngespinst waren, also ein Unternehmen, das nur in dem Glauben an ein Genie und nicht als ein historisches Zeugnis konzipiert worden war. Die kontinuierlich mit den technischen Erfindungen nachgeahmte Antike war seit dem 6. Jahrhundert imaginär. Hier, wie auch tausend Jahre später bei Buffon, wurde die Wahl der flachen Spiegelelemente von praktischen Erwägungen geleitet. Es waren nämlich Menschen, die wie Schilde die katoptrischen Geräte, die siebenfach multiplizierten hexagonalen Spiegel und die vierundzwanzig Spiegel in der Hand hielten. Kolonnen von Soldaten und ganze Armeen können mit diesen Waffen in der Verteidigungslinie aufgestellt werden.

Dupuy (1777), der diesen Text kommentiert, meint, daß man, um eine Flotte in 200 Schritten Entfernung in Brand zu setzen, einen Aufmarsch auf einer parabolischen Linie von 400 Schritten Durchmesser benötigte. Man ist weit von den 6 Fuß des Tzetzes und von Forest-Duchesne und von den 2000 Schritten von Cardano entfernt. Die Entwicklung läuft auf eine Fusion der beiden unabhängigen Konstruktionssysteme – gerade und gekrümmt – und auf einen Kompromiß hinaus.

Robertson (1795) setzt den quadratischen Spiegel auf ein kreisförmiges Gestell, dessen Elemente er mit der Schraube des Archimedes einstellt. Peyrard (1807) installiert die Spiegel auf einzelnen Untergestellen, die mechanisch gesteuert werden und auf mehrere parabolische oder andere Reihen verteilt sind. Er berechnet, daß, wenn man mit den 2262 kleinen Spiegeln von Buffon 2000 Meter erreichen kann, 590 Spiegel von 2 m Höhe für eine Meile (4000 m) genügen würden. Die letzte Rekonstruktion des Spiegels von Syrakus geht wieder auf eine gigantische und phantastische Antike zurück. Die Perspektiven der Science-fiction werden in die Vergangenheit zurückgelenkt. Aber sie sind auch auf die Zukunft gerichtet.

Heute sucht man allerdings nach hohen Temperaturen und nicht nach großen Entfernungen. 3000° können mit 3500 Spiegeln erreicht werden, die in einem parabolischen Kollektor von 90 m² angeordnet sind (Mont-Louis, 1952); 3500° mit 12000 Spiegeln in einem Kollektor von 2160 m² (Odeillo-Font-Romeu, 1962). Ihre festen Brennpunkte befinden sich jeweils in einer Entfernung von 6 und von 18 m. Dieselbe Temperatur (3500°) wurde mit einem einfachen Parabolspiegel aus Stellit-Bronze auf 0,65 m erreicht (New York, 1965). Es handelt sich nicht mehr um eine Flotte, die auf Entfernungen, welche von 200 Schritten bis ins Unendliche reichen, in Brand gesetzt wird, sondern um thermische Deflagrationen, die in unmittelbarer Nähe des Instrumentes entstehen. Nach ihrer Umwandlung in »Sonnenkocher« können die zur Verteidigung von Syrakus und Konstantinopel erdachten Maschinerien vollkommen realisiert werden. Die Legende vollendet sich in einer Realität, die in ihrer erschreckenden Kraft an eine übernatürliche und phantastische Grundlage anschließt, an dieselbe, von der sie seit zweitausend Jahren genährt wurde. Die Wiedervereinigung von Wissenschaft und Mythos vollzieht sich um die Mitte des 20. Jahrhunderts.

Die byzantinische Geschichte hatte ihr islamisches Gegenstück, das parallel zu ihr in den gleichen Zeitabschnitten entwickelt und verbreitet wurde, nämlich den Leuchtturm von Alexandria, der seinerseits auch im Nachhinein mit einem Spiegel ausgestattet wurde. Weder Strabo (ca. 58 vor bis 25 nach Chr.) noch Statius (45–96) sprechen von einer katoptrischen Anlage, von der in bezug auf die Festungsanlagen von Syrakus ebensowenig die Rede bei Polybios (2. Jahrh. v. Chr.) oder bei Plutarch (2. Jahrh.) ist. Zum ersten Mal wird sie im 9.–10. Jahrhundert erwähnt. Und Masoudi (954), dem arabischen Herodot, ist die älteste bekannte Beschreibung zu verdanken. Es handelte sich um einen Spiegel aus durchsichtigem Stein, der sich auf der Spitze eines Turmes befand, welcher auf gläsernen Krebsen stand. Man konnte in ihm die aus Rom kommenden Schiffe sehen. Das Gerät, mit dem ein Turmwärter über die Sicherheit ganz Ägyptens wachte, wurde zur Zeit von El-Walid (705–715) durch einen byzantinischen Kapitän zerstört.

Ein Spiegel aus Chinesischem Eisen (Abdulfeda, 1320), ein Spiegel aus Chinesischem Stahl in der Größe von ungefähr 3,50 m (Ahmed el Absihi, ca. 1440), Leuchtturm und gleichzeitig astronomisches Observatorium (Dimisqui, 1300) ... die orientalische Fabel lebt ständig, mit immer neuen Präzisierungen, wieder auf. In einigen Fassungen (Nasiri Khosrau, 1047) war der Annäherungsspiegel auch ein Brennspiegel. Die Schiffe, die man in ihm in sehr großer Entfernung erkennen konnte, wurden mit Hilfe desselben Instrumentes in Brand gesetzt, wenn sie näher kamen. Seit dem 11. Jahrhundert wird die Legende von Alexandria durch die Legende von Syrakus ergänzt.

Im Abendland verbreitete sich die Geschichte im 12. Jahrhundert durch die Mitteilungen eines jüdischen Reisenden, Benjamin von Tudela, die 1173 verfaßt wurden. Man erfährt hier, daß der Spiegel des Pharos die feindlichen Kriegsgeräte auf eine Entfernung von 50 Parasangen (50000 Schritte) sichtbar machte und daß er von Sodorus, einem Griechen, zerstört wurde.

Auf der Weltkarte von Peutinger, die nach antiken Karten von einem Mönch aus Corvey (ca. 1260) gezeichnet wurde, ist er in Gestalt einer riesigen Scheibe, die an der Turmspitze befestigt war, dargestellt. In dem normannischen *Aeneas* aus dem 12. Jahrhundert ist er über dem Grab von Camilla aufgehängt. Nach Roger Bacon ließ Julius Cäsar (der Pharos gesehen hatte) an den Ufern Galliens Spiegel aufstellen, die eine weite Sicht ermöglichten, um die englischen Kriegslager auf der anderen Seite des Ärmelkanals zu überwachen.

Der Spiegel des Pharos wurde, vielleicht zur gleichen Zeit, auch am Koloss von Rhodos wiederentdeckt, aber die früheste Mitteilung darüber datiert erst aus dem Jahre 1420. Auf einer Reihe von Darstellungen aus dem 16. und 17. Jahrhundert (A. Thévet, 1556; F. van Aelst, 1580; A. Tempesta, 1608...) hat er eine ovale Form und hängt vom Hals der Bronzestatue herab. Ein Brennspiegel, beziehungsweise ein Annäherungsspiegel, erscheint an zweien der Sieben Weltwunder, indem er sie vervollkommnet, also an zwei Leuchttürmen, die den Kurs von Schiffen lenken und überwachen und sie nach der Meinung einiger Autoren auch in Brand setzen (das *speculum ustorum* von Ptolemäus ist von Leo Africanus, einem Araber aus Granada, 1556 beschrieben worden). Für andere (G. Boucher, 1584) beruht das Wunder von Rhodos auf einer teuflischen Magie, insbesondere auf der von Toledo. Das arabische Spanien, das Spanien der Hexer, war ein ausgezeichneter Boden zur Implantation dieser Legenden, und vor allem das jüdische

Spanien hat dem Abendland eine fabelhafte Grundlage für seine Spekulationen über den alexandrischen Spiegel geliefert.

Der 1575 veröffentlichte Bericht des Rabbiners aus Navarra wurde in einem klassischen geographischen und historischen Werk von Martin Crusius (1584) wieder abgedruckt, das ihm eine sehr weite Verbreitung sicherte. Da der Professor aus Tübingen es unterlassen hatte, seine Quelle anzugeben, wurde der Text des Reisenden aus dem 12. Jahrhundert bis 1835 unter Crusius' Namen zitiert. Außerdem ist ihm eine Verwechslung der Zahlen unterlaufen: 500 Parasangen statt 50, was die Reichweite des Instruments betrifft, was für einige unwahrscheinlich (Aresi, 1630) und für andere Teufelswerk war (Kircher, 1646). Gleichzeitig stellte sich die Frage nach seiner Form. Ein zylindrischer Spiegel? Das behauptet jedenfalls Porta, der sich auf rätselhafte Berechnungen stützt, die absichtlich unentzifferbar waren.

Die Entdeckung des Spiegels vom Leuchtturm von Alexandria, der nicht zerstört, sondern von seinen Wächtern an einen sicheren Ort und namentlich nach Ragusa gebracht wurde, scheint ihm Recht zu geben. Dabei handelte es sich um eine Art von Röhre, durch die man die Schiffe auf 50 Meilen Entfernung von Italien erkennen konnte, die sich noch 1670 dort befand. Als Borattini (1672) diese eigenartige Geschichte erzählt, verfehlt er es nicht, dieses antike Instrument mit dem zu vergleichen, das Isaac Newton in verkleinerter Form gebaut hatte (1671). Gerade die letzten technischen Errungenschaften dienen immer zur Rekonstruktion eines legendären Apparates. Abat (1763) geht methodisch vor, indem er mit einer geschichtlichen Darstellung der Erfindung des Spiegelteleskopes beginnt, bei der die Glaslinse von Galilei (1609) durch einen Metallspiegel ersetzt wird: John Gregory (1663), Mersenne (1636) und vor ihnen Zucchi, ein italienischer Jesuit, der damit um 1616 begonnen hatte. Diese Erfindung soll der zufälligen Erscheinung eines vergrößerten Bildes in einem der Brennspiegel in einem Kuriositätenkabinett zu verdanken gewesen sein.

Eine Parallele drängte sich auf: Alexandria war eine Stadt von Spiegelfabrikanten, und dieselbe Entdeckung mußte dort im 3. Jahrhundert vor unserer Zeitrechnung gemacht worden sein. Ptolemäus hat sich ihrer bedient, um ein Wunderwerk auf seinem Leuchtturm zu installieren, ein Wunderwerk, das bis dahin nicht seinesgleichen auf der Welt hatte und das er seinem Herrscherruhm würdig empfand.

Die Schrift von Abdulfeda (1320), dem zweiten direkt ins Abendland gelangten Zeugnis (1770), führte ein weiteres Mal zu einer neuen Sicht des Problems. Dabei gibt es eine gewisse Synchronität zur Publikation des Textes von Anthemius (1777), die ihrerseits auch zu einer Überprüfung der Fragestellung über den Spiegel von Syracus führte. Und wiederum war es Buffon (1774), der sich auch mit dem Spiegel des Pharos beschäftigte. Die Verbindung zu den modernen Instrumenten wird enger. Es handelte sich um ein regelrechtes Teleskop, das horizontal aufgebaut war, von dem der Apparat Newtons nur eine verkleinerte Nachbildung war. Man hat sich sogar gefragt (Amerlhon, 1786; Morand, 1842), ob die katoptrischen Installationen von Julius Cäsar am Kap Griz-Nez nicht eine Etappe in der Geschichte der Überlieferung einer orientalischen und antiken Erfindung nach England bildeten.

Die letzte Rekonstruktion des Pharos, die zu Beginn unseres Jahrhunderts vorgenommen wurde, beruhte immer noch auf derselben wissenschaftlichen und legendären Grundlage. In seiner überaus gelehrten Monographie über das Monument greift

H. Thiersch auf das Teleskop von Buffon zurück, indem er daraus einen Turm von 30 m Höhe macht, in den er sogar im Unterbau einen Konkavspiegel von 4 m Durchmesser einbaut. Die horizontal empfangenen Bilder werden dorthin durch Spiegel übertragen, die einen Neigungswinkel von 45° haben und sich an der Turmspitze in einer *camera obscura* befinden. Man erkennt Newtons Konstruktion mit einem zweiten schrägen Spiegel wieder, der das vergrößerte Bild im Inneren der Röhre sichtbar macht und der hier in entgegengesetzter Richtung funktioniert. Für den deutschen Archäologen war der Leuchtturm von Alexandria das größte Teleskop, das bis zu seiner Zeit jemals konstruiert worden war. Mit Reflektoren von 1,22 m und 1,80 m waren die Teleskope von John Herschel (1789) und Lord Rosse (1842) weit von den Dimensionen des Pharos entfernt.

Die größten heutigen Spiegel (6 m – Zelentschouk, 1976, und 5 m – Mount Palomar, 1947) sind nur um ein Drittel oder Viertel größer als der Spiegel von Alexandria. Indem er sein Gerät mit einem Spiegel von 37 mm Größe am Boden einer Röhre von 16 cm kombinierte, schuf Newton ein Modell der fabelhaften Giganten der Zukunft und der Vergangenheit. Ebenso wie beim Brennspiegel führt die Science-fiction des Teleskopspiegels, die auf irrigen Berechnungen basiert, direkt zu einer exakten Wissenschaft, die das Maßlose und das Unmögliche miteinander verbindet. Wir haben hier zwei gute Beispiele für eine Entwicklung, bei der die Legende und das wissenschaftliche Denken, die im Widerstreit liegen, sich im Laufe einer langen und mühsamen Evolution trennen, wiederbegegnen und schließlich im selben Ziel vereinigen.

Die Spiegel konnten ganze Flotten durch Feuer vernichten. Sie machten sie jenseits des Horizontes sichtbar, und es gab auch einen Spiegel, der Pythagoras zugeschrieben wurde, welcher alles auf dem Mond erscheinen ließ, was mit Blut auf ihn geschrieben wurde. Diese Legende wurde von Didymus, einem Scholiasten des Aristophanes, in der Spätantike im Zusammenhang mit den *Wolken* (427 v. Chr.) aufgezeichnet, wo die thessalischen Hexen den Mond wie einen Spiegel in einem runden Etui einschlossen. Diese Bemerkung ist von Suidas, einem byzantinischen Grammatiker des 10. Jahrhunderts, wiederaufgegriffen worden. Die von Ricchieri (1516) erwähnte Geschichte blüht im 16. Jahrhundert wieder auf, wo das System des Pythagoras zu einem Verfahren der modernen Telekommunikation wird.

Cornelius Agrippa (1529) behauptet, daß seine Zeitgenossen sich seiner bedient haben, um Botschaften aus einer belagerten Stadt zu übermitteln. Natale Conti (1551) beschreibt die Einzelheiten einer dieser Operationen. Als Mailand während der Regierungszeit von Franz I. und Karl V. von der Umwelt abgeschnitten war, erfuhr man in Paris, was sich am Tage ereignet hatte, in der folgenden Nacht. Dabei handelte es sich um Satellitenübertragungen, deren Netz in mehrere Richtungen ausgedehnt wurde: Paris – Konstantinopel (Risner, 1606), Rom – Neapel – Spanien (Campanella, 1620), Konstantinopel – London (Schott, 1657).

Welche Form hatte das außergewöhnliche Instrument? Für Le Loyer (1580) sphärischkonkav wie die in ihr Etui gesteckte Mondscheibe; bei G.-B. della Porta (1589) wird das katoptrische Sendegerät konkav-parabolisch; und Martin del Rio (1612), Torreblanca (1615) und de l'Ancre (1622) machen daraus einen stählernen Hohlspiegel.

Die technischen Möglichkeiten derartiger Projektionen wurden in Zweifel gezogen und von einem bestimmten Zeitpunkt an sogar okkulten Machenschaften zugeschrieben. Die Verwendung von menschlichem Blut, von Blut eines Ziegenbocks oder von Pferdebohnenelixir geht auf eine Hexenkünstlertradition par excellence zurück. Auch wurde der fabelhafte Spiegel zu einem Werkzeug des Teufels und seine Legende zu einem Bestandteil der Dämonologie.

Martin del Rio, Torreblanca und Pierre de l'Ancre waren unerbittliche Inquisitoren und Gelehrte, und ihre Abhandlungen gehörten zum Programm einer Generaloffensive gegen Hexen, Scharlatane und Magier, die von den Jesuiten in ganz Europa ausgelöst wurde.

Pythagoras soll einer dieser Magier gewesen sein, und seine Wissenschaft war nur ein infamer Betrug. War die Mathematik nicht im Grunde ein Werk des Bösen (Massé, 1575)? Die Kontroverse zwischen Theologen und Gelehrten, die um den Heiligen Augustin aufeinanderprallten, wurde im Jahrhundert von Descartes fortgesetzt. Naudé (1625) erhebt seine Stimme gegen die Verleumdungen: Pythagoras verstand es, mit Zahlen umzugehen, mit deren Hilfe man Wunder vollbringen kann! Die Mathematiker verbreiten nur Finsternis, entgegnet Jacques d'Autan (1670). Der Spiegel des Pythagoras ist ein Werk des Teufels. Der einzigartige Gegenstand steht jetzt im Mittelpunkt der Debatte über die wissenschaftliche Häresie und die Lehren der Kirche. Währenddessen aber wurde er zu einer Volkssage, die ihn mit den Namen großer Könige und mit den großartigen Schauspielen eines katoptrischen Museums in Verbindung brachte. Die falsche Wissenschaft und Science-fiction vereinigten sich.

Die Spiegel wurden auch über die Zukunft befragt. Der Ausgang von Kriegen konnte direkt oder durch die Vermittlung eines Kindes von den Reflexen auf Wasser oder Metall abgelesen werden. Man konnte in ihm auch sehen, ob ein Kranker genesen oder sterben würde; und darüberhinaus konnte in ihm alles abgebildet werden, was man wünschte. Vier von diesen Spiegeln, die von Tralles, Patras, Kyaneia in Lykien und der, den Didus Julianus benutzt hatte, waren besonders berühmt. Zu den Urhebern der Legende vom magischen Spiegel, der *legenda aurea* des Spiegels, die die Magie illustriert, gehören Aristophanes (5. Jahrh. v. Chr.) und Varro (1. Jahrh. v. Chr.), der von Apuleius (2. Jahrh.), Pausanias (2. Jahrh.), Jamblichus (2. Jahrh.) und Spartianus (4. Jahrh.) zitiert wird.

Jean Bertaut (1601), Shakespeare (1606), Goulard (1610), Goethe (1780), Lewis (1796) und Hoffmann (1812) haben als Dramatiker, Romanciers und Dichter dasselbe Thema behandelt. Macbeth und Katharina von Medici sehen in einem Spiegel die künftigen Herrscher ihrer Reiche, Timander und Faust die Frau ihrer Träume. Und natürlich gehörte auch das Thema der Versuchung zu diesen Beschwörungen, bei denen antike Praktiken mit der mittelalterlichen Hexerei verschmolzen.

Der Heilige Augustinus (5. Jahrh.), der sich auf Varro bezieht, qualifiziert sie als pythagoräische und diabolische Künste ab. Der Vergleich dieser divinatorischen Werkzeuge eines *specularius* mit dem Becher von Joseph, aus dem man trinken und wahrsagen konnte, durch Johannes von Salisbury, Bischof von Chartres (1159), war eine Häresie. Der Vorgang und seine Hilfsmittel stehen für eine unerlaubte Magie, die sich durch eine Diversifikation der Instrumente entwickelte. Spiegel und Wasser werden durch das Schwert, die Vase, das Becken, den Edelstein, den Kristall, den Elfenbeingriff, das Ei und den Fingernagel ergänzt (Gilbert von Tilbury und Michel Scot, Anfang 13. Jahrh.). Alle glänzenden und glatten Gegenstände, die zur Hand sind, können Gestalten und Zeichen reproduzieren. Sehr oft wird auch ein Knabe oder ein Mädchen mit reinem Blick als Medium zu ihrer Entzifferung benötigt.

Zur Zeremonie gehören auch befremdliche Gebärden und Beschwörungen. Geheime Namen werden ausgesprochen, ein Floraget wird mit dem Allmächtigen assoziiert, ein Anaël mit Jehova, den man beschwört, in einen durchsichtigen Körper zu kommen. Spiegel, Amphoren und Dolche können von Dämonen bewohnt sein (Eymericus, 1357). Die Texte erwähnen unter anderem den Spiegel des Salomon, den Spiegel des Apollo und den Spiegel des Merkur. Alle, die sich seiner bedienten, wurden mit Exkommunikation bestraft (*Bulle* von Johannes XXII., 1326; *Determinatio* der Theologen von Paris, 1398).

Und dann gab es noch eine Tradition, der zufolge alle glänzenden Oberflächen eines betrachteten Gegenstandes den Blick des Betrachters intensivierten und ihn auf sich selber lenkten, bis er auf den Grund seiner Seele traf, wo das Wissen über alle Dinge geborgen war. Guillaume d'Auvergne (ca. 1240) brachte diese Lehren zur inneren Erleuchtung mit dem Denken Platons in Verbindung, wobei er allerdings auch an den Teufel dachte.

Mit den Planetenzeichen sowie mit ihren Dämonen und Engeln bekommen die geweihten oder »geprägten« Spiegel eine astrologische Grundlage, die in den Auguralkünsten schon immer vorhanden war. In der *Berryllistik* von Paracelsus (1493–1541) sind es *Gamaheys*, Kristalle oder Edelsteine, aber auch das Wasser, der Spiegel und die Luft, die direkt damit verbunden werden. Die griechisch-römischen Überlieferungen, von Hexenmeistern und hermetischen Philosophen wiederaufgegriffen, werden unter der Schirmherrschaft von legendären Magiern und durch eine Verfeinerung der Materialien und Formen erneuert.

Die Rückkehr zu den Quellen wird vor allem zu Beginn des 16. Jahrhunderts deutlich. Die Spiegel von Didus Julianus (Spartianus) und von Patras (Pausanias) werden von Ricchieri (1516) in seiner Sammlung von antiken Texten erwähnt, wobei er allerdings den Spiegel des Pythagoras vergißt, sowie auch von Rabelais (1546) in *Pantagruel*. Das Kind von Tralles, das das Wasser nach dem Feldzug von Mithridates (Varro, Apuleius) befragt, taucht in der Abhandlung über die Wahrsagekunst von Peucer (1553) wieder auf.

Gleichzeitig vollzieht sich ein plötzlicher Wechsel des Vokabulars. Die lateinische Terminologie der mittelalterlichen *specularii* wird durch eine griechische Nomenklatur ersetzt: *Katoptromantie, Hydromantie, Kristallomantie*. Die Erneuerung geschieht im allgemeinen Rahmen der Mantie, die entweder in der Art von Rabelais, der sie verspottet, oder von Peucer, der ihre Lehre verbreitet, aufgegriffen wird.

Von den zahllosen Hilfsmitteln, die im Mittelalter gepriesen wurden, werden nur sechs Formen der katoptrischen Befragung beibehalten: der Spiegel im eigentlichen Sinne, durch ein Becken ergänztes Wasser oder Kristall *(Lekanomantie)*, die Phiole *(Gastromantie)* und der Fingernagel *(Onychomantie)*. Auch wenn sie philologisch hellenisiert wurden, bewahrten sie doch ihre diabolische mittelalterliche Prägung.

Peucer wird getreulich in der *Dämonologie* von Wier (1563) wiederaufgegriffen, der mit den antiken Zeugnissen von diesen Orakeltechniken auch die theologische *Determinatio* von Paris (1389) abdruckt, in der sie als verlogen und gottlos verdammt werden. Nach Ronsard (1555) ist der Spiegel von einem *Daimon* bewohnt: die Katoptromantie und ihre Ausläufer werden nun zum Bestandteil von Fachbüchern über die Hexerei.

Auch der Spiegel des Pythagoras landet schließlich dort. Für die Inquisitoren Martin del Rio (1612) und Torreblanca (1615) steht er am Ursprung aller divinatorischen Reflexionsgeräte, darin eingeschlossen die von Patras und von Didus Julianus. Die mythologischen Götter und orientalischen Magier werden von einem Mathematiker in den Schatten gestellt. Die Lehre wird oft mit Berichten von zeitgenössischen Ereignissen illustriert, und man stellte auch gefälschte Spiegel her, die von Zauberern und Scharlatanen gebraucht worden sein sollen. Durch den Volksglauben und die phantastische Literatur wird sie weiterhin verbreitet, um im 19. Jahrhundert mit einem Knalleffekt im Gefolge des Spiritismus wiederaufzublühen.

Die Dinge spielen sich nun allerdings auf einer anderen Ebene ab. Es handelt sich nicht mehr um Hexerei, sondern um erhabene Offenbarungen. Die Hexerei wird zur Theurgie. Die teuflischen Visionen verschwinden im Licht der Propheten. Auf Anaël-Floraget folgen der Erzengel Gabriel und die Heilige Theresa, auf Salomon ein Swedenborg und ein Cagliostro.

Die letzten magischen Spiegel (der *kabbalistische Spiegel*, der *theurgische Spiegel*, der *Hexenspiegel*…) werden im Geiste des phantastischen Modernismus mit der peucerschen Tradition *(Hydromantie, Lekanomantie, Gastromantie…)* verknüpft. So wird der *galvanische Spiegel* wie eine elektrische Batterie mit verschiedenen Metallplatten kombiniert (Kupfer und Zink). Indem er eine Verbindung zum Brennspiegel von Syrakus herstellt, geht Cahagnet (1858) über die Vernunft hinaus, während Nietzsche schließlich mit dem Kind im diabolischen Spiegel des Zarathustra (1883) eine klassische Form der Katoptromantie in ihrer ursprünglichen Form wiederfindet.

Der Spiegel enthüllt nicht nur das Unbekannte, er erzeugt auch Spektren.

In seinem Vorwort zur lateinischen Erstausgabe von Euklid erklärt Pena (1557), daß die Erscheinungen von Manen und Geistern, von denen in der profanen Geschichte (Dion, Brutus, Pompeius, Pausanias, Trophonios) und in der Heilsgeschichte (Samuel) die Rede ist, nur künstliche Projektionen und Reflexe waren.

Durch die doppelte Reflexion von Flachspiegeln, die wie die beiden Schrägen eines Daches angeordnet sind, tauchen in der Luft fliegende Menschen auf. Hero von Alexandria (2. Jahrh. v. Chr.) hat diese Konstruktion in einer detaillierten Abhandlung beschrieben, die von Vitellius (ca. 1270) wiederaufgegriffen worden ist. Bei Agrippa (1529) werden die antiken fliegenden Menschen zu Dämonen- und Geistergestalten. Cardano (1550) und Wecker (1587) machen sie zu Vögeln. Für Raphael Mirami (1582) sind sie Engel, während Schott (1657) in ihnen Ikarus sieht.

Eine andere Konstruktion desselben Hero aus zwei Flachspiegeln, die parallel und in einem Winkel von 30° aufgebaut sind, läßt das Bild von Statuen, die in einer Ecke verborgen und beleuchtet werden, mitten in der Finsternis eines Tempels aus Holz erscheinen. Bei Vitellius werden die Skulpturen durch ein bemaltes Fenster ersetzt. Man dachte, daß die Lichtvisionen, Genien und Götter, die von Damascus, einem Neoplatoniker, und im arabischen *Buch der Wunder* beschrieben werden, durch dieses Mittel erzeugt werden könnten.

Die Phantome von Hero von Alexandria fliegen oder schweben in einem reflektierten Raum. Euklid (3. Jahrh. v. Chr.) projizierte seine Spektren wie das heutige Hologramm in einen realen Raum. Aus einem bestimmten Blickwinkel würde der Gegenstand in einer bestimmten Entfernung von einem sphärischen Konkavspiegel erscheinen

(Schnittpunkt der Augenlinie mit der Kathete, die durch den Mittelpunkt geht). Die Figur zeigt sich dort tatsächlich, allerdings stark verkleinert und auf dem Kopf stehend. Das ist eine genaue Beschreibung, die Anlaß zu Spekulationen und irrigen Weiterungen gab. Ist der Regenbogen für einige Gelehrte (Seneca, Artemidor von Parium) nicht ein Phantombild der Sonne, das sich in einer ausgehöhlten Wolke widerspiegelt? Kann das von einem Spiegel ausgesandte Bild nicht sehr weit nach vorne reichen und sogar den Blickpunkt treffen? Alhazen (965–1038) und Vitellius (1270) bestätigen das. Das Thema eines bewaffneten Mannes, der sich von der Oberfläche des Spiegels löst und den Betrachter ins Auge sticht, überlagert und illustriert die Geometrie dieser Reflexe. Nach Porta (1561–1589) reproduzieren die katoptrischen Spektren nicht nur die Form, sondern auch die Temperatur des Vorbildes. Eine Kerze oder ein Stück Eis sollen Hitze oder Kälte an der Stelle erzeugen, wo ihr Trugbild erscheint.

Die Wunderwirkungen eines sphärischen Konkavspiegels waren der Gegenstand eines kleinen Werkes von Magini, einem Mathematiker und Astronomen aus Padua (1611), der das euklidische Schema mit einer vergrößerten Reichweite wiedergibt und somit an die arabischen Paradoxien anknüpft. Dieses Werk war der Beginn eines neuen Aufschwungs.

Die Szene der Begegnung von Mensch und Phantom bleibt immer eine symbolische Transkription des Diagramms. Als Leurechon (1624) ein Zimmer mit ausgehöhlten Reflektoren auskleidete, sah er, wie es von einer Armee von Schatten gefüllt wurde, die sich im Kampf mit dem überraschten Eindringling befand.

Mydorge (1630) lehnt die »impertinente und alberne« Vorstellung eines Bildes von einem Gegenstand, das sich an derselben Stelle, wo sich das Auge befindet, bilden soll, kategorisch ab, aber er gesteht zu, daß es »falsche Erscheinungen« gibt, die sich an einem bestimmten Punkt zwischen dem Auge und dem Spiegel befinden. Ein Experiment mit einem Affen, der vergeblich seine Hand danach ausstreckt, würde die Kraft der Illusion beweisen. Nach Schott (1657) gab es im Kircher-Museum einen Spiegel, der das Spektrum einer verborgenen Figur des Jesuskindes auf eine Marmorsäule versetzte. Verwirrung und Schrecken ergriff die Besucher, wenn sie die Figur nicht fanden. Obwohl er wußte, daß ein sphärischer Konkavspiegel in bestimmten Fällen ein Bild in die Luft projiziert, hat Descartes (1630) in seinen Veröffentlichungen nie davon gesprochen, weil er fürchtete, der Hexerei angeklagt zu werden.

Immanuel Kant (1766) hat dieses Phänomen erwähnt, als er die *Träume eines Geistersehers* kritisierte. Bei Edgar Allan Poe (1839) bringt sich ein Mann um, als er seinen vor einem Spiegel erschienenen Doppelgänger angreift.

Der zylindrische Spiegel bildete den dritten Typus dieser Werkzeuge zur Fabrikation von Spektren. Da seine erste bekannte Beschreibung von Vitellius stammte, hielten ihn die meisten Gelehrten für mittelalterlicher Herkunft. Vertikal in einem dunklen Zimmer vor einem schmalen Fenster angebracht, soll er eine auf die Glasscheibe gemalte Figur in der Mitte des Raumes erscheinen lassen. Pena zufolge wurden mit seiner Hilfe die berühmtesten Trugbilder erzeugt.

Zu diesem System gab es mehrere Varianten, bei denen die Glasmalerei durch Statuen oder durch Kinder (Pena, 1557) ersetzt wird oder bei denen man von dem Zylinder nur ein ausgehöhltes Segment übernimmt, das mit einer horizontalen Spiegelplatte kombiniert wird (Porta, 1561, 1589). Kircher (1646) und Schott (1657) kehren die Elemente endgültig um, indem sie die Figur in das Innere der Röhre versetzen, welche ihr Trugbild nach oben projiziert. Eine Darstellung von *Christi Himmelfahrt* und Szenen, die von Darstellern gespielt wurden, die sogar auf dem Boden lagen, stiegen daraus auf wie der vom Wind bewegte Rauch aus dem Schornstein.

Dämmerlicht und Beleuchtungen wie in einem Drama, Dekorationen, eigenartige Requisiten und glänzende Säulen, die mit ihren Reflexen schreckliche Spektren mit bewegten und verzerrten Gesichtszügen ausstrahlen, erinnern weniger an eine, wenn auch völlig falsche, katoptrische Geometrie als an Hexenromane und an phantastische Theater, welche übrigens die verschiedenen optischen Demonstrationen in den Laboratorien und in der Natur beherrschen. Die unerklärlichen Wunder des Mittelalters und der Antike haben die Erneuerungen und die Exzesse bestimmt.

Mißbrauch, Irrtümer und Täuschungen, dieselben Begriffe werden in den technischen Werken über die Reflexionsgesetze und über die von ihnen gebildeten Welten gebraucht, wenn sie die lächerliche Seite und den trügerischen Gehalt der Phänomene definieren. Die Auffassung Senecas (2–65), der zufolge der ursprüngliche Spiegel (ruhige Gewässer) aus dem Hirtenzeitalter im Zeitalter der Metalle, die seine Oberfläche entstellen können, indem sie ihm jede beliebige Form geben, zerstört worden ist, um ihn in ein Instrument des Lasters und der verdorbenen Betrachtungen zu verwandeln, entspricht dem größten Teil der Texte der klassischen Literatur. Platon (429–347), Lukrez (98–52), Plinius (23–79), Apuleius (2. Jahrh.) und Aulus Gellius (2. Jahrh.) erwähnen nacheinander sowohl die Seitenverkehrungen, die Umkehrungen, die Multiplikationen, die Verkleinerungen und die Vergrößerungen des Spiegelbildes als auch ihre Entstellungen und ihr ganz allgemein illusorisches Wesen. Das sind eitle Imitationen, Trugbilder, trügerische Erscheinungen, flüchtige Schatten und Lügengestalten. Abschnitte, in denen die genaue Reproduktion der Realität beschrieben wird, sind in dieser Anthologie sehr selten.

Von den Irrtümern der Spiegel lautet der Titel, den Alhazen (967–1035) dem zweiten Teil seiner Abhandlung über die *Katoptrik* gegeben hat. Darin geht es nicht um Sonder- oder Zufälle. Die Irrtümer der vier Grundformen – flache, sphärische, zylindrische und konische Spiegel – werden mathematisch dargelegt, wobei von vornherein die bloße Existenz eines untrüglichen Spiegels ausgeschlossen wird. Maurolico (1555) benutzt noch dieselben Definitionen. Valeriano (1561) und Mirami (1582) sprechen von Falschheit und Trug. Risner (1606) und Rhodius (1611) bezeichnen die Irrtümer als »Täuschungen«.

Die Täuschungen und Irrtümer werden in Form von Theoremen dargelegt. Einige ihrer Propositionen enthalten eine Ikonographie und finden ihre Entsprechung in Märchen. So enthüllt der konvexe sphärische Spiegel (Euklid, XXI; Alhazen, VI, 5; Vitellius, VI, 40; Peckham, LXXXIV) eine gewisse Anzahl von Sujets, die in einem Zusammenhang mit der plötzlichen Verkleinerung des Vorbildes stehen. In einer mittelalterlichen Spiegelfabel wird unter anderem eine Tigerin getäuscht: die sich im Spiegel erblickende Raubkatze vermeint, eines ihrer Jungen zu sehen. Im Spiegel sah man auch, wie die Sonne sich in Sirius verwandelte.

Im Spiegel schrumpft die Gestalt der ganzen Welt wie die Gestalt der Sonne oder des Tigers. Durch die Verkleinerung wird das Unendliche entdeckt. Die Horizonte und alle Himmelskörper können im kleinsten Quecksilbertropfen erschaut werden. Leurechon (1624) beschreibt die in einem kleinen gewölbten Spiegel eingefangenen riesiggroßen Perspektiven und Architekturgebilde, die um so gewaltiger und genauer sind, je mehr sich ihr Abbild verkleinert. Viele Maler (van Eyck, 1434 ... Quentin Matsys, 1514) haben diese Mikrokosmen, die täuschend echt von den bauchigen Rückspiegeln eingefangen werden, gemalt. Mit einem um die Hälfte verkleinerten und in den Hintergrund zurückgezogenen Kopf und einer Hand von normaler Größe im Vordergrund demonstriert das Selbstporträt von Parmigiano (1530) die Irrtümer eines konvexen sphärischen Spiegels durch die Darstellung einer Mißgeburt.

Die Irrtümer eines sphärischen Konkavspiegels (Alhazen, VI, 38; Vitellius, VIII, 25, 26, 40, 41 und 52) gehören nahezu alle zur Teratologie. Die von ihm erzeugten Vergrößerungen werden durch das Auge des Zyklopen, das Gesicht des Bacchus, einen Finger, der so groß wie ein Arm ist, oder eine ägyptische Pyramide illustriert. Die »vorgetäuschte Größe« wurde nach Seneca zu den Spielen einer entarteten Fleischeslust genutzt. Porta (1561) und Le Loyer (1588) haben die gewagten Beschreibungen übernommen.

Wenn sich das Objekt vor dem Spiegel bewegt, wird es vervielfältigt (in der Nähe des Mittelpunktes der Kugel) und auf den Kopf gestellt (außerhalb des Mittelpunktes der Kugel). Zweifache, dreifache und vierfache Gesichter, Personen mit dem Kopf nach unten und den Füßen in der Luft erscheinen nacheinander an derselben Stelle wie in einem Kaleidoskop. Von dem im *Rosenroman* (1275–1280) in Verse übertragenen Alhazen bis zu den Modernen werden alle optischen Depravationen wie eine exakte Wissenschaft gelehrt. Da einige Effekte ganz und gar überraschend waren, wurden den sphärischen Konkavspiegeln auch übernatürliche und unheilvolle Kräfte nachgesagt. Zu Beginn des 18. Jahrhunderts wollten die Bewohner von Lüttich sogar eines dieser Geräte zerstören, weil es schlechtes Wetter und eine Hungersnot verursacht haben soll.

Risner (1606) und Rhodius (1611) haben auch die »Täuschungen« der mehrteiligen Spiegel beschrieben. Euklid, Hero von Alexandria, Vitellius und Leonardo da Vinci haben nacheinander die Grundform mit flachen Elementen wiederaufgegriffen. Das ist die klassische polygonale Anlage, die seit Hero als »Theater« bezeichnet wird und bei der eine einzelne Gestalt zu einem »Chor« wird. Porta stellte einen Leuchter in sie hinein, dessen Lichter das Firmament zu füllen schienen, oder auch antike Säulen, die unendliche Perspektiven einer visionären Architektur eröffneten. Der neapolitanische Gelehrte konstruierte diese theatralischen Installationen als kleine Modelle, die man auf den Tisch stellen konnte und die die Prototypen für verschiedene katoptrische Kästen waren; Rhodius und Le Loyer erinnerten angesichts dieser Dinge an die Texte von Lukrez und Plinius über ein vollständig mit Spiegeln ausgestattetes Haus und über einen aus reflektierenden Materialien erbauten Tempel. Die Spiegelgalerien des 17. und 18. Jahrhunderts und die gigantischen reflektierenden Fassaden der ambitionierten Projekte eines Architekten der Zukunft hätten somit dieselben fernen Vorgänger.

Daneben gab es auch noch zerbrochene Spiegel (ein Beitrag von Vitellius), deren einzelne Scherben jeweils das ganze Bild des reflektierten Objektes zeigten. In seinem regellosen Übermaß verwendete das Rokokodekor Unmengen dieser Spiegel. Die Klassiker (Risner, Rhodius) zeigten in ihnen ungeordnete Massen. Im Mittelalter (Thomas von Aquin, Luther) wurden die Fragmente eines Spiegels, die jeweils einzeln die Ganzheit der sichtbaren Dinge wiederherstellen, und die Hostien, die den Leib Christi bis ins Unendliche vervielfachen, miteinander verglichen.

Das Gegenstück zu dem aus mehreren flachen Elementen gebildeten Spiegel, der aus gekrümmten Elementen bestehende Spiegel, stammt aus derselben Quelle und wird parallel entwickelt – Euklid: die abstrakte Formel eines zweiteiligen Spiegels in S-Form vereinigt alle Tugenden der konkaven und konvexen sphärischen Spiegel – Hero von Alexandria: praktische Anleitungen sowie Beschreibung seiner spezifischen Konstruktionen – Vitellius (und Gerard von Cremona, 12. Jahrh.): Einführung von neuen Materialien aus Eisen anstelle der antiken Bronze; G.-B. della Porta: Wiederaufnahme eines festen Aufbaus mit einer erweiterten Ikonographie. Die beiden Hauptthemen, die mit dem Instrument seit dem 2. Jahrhundert vor unserer Zeitrechnung verbunden waren – das menschliche Gesicht, das sich in einen Pferdekopf verwandelt, und die Verdoppelung des aufrechtstehenden oder des wie bei den Darstellungen der Antipoden auf dem Kopf stehenden Menschen –, haben immer aus der sich beständig wandelnden Bilderwelt herausgeragt, die in einem langen Strom dahinfließt.

Kircher (1646) beschwört Proteus herauf; Schott (1657) die monströsen Gottheiten des Heiligtums von Smyrna. Terzago (1664) sieht darin einen Beweis für die Unbeständigkeit der Dinge und des Schicksals.

Die Rekonstruktion der beiden elementaren katoptrischen Konstruktionen im Grévin-Museum (Paris) – das theatrale Polygon und das *Mokgon* von Euklid und von Hero von Alexandria – erinnert an die große Stabilität der Grundlage, auf der die Phantasiewelten im Laufe der verschiedenen Epochen entstanden sind. Ihr Zyklus erschließt sich in einem Illusions- und Trompe-l'Oeil-Museum unserer Zeit.

II

Die wunderbaren Eigenschaften eines reflektierenden Körpers, der sein Aussehen mit den vor ihn gestellten Dinge verändert und der das Aussehen der Dinge verändert, die er mit ihren Formen und Eigenheiten reproduziert, sind Gegenstand der exakten Wissenschaft und der Spekulationen von Visionären gewesen. Das geometrische Netz der einfallenden und reflektierten Strahlen, das die optischen Irrwege bestimmt, die ihre Fortsetzungen im menschlichen Geist haben, bildet ein Grundmuster. Entdeckungen, Science-fiction und Täuschungen verwirren sich in der beständigen Neuerfindung der Bestandteile und vor allem in der Vielzahl der Materialien und Trägerelemente.

Materialien:	Trägerelemente:
Wasser	Wasserläufe
Bronze	Schild
Zinn	Deckel
Quecksilber	Becken
Eisen	Becher
Stahl	Bassin und andere Behälter
Chinesischer Stahl	Schwert
Aluminium	Degen und andere glänzende Waffen
Elektrum und andere Metalle	Möbelstücke
Glas	Kabinette
versilbertes Glas	Galerien
Kristall	Häuserfronten
Selenit	Grotten
Chrysolith	Gebirge
Edelsteine	Tropfen
Fingernagel	Wolke
Elfenbein	Brunnen
Gips oder Holz, vergoldet	Mond
mit Aluminium überzogener Karton	gläserne Sonne
Luft	menschliche Gestalten
jeder glatte Körper	Leuchtturm
	Teleskop
	Chassis von Brennspiegeln
	Kalzinierende Geräte
	Sonnenkocher
	Spiegeltheater
	Amphitheater
	cista
	sistula
	Kabinett
	Kabine

Die Spiegel befinden sich an verschiedenen Gegenständen und an unterschiedlichen Orten. Man entdeckt sie in der Natur. Auch über Himmelskörper und meteorologische Phänomene gibt es katoptrische Lehren und Geschichten. Richtige Berechnungen, falsche Berechnungen und auch die Phantasie gehören zur Entstehung der Legende.

Richtige Berechnungen? *Die überprüften Berechnungen aus den Propositionen von Alhazen über die Irrtümer der Spiegel, die das Aussehen der von ihnen reflektierten Welten verändern.*
Spielerische Experimente in den optischen Laboratorien und Kabinetten (Multiplikation, Umkehrung, Seitenverkehrung, Vergrößerung, Verkleinerung, partielle oder vollständige Deformation) belegen seit Hero von Alexandria mit Hilfe von unglaublichen Schauspielen den symbolischen Fortschritt.

Falsche Berechnungen? *Falsche Formeln durch irreführende Schlußfolgerungen oder Fehlinterpretationen.*
Euklid, interpretiert durch
    Galenos – Brennspiegel
    Vitellius
Vitellius-Fine, interpretiert durch
    Bacon
    Porta
    Cavalieri
    Bellini
    Fay
Plutarch, interpretiert durch
    Anthemius
    Tzetzes
    Vitellius
Buffon, interpretiert durch
    Montucla
    Abel
    Dupuy
    Robertson
    Peyrard
Newton, interpretiert durch
    Burattini – Teleskopspiegel
    Buffon
    Thiersch
Euklid, interpretiert durch
    Poseidonius – Spektren erzeugender Spiegel
    Artemidor von Parium

Alhazen	Descartes
Vitellius	Mersenne
Cardano	Leurechon
Magini	Kircher, Schott

Phantasie?   I. *Phantasiegeräte*
                               Teleskopspiegel auf dem Mond – Lukian von Samosata
                               Spiegel über den Tierkreiszeichen und den Plejaden – Zosimos
                               Sphärische Spiegel, die Figuren auf den Mond projizieren – Didymos, Scholiast des Aristophanes
                               Zylindrische Spiegel, die Spektren in die Luft projizieren – Vitellius
                               Porta
                               Kircher, Schott

Ein Spiegel, der einen ganzen Bergabhang von 8000 Metern Höhe bedeckt – Gräfin von Aulnoy
Ein Kalzinationsspiegel, der die ganze Erde fruchtbar macht – Bexon
Ein galvanischer Spiegel, der das schönste Naturlicht erzeugt – Cahagnet
Ein anthropomorpher Spiegel – *Exodus*
                               Perrault
                               Valéry

II. *Visionen*
Vision von Schiffen jenseits des Horizonts
Vision von Städten und Ländern jenseits des Meeres
Vision der ganzen Erde
Vision des Äußeren Meeres
Vision von mehrfachen Sonnen und Monden
Vision von Galaxien und Himmelskörpern
Vision des Sterns von Bethlehem
Vision von Vorzeichen
Vision von Träumen
Vision der Erinnerung
Vision von materialisierten Gestalten des Denkens
Vision von mythologischen Göttern
Vision der Weltseele
Vision von Jehovah
Vision des Allmächtigen
Vision von Christi Geburt
Vision vom Sohn Gottes und der Dreifaltigkeit
Vision von Christi Himmelfahrt
Vision von Wiedergängern, Geistern, Manen und Larven
Vision der Seelenwanderung: der Mensch,
     verwandelt in   eine Ziege   ein angelsächsisches Monstrum
                             einen Kranich   einen Frosch
                             einen Hirsch   einen Drachen
                             einen Esel   ein Rhinozeros

Vision von Teufeln
Vision von Frauen
Vision von allem, was man begehrt
Vision einer Offenbarung
Vision des Unbekannten
 .....
 .....

Geometrisch berechnete Täuschungen sowie falsche Berechnungen aufgrund von Fehlinterpretationen und Phantasievorstellungen, die sich um die optischen und intellektuellen Illusionen ranken, vereinigen sich in der Verfolgung desselben Ziels und derselben Hoffnung. Zwei Nebenentwicklungen erweitern in einzigartiger Weise den ganzen Bereich:
 Die durch die Katoptromantie fehlinterpretierte Katoptrik
und
 Die durch die Theogonien fehlinterpretierte Katoptrik.
Mit der Faszination durch den Spiegel, in dem das Unendliche sichtbar wird, entsteht eine falsche Wissenschaft und ein mystisches Denken. Die theologischen und neoplatonischen Gedankengänge über Gott, den Spiegel oder die Schöpfung und der Glaube an die Magie nehmen zu beiden Seiten des mathematisch definierten, glänzenden Objektes ihres Aufschwung.
 Die klassische Antike der Götter, Philosophen, Weisen und Gelehrten bleibt beständig mit diesen Rundgängen der Geschichte verbunden.

Merkur	Aristoteles	Lukian von Samosata	Alexander der Große
Apollo	Seneca	Platon	Nero
Jupiter	Apuleius	Aulus Gellius	die Gottheiten von Smyrna
Venus	Varro	Apollonius von Tyana	Vulkan
Amor	Lukrez	Pythagoras	Ikarus
Dionysos	Plinius	Euklid	Prometheus
Bacchus	Plutarch	Archimedes	Proteus
Zyklop	Pausanias	Hero von Alexandria	Atlanta
Argus	Spartianus	Pseudo-Ptolemäus	Porphyrios
Janus	Artemidor		Philolaos

gehören zu den verschiedenen Kapiteln der Geschichte und der Fabel und eröffnen dort Perspektiven, in denen nichts unmöglich zu sein scheint.

Moses	der Heilige Paulus	Trithemius
Joseph	der Heilige Augustinus	Faust
Samuel	der Heilige Ambrosius	Swedenborg
Saul	der Heilige Cölestin	Cagliostro
Salomon	der Heilige Petronius	Zarathustra

Bibelgestalten und Heilige durchqueren ebenso das Reich des Spiegels wie moderne Mystiker und Magier. Von Alhazen bis Mersenne und von Mersenne bis Monge kenn-

zeichnen berühmte Namen den Weg dieser wissenschaftlichen Wanderungen und bestätigen die Richtigkeit der Erscheinungen. Und daneben gab es auch noch königliche Zeugen:
- Ein König von Bagdad benutzt die Rotationsmaschine der *Metarmorphose II*, um die Schattengestalten der Finsternis heraufzubeschwören.
- Karl V. und Franz I. benutzen den Spiegel des Pythagoras zur Kommunikation mit einer belagerten Stadt.
- Katharina von Medici läßt sich die künftigen Herrscher Frankreichs in einem magischen Spiegel zeigen.
- Ludwig XIV. ist überrascht und erschrocken, als er sieht, wie ein Phantom mit dem Dolch in der Hand aus einem Spiegel herausspringt.

.....

.....

Unhaltbare Phantasien und unsinnige Gedankengebäude werden von berühmten Gelehrten hergeleitet und mit unwiderlegbaren Beweisen belegt. Begünstigt durch die Natur des Spiegels, bei dem alles Illusion ist, beruhen die Legende und ihre poetische Funktionsweise, die mit Übertreibungen, Mißbildungen und Fehlinterpretationen der theoretischen Strukturen und der Illustrationszeichnungen voranschreiten, auf richtigen Grundformeln.

Historisch durchläuft die Entwicklung mehrere Etappen: Verschwinden und Wiederaufnahme der antiken Grundlagen (wissenschaftliche Abhandlungen – Euklid... praktische Abhandlungen über Maschinen, die Wunder erzeugen – Hero von Alexandria... mysteriöse Wunderwerke – Varro, Pausanias...), ihre Wiederbelebung im Kontext der Kenntnisse, Geschmäcker, Entdeckungen und Erfindungen verschiedener Epochen.

Byzanz (Anthemius, 6. Jahrh.; Suidas 10. Jahrh.; Psellos, 10. Jahrh.; Zonaras, 1120; Tzetzes, 1180) und der Islam (Ibn Khordadhbeh, 831; Masoudi, 954; Nasiri Khosrau, 1045; *Das Buch der Wunder*) haben als erste die Legende in einer neuen Fassung rekonstruiert, und einem Gelehrten aus Basra (Alhazen, 965–1035) hat man die bis zu seiner Zeit vollständigste, bekannte katoptrische Abhandlung zu verdanken.

Im Abendland wurden die Kompilationen von Euklid und von Hero von Alexandria im Laufe des 12. Jahrhunderts verbreitet (Gerard von Cremona, ca. 1180). Dort findet man die Fabel vom Pharos (Benjamin von Tudela, 1183), den Spiegel, der einen Tiger täuschen konnte (Hugo von Saint-Victor, 1144) und die Wahrsagespiegel der *specularii* (Johannes von Salisbury, 1158).

Das 13. Jahrhundert ist das Jahrhundert der Hexenmeister und Mathematiker, mit denen das heidnische Ritual in die Dämonologie eingeht (Gérard von Tilbury, 1210; Michel Scot, 1210; Guillaume d'Auvergne, 1240); daneben erlebt es ein plötzliches Aufblühen von rein wissenschaftlichen Werken (Vitellius, 1270; Peckham, 1280), von denen einige an die Magie grenzen (Roger Bacon, 1280). In ein und derselben Welt stehen folgende Gestalten nebeneinander:

| ein Merkur | ein Anaël | ein Salomon | ein Jupiter | ein Cäsar |
| ein Jehova | ein Apollo | ein Artesius | ein Anthemios | ein Elobin |

Alhazen, Gerard von Cremona und Vitellius lehren gleichzeitig die Grundlagen der Optik und der Projektionstechnik von Spektren. Ein übersteigerter Symbolismus (Pierre le Picard, 1210; Voragine, 1253) und ein Roman *(Rosenroman)* setzen diese Entwicklung fort, die bis zum Ende des Mittelalters und mit Paracelsus (1495–1543) darüber hinaus reicht, indem sie die verschiedensten Epochen vereinigt. Die Antike lebt auf ihrer dauerhaften Grundlage wieder auf und setzt sich fort.

Peckham wurde 1480 und 1504 veröffentlicht, Vitellius 1535, Alhazen 1572, Hero von Alexandria 1518 und Euklid 1557. Dadurch wird eine tatsächliche Antike kontinuierlich unter verschiedenen Aspekten neugeschaffen, die den Spiegel in ihre Legende integriert.

Das 16. und das 17. Jahrhundert sind ihr goldenes Zeitalter. Der Spiegel ist ein Bestandteil der *Enchantements* (Pomponazzi, ca. 1525–1556), der *Okkulten Philosophie* (Agrippa, 1529), von *De Subtilitate* (Cardano, 1550), der *Natürlichen Magie* (Porta, 1561, 1589), der *Ars Magna* (Kircher, 1646) und der *Magia Universalis* (Schott, 1657), also von Textsammlungen, die alle die mittelalterliche, enzyklopädische Tradition fortsetzen. Die Fachwerke werden immer zahlreicher (Fine, 1551; Maurolico, 1555; Mirami, 1582; Magini, 1611; Grunbergius, 1613; Cavalieri, 1621;...). Astronomen (Scheiner, 1613; Biancani, 1620) setzen sich ebenso mit der Spiegellegende auseinander wie die Doktoren der Hexenkunst (Martin del Rio, 1612; P. de l'Ancre, 1622). Philosophen und Mathematiker (Descartes, 1630; Mydorge, 1630; Mersenne, 1633) unterwerfen sie einer kritischen Behandlung.

Zu dieser Zeit tauchen auch die Schauspiele auf. Das mit Spielzeugen und in den Laboratorien erbaute katoptrische Theater breitet sich in die verschiedensten Richtungen aus; es wird in die Architektur integriert und überlagert das ganze Universum. Wissenschaft und Kunst verfallen beide dem Rausch des Barock.

Hellenisten, Gelehrte, Scharlatane, hartnäckige Forscher, große Geister und Halbwissende haben das Märchen vom Spiegel kultiviert. Newton (1671), Buffon (1747–1774), Montucla-Lalande (1758–1802), Kant (1766), Novalis (1798), Hoffmann (1812), Poe (1839) und Nietzsche (1883) sind die Meilensteine auf dem Weg in unsere Zeit. Im Laufe des 20. Jahrhunderts wird der Mythos des Spiegels in historischen und archäologischen Studien, in unglaublichen astronomischen Installationen und Forschungen über die thermischen Anwendungsmöglichkeiten von Solarenergie, in künstlerischen Experimenten mit glänzenden Materialien, in architektonischen Konstruktionen und in Operninszenierungen wieder lebendig. Der reflektierende Körper ist immer wieder ein Gegenstand des Entzückens und der Überraschung. Von allen Zweigen der exakten Wissenschaft hat die Katoptrik, eine visionäre Wissenschaft par excellence, dem Aufblühen von Phantasiewelten am meisten Vorschub geleistet. Zwei ewige Antinomien – Gesetzlosigeit und Gesetzmäßigkeit – definieren ihre Poesie und ihre Einzigartigkeit.

491. Die Eitelkeit der irdischen Dinge (Detail mit Schatz im Spiegel). Tizian, München.

Anmerkungen

Vorwort

1 *Der Spiegel der Moral*, der im Entwurf zum Werk von Vincent von Beauvais vorgesehen war, wurde erst zu Beginn des 14. Jahrhunderts veröffentlicht.
2 E. Mâle, *L'art religieux de la fin du Moyen Age en France*, 1925, S. 323–328; F. G. Hartlaub, *Zauber des Spiegels*, München 1951, S. 158; H. Schwartz, *The Mirror in Art*, The Art Quarterly, Sommer 1952, S. 104.
3 Diogenes Laertius, *Leben und Meinungen berühmter Philosophen*, Hamburg 1967, Sokrates S. 82–96.
4 Seneca, *Questions naturelles*, I, Paris 1929, S. 48.
5 Juvenval, *Satira II*.
6 Apuleius, *Apologie*, Paris 1971, S. 16.
7 Lukrez, *De rerum naturae libri IV*, Verona 1486.
8 J. von Negelein, *Bild, Spiegel und Schatten im Volksglauben*, Archiv für Religionswissenschaft, V, 1902, S. 1–37; J. G. Frazer, *Der goldene Zweig*, Leipzig 1928; F. G. Hartlaub, a.a.O., S. 21–30, *Spiegel und Seele*; O. Rank, *Don Juan et le double*, Paris 1973, S. 57–74, *L'ombre, représentation de l'âme*.
9 A. Chamisso de Boncourt, *Peter Schlemihl, Wundersame Geschichte*, Berlin 1815.
10 E. T. A. Hoffmann, *Die Geschichte vom verlornen Spiegelbilde*, in *Fantasiestücke*, Berlin, Weimar 1982, S. 331–349.
11 J. Barbier und M. Carré, *Les Contes d'Hoffmann*, ein Stück, das im Odéon am 21. März 1851 uraufgeführt wurde, das Offenbach als Vorlage für das Libretto seiner Oper diente (1880). Spiegel kommen in modernen Inszenierungen vor (1974, Patrice Chéreau an der Oper von Paris). Zum Thema des Doppelgängers siehe O. Rank, a.a.O., S. 15–40, *Le thème du double dans la littérature*, und J. Boullet, *Le monde des miroirs, Le miroir et le double*, Esculape, April 1962, S. 3–10.
12 J. Lacan, *Das Spiegelstadium als Bildner der Ichfunktion, wie sie uns in der psychoanalytischen Erfahrung erscheint*, in *Schriften I*, Olten und Freiburg 1973, S. 61–70.
13 K. Haberland, *Der Spiegel im Glaube und Brauch des Volkes*, Zeitschrift für Völkerpsychologie, XIII, 1882, S. 324–347; Gesa Roheim, *Spiegel-Zauber*, Leipzig 1919, Kap. VI und VII; O. Rank, a.a.O., S. 76–77.
14 Apuleius, a.a.O., S. 17.
15 P. M. Michel, *La pensée d'Alberti*, Paris 1939, S. 414. Siehe auch A. Chastel, *Art et humanisme à Florence*, Paris 1959, S. 321.
16 Leonardo da Vinci, *Das Malerbuch*, Leipzig 1921, *Über die Wissenschaft*. Siehe zu diesem Text R. Huyghe, *Dialogue avec le visible*, Paris 1955, *Trompe-l'oeil et miroir*, S. 69 und Anmerkung 1, und A. Chastel, a.a.O., S. 321; siehe auch E. H. Gombrich, *Art and Illusion*, New York 1960, S. 96–97 und 258.
17 G. Cardano, *De subtilitate*, Nürnberg 1550, *De la subtilité et subtiles inventions*, Paris 1556, S. 92.
18 H. Schwartz, a.a.O., S. 115.
19 F. X. de Burtin, *Traité théorique et pratique des connaissances qui sons nécessaires à tout amateur de tableaux*, I, Brüssel 1808, S. 81.
20 H. Schwartz, a.a.O., S. 115; M. Foucault, *Die Ordnung der Dinge*, Ffm. 1971.
21 Manetti, *Vita di Filippo Ser Brunelleschi*, abgedruckt in P. Sanpaolese, *Brunelleschi*, Mailand 1962. Zwei *veduti* werden bei H. Schwartz, a.a.O., S. 115, erwähnt. Zu diesen beiden Konstruktionen siehe A. Parrocchi, *Le Due tavole prospettiche del Brunelleschi*, Paragone 107 und 109, 1958 und 1959, S. 3–32 und 226–295, sowie H. Damisch, *Théorie du nuage, pour une histoire de la peinture*, Paris 1972, S. 158 und 166–170.
22 J. Baltrušaitis, *Essai sur la légende d'un mythe, La Quête d'Isis*, Paris 1967.
23 J. Baltrušaitis, *Aberrations, Quatre essais sur la légende des formes*, Paris 1967.
24 J. Baltrušaitis, *Anamorphoses ou Perspectives curieuses*, Paris 1955; zweite Auflage: *Anamorphoses ou magie artificielle des effets merveilleux*, Paris 1969.

Anmerkungen Kapitel I

1 O. Worm, *Museum Wormianum*, Leyden 1655, S. 364.
2 G.-B. della Porta, *Magia naturalis libri IV*, Neapel 1561, Lib. IV, Kap. 7 und *La magie naturelle*, Rouen 1612, S. 484.
3 J. von Schlosser, *Kunst- und Wunderkammern der Spät-Renaissance*, Wien 1908.
4 Siehe unter anderem: E. Brackenhoffer, *Museum Brackenhofferianum*, Straßburg 1683, S. 97–98; J. B. Major, *Museum Cimbricum oder sogenannte Kunst-Kammer*, Plön 1688, S. 10, § 14; Cl. du Molinet, *Le Cabinet de la Bibliothèque de Ste-Geneviève*, Paris 1692, pl. 7; N. Grolier de Servière, *Recueil d'ouvrages curieux de mathématique et de mécanique*, Lyon 1719, S. 22.
5 O. Jacobaeus, *Museum regium*, Kopenhagen 1696, 2. Aufl., Paris, II, Sect. IV.
6 P. M. Terzago, *Museum septalianum*, Tortona 1664, und *Museo e Galleria del Sign. Canonico Settala nobile milanese*, Tortona 1677, Kap. *Della varietà degli specchi*, S. 3 ff.
7 Ph. Bonanni, *Museum Kircherianum*, Rom 1709, S. 311 ff.
8 A. Kircher, *Ars magna lucis et umbrae*, Rom 1646, S. 840–915.
9 Siehe L. Nix und W. Schmidt, *Heronos von Alexandria, Mechanik und Katoptrik*, Leipzig 1910.
10 K. Schott, *Magia universalis naturae et artis*, Bamberg 1657, S. 244–363.
11 S. Roche und P. Devinoy, *Miroirs, galeries et cabinets de glaces*, Paris 1956, S. 41 ff.
12 J. Loret, *La muze historique*, J. Revenel und E.-V. de la Peplouse, Paris 1857, S. 117, zitiert bei S. Roche.
13 E. Frémy, *Histoire de la manufacture royale des glaces en France*, Paris 1909; P. Moisy, *Notes sur la Galerie des Glaces*, Revue de la Société d'Etudes du XVIIe siècle, 53, 1961, S. 42–50; J. Cellier, *Gauthier et Mallarmé devant le miroir de Venise*, Cahiers de l'Association internationale des Etudes françaises, II, 1959, S. 121.
14 J. Grenier, *Célébration du Miroir*, Bourg-la-Reine 1965, n. p.
15 L. Carrol, *Alice im Wunderland* (1865) und *Alice hinter den Spiegeln* (1872), Ffm. 1963.
16 Jacques Rigaut, *Ecrits*, Paris 1970, *Lord Patchogue* S. 58; *Lord Patchogue* wurde zuerst veröffentlicht in *La Nouvelle Revue Française*, Nr. 203, 1. Aug. 1930, S. 196–207. Zu *Le Sang d'un poète* von Jean Cocteau siehe J. Bouillet, *Le monde des miroirs*, Esculape, Feb.-März 1962, S. 9.
17 L. Lange, *La grotte de Thétis et le premier Versailles de Louis XIV.*, Art de France I, 1961, S. 133–148.
18 P. Decker, *Fürstlicher Baumeister oder Architectura civilis*, I, Nürnberg 1711, pl. XLVIII.
19 O. Jacobaeus, a. a. O., S. 10.
20 Madame D.*** (Comtesse d'Aulnoy), *Les Contes de Féés*, Paris o. J., S. 61–63.
21 P. M. Terzago, a. a. O., S. 10.
22 Ph. Bonanni, a. a. O., S. 211.
23 K. Schott, a. a. O., S. 306.
24 J. du Breuil, *La perspective pratique*, III, Paris 1649, Teil VI, S. 133.
25 Ph. Bonanni, a. a. O., S. 311.
26 J. Zahn, *Oculus artificalis*, Erfurt 1685, S. 729 ff.
27 J. Baltrušaitis, *Jardins et pays d'illusion dans Aberrations*, Paris 1957, S. 99 ff.
28 Z. Traber, *Nervus opticus*, Wien 1675, S. 16, Abb. 49 u. 50.
29 A. Kircher, a. a. O., S. 904 ff.
30 J. von Trithemus, *Polygraphiae libri sex*, I, Oppenheim 1518, *Polygraphie et universelle écriture cabalistique*, Paris 1625, S. 132 ff.
31 J. Baltrušaitis, *Anamorphoses ou magie artificielle des effets merveilleux*, Paris 1969, S. 133 ff.
32 Collection S. Roche, siehe S. Roche, a. a. O., S. 25, pl. 55.
33 E. T. A. Hoffmann, *Lebensansichten des Katers Murr*, in: Werke Bd. 3, Ffm. 1967, S. 471.
34 R. Mirami, *Compendiosa introduttione alla prima parte della specularia*, Ferrara 1582, Kap. I, *Utilità che si cavano della scienza degli specchi*, n. p.
35 Dante, *Divina Commedia*, Zürich 1947, Paradies, IX, 61–63: Si sono specchi voi chiamate Trone One difulge a noi Dio giudicante;
Siehe H. D. Austin, *Dante and Mirrors*, in Italica, XXI, 1944, S. 13–17, der mehr als dreißig Erwähnungen des Spiegels im Werk dieses Dichters zählt.

Kapitel II

1 K. Schott, *Magia universalis naturae et artis*, Bamberg 1657, S. 440.
2 B. Cesi, *Mineralogia sive Naturalis philosophiae thesauri*, Lyon 1636, S. 440.
3 Plinius, *Historia Naturalis*, II, 9.
4 J. Biancani, *Sphaera mundi*, Bologna 1620, Teil III, Trakt. II, Kap. IV, *De figura Lunae*, S. 154.
5 ebd., S. 263.
6 F. Aguillon, *Opticorum libri sex*, Antwerpen 1613, lib. 5, prop. 56, S. 419.
7 Siehe P. Raingeard, *Le visage du rond de la lune de Plutarque, texte critique*, Paris 1935.
8 J. Amyot, *Oeuvres morales*, Paris 1572; J. Kepler, *Plutarchi libellus de facie que in orbe lunae apparet*, ohne Ort, 1624.
9 P. Raingeard, a.a.O., S. 32–33 (936 d, 937 a und b).
10 ebd., S. 3 und 4 (920f und 921a), S. XX.
11 J. Baltrušaitis, *Das phantastische Mittelalter*, Berlin 1985.
12 P. Raingeard, a.a.O., S. 20 (930).
13 Platon, *Timaios*, Hamburg 1959.
14 G. Cardano, *De subtilitate...*, Nürnberg 1550, S. 113, *De la subtilité et subtiles inventions*, Paris 1556, S. 78.
15 Lukian von Samosata, *Der wahren Geschichte erstes Buch*, in: ders., *Lügengeschichten und Dialoge*, Nördlingen 1985.
16 F. Aguillon, a.a.O., S. 420.
17 Ch. Scheiner, *Apelles post tabula latens De maculis solaribus tres epistolae*, Rom 1613, S. 34 und 51.
18 Seneca, *Quaestiones naturales*, I.
19 Aristoteles, *Meteorologie*, Darmstadt 1970, Buch III, Kap. 5 (Detaillierte Beschreibung des Regenbogens), und J. Filere, *Le Miroir sans taches, enrichi des merveilles de la Nature dans les miroirs rapportés aux effets de la grâce pour voir Dieu en toutes choses et toutes choses en Dieu*, Lyon 1636, Kap. XXV, *L'arc-du-ciel, objet de l'admiration des grandeurs de Dieu*, S. 505–640. Den Hinweis auf dieses Werk verdanken wir Marc Fumaroli.
20 D. H. Menzel und E. H. Taves, *The UFO Enigma*, New York 1977, S. 23 ff.
21 Vergil, *Aeneis*, IV, 469–470.
22 Plinius, II, 31.
23 T. Livi... *Julii Obsequentis prodigiorum liber*, Leipzig 1910, S. 151 ff.
24 J. Obsequens, *Prodigiorum liber*, Venedig 1508.
25 J. Obsequens, *Prodigiorum liber per C. Lycosthenum, Polydori Vergilii de Prodigiis libri III*, Basel 1552; *Des prodiges, plus trois livres de Polydore Virgile*, Lyon 1555. Siehe zu all diesen Schriften J. Baltrušaitis, *Monstres et emblêmes*, Médecine de France, XXXIX, 1953, S. 23 ff.
26 C. Lycosthènes, *Prodigiorum ac ostentorum chronicon*, Basel 1557.
27 U. Aldrovandi, *Monstrorum historia*, Bologna 1642, Kap. XII, *De monstris coelestis*, S. 716–748.
28 P. Boaistuau, *Histoires prodigieuses extraites de plusieurs fameux auteurs grecs et latins*, Paris 1561, Antwerpen 1594, S. 120.
29 G. Cardano, a.a.O., S. 85 und 86.
30 H. C. Agrippa *De occulta philosophia*, Köln 1529, *De la philosophie occulte*, Den Haag 1727, S. 17.
31 Aristophanes, *Die Wolken*, Stuttgart 1963, S. 25.
32 Philostrate, *Vie d'Apollonios de Thyana*, siehe die Übersetzung von Conybeare, Cambridge (Mass.) 1948, S. 174. Dieser Text wurde kommentiert von H. Damisch, *Théorie du nuage; Pour une histoire de la peinture*, Paris 1972, S. 54.
33 W. Shakespeare, *Hamlet*, in: Erich Fried, *Shakespeare-Übersetzungen, Hamlet – Othello*, Berlin 1972, S. 49.
34 Roger Bacon, *Lettre sur les prodiges de la nature et de l'art*, übersetzt u. kommentiert von A. Poisson, Paris 1893, S. 32–33.
35 Roger Bacon, *De l'admirable pouvoir et puissance de l'Art et de la Nature*, Lyon 1557, S. 21.
36 John Dee, *Epistolae Rogerii Baconis, De Secretis operibus artis et naturae*, Hamburg 1618, S. 39.
37 A. Perronchi, *Studi su la dolce prospettiva*, Mailand 1964, S. 492.

38 H. Damisch, a.a.O., S. 54–57, *Miroirs*, und S. 170, Anmerkung 2.
39 C. Lycosthènes, a.a.O., S. 528, 533, 608 und U. Aldrovandi, a.a.O., S. 711.
40 Aristoteles, a.a.O.
41 E. Margolié und F. Zurcher, *Les Météores*, Paris 1865, Kap. *Mirage*, S. 12 ff. Siehe auch F. Reinzer, *Meteorologia philosophico-politica*, Augsburg 1709.
42 Siehe Guillaume de Lorris und Jean de Meun, *Le Roman de la Rose* (Traduction en Français moderne par André Lanly), Bd. II, 4, Paris 1975, S. 60 (18167–18179).
43 C. Agrippa, a.a.O., S. 18.
44 P. de Ronsard, *Oeuvres complètes VIII, Hymnes de 1555 et second livre des hymnes de 1556*, Hrsg. P. Laumonier, Paris 1935, S. 113–139.
45 Zu Michael Psellos (1018–1078) siehe Migne P.G. CXXII, col. 837 ff.; der Text wurde auch von E. Renault abgedruckt, in: *Revue des Etudes grecques*, Juni 1920; J. E. Boissonade, *Psellos*, Nürnberg 1838; K. Svoboda, *la Démonologie de Michel Psellos*, Spicy Filosofski Fakulty Masarykovo University V, Brno 1927, S. 1–60. Die lateinische Übersetzung von *De Daemonibus* von Psellos durch M. Ficino erschien 1552 in Lyon gemeinam mit Abhandlungen von Jamblique, Proklos und Porphyrios.
46 A.-M. Schmidt, *Pierre de Ronsard, Hymne des Daimons*, Paris 1938, S. 27.
47 M. Psellos, *Traité par Dialogue de l'Enfer et de l'opération des Diables*, Übers. aus dem Griech. durch P. Moreau, Paris 1575, S. 26.
48 Troisième livre des Histoires prodigieuses, zusammengestellt von F. Belleforest, in P. Boaistuau, a.a.O., Ed. 1575, S. 428.
49 P. Le Loyer, *Des spectres ou apparitions et visions d'esprits, anges et démons se montrant sensiblement aux hommes*, Angers 1586, S. 77.
50 Siehe H. Busson, *Pietro Pomponazzi, Les Causes des merveilles de la nature ou les Enchantements*, Paris 1930, S. 12 ff.
51 P. Pomponazzi, *De naturalium effectuum admirandorum, causis, sive de incantationibus*, Basel 1556.
52 ebd., S. 57, bei Busson S. 144.
53 Zu den antiken Theorien über den Sehmechanismus siehe P. Ver Eecke, *Euclide, l'optique et la catoptrique*, Paris-Brügge 1938, S. XI ff.
54 Siehe *Théophraste sur les sensations* in P. Tannery, *Pour l'histoire de la science hellène de Thalès à Empédocle*, Paris 1930, Anhang, S. 306.
55 Lukrez, *De rerum naturae libri IV*, Verona 1486; *De la nature des choses*, Paris 1823, Buch II, S. 4.
56 Apuleius, *Apologie*, Paris 1971, XV, S. 19.
57 H. Busson, a.a.O., S. 145.
58 ebd., S. 198.
59 ebd., S. 227–237.
60 Plotin, *Ennéades IV*, Paris 1927, S. 78 ff.
61 Proclus, *In Timaeum explicatio Platonis ex Timaeo*, Paris 1530, II, 9–19. Siehe W. Menzel, *Die vorchristliche Unsterblichkeitslehre II*, Leipzig 1870, S. 66; A. Delatte, *La Catoptromancie antique et ses dérivés*, Lüttich 1932, S. 153; O. Rank, *Don Juan et le double*, Paris 1973, S. 81–82; H. Damisch, *Narcisses*, Nouvelle Revue de Psychanalyse, XIII, Frühjahr 1976, S. 140–144.

Kapitel III

1 *Exodus*, XXX, 29–35.
2 R. Mirami, *Compendiosa Introduttione alla prima Parte della Specularia*, Ferrara 1582, S. 2; B. Cesi, *Mineralogia sive Naturalis philosophiae thesauri*, Lyon 1636, S. 468.
3 J. Dupont, *Gnosis, La connaissance religieuse dans les Epitres de saint Paul*, Louvain-Paris 1949, S. 115. Wertvolle Hinweise zu dieser Frage verdanken wir der Freundlichkeit von Me M. V. David und M. l'Abbé Starky. Siehe auch J. Filere, *Le Miroir sans taches*, Lyon 1636, Teil 2, Kap. IX, *La gloire que nous espérons dans le ciel par les miroirs suivant la doctrine des Saints-Pères et des Theologiens*, S. 846.

4 H.L. Strack, P. Billerbeck, *Kommentar zum N.T. aus Talmud und Midrasch*, III, München 1926, S. 452. Eine Hypothese über die Gesetzestafeln als Spiegel findet sich bei R. Reitzenstein, *Historia Monachorum und Historia Lausiaca, Forschungen zur Religion und Literatur des Alten und Neuen Testaments*, II, 7, Göttingen 1916, S. 250.

5 *Exodus*, XXXV, 17 und XXXVIII, 8. Zu den Visionen in der Bronzeschale siehe B. Cesi, a.a.O., S. 468, und J. Filere, a.a.O., S. 290. Bestimmten jüdischen Legenden zufolge, die sich um die biblische Geschichte gerankt haben, floß aus dieser Schale des Tabernakels Wasser, das eine Frau, die des Ehebruchs verdächtigt wurde, trinken mußte, um ihre Schuldlosigkeit zu beweisen, siehe L. Ginzberg, *The Legend of the Jews*, III, Philadelphia 1939, S. 175, erwähnt bei H. Damisch, *Narcisses*, Nouvelle Revue de Psychanalyse, XIII, Frühjahr 1976, S. 144, Anmerkung 1.

6 Siehe zu dieser Übersetzung A. Harnack, *Das hohe Lied des Apostels Paulus von der Liebe (1. Kor., 13)*, Sitzungsberichte der Kgl. Preuss. Akademie der Wissenschaften zu Berlin, Philol. hist. Kl. 1, 1911, S. 142–158, und G. Kittel, *Theologisches Wörterbuch zum Neuen Testament*, Stuttgart 1937, S. 178.

7 N. Hugedé, *La métaphore du miroir dans les Epitres de saint Paul aux Corinthiens*, Neufchâtel 1957, S. 115–136.

8 Porphyrios, *Brief an Marcella*, Abschn. 13; siehe A. J. Festuguère, *Trois dévots paiens*, Paris 1944.

9 Zu diesen beiden Texten siehe N. Hugedé, a.a.O., S. 128.

10 M. Berthelot, *La chimie au moyen âge*, II, *L'alchimie syriaque*, Paris 1893, S. 261–265; siehe auch ders., a.a.O., *Zosime l'Alchimiste*, S. 55–65.

11 M. Berthelot, a.a.O., S. 263, Anmerkung 5.

12 Wir zitieren diese Texte nach N. Hugedé, a.a.O., S. 17 ff. Siehe auch R. Seeberg, *Das Rätsel des Spiegels. Die Reformation*, 10, 1911, S. 137 ff.

13 Siehe zu dieser Auslegung J. Frappier, *Variations sur le thème du miroir, de Bernard de Ventadour à Maurice Scève*, in Cahiers de l'Association internationale des Etudes françaises, 11, 1959, S. 350.

14 J. Dupont, *Le chrétien, miroir de la gloire divine, d'après 2, Cor. 3, 18*, Revue biblique, LVI, 1949, S. 392–411.

15 H. Achelis, *Katoptromantie bei Paulus*, Theologische Festschrift für G. N. Bonwetsch, Leipzig 1918, S. 56–63.

16 Strack, Billerbeck, a.a.O., S. 452–453; siehe auch A. Marmorstein, *The Mirror in Jewish Religious Life*, Storia della Religioni, XIII, 1932, S. 40–41.

17 Migne, P.L., 199, c. 908; siehe A. Maury, *La magie et l'astrologie dans l'Antiquité et au Moyen Age*, Paris 1860, S. 42, und A. Delatte, *La catoptromancie grecque et ses dérivés*, Lüttich 1932, S. 15.

18 J. Behm, *Das Bildwort vom Spiegel, I. Kor. 13, 12*, in R. Seeberg: Festschrift I, Leipzig 1929, S. 328–335.

19 Platon, *Timaios*, in Sämtliche Werke Bd. 5, Hamburg 1959, S. 192 (71b).

20 Nikolaus von Cues, *Opera omnia I*, Berlin 1932, S. 22; H. Leisegang, *La connaissance de Dieu au miroir de l'âme et de la nature*. Revue d'Histoire et de Philosophie religieuse, XVII, 1937, S. 164, und J. Filere, a.a.O., S. 153; siehe auch J. L. Borges, *Der rätselvolle Spiegel*, in Gesammelte Werke Bd. 5/II, München, Wien 1981, S. 127–132.

21 P. Guillebaud (P. de Saint-Romuald), *Trésor chronologique*, Paris 1642, S. 237.

22 S. Goulard, *Histoires admirables et mémorables de nostre temps*, Köln 1610, S. 812.

23 J. de la Fons, *Discours sur la Mort de Henry le Grand*, Paris 1610, S. 25.

24 A. Kircher, *Ars magna, lucis et umbrae*, Rom 1646, S. 904. Siehe oben, Kap. I.

25 J. Barozzi da Vignola, *Le due regole della Perspettiva pratica*, Rom 1589, S. 94–95.

26 Zur Entstehung des Verfahrens in Frankeich siehe L. Brion-Guerry, *Jean Pelerin Viator et sa place dans l'histoire de la perspective*, Paris 1962, S. 145–146.

27 J.-F. Niceron, *La perspective curieuse*, Paris 1638, S. 78–80.

28 P. Guillebaud, a.a.O., S. 581.

29 Plinius, *Naturalis historiae*, Liber XXXIII, XLV, 9.

30 J. Leurechon, *Récréations mathématiques, composées de plusieurs problèmes plaisans et facétieux*, Bar-le-Duc 1624, S. 98.

31 Cl. Mydorge, *Examen du livre des Récréations mathématiques…*, Paris 1630. S. 196.

32 M. Bettini, *Apiaria universae philosophiae mathematicae*, Bologna 1642, Apiarium V, Kap. II, S. 28.

33 K. Schott, *Magia universalis naturae et artis*, Bamberg 1657, S. 289–290, 150, pl. VIII. Der Autor schlägt auch vor, dieselbe *tabula scalata* direkt, ohne Benutzung eines Spiegels zu verwenden. Zur Schlußfolgerung daraus siehe S. 449.

34 J. Labourt und P. Batiffol, *Les odes de Salomon, une oeuvre chrétienne des environs de l'an 100–120*, Paris 1911, Ode XIII.

35 B. Cesi, a.a.O., S. 466–470.

36 P. Claudel, *Schwert und Spiegel*, Heidelberg 1955, S. 203.

37 Über das *speculum sine macula* in der Ikonographie der *Unbefleckten Empfängnis* siehe E. Mâle, *L'art religieux de la fin du moyen âge en France*, Paris 1925, S. 211 ff., und ders., *L'art religieux après le concile de Trente*, Paris 1932, S. 44 ff.

38 J. de Voragine, *Sermones aurei II*, Toulouse 1876, *Mariale Aureum Lib. XVII, 6, Speculum*, S. 374–376; E. C. Richardson, *Materials for a Life of Jacopo di Voragine*, New York 1935, II, S. 64.

39 J. Böhme, *Gesammelte Werke Bd. I*, 1922, S. 78; A. Delatte, a.a.O., S. 87; G. F. Hartlaub, *Zauber des Spiegels, Geschichte und Bedeutung des Spiegels in der Kunst*, München 1951, S. 195 und 202.

40 E. Francesci, *Neu polierter Geschichts- Kunst und Sittenspiegel*, Nürnberg 1670, S. 43.

41 F. Koch, *Goethe und Plotin*, Leipzig 1925, S. 83–127.

42 Plotin, *Aeneades V*.

43 *Der Briefwechsel zwischen Goethe und Schiller, Bd. 2 1798–1805*, München 1984, S. 8 f.

44 M. Morris, *Die geplante Disputationscene im Faust*, in Goethe-Studien, Berlin 1897, S. 27.

45 K. Burdach, *Faust und Moses*, Sitzungsberichte der Kgl. Preuss. Akademie der Wissenschaften, 1912, I, S. 627–659; A. Trendelenburg, *Rembrandts Faust und Goethe*, Berlin 1925.

46 Leendertz, *Der Spiegel in Goethes Faust*, Zeitschrift für Bücherfreunde, N.F. 14, 1922, Heft 6, S. 142–144.

47 B. H. Brockes, *Irdisches Vergnügen in Gott, bestehend in Physikalischen und Moralischen Gedichten*, V, Tübingen 1739, S. 120, 132 und 255.

48 J. G. Herder, *Sämmtliche Werke Bd. VIII*, Berlin 1892, S. 239; siehe auch A. Langen, *Zur Geschichte des Spiegelsymbols in der deutschen Dichtung*, Germanisch-romanische Monatszeitschrift, XXXIII, 1940, S. 269.

49 F. Koch, a.a.O., S. 28.

50 Novalis, *Die Lehrlinge zu Sais*, in *Werke und Briefe*, München 1968, S. 139; siehe auch J. Baltrušaitis, *La Quête d'Isis*, Paris 1967, S. 58.

51 Gérard de Nerval, *Les Chimères*.

52 Ch. Perrault, *Le Miroir ou la Métamorphose d'Orante*, Grenoble 1661 und *Receil de divers ouvrages en prose et en verse*, Paris 1674, S. 63–85, vergl. M. Soriano, *Perrault et son double*, Les lettres nouvelles, Jan. 1972, S. 70–93.

53 J. Baltrušaitis, *Anamorphoses ou magie artificielle des effets merveilleux*, Paris 1969, S. 133 ff.

54 P. Valéry, *Herr Teste*, Ffm. 1965, S. 83.

Kapitel IV

1 P. Ver Eecke, *Euclide, l'optique et la catoptrique*, Paris-Brügge 1938, S. 122. Der Autor stellt fest, daß der zweite Teil der Ableitung, wo der Brennpunkt mit dem Mittelpunkt der Krümmung des Spiegels verwechselt wird, falsch ist. Siehe *Euclidis Catoptrica*, Straßburg 1557, fol. E ii, wo der Brennpunkt (K) nicht auf der Illustrationszeichnung eingezeichnet ist.

2 Plinius, *Naturalis historiae*, CXI.

3 Plutarch, *Große Griechen und Römer Bd. I*, Zürich und Stuttgart 1954, S. 182.

4 M. Perrot, *La houille d'or, énergie solaire*, Paris 1963, S. 8.

5 *Les Histoires de Polybe*, Paris 1655, Buch VIII, S. 423–424; G. Wescher, *Fragment perdu de Polybe relatif au siège de Syracuse*, Revue archéologique, 1869; Titus Livius, *Römische Geschichte*, Buch XXIV, 34; Plutarch, a.a.O.

6 Lucien de Samosate, *Oeuvres*, II, Paris 1583, S. 604.

7 Galenos, *De Temperamentis libri tres*, Paris 1523, S. 24.

8 Zonaras, *Chroniques ou Annales*, Lyon 1560, II, S. 88–89, III, S. 22.
9 Dion Cassius, *Histoire romaine*, Paris 1870, vol. 10, livre LXXIV, S. 217.
10 J. Tzetzes, *Chiliades*, Basel 1546, II, *Histor. 35*; siehe auch *Historiorum variorum Chiliades*, Leipzig 1826.
11 Eustathios, *Commentarii ad Homeri Iliadem*, Basel 1559.
12 *Vitellionis mathematici, de natura ratione et projectione radiorum visus luminum, colorum atque formarum quam vulgo perspectivam vocant libri X*, Nürnberg 1535, Lib. V, 65, Lib. VIII, 68, Lib. IX, 43; F. Risner, *Vitellionis Thuringopoloni opticae libri decem*, Basel 1572.
13 Zum Originaltext vgl. E. Langlois, *Le Roman de la Rose, IV*, Paris 1922, S. 218.
   Vers 18167
   Autre miroer sont qui ardent
   Les choses queint ons les regardent
   Qui les set a dreit compasser
   Pour les rois ensemble amasser
   Quant il solauz reflambeianz
   Vers 18172
   Est sur les miroiers raianz.
14 R. Bacon, *Opera inedita, Opus tertium*, Kap. XIII, XXXIII und XXXVI, in *Chronicles and Memorials of Great Britain during the Middle Ages*, vol. XV, London 1857, S. 46–112, II; P. Duhem, *Un fragment inédit de l'Opus tertium de Roger Bacon*, Quaracchi 1909, S. 155; B. Landry, *L'idée de la chrétienté chez les scolastiques du XIIIe siècle*, Paris 1929, S. 76.
15 V. Gay, *Glossaire archéologique du Moyen Age et de la Renaissance, II*, Paris 1928, S. 133.
16 C. Agrippa, *De incertitudine et vanitate scientiarum*, Antwerpen 1527. Wir zitieren nach der französischen Übersetzung *Déclamation sur l'incertitude, vanité et abus des sciences*, Paris 1582, S. 108.
17 M. Ficino, *De Vita*, Florenz 1489, III, 17, und *Opera*, Basel 1516, S. 356. Siehe A. Chastel, *Art et Humanisme à Florence au temps de Laurent le Magnifique*, Paris 1959, S. 320.
18 C. Ripa, *Iconologie*, Paris 1636, S. 167–168; J. Filere, *Le Miroir sans taches*, Paris 1636, S. 759 ff.
19 O. Fine, *De speculo ustorio ignem ad propositam distantiam generato*, Paris 1551.
20 P. Sutermeister, *L'apogée du baroque*, Paris 1966, S. 33 und 35; das Fresko der Bibliothek wurde von F. G. Herman ausgeführt.
21 G. Cardano, *De Subtilitate*, Nürnberg 1550, *De la subtilité et subtiles inventions*, Paris 1556, S. 88.
22 G.-B. della Porta, *Magiae Naturalis libri XXI*, Neapel 1589, lib. XVII, Kap. 14–17, S. 271–276.
23 G.-B. della Porta, *Magiae Naturalis libri IV*, Neapel 1561, *La magie naturelle en quatre livres*, Rouen 1612, Livre IV, Kap. XIV und XV, S. 484–488.
24 Siehe unten, Kapitel VII, *Der Spiegel des Pythagoras*.
25 B. Cavalieri, *Lo specchio ustorio overo trattato della settione coniche*, Bologna 1632, S. 102, Abb. XXI und XXII.
26 M. Bettini, *Apiaria universae philosophiae mathematicae*, Bologna 1642, *Apiarium VII*, S. 40 ff.
27 M. du Fay, *Sur quelques expériences catoptriques*, Histoire de l'Académie Royale des Sciences, année 1726, Paris 1728, S. 165–171.
28 Ch. Adam und P. Tannery, *Oeuvres de Descartes I, Correspondance*, Paris 1897, S. 109.
29 (Mersenne), *Questions inoyes ou recreations des sçavans*, Paris 1633.
30 Adam, Tannery, a.a.O., VI, Paris 1902, S. 193.
31 M. Mersenne, *L'optique et la catoptrique nouvellement mises en lumière après la mort de l'auteur*, Paris 1651, S. 126–132.
32 A. Kircher, *Ars magna lucis et umbrae*, Rom, 1646, S. 874 ff.
33 Ph. Cluver, *Sicilia antiqua*, Lyon 1619.
34 Ch. Grunbergius (Ghevara), *Speculum ustorium verae ac priomogeniae suae formae restitutum*, Rom 1613.
35 M. Perrot, a.a.O., S. 68.
36 N. Forest-Duchesne, *Selectae dissertationes physicae mathematicae*, Paris 1647, S. 54–58; zweite Auflage: *Florilegium universale liberalium artium*, Paris 1650.
37 K. Schott, *Magia universalis*, Bamberg 1657, S. 364–423.

Kapitel V

1 G.-L. de Buffon, *Invention des miroirs pour brûler à une très grande distance*, Mémoires de l'Académie des Sciences, 1747, S. 87 ff.
2 G.-L. de Buffon, *Histoire naturelle générale et particulière servant d'introduction à l'histoire des animaux*, Supplément, Bd. I, Paris 1774, Sixième mémoire, Article Second, *Réflexion sur le jugement de Descartes au sujet des miroirs d'Archimède avec le développement de la théorie de ces miroirs et l'explication de leurs principaux usages*, S. 425 ff.
3 S. Bexon, *Système de fertilisation*, Nancy 1773.
4 G.-L. de Buffon, *Histoire naturelle*, Abb. X und XI.
5 Cl. Millet de Chales, *Cursus seu mundus mathematicus*, Lyon 1674, Bd. II, S. 585. Siehe auch *Journal des sçavants*, 1674, S. 35.
6 Z. Traber, *Oculus opticus*, Wien 1675, S. 130, Abb. 53.
7 Erwähnt bei B. Abat, *Amusements philosophiques sur diverses parties des sciences et principalement de la Physique et des Mathématiques*, Amsterdam 1763, S. 393.
8 J. F. Montucla, *Histoire des Mathématiques I*, Paris 1758, S. 246 und 320, zweite posthume und ergänzte Auflage von Lalande, Paris 1802, Bd. III, S. 557 ff.
9 B. Abat, a.a.O., S. 394.
10 L. Dupuy, *Fragment d'un ouvrage grec d'Anthemius sur les paradoxes de mécanique*, Mémoire de l'Académie des Inscriptions et des Belles-Lettres, Bd. 44, 1777. Die Übersetzung erfolgte auf der Basis von vier griechischen Manuskripten aus dem 16. Jahrhundert, drei aus der Bibliothèque Royale in Paris und eins aus Wien.
11 R. Mirami, *Introduttione alla prima parte della specularia*, Ferrara 1586, S. 6.
12 E. G. Robertson, *Mémoire récréatifs, scientifiques et anecdotiques*, Paris 1831, S. 125–140.
13 F. Peyrard, *Miroir ardent, Rapport fait à l'Institut national, Classe Science Physiques et Mathématiques*, 4. August 1807, in Oeuvres d'Archimède, übersetzt von F. Peyrard, 1807, S. 549–568.
14 F. Trombe, *Les installations de Montlouis et le four solaire de 1000 kw d'Odeillo-Font-Romeu*, in Application thermique de l'énergie solaire dans le domaine de la recherche et de l'industrie. Colloques internationaux CNRS, 85, Paris 1961, S. 87–119. Siehe auch P. Audibert und O. Rouard, *Les énergies du soleil*, Paris 1978.
15 *La houille d'or, énergie solaire*, Paris 1963, Abb. 31.
16 F. Trombe, a.a.O., Tafel II.
17 M. Dussol, *Cuiseurs solaires*, Energie solaire, Ed. Fiches écologiques, April 1976, S. 1–15. Mit einem parabolischen Sonnenkochtopf aus Aluminium von 1 m Durchmesser kann man ein Kilo Fleisch in 30 Minuten grillen und ein Huhn in 55 Minuten garen.
18 F. Dupuis, *Près du soleil. Quand les chercheurs de Boeing décident d'aller capter l'énergie solaire là où elle se trouve: derrière les nuages*, Le Nouvel Observateur, 24. Nov. 1976, S. 64.

Kapitel VI

1 Zu den modernen Untersuchungen siehe F. Adler, *Der Pharos von Alexandria*, Zeitschrift für Bauwesen, 1901, S. 168–198; H. Thiersch, *Pharos, Antike, Islam und Occident*, Leipzig 1909; H. Saladin, *Le phare d'Alexandrie*, Journal des Savants, 1912, S. 452–456; P. Lavedan, *Dictionnaire des Antiquités grecques et romaines*, Paris 1931, S. 749 ff.
2 *Geographie von Strabo*, V, 17, vgl. Ausg. Paris 1819, S. 328.
3 Plinius, *Naturgeschichte*, XXVI, 8.
4 B. de Montfaucon, *Dissertation sur le phare d'Alexandrie*, Mémoires de l'Académie des Inscriptions, 1729, S. 576–591.
5 I. Vossius, *Observationes ad Pomponium Melam*, Den Haag 1658, S. 204–206.
6 Flavius Josephus, *Antiquitatum judaicarum libri*, XVI, 5.
7 J. Quicherat, *Catalogue général des manuscrits*, V, Paris 1972, S. 647, Ms. der Bibliothèque de Charleville, Nr. 220, XII. Jahrhundert.

8 H. Bordier, *Les Livres des Miracles et opuscules de Grégoire de Tours*, IV, Paris 1874, S. 11.
9 J. Quicherat, *Melanges d'Archéologie et d'Histoire, Architecture du Moyen Age*, Paris 1886, S. 506–511.
10 U. Chevrau, *Histoire du Monde*, IV, Paris 1669, Buch 8, *Les Merveilles du Monde*, S. 249–268 und S. 276.
11 *Abrégé des Merveilles*, übers. v. D. Carra de Vaux, in *Actes de la Société philosophique*, XXVI, Paris 1897, S. 282. Siehe die Berichte von G. Maspero (*Journal des Savants*, 1899, S. 70ff.) und von M. Berthelot (ebd., S. 248ff.).
12 B. Carra de Vaux, a.a.O., S. 175, 201, 250.
13 Lukian von Samosata, *Wahre Geschichte*, in *Lügengeschichten und Dialoge*, Nördlingen, 1985, S. 86.
14 B. Carra de Vaux, a.a.O., S. 234.
15 Zu den orientalischen Texten über Pharos siehe H. Thiersch, a.a.O., S. 39–49.
16 J. de Goeje, *Ibn Khordadhbeh, Bibliotheca geographorum arabicorum*, VI, Lyon, 1889, S. 114.
17 J. de Goeje, *Ibn al Faqih*, a.a.O., S. 72.
18 Masoudi, *Prairies d'or*, II, 11, übers. v. Barbier de Maynard, Paris 1863, S. 431–435 und *Le Livre d'Avertissement*, übers. v. de Goeje, a.a.O., VIII, S. 46–48.
19 J. de Goeje, a.a.O., VIII, S. 210.
20 Dimisqui, *Cosmographie*, übers. v. Mehren, Kopenhagen 1866, S. 36.
21 Abdulfedha, *Descriptio Aegypti*, Göttingen 1770, S. 7.
22 Ch. A. Schefer, *Relation du voyage de Nassiri Khosrau*, Paris 1881, S. 119.
23 Ahmed el Absihi, *Kitab al Mostatnaf*, II, übers. v. G. Rat, Paris 1902, S. 359.
24 Benjamin von Tudela, *Itinerarium*, Antwerpen 1575, S. 107.
25 Die »*Parasange*«, ein altes persisches Längenmaß, entspricht 5250 Metern. Früher wurde sie auf 1000 Schritte oder eine Meile geschätzt.
26 *Tabula itineraria ex illustri Peutingerorum bibliotheca*, Antwerpen 1590; E. Desjardin, *Table de Peutinger, conservée à Vienne*, Paris 1869, Segment VIII, 28.
27 J. J. Salverda de Grave, *Eneas, roman du XII*^{e} *siècle. Classiques français du Moyen Age*, Paris 1929, S. 52, Vers 7604–7632; E. Faral, *Recherches sur les source latines des contes et des romans courtois du Moyen Age*, Paris 1913, S. 79f.; J. Frappier, *Variations sur le thème du miroir, de Ventadour à Maurice Scève*, Cahiers de l'Association internationale des Etudes françaises, Nr. II, 1959, S. 137.
28 R. Bacon, *De Mirabilis potestate artis et naturae*, Paris 1543, S. 172; *De l'admirable pouvoir et puissance de l'Art et de la Nature*, Lyon 1557, S. 21.
29 Julius Caesar, *Guerre d'Alexandrie*. Hrsg. Budé, Paris 1954, XIV, S. 17.
30 Jean Léon (Hasan ibn Mohamed), *Description de l'Afrique, tierce Partie du Monde*, Lyon, S. 344, Ausg. Antwerpen 1556, S. 358; zit. n. Johann Leo Africanus, *Beschreibung Afrikas*, Leipzig 1984, S. 216f. Zum Leben des Autors, siehe Ch.-H. Schaefer, *Léon l'Africain dit Jean*, Paris 1896–1898.
31 Der Text wurde teilweise abgedruckt in P. Bayle, *Dictionnaire historique et critique*, II, Rotterdam 1697, S. 281.
32 Mailand, Ambrosiana, Ms. 72, zit. n. F. Starace, *Il Colosso di Rodi*, in *Psicon* 7 (1977). *Le meraviglie del mondo*, S. 21; siehe auch M. L. Madonna, »*Septem mundi miracula*«, *Il colosso di Rodi*, ebd., S. 45ff.
33 G. Boucher, *Les Sérées*, Poitiers 1584, S. 171.
34 A. Thévet, *Cosmographie du Levant*, Paris 1554, S. 105.
35 M. L. Madonna, Abb. I.
36 M. Fenaille, *Etat général des Tapisseries de la Manufacture des Gobelins, Les ateliers parisiens du XVII*^{e} *siècle (1601–1662)*, Paris 1923, S. 193. Die Caron zugeschriebene Zeichnung gehört zum Cabinet des Estampes der Bibliothèque Nationale. Der Wandteppich, von F. de la Planche hergestellt, wird im Mobilier National 1623 im Inventar erwähnt. Vgl. *L'Ecole de Fontainebleau, Grand Palais (Ausstellungskatalog)*, Paris 1972, Nr. 469, S. 261.
37 M. Crusius, *Turcograeciae libri 8*, Basel 1584, S. 231.
38 A. Bruzin de la Martinière, *Le grand Dictionnaire géographique et critique*, VI, Den Haag 1726, S. 270.
39 B. de Montfaucon, a.a.O., S. 544.
40 B. Abat, *Amusements philosophiques sur diverses parties des sciences et particulièrement de la physique et des mathématiques*, Amsterdam, 1763, S. 215.

41 Benjamin von Tudela, *Itinerarium*, Lyon 1633, *De Reysen van R. Benjamin Tudelius*, Amsterdam 1666, *Voyage du Rabbin Benjamin de Tudèle*, Amsterdam 1734.
42 J.-F. Montucla, *Histoire des mathématiques*, III, 2. Ausg., Paris 1802, S. 560.
43 G. Libri (Carrucci della Sommata), *Histoire des sciences mathématiques en Italie*, II, Paris 1838, S. 215.
44 G.-B. della Porta, *Magiae naturalis libri XXI*, Neapel 1589, S. 270.
45 K. Schott, *Magia universalis naturae et artis*, Bamberg 1657, S. 492.
46 P. Aresi, *Delle sacre imprese libro IV*, Tortona 1630, S. 454, nachgedruckt bei T. M. Terzago, *Museo del Canonico Manfredo Settala Nobile Milanese*, Tortona 1677, S. 14.
47 A. Kircher, *Ars Magna Lucis et umbrae*, Rom 1646, S. 909.
48 Siehe die Korrespondenz von Boulliau, Bibliothèque Nationale, Ms. suppl. fr. 987, T. 26. Der Brief ist abgedruckt bei G. Libri, a.a.O., S. 218–222.
49 M. de Valois, *Sur l'origine du verre et de ses différents usages chez les Anciens*, Mémoires de l'Académie des Inscriptions, I, 1717, S. 111.
50 B. de Montfaucon, a.a.O., S. 581.
51 B. Abat, a.a.O., S. 361–414.
52 Das Teleskop von Newton wurde im *Journal des sçavants* vom 29. Februar 1672, S. 52, abgebildet und beschrieben.
53 J. Gregory, *Optica promota*, London 1663, S. 94.
54 M. Mersenne, *Harmonie universelle*, Paris 1636, S. 60f. Siehe auch Ch. Adam und P. Tannery, *Oeuvres de Descartes*, II, Correspondance, Paris 1898, S. 539 und 589.
55 *Journal des sçavants*, 1672, S. 98. Die französische Erfindung wird hier im Anschluß an die Darstellung des Teleskops von Newton im gleichen Heft auf S. 52 vorgestellt. Siehe J. Tevereau, *Le télescope du type Cassegrain*, Paris 1919.
56 J. Biancani, *Sphaera mundi*, Bologna 1620, *Echometria*, S. 414–443.
57 J.-F. Montucla, *Histoire des mathématiques*, Paris, 1758, S. 643–647. Zu dieser Art von Teleskop siehe A. Danjon und A. Couder, *Lunettes et télescopes*, Paris 1935, S. 589ff; H. C. King, *The History of Telescope*, London 1955, S. 67–91; der Autor hält das Teleskop von Leonard Digges (*Pontometria*, Oxford, 1571) für das älteste.
58 N. Zucchi, *Optica philosophia experimentis et ratione*, Lyon 1652, S. 124.
59 Seneca, *Questions naturelles*, Hrsg. Budé, Paris 1929, S. 45.
60 J. Zahn, *Oculus artificialis*, Erfurt 1685, S. 556.
61 Abdulfedha, *Descriptio Aegypti*, Göttingen 1770, S. 7.
62 G. L. de Buffon, *Histoire naturelle générale*, Supplément, I, Paris 1774, S. 478–482.
63 siehe oben, Kap. V, S. 147
64 Amerlhon, *Mémoire dans lequel on examine s'il est prouvé que les Anciens avaient connu le télescope comme quelques Modernes le prétendent*, Histoire de l'Académie royale des Inscriptions, 42, 1786, S. 503–508.
65 Schreiben an den Präsidenten der Académie des Sciences von M. Morand, *L'Echo du monde savant*, Nr. 30, 20. Oktober 1842, S. 686.
66 Th.-H. Martin, *Sur les instruments d'optique faussement attribués aux Anciens*, Paris 1871, S. 17–23.
67 H. Thiersch, a.a.O., S. 91ff. und S. 73.
68 Siehe *Philosophical Transactions*, 1795, und J.-F. Montucla, a.a.O., III, 2. Ausg. 1802, ergänzt durch Lalande.
69 A. Mee, *Observational Astronomy*, Cardiff 1893.

Kapitel VII

1 A. Kircher, *Ars magna Lucis et umbrae*, Rom 1646, S. 908f.
2 G.-B. della Porta, *Magiae naturalis libri XXI*, Neapel, 1589, Lib. XVII, cap. 17, S. 276.
3 H. C. Agrippa, *De occulta philosophia*, Köln 1529, Lib. I, cap. 6.
4 K. Schott, *Magia universalis naturae et artis*, Bamberg 1657, S. 439.

5 P. Guillebaud, *Trésor chronologique*, I, Paris 1642, S. 519.
6 P. Bayle, *Dictionnaire historique et critique*, Rotterdam 1697, Artikel »Pythagoras«, S. 281.
7 Aristophanes, *Die Wolken*, V., 749ff., S. 49, Stuttgart 1963.
8 Platon, *Gorgias*, 513a; Plinius, *Historia naturalis*, XXX, 1; Vergil, *Bucolica*, 8, 69.
9 *Aristophanis comoediae undecim cum scholiis antiquis*, Averliae Allobrugum, 1607, S. 169.
10 Cl.-G. Bachet, *Les epistres d'Ovide*, Bourg-en-Bresse 1626, S. 608.
11 P. Boudraux, *Le texte d'Aristophane et ses commentateurs*, Paris 1929, S. 64.
12 Siehe Suidas, *Lexicon*, Köln 1610.
13 Lukian von Samosata, *Wahre Geschichte*, a.a.O., S. 105f.
14 L. Ricchieri (genannt Coelius Rodriginus), *Lectionum antiquarum libri XVI*, Venedig 1516, Basel 1542, Lib. IX, cap. 23, S. 347.
15 N. Conti, *Mythologiae sive explicationum fabularum libri decem*, Venedig 1551.
16 P. Le Loyer, *Des spectres ou apparitions et visions d'esprits, anges ou démons se montrant sensiblement aux hommes*, Antwerpen 1586, S. 78.
17 E. Mâle, *L'Art religieux du XIIIe siècle en France*, Paris 1925, S. 87.
18 H. R. Trevor-Roper, *The European Witch-Craze of the 16th and 17th Centuries*, London 1969, S. 40ff.
19 M. del Rio, *Les controverses et recherches magiques*, Paris 1612, S. 78.
20 F. Torreblanca, *Epitomes Deliciorum libri in quibus aperta vel occulta invocatio daemonis intervenit*, Madrid 1615, Bd. 57.
21 P. de l'Ancre, *L'incertitude et mescréance du sortilège pleinement convaincues*, Paris 1622, S. 252. Siehe auch H. R. Trevor-Roper, a.a.O., S. 80.
22 G. Naudé, *Apologies pour tous les grands personnages qui ont été faussement soupçonnés de Magie*, Paris 1625, S. 227.
23 R. Moreau, *Schola salernitana*, Paris 1625, S. 325.
24 F. Risner, *Opticae libri quatuor*, Paris 1606, S. 211.
25 K. Schott, a.a.O., S. 442.
26 Th. Campanella, *De sensu rerum et magia*, Ffm. 1620, S. 329.
27 J. Meursius, *Gracia Ludibunda. De Ludis Graecorum*, Lyon 1625, S. 58.
28 Cl.-G. Bachet, a.a.O., S. 608.
29 J.-C. Boulenger, *De Ludis privatis et domesticis veterum*, Lyon 1627, S. 58, *De speculo Pythagore seu Pythago*.
30 B. Cesi, *Mineralogia sive Naturalis philosophiae thesauri*, Lyon 1638, S. 466.
31 J. Leurechon, *Récréations mathématiques*, Pont-à-Mousson 1626, S. 171.
32 P. Massé, *De l'imposture et tromperie des diables, devins et sorciers*, Paris 1579, S. 71–109 und S. 122.
33 M. del Rio, a.a.O., S. 52.
34 G. Naudé, a.a.O., S. 55 ff.
35 B. Peyera, *Adversus fallaces et superstitiosas artes, id est Magia*, Lyon 1529, Lib. I, cap. 9, S. 58 ff.
36 G. Naudé, a.a.O., S. 201 ff.
37 Jacques d'Autun, *L'incrédulité sçavante et la crédulité ignorante*, Lyon 1670, S. 935 und 992.
38 Le P. David L'Enfant, *Histoire générale de tous les siècles de la nouvelle Loy, laquelle enseigne ce qui est arrivé de plus notable dans l'Eglise et dans le monde tous les jours de l'année*, Paris 1680, S. 216.

Kapitel VIII

1 J. Ch. Wiegleb, *Natürliche Magie aus allerhand belustigenden und nützlichen Kunststücken*, V, Berlin-Stettin 1791, S. 100–104.
2 Leonardo da Vinci, *Malerregeln*, in *Tagebücher und Aufzeichnungen*, Leipzig, 1952, S. 684. Siehe auch J. Baltrušaitis, *Das phantastische Mittelalter*, Berlin 1985.
3 G.-B. della Porta, *Magia Naturalis oder Haus- Kunst und Wunderbuch*, Nürnberg 1680.
4 P. Sucher, *Les sources du merveilleux chez E.T.A. Hoffmann*, Paris 1912, S. 104 ff.
5 E.T.A. Hoffmann, *Fantasiestücke in Callots Manier, Der goldene Topf*, in *Werke*, Bd. 4, Ffm. 1967, S. 171.
6 Goethe, *Faust I*, *Werke*, Bd. 3, Hamburg 1972, V. 2429 ff.

7 J. Bertaut, *Oeuvres poétiques*, Paris 1891, S. 212.
8 J. Froissart, *L'espinette amoureuse*, éd. A. Fournier, Paris 1958, V. 2626 ff.; J. Frappier, *Variations sur le thème des miroirs de Bernard de Ventadour à Maurice Scève*, in Cahiers de l'Association internationale des Etudes françaises, XVII, 1959, S. 40.
9 M. G. Lewis, *The Monk*, London 1796; *Der Mönch*, München 1971, S. 339 f.
10 W. Shakespeare, *Macbeth*, Akt IV, Szene 1.
11 S. Goulart, *Le Trésor des Histoires admirables et mémorables de notre temps*, IV, Köln 1614, S. 438; zu den anderen literarischen und historischen Texten siehe A. Delatte, *La catoptromancie grecque et ses dérivés*, Lüttich 1932, S. 84 ff. und G. F. Hartlaub, *Zauber des Spiegels, Geschichte und Bedeutung des Spiegels in der Kunst*, München 1951, S. 120.
12 *Les oeuvres d'Estienne Pasquier, conseiller et avocat général du Roi, contenant... et les lettres de Nicolas Pasquier, fils d'Estienne*, II, Amsterdam 1723, S. 1057.
13 E. Defrance, *Catherine de Médicis et ses magiciens envoûteurs*, Paris 1911, Kap. IV, *Le miroir magique*, S. 130 ff.; Papus, *Traité élémentaire de magie pratique*, Paris 1893, S. 308 ff.; P. Sedir, *Les miroirs magiques*, Paris 1895, S. 56 ff.; Collin de Plancy, *Curiosités des sciences occultes*, Paris 1885, S. 260.
14 Spartianus, *Didus Julianus*, Kap. VII; zur antiken Katoptromanie siehe L.-F.-A. Maury, *La magie et l'astrologie dans l'Antiquité et au Moyen Age*, Paris 1860, S. 426 f.; A. Delatte, a.a.O., S. 133 f.
15 Aristophanes, *Die Acharner*, Leipzig, o. J., S. 61.
16 Apuleius, *Apologia*, Kap. XLII.
17 Jamblichus, *Les mystères d'Egypte*, éd. Budé, Paris 1966, II, 10 und III, 29, S. 94 und 141.
18 Pausanias, *Beschreibung Griechenlands*, München 1972, VII, 21, S. 362.
19 R. Hercher, *Artemidori Daldiani onicriticon libri V*, Leipzig 1864, Lib. II, 7, pp. 90–92; siehe: Artemidor von Daldis, *Traumbuch*, München 1979, S. 116 f.
20 I. Casaubon, *Historiae augustae scriptores*, Paris 1603, S. 250; siehe L.-F.-A. Maury, *La magie*, S. 428.
21 Museum Berlin, E. Gerhard, *Auserlesene gr. Vasenbilder*, IV, Berlin, 1858, S. 103 f.; A. Furtwängler und A. Reichholz, *Griechische Vasenbilder* III, Berlin 1909, 1. 110, Abb. 140; Ch. Dugas, *Aison*, Paris 1930, S. 3, Abb. 7. Ähnliche Darstellungen finden sich unter anderem auf einer Amphore im Louvre, einem Gefäß mit roten Figuren im Museum von San Francisco (Artemis, die Apollon einen Kelch reicht), auf der Zista Barberini von Preneste (Apollon, der anstelle eines Spiegels eine leere Schale befragt), auf einem Basrelief in Ägina (gleiche Szene, IV, 5), einem Gefäß in Neapel (Aphrodite, die Eros eine Orakelschale reicht), usw., siehe P. Amandry, *La mantique apollienne à Delphes, Essai sur le foncionnement de l'oracle*, Paris 1950, S. 66–77, Kap. VI, *Monuments figurés*, in dem 24 Beispiele dargestellt werden, und N. Hugedé, *La métaphore du miroir dans les Epitres de saint Paul*, Neuchâtel 1957, S. 84–88, *Les Monuments* (Abb. I–VII). Zu den Fresken der Villa der Mysterien in Pompeji siehe auch V. Macchioro, *Zagreus*, Florenz 1930, S. 82 ff.; V. Rostovzeff, *Mystic Italy*, New York 1928, S. 40.
22 Grégoire de Tours, *De gloria martyrum*, übers. v. H. Bordier, Paris 1847, Kap. I, S. 7.
23 Pierre Comestor, *Scolastica Historia*, Kap. VII.
24 Gervais de Tilbury, *Otia imperialia*, Kap. V, siehe Ausg. Hannover 1856.
25 F. Faber, *Voyage à Jerusalem*, Paris 1546.
26 Ch. Baudelaire, *Die Blumen des Bösen*, München 1975, LXXXIV, *Das Unheilbare*, S. 214.
27 Jean de Salisbury, *Polycraticus*, Lib. I, cap. 12, Migne, P. L. 199, col. 408.
28 Siehe oben, Kap. III, *Göttliche Spiegel*, Anm. 15.
29 Aurelius Augustinus, *Vom Gottesstaat*, VII, 35, München 1977, S. 367 ff.; dazu, daß Augustinus die Wahrsagepraktiken dem Teufel zuschreibt, siehe Bouché-Leclercq, *Histoire de la divination dans l'antiquité*, I, Paris 1879, S. 100 ff.
30 Gervais de Tilbury, a.a.O., Kap. XVII, S. 6, vgl. A. Delatte, a.a.O., S. 23.
31 Michel Scot, *Liber introductorius*, bekannt nach einem Manuskript des 15. Jahrhunderts (Bodley 266), von dem Fragmente bei Thorndyke wiedergegeben werden in: *A History of magic and experimental Sciences during the first half of the thirteen Centuries of our era*, II, New York 1923, S. 320; A. Delatte, a.a.O., S. 25 f.
32 Durch Orioli in Muratori (*Rerum italicarum scriptores*, I, col. 545), siehe L.-F.-A. Maury, *Sur un miroir magique du XVe ou XVIe siècle*, Revue archéologique, V, 1846, S. 159.

33 *Ars Alphiari Florieth ydee*, siehe A. Delatte, a.a.O., S. 46.
34 N. Eymericus, *Directorum inquisitorum*, Rom 1578, S. 235 f.
35 Siehe *Grimorium verum vel probatissime Claviculae Rabini Hebraici*, Memphis (sic), 1517, S. 44 ff.; A. Delatte (a.a.O., S. 99) macht auf eine gewisse Anzahl späterer Manuskripte desselben Werkes aufmerksam, B. N. lat. 15177 (XVII. Jh.), lat. 18510 und fr. 24244 (XVIII. Jh.).
36 Guillaume d'Auvergne, *Opera omnia*, I, Paris 1674, S. 878, 1049 f. und 1057 f., vgl. L. Thorndike, a.a.O., S. 287 und 364 f. und A. Delatte, a.a.O., S. 28 f.
37 J.-F. Pico della Mirandola, *Opera omnia*, II, Basel 1601, S. 286 f.
38 J. Hansen, *Quellen und Untersuchungen zur Geschichte des Hexenwahns und der Hexenverfolgung im Mittelalter*, Bonn 1901, S. 43 f.
39 *Bullarum collectio* III, Paris, 1741, pars 3, S. 194.
40 L.-F.-A. Maury, *Le miroir magique*, S. 159.
41 J. Hartlieb, *Buch aller verbotenen Kunst und der Zauberei* (1456), Kap. 86, siehe Fr. Panzer, *Bayrische Sagen und Bräuche*, II, München 1855, S. 257, und A. Delatte, a.a.O., S. 51.
42 A. Ph. Th. Paracelsus, *De Presagiis*, Basel 1569, S. 28, 82, 95 f. und 110 f.; *De Summis Naturae Mysteriis libri tres*, Basel 1570, S. 33, 37, 40, 117; *De Caducis, Bücher und Schriften*, Basel 1589, IV, 332, 357; *De preparationibus*, ebd., VI, S. 233; *De Transmut. Rerum Naturalium*, ebd., VI, S. 311; *De Signatura Rerum Naturalium*, ebd., VI, S. 329–51; *Coelum philosophorum*, ebd., VI, S. 386–396; *Opera mineralis*, Amsterdam 1652, S. 77; siehe A. E. Waite, *The hermetical and alchemical writers*, London 1894, I, S. 171–188, II, S. 296, 303, 313 f; A. Delatte, a.a.O., S. 69.
43 *D. Martin Luthers Tischreden*, Ausg. Weimar 1912, Nr. 5457, S. 165, Artikel von Heidenreich.
44 J. Frappier, a.a.O., S. 139; J. Lemaire de Belges, *La Concorde des deux langages*, éd. J. Frappier, Paris 1947, S. 45.
45 L.-F.-A. Maury, *Le miroir magique*, S. 156.
46 J. Princen, *Note on the magic mirrors of Japan*, Journal of the Asiatic Society of Bengal, I, Kalkutta 1832, S. 242.
47 Siehe oben.
48 L. Ricchieri (genannt Coelus Rodriginus), *Lectionum antiquarum libri XVI*, Venedig 1516 und Basel 1542, S. 268 und 562.
49 Rabelais, *Gargantua und Pantagruel*, Buch III, Kap. 25, Ffm. 1974, S. 407 f.
50 J. Fernel, *Ambiani de abditis rerum causis libcr duo*, Paris 1548, S. 112.
51 G. Cardano, *De subtilitate*, Nürnberg 1550.
52 K. Peucer, *Commentarium de pricipiis divinationum generibus*, Wittemberg 1533, Lib. V, cap. 7, S. 123^v–126^v. Von der griechischen Terminologie, die sich auf die Mantik der Reflexionen bezieht, wird nur die *Hydromantie* mit einem Hinweis auf die Quelle (Augustinus-Varro) zitiert. Die Begriffe *Katoptromantie, Lekanomantie, Gastromantie, Kristallomantie, Onychomantie*, verbreiten sich im Lauf des 16. Jahrhunderts, das doch so stolz auf seine Belesenheit ist, ohne daß ein Text erwähnt würde, aus dem sie stammen. Die Klassiker, die über diese Praktiken berichten (Spartianus, Apuleius, Pausanias, Artemidor) benutzen diese Begriffe nicht. Zur antiken Mantik siehe A. Bouché-Leclercq, a.a.O., Kap. III, *Divinations par les objets inanimés*, S. 170–188, und P. Amandry, a.a.O. Zur Entwicklung und Darstellung bestimmter Orakelpraktiken siehe W. Thomas, *Crystal gazing in history and praxis*, London 1908; G. F. Hartlaub, *Antike Wahrsagungen in Bildern Tizians*, Pantheon, 1944, Heft 11, und ders., *Tizians Liebesorakel und seine Kristallseherin*, Zeitschrift für Kunst, IV, 1950, Heft 1. Die modernen Gelehrten bedienen sich häufig des mantischen Vokabulars, das seit der Renaissance gebräuchlich ist.
53 M. Psellos, *De demonibus, interpres M. Ficinus*, Venedig 1497 und Lyon 1552, S. 359.
54 J. Wier, *De Prodigiis daemonorum*, Basel 1563, Lib. II, cap. 12 und Lib. VI, cap. 28; *Histoires, Disputes et Discours... du Diable*, Paris 1579, S. 32.
55 Siehe A. M. Schmidt, *Pierre de Ronsard, Hymne des Daimons, éd. critique*, Paris 1938, S. 69.
56 P. Massé, *De l'imposture et tromperie des diables, devins et sorciers*, Paris 1579, S. 32.
57 J. Bodin angevin, *De la démonologie des sorciers*, Paris, 1580, S. 56–60.
58 R. Scot, *Discovery of Witchcraft*, London 1584.
59 M. del Rio, *Des Controverses et recherches magiques*, Paris 1612, S. 78.

60 R. Le Loyer, *Des spectres ou apparitions et visions des esprits, anges ou démons se montrant sensiblement aux hommes*, Antwerpen 1586, S. 268.
61 Vgl. das vorige Kapitel S. °Tx Tx
62 E. Torreblanca, *Epitomes Deliciorum libri in quibus aperta vel occulta invocatio daemonis intervenit*, Madrid 1615, S. 57.
63 J. G. Godelman, *Von Zaubern, Hexen und Unholden wahrhafftiger ...*, Ffm. 1592, S. 28.
64 J. J. Boissart, *De Divinatione et magicis prestigiis*, Appenheim 1515, S. 15 f.
65 P. de L'Ancre, *L'incertitude de mescréance du sortilège pleinement convaincues*, Paris 1622, S. 252–267.
66 W. Scott, *The Lay of the last Minstrel*, zit. n. *Der letzte Minstrel*, Bremen 1820, S. 146 ff.
67 Th. A. d'Aubigné, *Oeuvres complètes*, I, Paris 1873, S. 435.
68 Siehe J. Hansen, a.a.O., S. 579; K. Bartsch, *Sagen, Märchen und Gebräuche*, II, Wien 1810, S. 8 und 32; Geza Roheim, *Spiegelzauber*, Leipzig 1919, S. 42; F. Delacroix, *Le procès de sorcellerie au XVIIe siècle*, Paris 1894 und A. Delatte, a.a.O., S. 91.
69 L.-A. Cahagnet, *Magie magnétique, Traité historique et pratique*, Paris 1854, S. 72–130.
70 Siehe L. Bell, *Le miroir de Cagliostro*, Paris 1860.
71 Zum Spiegel von Swedenborg siehe R. Sedir, a.a.O., S. 46.
72 Zu diesen Arten von volkstümlichem Aberglauben siehe J. von Negelein, *Bild, Spiegel und Schatten in Völkersglaube*, Archiv für Religionswissenschaft, V, 1902, S. 1–37; psychologische Erklärungen dazu siehe P. Janet, *Sur la divination par les miroirs et la hallucination subconsciente, nevroses et idées fixes*, Paris 1898.
73 F. Nietzsche, *Also sprach Zarathustra*, München 1977, S. 341. In seiner psychoanalytischen Studie über die Magie des Spiegels (*Spiegelzauber*, Internationale psychoanalytishe Bibliothek, 6, Leipzig 1919) erklärt Geza Roheim die Beteiligung des Kindes unter anderem mit der besonderen Begabung des Individuums während der Kindheit, unbewußtes Wissen wahrzunehmen und seine eigenen Urteile aufzuschieben, was der zweiten ontogenetischen Phase der psychosexuellen Entwicklung entspricht... Der Dämon, der sich im Spiegel zeigt, wäre also eine Projektion verdrängter Vorstellungen. Siehe auch H. Damisch, *Narcisses*, Nouvelle Revue de psychanalyse, Frühjahr 1976, S. 143, Anm. 3.

Kapitel IX

1 H. C. Agrippa, *De occulta philosophia*, Köln 1529, Lib. I, cap. 6 und Lib. II, cap. 1.
2 R. Mirami, *Introduttione alla prima parte della specularia*, Ferrara 1582, S. 4.
3 J. Pena, *Euclidis optica et catoptrica*, Paris 1557, Vorwort *De usu optices*, S. bbiiii f.
4 Plutarch, *Große Griechen und Römer*, Dion, XIII und Brutus, XII.
5 M. Psellos, *De demonibus interpres M. Ficinus*, Lyon 1552, S. 349.
6 Lukanus, *Pharsalia*, 3, 160.
7 Vgl. Pausanias, *Beschreibung Griechenlands*, Buch IX, *Boeotien*. Der Autor beschreibt, daß man bei dem Orakel in eine künstlich angelegte Höhle hinabsteigt und dort die Zukunft vorausgesagt oder gezeigt bekommt.
8 *Erstes Buch Samuel*, XXVIII, 7–14.
9 F. Risner, *Opticae Libri quatuor ex voto Petri Rami*, Kassel 1606, Einleitung, o. S.
10 L. Nix und W. Schmidt, *Herons von Alexandrie Mechanik und Katoptrik*, Teubner, Leipzig 1900, S. 350–353.
11 Bibl. Vaticana, Ottobon. Lat. 1850 (13. Jh.), Ampolianus Qu 387 (14. Jh.), Ptolemäus, *De speculis*, Venedig 1518.
   Vitellius, V, 59, siehe *Vitellionis de natura ratione et projectione quam perspectivam vocant*, Nürnberg 1553, S. 138.
13 G. Cardano, *De subtilitate...*, Nürnberg 1550, Lib. IV.
14 J. J. Wecker, *De secretis*, Basel 1587, S. 564.
15 A. Rhodius, *Optica*, Wittemberg 1611, S. 324.

16 K. Schott, *Magia universalis naturae et artis*, Bamberg 1517, S. 310.
17 L. Nix und W. Schmidt, a.a.O., S. 358–365.
18 M. Berthelot, *Les merveilles de l'Egypte et le prestige des savants alexandrins*, Journal des Savants, 1899, S. 244. Prestiges fondés sur les phénomènes optiques. Apparitions.
19 S. Vogl, *Pseudo-Euclides De Speculis*, Abhandlungen zur Geschichte der mathematischen Wissenschaften, XXVI, Teubner, Leipzig und Berlin 1911, S. 107, vgl. R.V. Rose, *Anecdota greco-latina*, II, Berlin 1870, S. 318 u. 328.
20 Vitellius, a.a.O., S. 136 und Vaticanus Ottobon, Lat. 1850, fol. 61².
21 A. Kircher, *Ars Magna lucis et umbrae*, Rom 1646; K. Schott, *Magia universalis naturae et artis*, Bamberg 1657, S. 282.
22 E.A. Robertson, *Mémoires récréatifs scientifiques et anecdotiques*, Paris 1831, S. 344. Der Autor verwechselt Katharina von Medici mit Maria.
23 Jules Vernes, *Das Karpathenschloß*, Zürich 1973, S. 260.
24 P. Ver Eecke, *Euclide, l'optique et la catoptrique*, Paris-Brügge 1938, S. 110f. Zur Analyse der euklidischen Propositionen, siehe G. Ovio, *L'ottica de Euclidio*, Mailand 1918.
25 Seneca, *Questiones naturales*, siehe oben, Kap. II.
26 P. Hérigone, *Cinquième et dernier tome du cours mathématique*, Paris 1637, S. 118. Die Propositio wird von G. Ovio, a.a.O., S. 372–393, unter dem Aspekt der Physiologie des Auges ausführlich behandelt.
27 Alhazen, *Optica*, ed. Risner, Basel 1572, S. 162.
28 Vitellius, VIII, II.
29 *Le Roman de La Rose*, IV, Paris 1922, V. 18151–18159.
30 G. Cardano, a.a.O., S. 75.
31 P. Le Loyer, *Des spectres ou apparitions d'esprits, anges et démons se montrants sensiblement aux hommes*, Angers 1586, S. 126.
32 G.-B. della Porta, *Magiae naturalis* libri, Neapel 1561; *Magie naturelle en quatre livres*, Rouen 1612, Buch IV, Kap. 13, S. 480; *Magiae naturalis libri XXII*, Neapel 1589, Buch XVII, Kap. 4 u. 5, S. 264f.
33 G.A. Magini, *Breve instruttione soppra l'apparenza e mirabili effetti dello specchio concavo sferico*. Bologna 1611.
34 Zu diesem Thema wurde uns von Cathérine de Buzon folgende Mitteilung gemacht: Das Problem der Lokalisierung von Bildern in sphärischen, konvexen oder konkaven Spiegeln setzt zu seiner Lösung voraus, daß man für jeden Spiegel den Bereich der Sehschärfe festlegt, d.h. den Raum, in dem sich der Gegenstand befinden muß, damit der Spiegel ein akzeptables Bild davon wiedergibt. Bei einer Zusammenstellung mit planen Spiegeln sind die sphärischen Spiegel tatsächlich nicht in jedem Punkt des Raumes genau sehscharf: sie sind es nur im Mittelpunkt und in den Punkten ihrer Oberfläche. Für die neben dem Mittelpunkt liegenden Punkte und für irgendwelche anderen Punkte, bei denen die entsprechenden Strahlen einen unendlich kleinen Einfallwinkel haben, haben sphärische Spiegel nur eine annähernde Sehschärfe, und unter den Annäherungsbedingungen von Gauss (Spiegel mit geringer Öffnung, Gegenstand mit kleinen Ausnahmen, plan, senkrecht zur Hauptachse und an diese Achse grenzend) geben sie ein akzeptables Bild des Gegenstandes, das plan, und homothetisch ist und senkrecht zur Achse steht.
35 J. Leurechon, *Récréations mathématiques composées de plusieurs problèmes plaisans et fascetieux*, Bar-Le-Duc 1624, 2. Ausg. Mont-de-Marsan 1626, 3. Ausg. Paris 1627, S. 100f.
36 K. Ens, *Thaumaturgus mathematicus*, Köln 1636.
37 Cl. Mydorge, *Examen du livre des Récréations mathématiques*, Paris 1630, S. 230.
38 G.-A. Magini, *Brève instruction sur les apparence et admirables effets des miroirs concaves sphériques*, Paris 1630.
39 Ch. Adams und P. Tannery, *Oeuvres des Descartes*, I, Correspondance, Paris 1897, S. 120f.
40 M. Mersenne, *L'optique et la catoptrique*, Paris 1651, S. 119.
41 I. Kant, *Träume eines Geistersehers*, Riga 1766, zit. n.: Kant, Werke in zwölf Bänden, Wiesbaden 1960, Band I, S. 955.
41 Ch. Ozanam, *Récréations mathématiques*, Paris 1694, S. 213.

43 *Encyclopédie ou dictionnaire raisonné des sciences, des arts et des métiers*, X, Neuchâtel 1765, Artikel *Miroir*, S. 569.
44 E. G. Robertson, a.a.O., S. 115, und *Journal des Sçavans*, 1679, S. 284–288.
45 E. A. Poe, *William Wilson, Faszination des Grauens*, in: Werke, Bd. II, Olten 1966, S. 702 ff.
46 K. Schott, a.a.O., S. 320 u. 327.
47 Vitellius, a.a.O., S. 193 f.
48 G. Cardano, a.a.O., S. 75 u. 90.
49 G.-B. della Porta, a.a.O., Ausg. 1561, Buch V, Kap. 12; S. 479 der Ausgabe Rouen 1612.
50 G.-B. della Porta, a.a.O., Ausg. 1589, Buch XVII, Kap. 8, S. 268.
51 A. Kircher, a.a.O., Buch X, Teil III, Kap. 3, S. 896–900.
52 K. Schott, a.a.O., S. 349–351.
53 Z. Traber, *Nervus opticus* Wien, 1675, S. 130, Abb. 56.

Kapitel X

1 B. Cesi, *Mineralogia sive Naturalis philisophiae thesauri*, Lyon 1636, Lib. III, cap. XVI, sectio XV, *De speculorum abusu*, S. 464.
2 G. Biancani, *Sphaera mundi*, Bologna 1620, S. 263.
3 J. Baltrušaitis, *La quête d'Isis*, Paris 1967, S. 193.
4 Ausonius, *Epigrammata LV*, siehe *Oeuvres complètes, collection des auteurs latins*, 3, Paris 1887, S. 23.
5 Plautus, *Comédies III, Curculio*, coll. Budé, Paris 1935, IV. Akt, 4. Szene, S. 105.
6 Statius, *Silves*, éd. Budé, 1944, Buch III, 4, S. 128.
7 Ovid, *Metamorphosen*, Stuttgart 1977, Buch III, V. 427–440, S. 105 f. Siehe H. Damisch, *Narcisses, Nouvelle Revue de Psychanalyse*, XIII, 1976, S. 109–140.
8 B. Cesi, a.a.O., S. 460.
9 Plinius, *Historia naturalis*, VIII, 33.
10 Ms. de l'Arsenal, 44, Ch. Cahier und A. Martin, *Mélanges d'Archélogie et d'Histoire II*, Paris 1851, S. 213.
11 Augustinus, *De Civitate Dei Libri XXII, amendatum per J. Vivem*, Basel 1522, Lib. XVIII, cap. 13, S. 574.
12 S. Majoli, *Dies caniculares*, Mainz 1607, und *Les jours caniculaires, c'est-à-dire des choses naturelles et surnaturelles*, Paris 1609, S. 788.
13 N. Caussin, *Symbolica aegytiorum sapientia*, Paris 1634, S. 440.
14 Seneca, *Questiones naturales* I, XV–XVII. Zur Geschichte von Hortius-Horatius, siehe Sueton, *Vita Horatii*, und G. E. Lessing, *Rettungen des Horaz*, in: Schriften III, Leipzig 1754, S. 28 f.
15 Vergil, *Bucolica*, II.
16 Aulus Gellius, *Attische Nächte*, XVI.
17 Platon, *Timaios*, in: Werke, Bd. V, Hamburg 1978, S. 168.
18 I. Kant, *Prolegomena zu einer jeden künftigen Metaphysik, die als Wissenschaft wird auftreten können*, in: Werke, Wiesbaden 1958, Bd. III, S. 58 f. Der Vergleich dieses Textes mit Pasteur stammt von F. Dagognet, *Méthodes et doctrine dans l'oeuvre de Pasteur*, Paris 1917, S. 65.
19 Lukrez, *De rerum naturae libri IV*, Verona 1486.
20 Plinius, *Historia Naturalis*, XXXIII, 45, 9.
21 Apuleius, *Apologia*, XVI. Zu den griechischen Spiegeln siehe P. Oberländer, *Griechische Handspiegel*, Hamburg 1967.
22 Alhazen, *Opticae thesaurus*, Hrsg. Risner, Basel 1572, S. 188–230.
23 K. Reisch, *Malgarita philosophica*, Straßburg 1504, S. 869.
24 F. Maurolico, *Photismi de lumina et umbra ad perspectivam et radiorum incidentia facientes*, Neapel 1611, S. 30. Das Datum 1555 ist am Ende des Buches vermerkt.
25 P. Valeriano, *Hieroglyphica*, Basel 1561, cap. XLVIII.
26 R. Mirami, *Compendiosa Introduttione alle prima parte della specularia*, Ferrara 1582, S. 5.
27 F. Risner, *Opticae libri quatuor*, Kassel 1606, S. 113 f. und A. Rhodius, *Optica*, Wittemberg 1611, S. 312 f.

28 G. Peckham, *Perspectiva communis*, Mailand 1480, S. 33.
29 Plinius, VIII, 25.
30 Ambrosius, *Hexameroni Libri VI, Bibl. Patrum ecclesiasticorum latinorum selecta*, IX, Leipzig 1850, Lib. VI, cap. 4, S. 155.
31 Hugo von Saint Victor, *De Bestiis*, Migne, P.L. 177, col. 83.
32 Bibliothek Morgan, M. 81, *Bestiarium*, entstanden in Lincoln, etwa 1170, Belle de Costa Greene, *Exhibition of the New York Public Library*, New York, 1933, S. 19, Abb. 33; bibliothèque municipale de Douai, *Revue de l'Art*, Nr. 8, 1970, Abb. 6, S. 9.
33 Ch. Cahier und H. Martin, a.a.O. *Le Physiologus ou Bestiaire*, S. 140.
34 J. Berger des Xivrey, *Tradition tératologique*, Paris 1836, S. 523.
35 Vincent de Beauvais, *Speculum naturale Lib. XIX*, Douai 1624, Lib. XIX, cap. 112, p. 1443.
36 Fr. Carmody, *Le Livre dou Tresors de Brunetto Latini*, Berkeley 1948, S. 19.
37 Albertus Magnus, *De animalibus*, Venedig 1493, Lib. XXIV, S. 224.
38 N. Caussin, a.a.O., S. 371.
39 S. Roche und P. Devinoy, *Miroirs, galeries et cabinets de glaces*, Paris 1951, S. 16, Abb. 54. Zur Ikonographie und Bibliographie siehe *Chefs d'oeuvre de la tapisserie du XIVe au XVe siècle, Catalogue de l'exposition au Grand Palais*, Paris 1973, S. 104 ff.
40 K. Schott, *Magia universalis naturae et artis*, Bamberg 1657, S. 317.
41 J. Leurechon, *Récréations mathématiques, composées de plusieurs problèmes plaisans et facéstieux*, Bar-Le-Duc 1524, S. 100.
42 H. Schwarz, *The Mirror of the Artist and Mirror of the Devout, Observations on some paintings, drawings and prints of the fifteenth Century, Studies in the History of Art dedicated to William S. Suida*, 1959, S. 90 ff., Abb. I; vgl. E. Panofski, *Early Netherlandish Painting*, Cambridge, Mass., 1933, S. 305.
43 H. Roger de Pils, *Cours de Peinture par principes*, Paris 1708, S. 109; zum »Spiegel von Claude«, siehe Marie-Madeleine Martinet, *Art et nature en Grande-Bretagne au XVIIIe siècle, De l'harmonie classique au pittoresque du premier romantisme, XVIIe – XVIIIe siècles*, Paris 1980, S. 23 und 229.
44 H. Schwarz, *The Mirror in Art, Art Quarterly*, Summer 1962, S. 97 ff; *Arnolfini Portrait, Burlington Magazine*, 1934. Siehe auch J. Vilain, *L'autoportrait caché, dans la peinture du XVe siècle, Revue de L'Art*, Nr. 8, 1970, S. 53 f.
45 D. Carter, *Reflections in armor in the Cannon van der Paele Madonna, The Art Bulletin*, 1954, S. 60–62; J. Vilain, a.a.O., S. 54, der von einem Schild des Erzengels Michael berichtet (unbekannter spanisch-flämischer Meister, ca. 1475, Prado Nr. 1326 des Katalogs von 1942), in dem sich Engel und Dämonen mit dem Maler in der Mitte spiegeln.
46 H. Schwarz, *The Mirror in Art*, S. 100, Abb. 3 und 4.
47 *ebd.*, S. 112.
48 F. M. van Helmont, *Paradoxal Discourse, Oder: ungemeyne Meynungen von dem Macrocosmo und Microcosmo. Das ist: Von der großen und kleinern Welt, aus dem Englischen in die Hochteutsche Sprache übersetzt*, Hamburg 1691, S. 17 f., zit. n. H. Leisegang, *Die Erkenntnis Gottes im Spiegel der Seele und der Natur, Zeitschrift für philosophische Forschung*, IV, 1949, S. 182.
49 S. Majoli, a.a.O., S. 786.
50 K. Reisch, a.a.O., S. 869. Das System wird auch bei G. Cardano, *De Subtilitate*, Nürnberg 1550, S. 86, beschrieben.
51 F. Aguillon, *Opticorum Libri VI*, Antwerpen 1613, S. 419.
52 F. Pfeifer, *Deutsche Mystiker des 14. Jahrhunderts, II. Meister Eckehart*. Wir zitieren nach Leisegang, a.a.O., S. 161.
53 H. Leisegang, a.a.O., S. 162. Zum Text des Apostels Paulus siehe oben, Kap. III.
54 P. ver Eecke, *Euclide, L'Optique et la Catoptrique*, Paris-Brügge 1938, S. 116.
55 G.-B. della Porta, *Magia naturalis Libri IV*, Neapel 1561, Lib. IV, cap. XIV. Der Text wurde teilweise bei der Beschreibung eines sphärisch konkaven Spiegels aus einer Sammlung in Kopenhagen übernommen, vgl. O. Worm, *Museum Wormianum*, Leyden 1655, S. 364.
56 P. Le Loyer, *Des spectres ou apparitions*, Angers 1586, S. 138.
57 J. Leurechon, a.a.O., S. 102.

58 E. Langlois, *Le roman de la Rose*, IV, Paris 1922, S. 218. V. 18172.
59 Vgl. Ausg. Risner, S. 214.
60 K. Schott, a.a.O., Lib. VI, cap. 3, S. 318–335.
61 *Descriptions des effets surprenants d'un miroir ardent*, in Journal des Sçavans, 1679, S. 286f., und E. G. Robertson, *Mémoires récréatifs, scientifiques et anecdotiques*, Paris 1831, S. 113ff.
62 L. Nix und W. Schmidt, *Herons von Alexandrien Katoptrik und Mechanik*, Leipzig 1900, S. 348.
63 Ptolemäus, *De Speculis*, Venedig 1518, S. 232.
64 Seneca, *Questiones naturales*, I.
65 Vitellius, Ausg. Risner, S. 217.
66 Vaticanus Ottob. lat. 1850, fol. 61.
67 Ms. B. Lib. 38, Leonardo da Vinci, *Manuskript des Institut de France*, frz. übers. F. Authier, Grenoble 1960, S. 79. Siehe auch O. Werner, a.a.O., S. 123, Abb. 66 und Fumagalli, *Leonardo ieri e oggi*, Pisa 1959, Abb. 53 und Anm. 9. Zu den Quellen von Leonardo siehe W. Schmidt, *Leonardo da Vinci und Heron von Alexandrien*, Berlin 1902, und O. Werner, *Zur Physik Leonardo da Vinci's*, Berlin 1910, S. 111–130.
68 G.-B. della Porta, a.a.O., Lib. IV, cap. 6, S. 470f.
69 ders., *Magiae naturalis libri XX*, Neapel 1589, Lib. VIII, cap. 3, S. 261ff.
70 P. Le Loyer, a.a.O., S. 127.
71 Das Projekt stammt von Monsieur Emile Aillaud, siehe Jean Chaumely, *Défense 1974*, Construction moderne, Januar-Februar 1974, S. 27.
72 Vgl. Kap. I.
73 K. Schott, S. 32, a.a.O., S. 292–295.
74 R. M. Rilke, *Die Sonette an Orpheus*, in: Ausgewählte Werke, I, Leipzig 1942, S. 288.
75 Thomas von Aquin, *Summa totius Theologiae*, III, Problem LXXVI, Art. II, vgl. H. Leisegang, a.a.O., S. 181.
76 Martin Luther, *Vom Abendmahl Christi*, zit. n. Leisegang, a.a.O., S. 181.
77 J. Majoli, a.a.O., S. 788 und K. Reisch, a.a.O., S. 870.
78 S. Roche und P. Devinoy, a.a.O., S. 247f.
79 L. Nix und W. Schmidt, a.a.O., S. 336–342.
80 A. Björnbo und S. Vogl, *Alkindi, Tideus und Pseudo-Euklid, Drei optische Werke*, Abhandlungen zur Geschichte der mathematischen Wissenschaften XXVI, Leipzig-Berlin 1911, S. 106.
81 Vitellius, Ausg. Risner, S. 291.
82 J. C. Scaliger, *Exotericarum exercitationum liber...* Paris 1557, S. 131, Exercitatio LXXXII.
83 G.-B. della Porta, a.a.O., Ausg. 1561, Lib. IV, cap. XVI, S. 489, Ausg. 1589, Lib. XVII, cap. 9, S. 269.
84 A. Rhodius, a.a.O., S. 306.
85 A. Kircher, *Ars magna Lucis et umbrae*, Rom 1646, S. 906 und Tafel XXXIII, Abb. 3; siehe oben, Kap. I.
86 K. Schott, a.a.O., S. 362.
87 E. M. Terzago, *Museum septalianum*, Tortona 1664, S. 16 und S. 177f.
88 Ovid, *Metamorphosen*, a.a.O., Buch XV, S. 485.
89 A. Schopenhauer, *Parerga und Paralipomena*, Zürich 1977.

192. Werkstatt der Spiegelmacher. *Enzyklopädie* von Diderot und D'Alembert.

Vorwort	7
I Ein katoptrisches Museum	15
II Himmlische Spiegel	45
III Göttliche Spiegel	75
IV Der Spiegel des Archimedes 1. Von Euklid bis Buffon	107

V Der Spiegel des Archimedes
    2. Von Buffon bis zu den Solaranlagen
    des 20. Jahrhunderts
	141

VI Der Spiegel des Leuchtturms von Alexandria	165
VII Der Spiegel des Pythagoras	195
VIII Magische Spiegel	207
IX Künstliche Spektren	247
X Mißbrauch, Irrtümer, Täuschungen	273
Zusammenfassung und Schlußfolgerungen	317
Anmerkungen	343

Bildnachweis

Bibl. Apostolica Vaticana: Seite 302. – Bibl. Douai: Seite 287. – Bibl. Nationale, Paris: Seiten 106, 120, 164, 167, 168, 170, 236. – Boeing Company; Seite 161. – British Museum: Seite 81. – Bulloz: Seiten 11, 25, 42, 102, 206, 272, 280, 291, 292, 342, 361. –C.N.R.S.: Seiten 47, 140, 143, 157, 158, 159, 160, 163, 187, 191, 193, 194, Schutzumschlag (Rückseite). – Pierre Devinoy: Seiten 23, 281, 289, 309. – Aline Elmayan: Seiten 38, 39, 53 u., 290, 293, 296. – Giraudon: Seiten 6, 8, 62, 63. – Hanfstaengl: Seiten 86, 95, 177, 179, 225, 316. – Hidalgo: Seiten 105, 307. – Kunsthaus, Zürich: Seite 213. – Kunsthist. Museum, Wien: Seite 295. – Jeannine Le Brun: Seite 121. – Réunion des Musées Nat.: Seite 83. – Rijksmuseum, Amsterdam: Seite 98. – Jean Sadoul: Seite 37.
Fotografien im Auftrag von Editions du Seuil:
Martine Beck: Seiten 14, 20, 32, 35, 44, 54, 56, 57, 59, 65 u., 68, 69, 73, 90, 91. – Christian Gautier: Seiten 2, 17, 26, 31, 33, 34, 46, 53 o., 60, 65 o., 74, 77, 89, 93, 96, 118, 125, 128/29, 134/35, 138, 142, 146, 181, 190, 197, 214, 219, 228, 230, 233, 238, 239, 277, 306, 308 o., 314.